U0530442

Le Tour du Monde en 80 Plongées

环球
潜水攻略

［法］帕特里克·米乌拉纳
［法］雷蒙·萨凯
著

［法］帕斯卡·科贝
［法］利昂内尔·波佐利
摄影

祝华
译

金城出版社
GOLD WALL PRESS

西苑出版社
XIYUAN PUBLISHING HOUSE

中国·北京

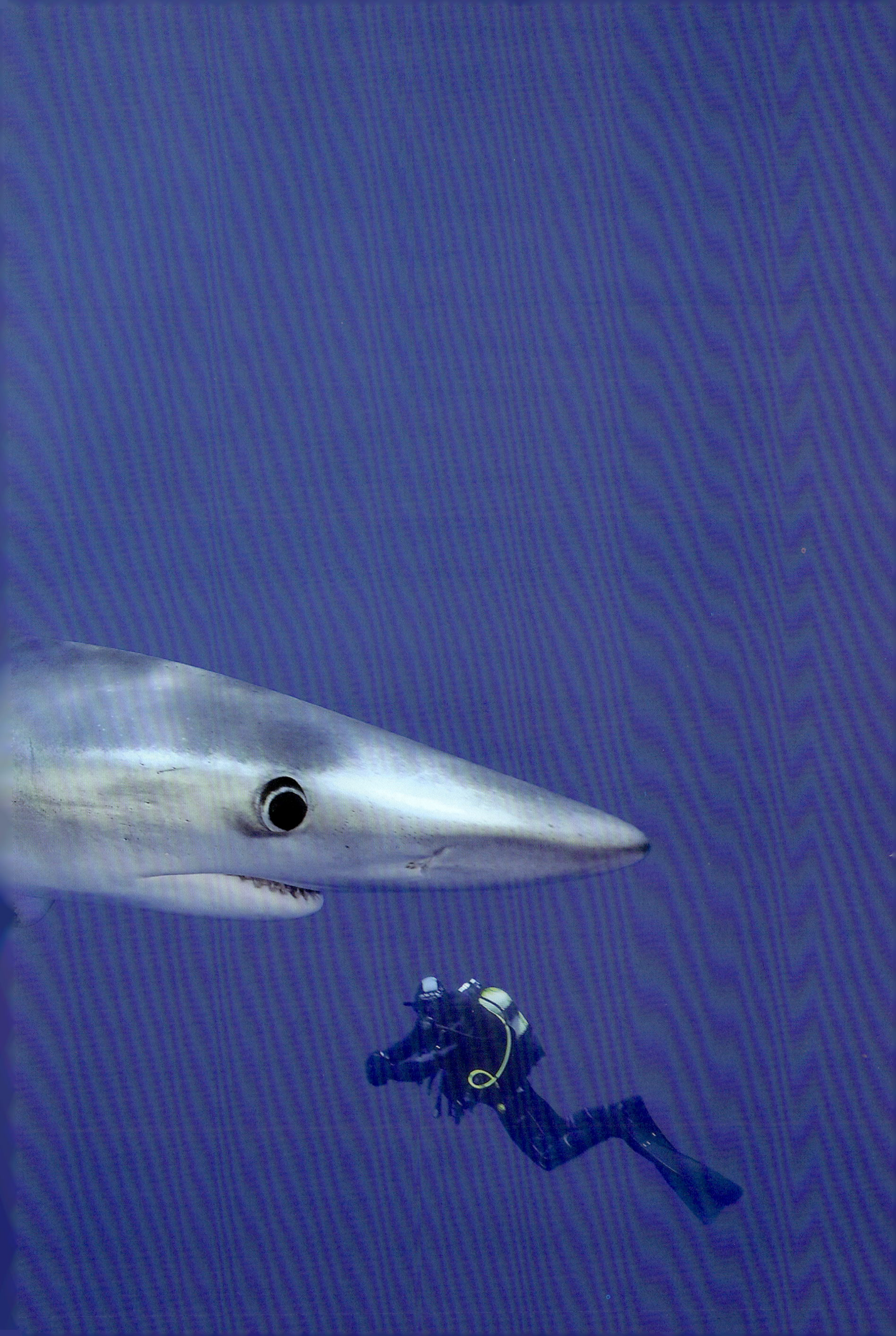

目录 Contents

引言：水下冒险 2
海底旅行 7

地中海

1_ 法国：克罗港岛
受到保护的大自然 18

2_ 法国：拓湖
海马的洞穴 22

3_ 西班牙：梅德斯群岛
水下生命的聚集地 26

4_ 法国：卡尔维
甲壳动物的乐园 31

5_ 马耳他：戈佐岛
在地中海的碧海蓝天之间 34

红海

6_ 埃及：塔巴
伪装能手之家 42

7_ 埃及：宰海卜
石斑鱼的狂欢节 46

8_ 埃及：沙姆沙伊赫
鱼的漩涡 50

9_ 埃及：沙德瓦岛和朱巴勒岛
巨轮的墓地 56

10_ 埃及：赫尔格达
"拿破仑"和他的"近卫队" 62

11_ 埃及：兄弟岛
心潮澎湃的船宿潜水 66

12_ 埃及：马萨阿拉姆
大海牛的牧场 70

13_ 苏丹：苏丹港
心潮澎湃的聚会 74

14_ 吉布提：吉布提
海洋大胃巨人的盛宴 78

印度洋

15_ 坦桑尼亚：奔巴岛和马菲亚岛
小人国的海底旅行 86

16_ 阿曼：阿曼
海鳝的巢穴 92

17_ 塞舌尔：塞舌尔船宿潜水
展开的巨大扇面 96

18_ 塞舌尔：阿尔达布拉环礁
完好无损的大自然交响乐……………………102

19_ 法国：马约特岛
当乌龟扮成兔子时……………………………108

20_ 马达加斯加：贝岛
水下的精华………………………………………114

21_ 南非：德班
危险的遭遇和兴奋的战栗……………………120

22_ 南非：杭斯拜
与海里的吃人巨妖面对面……………………125

23_ 毛里求斯岛：弗利康弗拉克
毒鱼之乡…………………………………………130

24_ 毛里求斯岛：大湾
在鲨鱼坑里………………………………………134

25_ 马尔代夫：南部环礁
奇妙的旅行………………………………………138

26_ 马尔代夫：北部环礁
紧密队列的游行…………………………………143

27_ 马尔代夫：阿里环礁
蝠鲼的沐浴………………………………………148

28_ 泰国：斯米兰群岛
视觉的极致愉悦…………………………………154

印度洋—太平洋

29_ 菲律宾：米沙鄢
穿百衲衣的海蛞蝓………………………………164

30_ 菲律宾：巴拉望群岛船宿潜水
小丑的大戏………………………………………170

31_ 马来西亚：加里曼丹岛
深海鱼的竞技场…………………………………176

32_ 印度尼西亚：科莫多岛
与"龙"共游………………………………………182

33_ 印度尼西亚：瓦卡托比岛
奇怪，您说奇怪……………………………………186

34_ 印度尼西亚：蓝壁海峡
一个藏着奇珍异宝的万花筒…………………192

35_ 帕劳：帕劳
保护完好的珍稀花园……………………………198

36_ 密克罗尼西亚：丘克潟湖
历史悲剧的遗迹…………………………………204

37_ 巴布亚新几内亚：瓦林迪
海神尼普顿的花园………………………………210

38_ 巴布亚新几内亚：米尔恩湾
很小很小的虾……………………………………216

太平洋

39_ 澳大利亚：大堡礁
无边无际的海洋 226

40_ 澳大利亚："永嘉拉"号
壮观的百年沉船 231

41_ 澳大利亚：袋鼠岛
海龙的家乡 236

42_ 新喀里多尼亚：松树岛
美丽的贝壳收藏 240

43_ 新喀里多尼亚：延根
尚未探索的壮观礁石 246

44_ 新喀里多尼亚：利富岛
史前环境中的夜间潜水 252

45_ 新西兰：北岛
不同凡响的邂逅 258

46_ 法属波利尼西亚：鲁鲁土岛
与座头鲸共舞 264

47_ 法属波利尼西亚：莫雷拉岛
柠檬榨汁般压力下的潜水 270

48_ 法属波利尼西亚：博拉博拉岛
魟鱼的舞技 276

49_ 法属波利尼西亚：法卡拉瓦环礁
与隆头鱼一起潜水的至尊体验 281

50_ 法属波利尼西亚：伦吉拉环礁
肾上腺素飙升至顶点 286

51_ 美国：阿拉斯加
适合所有最高级形容词的群岛 292

52_ 加拿大：温哥华
仙境中的潜水者 297

53_ 美国：圣迭戈
在巨型海藻中捉迷藏 302

54_ 墨西哥：拉巴斯
数百万条鱼的狂乱环舞 308

55_ 墨西哥：雷维亚希赫多群岛
汪洋中的大自然 314

56_ 哥斯达黎加：可可斯岛
与双髻鲨头碰头 320

57_ 厄瓜多尔：加拉帕戈斯群岛中部
在侏罗纪公园潜水 325

58_ 厄瓜多尔：加拉帕戈斯群岛北部
鲨鱼的舞会 330

59_ 哥伦比亚：马佩洛岛
凶猛的鲨鱼的老巢 336

南极洲

60_ 南极洲：南设得兰群岛
潜入绝境 346

61_ 南极洲：格雷厄姆地
荒野之美 352

加勒比

62_ 洪都拉斯：罗阿坦岛
海绵谷.. 362

63_ 墨西哥：伯利兹
蔚蓝大海中的鱼类游行................................. 368

64_ 墨西哥 - 尤卡坦半岛：卡门海滩
光影仙境.. 373

65_ 墨西哥 - 尤卡坦半岛：图卢姆
另一个世界里的花园.................................... 378

66_ 墨西哥：穆赫雷斯岛
水下击剑.. 384

67_ 委内瑞拉：洛斯罗克斯群岛
丰富多彩的大自然...................................... 390

68_ 法国：马提尼克岛
一串美丽的小鱼... 396

69_ 多米尼克：罗索
一群十分奇特的水下生物.............................. 402

70_ 古巴：女王花园群岛
鲨鱼的伊甸园.. 408

71_ 美国：水晶河
美人鱼的歌声.. 414

72_ 巴哈马：新普罗维登斯岛
食人魔的大餐.. 420

73_ 巴哈马：大巴哈马岛
海豚的爱情... 426

74_ 巴哈马：小巴哈马海岸
食人魔的巢穴.. 432

大西洋

75_ 加拿大：巴芬岛
冰河时代.. 442

76_ 葡萄牙：亚速尔群岛
停止挑逗鲸类！... 448

77_ 佛得角：萨尔岛
荒漠旁边的蓝金... 454

78_ 英国：马恩岛
与贪食者一起屏气...................................... 460

79_ 法国：贝勒岛
原始的温柔... 466

80_ 法国：旺代
激烈冲突的记忆... 471

作者的自我介绍... 478
双页图片说明.. 486
致谢... 492

潜水等级

每处潜水点的平均难度等级用星星数量来表示：

- ★　　　　　　初学者和屏气潜水爱好者可以参与的潜水。
- ★★　　　　　一级潜水员能够完成的比较简单的潜水。
- ★★★　　　　二级以上潜水员能够完成的有一定难度的潜水。
- ★★★★　　　三级以上潜水员或有丰富经验的潜水者能够完成的难度较高的潜水。
- ★★★★★　　在洋流很强或海水冰冷等非常特殊的条件下进行的潜水。

潜水点的质量

我们列出了以下几个方面：

- 潜水质量：对潜水点的整体印象。
- 鱼类：丰富性、多样性、易接近性。
- 环境：地形特征、潜水点的独特性。
- 感觉：大型鱼类、洋流、深度。
- 生物多样性：各目物种的多样性。
- 摄影摄像：拍摄机会。
- 旅游价值：游览、探索、购物。
- 性价比：星数越多，性价比越高。

每处潜水点的建议等级用一颗到五颗星表示，其含义解释如下：

★一般　★★合格　★★★很好　★★★★优秀　★★★★★惊艳

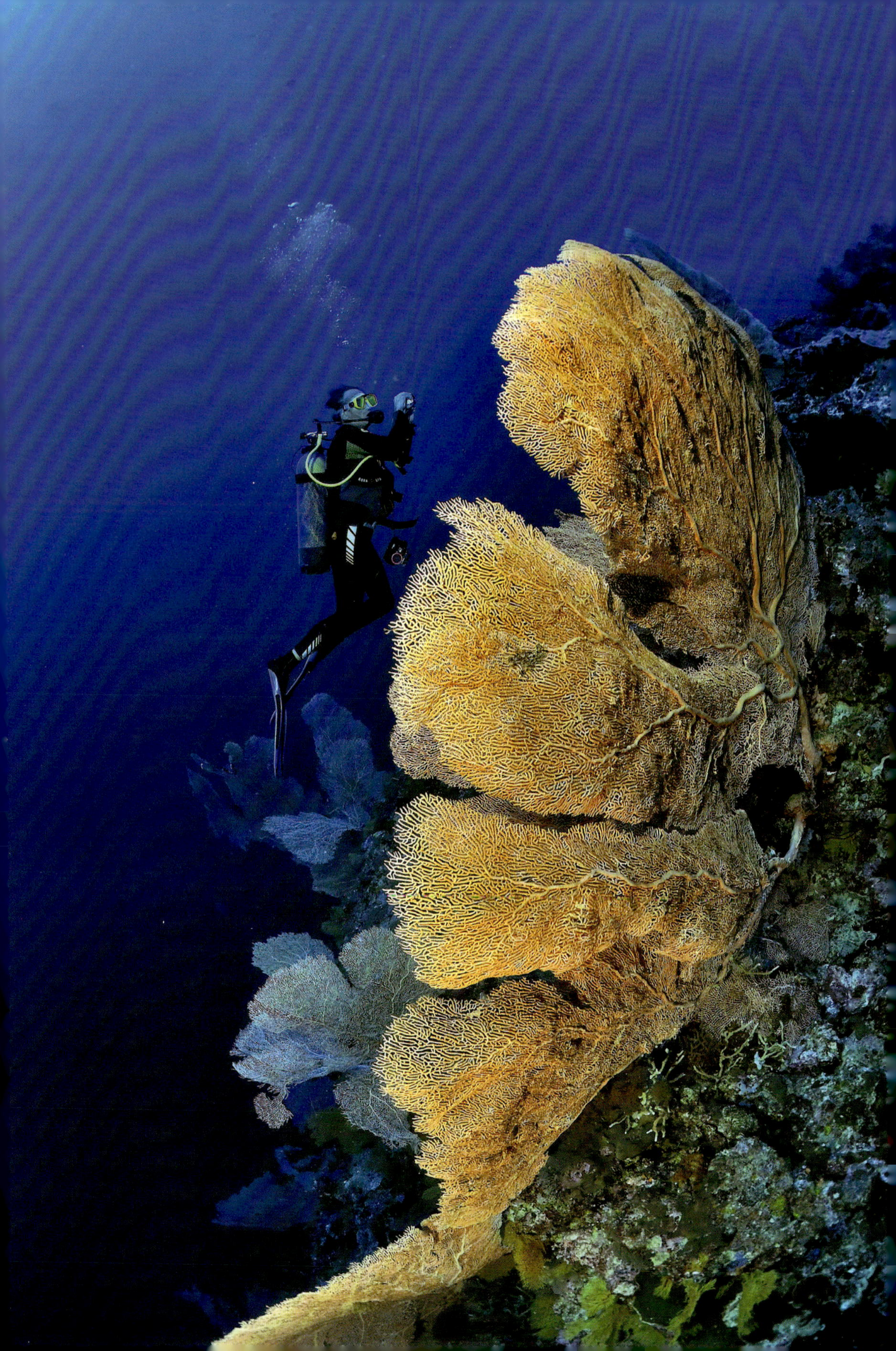

引言
水下冒险

我们不敢自称为"先驱",因为我们认为只有汉斯·哈斯(Hans Hass,1919—2013)和库斯托船长(Cousteau,1910—1997)配得上这个称号。我们属于"开拓者"行列,更准确地说,属于潜水和海底世界的"倡导者"。

作为"海洋三剑客"——雅克-伊夫·库斯托(Jacques-Yves Cousteau)、弗雷德里克·迪马(Frédéric Dumas,1913—1991)、菲利普·泰莱芝(Philippe Taillez,1905—2002),当然还应该加上第四位剑客,不可或缺的伙伴阿尔贝·法尔科(Albert Falco,1927—2012)的精神继承者,我们谦逊地追随着这些水下冒险家的足迹,其中一些人已经花了四十多年时间潜遍了各大洋。

我们的目标是满足我们对大自然的热爱,收获一些经历和知识,同时让公众了解海洋生物的美丽、多样和脆弱。

我们四人共完成了大约两万次潜水,足迹遍布地球上的所有海洋。除了我们参与拍摄影片的特殊条件外,我们的绝大多数潜水是在旅游条件下进行的。我们因此曾与许多度假潜水者分享过我们的冒险经历,这也促使我们想要写这本既有实用价值又尊重事实的书。

出于向全世界的潜水者和海洋爱好者介绍最美潜水胜地这个简单的愿望,1990年,我们出版了这本书。既要任凭梦想自由驰骋,又要具体且易懂,这一直是我们的宗旨。

尽管潜水始终存在着潜在的危险,因为它使我们去探索另一个世界,但它已不再像我们刚起步时那样是一项边缘化的体育活动。潜水技术以及与之相适应的规则制定和培训机构已经使水下探险成为一项休闲娱乐活动。

潜水价格已经比最初变得更加平易近人,海底旅游也更加专业化。毫无疑问,为了确保安全,潜水已经失去了冒险性。水下活动的发展和国际化促使人们发现了许多新的潜水胜地。曾经的例外已经变成了如今的日常。

人们遇到鲸鲨的潜水地的数目充分证明了这一点。与最大的鱼类面对面的经历虽然未到稀松平常的地步,也时有发生。别忘了"卡吕普索"号(Calypso)的潜水者们在他们整个探险生涯中总共才见到过三次鲸鲨!这并非意味着鲸鲨数量增多,只是因为潜水地增多了,人们才得以记录鲸鲨出现的时期和适宜观察的地点。

这种"非常经历的标准化"吸引着我们,而令肾上腺素飙升的潜水价格也竞相攀高……

潜水旅行社都以提供与更大、更壮、更强、更……的食肉动物面对面的机会为卖点。然而,面对面盯着一只老虎、狮子或熊无异于自杀,更别说还背着一个沉重的背包了,但这正是人们想要不惜一切代价接近鲨鱼时的所作所为。我们说的不是大白鲨或虎鲨,当然也不是那些可怕的捕食者,如豹形海豹和逆戟鲸。这些顶级捕食者强大到一口就能吞掉我们这些"陆生食肉动物"!

因此,似乎"水能使性情变得温和"。与鳄鱼(当然是中等体形的鳄鱼)的水下邂逅也可以证明这种说法,很显然,鳄鱼在陆地上是永远不会让人如此靠近它的。

我们是不是能因此得出结论:丛林法则只适用于陆地,而不适用于海底世界呢?切忌仓促下结论……事实是对于海洋物种而言,背着不合时宜的设备的"水下人"(Homo aquaticus)就像一个不太诱人的猎物(但我们在任何情况下都必须谨慎行事)。我们还要记住,与本书中介绍的海洋物种的邂逅永远是可遇而不可求的。这取决于天气条件、气候影响,当然,还有运气……

另一方面,潜水者的迅速增多影响了珊瑚礁脆弱的生态系统,导致了显著的生态失衡。因此,作为来自另一个世界的短暂过客,我们应该尊重海洋,无论是海面还是海下。我们的探险故事将在以下的篇章中对这个神奇的世界致以无条件的敬意!

| 帕特里克·米乌拉纳 | 雷蒙·萨凯 | 帕斯卡·科贝 | 利昂内尔·波佐利 |
| Patrick Mioulane | Raymond Sahuquet | Pascal Kobeh | Lionel Pozzoli |

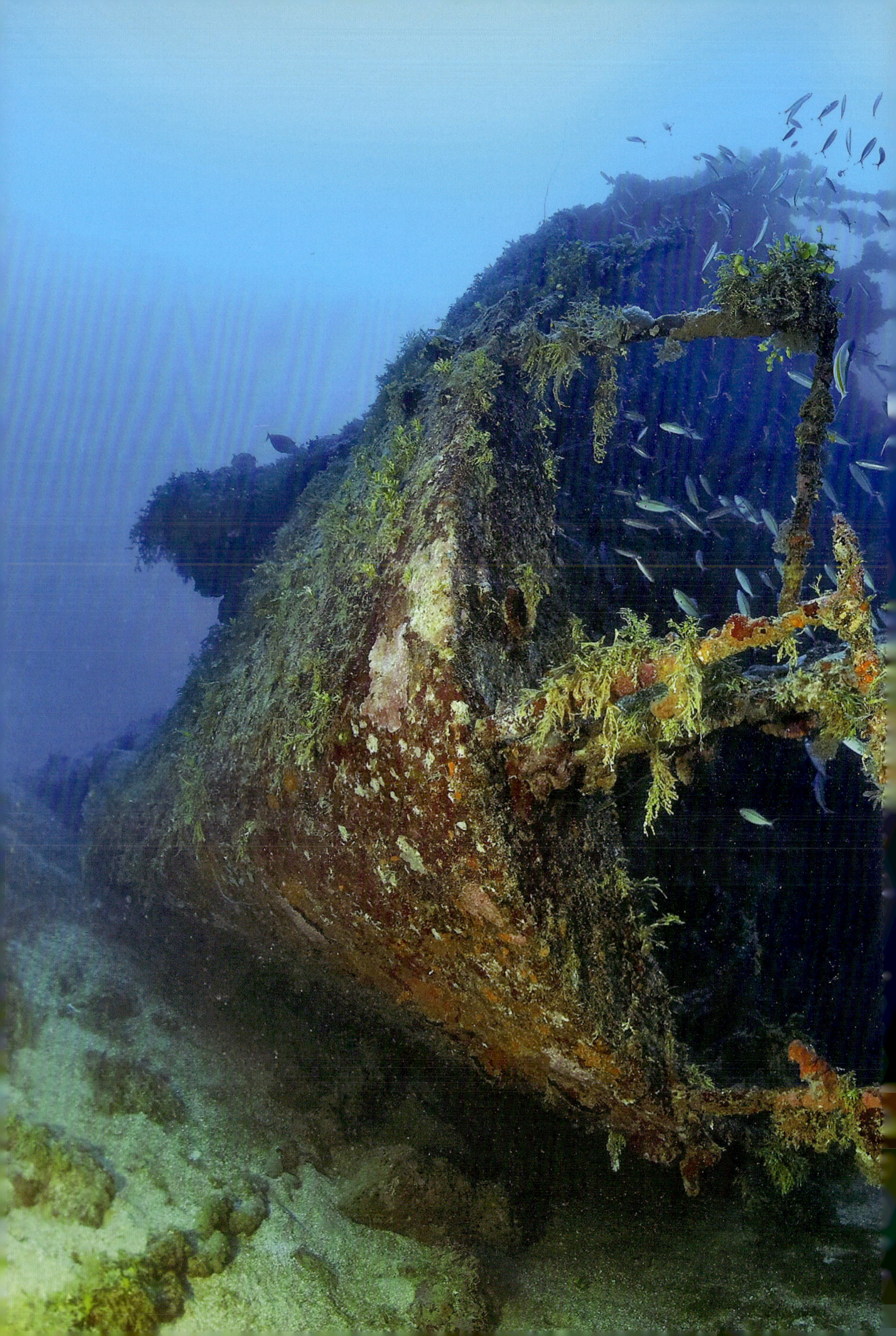

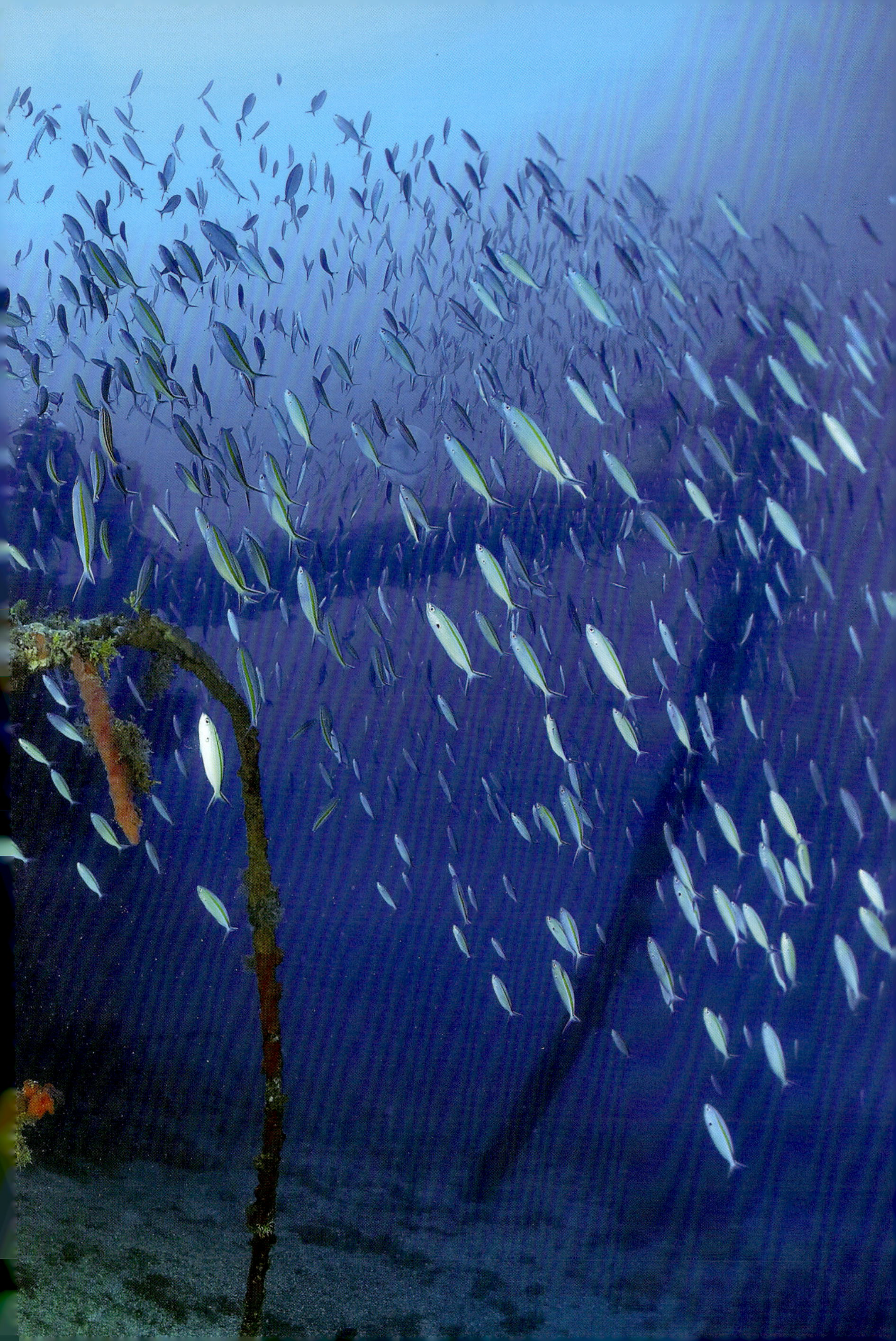

探索一个令人惊异的世界
潜水引起的失重感把我们带入了第四维空间,这也是一场与不同生物的邂逅。

海底旅行

尽管装备的发展让所有人都有机会从事潜水运动，但是穿着潜水服运动仍需要遵守一些约定俗成的规则。在一个不属于自己的世界里活动时，人类的新陈代谢会受到新的生理和心理状况的约束。要想从容地探索这个"沉默的世界"，就应该乖乖地坐在人鱼学校的板凳上，即加入一个潜水俱乐部，在那里学习如何融入越来越广泛的"水下人"的圈子。

世界上由优秀的专业人士组织的潜水中心越来越多。纯粹主义者们可能会谴责专业潜水教练协会（PADI）体系已经把潜水变成了生意，但是它让人们无须证明自己具有最低限度的经验（当然除了游泳之外），即可进行限定范围内的"旅游"潜水。这种入门式潜水使人们能够初步接触到水下的美丽世界，尤其是立刻感受到失重的感觉，而这正是潜水成为一项独特活动的原因。

为了实现这一伟大的冒险，您必须了解并掌握一种简单却性命攸关的技术，并熟悉一种专门的装备。问题在于我们陆地上的自然法则与海底世界的自然法则之间存在一些差异。当身体被海水浸没时，我们适合陆地生活的生理特征就会被打乱。在水压下呼吸空气会带来重大的新陈代谢问题。不了解或低估这些现象就等于将自己的生命（和他人的生命）置于危险之中。

为了确保度过理想的"潜水"假期，您最好至少拥有一张由一家国际上承认的机构——如世界水下运动联合会（CMAS）、专业潜水教练协会（PADI）、国际潜水教练协会（NAUI）——颁发的二级潜水员（高级开放水域潜水员）证书。在游泳池训练一整年也是理想的体能准备。

图1_水下游戏
海狮与海豚是潜水者有机会接近的最滑稽、最爱玩的动物。

图2_让动物主动靠近我们
五花八门的装备和呼气产生的水泡声会惊吓到海底动物，至少会引起它们的疑心。稳定的姿态和缓慢的手势会让它们放心。动物的好奇心最终占据上风。

准备行囊

首先确认您的护照有效期。许多国家要求护照至少在返程日后 6 个月内有效。获得一张证明您的等级的潜水员证书，并加入一个联合会，以便获得一份专门的潜水保险。通常还需要一本潜水记录册，上面记录并签注了您的所有潜水活动，包括下潜深度和潜水条件。最后，一份出具日期在 3 个月内的适合潜水的健康证明会为您免除一切额外的手续。

尽管航空公司对行李重量的控制越来越严格，但是那些好的专业旅行社已经与航空公司签订了协议，获得了宽限条件，因为一个装备齐全的潜水包就重 20 多公斤，包括潜水服、浮力背心、脚蹼、减压阀、面镜、手套、透气管和所有配件。笔记本电脑应装在手提行李中，因为飞机行李舱的失压状态会损坏电脑。

给摄影师们一个建议：尽量参加旅行团，以便集体值机，并注意手提行李的体积。

请您务必查询水温（见本书每个目的地结尾处的表格），因为您需要根据水温选择装备。除了通常费用全包的入门潜水之外，装备的租金往往很高，尤其是在"美式"管理的潜水中心，而且船宿游船配备的装备数量也非常有限。

购物建议

出发前完成所有预订可以节约您宝贵的时间，也可以使您享受到更优惠的价格。因此，旅行不要说走就走。

越来越多的专业潜水旅行社正展开一场你死我活的竞争，因此他们的报价极具吸引力。那些由潜水者管理并为潜水者服务的旅行社通常会选择最佳目的地和最有实力的潜水中心。然而，您还是应注意住宿方面的报价，因为有的行程会偏"运动型"。请您确保随行的非潜水者也能感到舒适并接受其吃住环境。

综合性旅行社组织的旅游会提供各种水平的旅馆服务和更多的选择。但是他们会把潜水作为一项备选活动，并往往会在现场按最高价格结算费用。如果没有潜水专家引荐，这些潜水中心会把您当作"业余"而非"在行"的潜水者，并因此给您推荐一些比较平庸的潜水点。没有一家专业潜水旅行社会推荐我们在后文中为您介绍的全部目的地。这取决于市场定位，也取决于客户和价格。您可以借助互联网比较所有的报价并了解最低服务标准的详情。

购买套餐总是比单独预订旅馆、机票和现场支付潜水费用更划算。建议您只通过那些知名企业在线订购您的行程，比如避开中介，直接向游船公司订购行程。

图1_只可远观不可近扰
缓缓踩水、不想靠得太近的潜水者并未打扰到鱼群，比如照片中马尔代夫的多棘马夫鱼。

图2_切勿诱惑魔鬼
在开阔海域中——比如在图中的墨西哥瓜达卢佩岛（Guadalupe）——接近大白鲨是一次冒险的经历，只适合职业潜水者。在"旅游"探险时，潜水是在吊笼中进行的。

图3_与巨兽一起游泳
邂逅鲸鲨总是一个心潮澎湃的时刻。这种既沉着又威严，却与人无争的鱼因其庞大的体形而令人生畏。

2

3

海底旅行

船宿潜水还是旅馆住宿？

潜水套餐中的旅馆住宿是最便宜的方案，因为旅行社公布的旅馆星级只是当地的评级。尽管"三餐全包"模式往往比较合算，但您不得不一日三餐都在旅馆吃，而旅馆的餐厅却不一定是当地最有名的。

旅行社公布的潜水套餐中应说明包含几个潜水点。您还应该了解潜水的条件，尤其是游船的质量（尺寸、搭载潜水者的人数等）。最佳方案通常是下榻一家自带潜水中心或者紧邻潜水中心的旅馆。这样会避免令人乏味的中转。

尽管价格更高，但船宿潜水仍吸引着越来越多的潜水者，因为这是另辟蹊径的最佳方法。后文介绍的许多潜水点只有船宿游船才能到达。许多旅行社提供豪华的条件，高档的服务，甚至可以每天潜水 4 次。如果在距离最佳潜水点最近的地方锚泊，您就可以从拂晓开始潜水，因为在这个时段总是能有许多奇遇。

冒险伙伴

永远不要独自去潜水，最理想的情况是两人结伴或与志趣相投的朋友们一起出发。三级潜水员（高级开放水域潜水员）可以在参加潜水团队时保留自主活动权。

注意，与一个陌生人一起潜水——更别说你们不是一个等级且来自不同的国家——可能会让您败兴而归。独自旅行的人必须完美地掌握英语，因为潜水已经成为一项世界性活动。船宿潜水时，您很快就会发现自己在船上被排除在外，尤其是当船上的多数人属于一个团队时。

理想的情况是团队人数能够至少占据游船总载客量的一半，这样就可以对路线的选择施加影响，并在集体活动的安排上享有重要的话语权。注意，海上生活有许多限制，即使是在很豪华的游船上。

尊重环境

最近几年，全世界"水下游客"的人数增加了十倍不止。这就不可避免地给他们涉足的海洋生态系统带来了更大的压力。现代潜水者应该意识到，他对一个不属于自己的环境的入侵会带来非常负面的影响。

以珊瑚为例：最大的珊瑚——鹿角珊瑚一年只能生长两三厘米，而柳珊瑚一年最多长 10 厘米。一个下意识抓住珊瑚的动作就会造成严重的损坏。

失去平衡的潜水者因踩水动作而扬起的海底沉淀物会沉积在珊瑚上，使珊瑚虫窒息。这些重复了成千上万次的看似微不足道的事件在某些海域无异于生态灾难。

本着潜水活动可持续发展的精神，也就是说既符合当前的需求，又不会妨碍今后几代人继续享受潜水的乐趣，潜水者应该做一个尊重展现在他眼前的奇迹的访客。这种尊重表现在尽可能减少与环境的互动，只观察、不触碰，无生命的岩石除外。

图1_享受激动人心的时刻
接近海底动物最简单的方式就是观看它们进食。图中，在红海，一名女潜水员正在欣赏罕见的一幕：一对月眉鲽正在与一只绿蠵龟分享一株软珊瑚。

图2_停止投食
以前的潜水者们给大海鳝投喂小鱼，这种做法导致它们的行为发生了变化。当这些长着可怕牙齿的动物吃不到"甜点"时，就表现出攻击性。如今，世界各地的潜水中心再也不给任何鱼类投食了。

图3_必备的谨慎
接近一只美洲鳄，哪怕是体形最小的，也是一场危险的游戏，需要极其丰富的经验。

海底旅行

潜水使者

要想真正做到尊重海洋环境，就应该乐于学习相关知识。在这方面，只有经验说了算，因为这些不可胜数的物种轻易不会透露它们的秘密。鱼类或海洋哺乳类的行为在不同种之间各不相同，也会随着地点而改变。在这个世界里，规则就是没有规则……

要想尊重海底世界和它所庇护的生物，就需要意识到我们的存在是微不足道的。尽管我们的技术装备既笨重又滑稽，但是我们对这个"沉默的世界"的访问只持续几分钟，而且仅限于深不可测的海洋最浅处。

在这里"如鱼得水"般进化的生物们的力量、速度、灵活和威严令我们自惭形秽并促使我们珍视它们的存在。

有幸欣赏到美丽、丰富、多样、微妙的海底世界的潜水者有义务成为它的使者和最热心的捍卫者。

用毁灭性的野蛮捕捞方法对海洋进行过度开发已不再被接受。打着过时的烹饪传统的旗号，人类每年杀死或残害几百万条鲨鱼。渔业资源正在枯竭，尤其是最受青睐的那些鱼种，先不说那些杂乱的飘网，被它们捕获的一大半猎物都因为不具备商业利用价值而被丢弃。

冒险之地

除了登山运动，海底潜水或许始终是最多人参与的保留部分冒险性的活动。正如我们所见，潜水的规则已经改变，随心所欲和一知半解在海底旅游行业已经（或者几乎）无法立足了。每天都有新的潜水点被发现，而探索还远远没有结束。生机勃勃的水下世界为我们保留了无限的惊喜。每次潜水都为我们带来许多发现和感动，每次下潜都是不同的体验。

即使下潜过成千上万次，您也不会感到腻烦，因为海洋是如此广阔，更是如此难以捉摸。本书讲述了我们的冒险和我们的经验。希望它能够帮助您更好地完成您的冒险并为之增添新的梦想，因为最美的潜水经历永远在明天等待着我们。

短暂的友谊
红海中的神奇时刻……几只海豚接受了潜水者的陪伴，与潜水者嬉戏了片刻。

极限潜水

　　本书中介绍的某些目的地具有罕见的气候条件或者令人紧张的特殊潜水环境。除了能遇见体形或数目令人震惊的动物之外，潜水者还可能遇到四大困难。首先是令人眩晕、无参照物的深度，这正是大蓝洞或者某些可能遇见"大家伙"（即大型鱼类）的外海潜水点的特点。其次需要掌握平衡，同时电脑必须保持监控。接下来是"深海"——50米甚至更深，那里会有一个特殊的景点，比如沉船。这种类型的潜水尤其不能临时起意，而应准备好几个用于阶段减压的安全气瓶和一个精密计时器。

　　洞穴潜水（未经洞穴勘探不得入内）需要完美的自控能力，因为我们有时会置身于完全的黑暗中，还需要十分熟悉地形。从看不到出口时开始，您需要使用一根"阿里阿德涅之线"。

　　最后，极限条件是下潜到非常冷的水里，甚至是冰层之下，这就要求事先接受如何使用特殊密封性装备的培训。

MÉDITERRANÉE
地中海

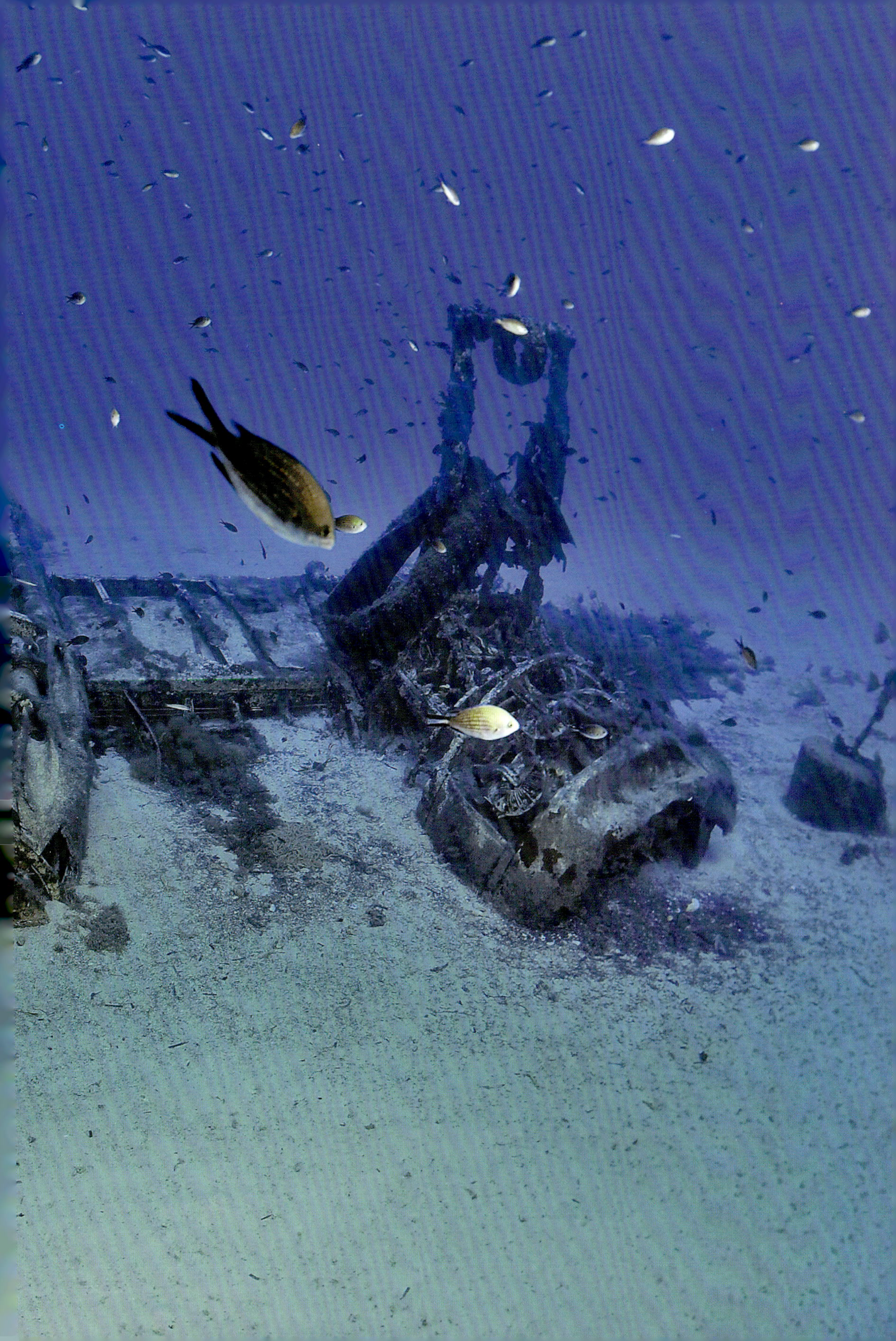

作为欧洲文明的摇篮，地中海对欧洲南部国家的发展和东西方之间主要的经济文化交流做出了很大贡献。面积大约 250 万平方公里的地中海是一个几乎完全封闭的海洋。它与外界仅有的几个通道是连接大西洋的直布罗陀海峡和连接红海的苏伊士运河——这条长 195 公里、宽 170 米、深 20 米的脆弱河沟是 1859—1869 年在费迪南·德·雷赛布（1805—1894，法国外交官）主持下开凿的。

作为一个脆弱的生态系统，地中海承受着海上运输的发展以及沿岸港口和污染严重的工业区的扩张。人类活动的无序增长威胁着这里优美的自然环境。在科学团体和生态协会的推动下，人们开始真正意识到地中海亟待保护。几年来，一些积极的行动使蔚蓝的地中海恢复了健康的面貌。潜水者们也积极宣传这片海水清澈、地形多样的海洋的自然资源，为这一保护行动做出了贡献。鱼类在这里繁衍，这真是太好了……

成千上万珊瑚虫构成的海扇
地中海特有的变形角珊瑚生长成分枝的珊瑚丛，呈鲜红色或黄色，直径通常超过1米。

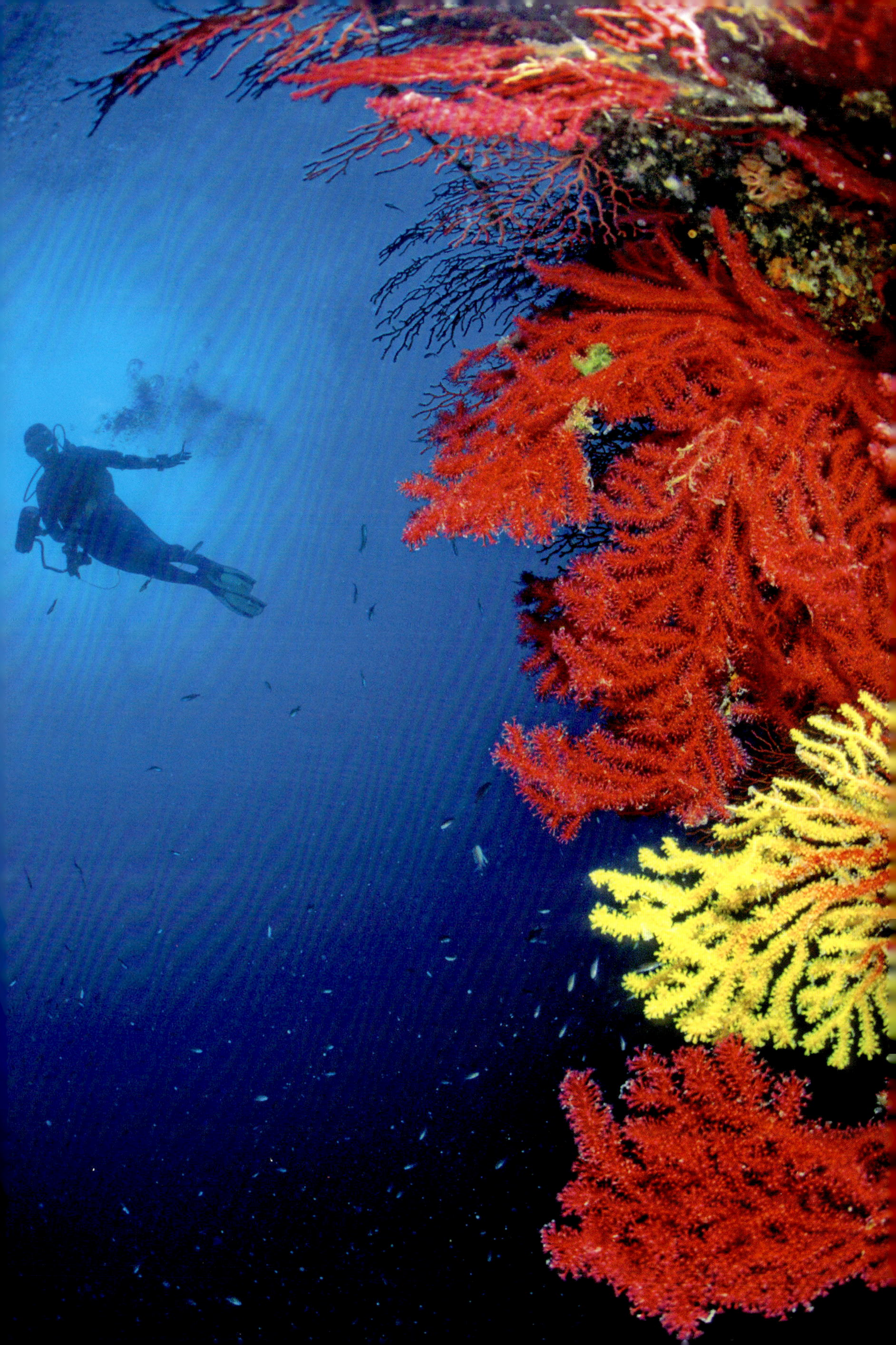

法国 FRANCE

1

克罗港岛
受到保护的大自然

海域中蕴藏着地中海最美丽的海草之一。维持海洋生物平衡必不可少的这些海草向鱼类敞开了怀抱，让它们在其中隐藏鱼卵。那里还隐蔽着种类繁多的软体动物。潜水者既可以在水下原野上漫游，又可以参观海底崩塌的巨大岩石，但它们的高度几乎不超过 20 米。

从瓦尔省满是美丽棕榈的耶尔群岛主岛出发，航行约 45 分钟，就到达了同属于该群岛的克罗港岛。这个长 4.5 公里、宽 2 公里的岛屿覆盖着 700 公顷的典型地中海丛林，它们在这个轮廓清晰的海岛上依着起伏的地势生长。尽管有常住居民，克罗港岛仍然因其生物丰富度而被归入国家公园之列。这正是它与塞文山脉国家公园共有的特别之处。它的最高点海拔 196 米，因此，天气晴朗时，您可以从海岸上远远望见这座岛。从 1963 年起列入保护范围的海洋公园占地 1288 公顷。公园宽 600 米，环绕着主岛及其附属小岛巴戈岛（Bagaud）。请注意，从 2007 年起，加比尼埃（Gabinière）和拉斯卡（Rascas）两座小岛被划为完整保护区。在这两座小岛上，大自然是主宰，动植物受到完全的保护，游客不得入内。

图 1_ 兼具象征性与入侵性的植物
原产澳大利亚的金合欢（学名银荆）是拿破仑一世的妻子约瑟芬·德·博阿尔内引入蔚蓝海岸的。金合欢曾凭借冬季开花、香气怡人的特性迷住了自然爱好者们，如今又因其入侵性给这个地区带来了一些生态问题。克罗港岛也有金合欢，但得到了控制，以保护稀有物种丰富的当地植物群。

图 2_ 拟态的赤鲉
隐藏在黄色柳珊瑚和红色柳珊瑚（变形角珊瑚）中的一只赤鲉正在等待它的猎物。这条长 30—50 厘米的鱼凭借其完美的拟态伺机捕食。它那带凹槽的背鳍棘连着一些毒腺，可以在接触敌人时刺伤对方，使其遭受剧痛。

有趣的物种

据统计，克罗港岛海域中有 300 多个物种。不幸的是，我们再也见不到大型红珊瑚丛或者僧海豹了（最后几只已在 1925 年灭绝），但是我们欣喜地发现，保护措施使得这些海域中存在的鱼类数量显著增加。它们仿佛知道自己受到了保护，于是任凭潜水者们靠近。但这些主要是无脊椎动物，包括我们观察到的大量软体动物。

腼腆的鱿鱼或章鱼，会躲在岩洞中消磨时光。如果它的洞穴前有一小堆碎石，那就说明它在洞中。

更害羞、更谨慎、更敏感但不失优雅的乌贼是一种美丽的动物，它那半透明的表皮反射着金色的光芒。章鱼有八条腕，而乌贼有十条（八短两长）。它是捕食贝类的高手，习惯昼伏夜出。如果幸运的话，您还会遇到甲壳类动物，龙虾自不必说，还有小螃蟹、海螯虾、对虾……

■ **我们的忠告**

这个美丽的海岛曾经一直躲在地中海的怀抱里，后来被人类置于危险的境地。半个世纪以来对它的保护使潜水者们能够重新在这个富有一千零一种生命形态的丰富世界中遨游。从 2001 年起，克罗港岛成为法国唯一被列入"地中海特别保护区"的景点。它是一个值得效仿的榜样，尽管夏季大量的游客仍在对海洋空间造成无法容忍的污染。

图 1_ 条纹洞穴虾
独角红虾生活在深海的洞穴中。它身长 7—9 厘米，身体呈半透明状，有条纹。

图 2_ 石鲉
石鲉可以通过光溜溜的下颌来辨认。它生活在隐蔽处，主要以甲壳动物为食。

图 3_ 斑点猫鲨的产卵
斑点猫鲨用柔软的黏性细丝将卵膜固定在海藻、石头或柳珊瑚中。

图 4_ 地中海红珊瑚
与柳珊瑚相近的红珊瑚在克罗港岛海域业余潜水者能够到达的深度重新出现，这得感谢当地采取了有效的保护措施。

"蛇发女妖"之夜

作为海胆和海星的远亲，同属于棘皮动物门的筐蛇尾又名"蛇发女妖"，因为它让人联想到美杜莎——神话中那个头上长着许多触手的妖怪。筐蛇尾讨厌光，因此要等到夜晚才展开它的十几条多枝的腕，形似一丛乱蓬蓬的灌木。在一个洋流区里（即使洋流很弱），它总是挂在一株柳珊瑚上，像过滤器一样捕捉悬浮的有机颗粒。完全伸展开的筐蛇尾直径达 50—80 厘米。这是一种深海动物，人们在 30 米深的海里就能见到它，但是它也可以生活在水下 800 米深处。这个物种是它所属的群中唯一存在于地中海的物种，通常出现在炎热的区域。

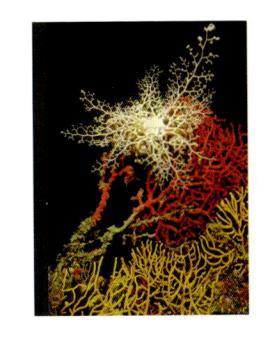

地中海

适宜时期

　　夏季当然是在克罗港岛周边潜水的理想时期。但是，由于游客数量日益增长，七八月份会有大量潜水者涌入，给人一种拥挤混杂的印象。6月，水温稍凉，但海水格外澄澈。9月至10月中旬，水温仍然适宜，天气晴朗的时候，海水清澈，鱼类繁多。

相关信息

　　一年四季，克罗港岛海域的船只络绎不绝，尤其是休闲帆船。您可以在土伦（Toulon）或耶尔（Hyères）港口上的一些专业旅行社租赁小艇，进行多日的船宿潜水。

1

克罗港岛的生态系统很脆弱，每年接待 10 万多名游客。这个岛常年接待 1000 多名驾船游客，他们的行为常常不负责任，危害了较为茂密的海底植物的繁殖。

耶尔的多个潜水俱乐部都在天气允许的情况下定期组织去克罗港岛国家公园潜水。只有一家太阳潜水俱乐部（Sun plongée）直接设在国家公园内。这家创建于 1985 年的俱乐部对当地情况非常熟悉。

除了游客蜂拥而至的夏季外，您很容易在耶尔附近找到住处。

克罗港岛也是一个植物保护区，有各种各样的天然植被，如冬青栎、橡树和松树。人们尤其喜爱白欧石楠，其中某些品种高达 6 米。

这里鸟类众多。如果有耐心而且运气好，您可能会见到艾氏隼，它是非常稀有的物种，比与它同属的大部分隼体形更大、颜色更丰富。

几点建议

如果您想充分享用克罗港岛的众多潜水点，最好的方法是坐船出海，并在夜晚停靠在邻近的波克罗勒岛（Porquerolles），大约 10 分钟航程。

建议您趁此机会在这里进行一次短暂的夜间潜水，这里的海底完全是另一番景象，因为有更加丰富的生物而充满活力。

您也可以在曼港海湾（baie de Port-Man）系泊，但这里常常人满为患。如果您向往些许宁静，可以在国家公园之外寻找一处小海湾。

图 1_ 非常丰富的植被
异常繁茂的地中海植被使克罗港岛成为地中海上一道美不胜收的风景。

图 2_ 入乡随俗
您可以租一条平底渔船——地中海地区的一种传统渔船，并请一位当地水手驾船带您前往各个潜水点。

实践指南	潜水等级 ★★ 潜水质量 ★★★ 鱼类 ★★★	环境 ★★★ 感觉 ★★★ 生物多样性 ★★★★	摄影摄像 ★★★ 旅游价值 ★★★★ 性价比 ★★★

一月	二月	三月	四月	五月	六月	七月	八月	九月	十月	十一月	十二月
11℃	12℃	13℃	16℃	19℃	22℃	25℃	25℃	23℃	19℃	15℃	13℃
12℃	11℃	12℃	13℃	15℃	18℃	21℃	22℃	22℃	18℃	15℃	13℃

法国 FRANCE

2

拓湖
海马的洞穴

1

观察海马的地方主要在拓湖西南面的古纤道上，还有塞特（Sète）的巴鲁海湾、巴拉吕克莱班附近的波尔多液浮桥和梅兹（Mèze）的托罗斯海滩沿岸。拓湖是欧洲最有名的海马聚集地之一，然而每公顷海域也只不过有三十来只海马，因此必须有当地专业人士陪伴才能进入最佳潜水点。

2   3

4

图 1_ 结壳的牡蛎
牡蛎壳的表面覆盖着一些球状被囊动物——海鞘。

图 2_ 头碰头的会面
在拓湖潜水可以近距离观察长吻海马，它会从容不迫地在距离您的面镜几厘米的地方搔首弄姿。

图 3_ 海草中的小憩
因为泳技平平，长吻海马有时会用它能卷曲的尾部挂一株海草。它主要在波喜荡草和大叶藻附近生活。

图 4_ 擅长掘地的猎手
这只长吻海马正挖开沙子寻找小猎物（鱼苗、甲壳类），并迅速用它那没有牙的管状口吸食猎物。

面积 7500 公顷的拓湖是朗格多克-鲁西永大区最大的咸水湖（长 19 公里）。这个潟湖构成了一个平均深度为 5 米（最深处 32 米）的复杂而脆弱的生态系统。该地是许多鸟类（主要是蹼足类和涉禽）繁殖和过冬的区域，也庇护着一个最有趣的海底动物群。湖水的盐度根据季节、洋流和风向（主要是地中海沿岸的西北风）而变化，因此这里的海洋动物极其多样，令潜水充满惊喜，如入奇境。

拓湖里的浮游植物非常丰富，但能见度却罕见的好。尽管夏季的海马似乎更多，但最好还是在 4—6 月份潜水，之后阳光会加速光合作用并增高水温，

图 1_ 蜘蛛蟹的拟态
蜘蛛蟹因蟹脚很长而得名。它通常隐藏在海绵下面。

图 2_ 最常见的欧洲蟹
普通滨蟹被视为一种侵入了地球其他海域并在那里定居的物种。

图 3_ 夜间猎手
在拓湖常见的乌贼的体表覆盖着色素细胞，使它能够随意变换颜色。

图 4_ 一朵捕食的假花
角海葵又名"海洋之花"，是一种与海葵近似的刺胞动物，生活在它自己分泌的黏液管鞘中。

促进藻类生长，从而导致海水变绿。

由于潟湖的水不深且湖底有粉末状的沉淀物，潜水时保持平衡是很重要的。

毋庸置疑，最有名的潜水点就是"波尔多液浮桥"（ponton de la Bordelaise）。这个潜水点因曾经用作波尔多液（本地制造的用于葡萄树的杀真菌剂）卸船点而得名，可以从海上、从海滩或直接从浮桥抵达。矗立在地平线上而且不幸还被用作垃圾场的那家水泥厂相当令人倒胃口。

只需要用脚蹼划几下水，我们就能看见一丛大叶藻，海马和海龙就藏身其中。随后，在浮桥的周围和下方，各种汽车的轮胎和骨架以及各种垃圾变成了人工微型礁石，许多海洋动物穿梭其间。我们可以停留片刻，观察各种蠕虫、被囊类、蟹和小鱼等。

另一处有名的潜点是"餐桌"（Les Tables），这里的环境完全不同，非常独特。潜水者在悬挂着牡蛎的贝类养殖框架（"餐桌"）周围活动并穿梭其间。拓湖实际上也是因它的贝类养殖业——布奇盖牡蛎和贻贝——而闻名的。这些双壳类动物没有清洗之前，壳上布满了活的凝聚物：藤壶、被囊动物、角海葵、鳒鱼、鰕虎鱼，各种甲壳动物，等等。

有趣的物种

长吻海马是当地的大明星。我们可以在海草丛中或贝类养殖场里遇见它。这种长 10—15 厘米的怪鱼的特点是直立游泳且头部轮廓像马头。我们可以通过它的白色斑点、长吻和高耸的背鳍将它与其他鱼种区分开来。请注意，海马没有通常覆盖鱼类体表的鳞，它的皮肤下面有骨片构成的一种保护甲。而且，特立独行的海马是由雄性来育卵的！

■ **我们的忠告**

这个潜水点尤其令生物学家、微距摄影高手和所有对极罕见又奇特的海底微动物群好奇的人喜出望外。这将是一次奇怪而又激动人心的潜水经历。

地中海

图 1_ 在自然与工业之间
身处一个被各种工厂包围的环境中，拓湖为我们奉上了一处宁静的、野生动物丰富的风景，尽管它的某些水域已经被污染了。

图 2_ 牡蛎花环
挂着欧洲平牡蛎的贝类养殖平台的支柱创造了一种相当魔幻的中间色调的环境，需要在逆光下欣赏。

适宜时期

因为拓湖的海水较浅，只要太阳照常升起，全年的水温都相当舒适。春天水更清澈，夏末动物更多。但是度假旺季却令人失望。

相关信息

拓湖潜水俱乐部（Club Thau plongée）十几年前在巴拉吕克莱班成立，完全了解拓湖所有最好的潜水点及它们的特点。位于塞特的蓬斯潜水俱乐部和塞特潜水学校能够根据气候条件安排在海上或拓湖内潜水。这些都是法国潜水学校旗下的知名培训中心。这里还有 PADI 旗下的几家中心。

几点建议

在拓湖潜水有时也会令人倒胃口，因为潜水者必须在各种垃圾中间穿梭才能发现此地的动物宝藏。一套性能良好的潜水服（尤其是潜水手套）是必不可少的。

聪明人会早早起床（尤其是夏季），以便第一个去探索这些潜水点。此时海水的能见度最佳（偶尔能超过 5 米），因为还没有任何潜水者扬起覆盖海底的泥沙。

在旅游和美食方面，巴拉吕克莱班（温泉疗养区）、布奇盖（贝类养殖）、梅兹（水产养殖、生态区）、马瑟伊兰（商业港口、诺里帕特干威末酒的酒库）和塞特（海滩、峭壁公路、国家森林）都是来埃罗省（Hérault）的游客不可错过的驿站。

实践指南	潜水等级 ★ 潜水质量 ★★ 鱼类 ★★	环境 ★★ 感觉 ★★ 生物多样性 ★★★	摄影摄像 ★★★ 旅游价值 ★★★ 性价比 ★★★

一月	二月	三月	四月	五月	六月	七月	八月	九月	十月	十一月	十二月
8℃	10℃	14℃	16℃	18℃	23℃	26℃	26℃	22℃	18℃	14℃	10℃
15℃	16℃	17℃	18℃	19℃	20℃	23℃	24℃	22℃	20℃	18℃	16℃

地中海

西班牙 ESPAGNE

3

梅德斯群岛
水下生命的聚集地

塔斯贡岛（Tascons）是位于梅德斯群岛南部的一个岩石群，因栖息着一群很常见的大石斑鱼而闻名。

大梅德岛名气稍逊，海洋生物以波喜荡草为主。然而，这里却是微距摄影爱好者和生物学家钟情之地，因为浓密的波喜荡草丛中隐藏着许多无脊椎动物。

最美的珊瑚聚集地位于加莱塔角和德乌礁之间。这是一片连续的几乎垂直的峭壁，在海水清澈的时候绝对值得一游，而且这里的海水经常是清澈的。

图1_ 黄脚银鸥
黄脚银鸥是主要分布在地中海的一个物种，春季在梅德斯群岛筑巢，甚至将卵产在地上。这种鸟以小鱼和食物残渣为食。

图2_ 大石斑鱼巡逻队
在地中海已经很罕见的乌鳍石斑鱼是潜水时常见的最大的鱼类之一。某些品种体长超过1米。

26

环球潜水攻略

梅德斯群岛（îles Medes，西班牙语为"Med-as"）是一个由 7 座大岛和若干小岛组成的小群岛，距离布拉瓦海岸（Costa Brava）最北端的海滨浴场埃斯塔蒂特（Estartit）不到 1 公里。这里是一个十分美丽的海洋保护区。人们在两座主岛——大梅德岛（Meda Grande）和小梅德岛（Meda Petita）以及分散在地中海海面上数不清的礁石周围潜水。这个海盗的老巢从 1934 年起就无人居住，变成了叽叽喳喳的海鸟们的殖民地。这里是黄脚银鸥在地中海最重要的筑巢区之一，据统计，在繁殖期，这里有 7000 多对黄脚银鸥。

有趣的物种

尽管没有达到热带海洋里的鱼群密度，但海洋公园里的鱼类数目之多也相当惊人。我们在那里可以见到：狼鲈、鲷鱼、鲹鱼、石首鱼、鲻鱼、鲐鱼、鲉鱼、鲕鱼、小鲷、叉牙鲷、隆头鱼、光鳃鱼和其他鱼种，早在二十世纪五十年代，它们已经令海底探险先驱们——雅克-伊夫·库斯托、菲利普·泰莱芝和弗雷德里克·迪马赞叹不已了。

人们来梅德斯群岛潜水主要是为了看乌鳍石斑鱼，它们的平易近人令人吃惊，这完全是因为潜水者们经常投喂它们。自二十世纪九十年代起，这个区域受到了全面保护，一种宁静的氛围似乎在定居此地的各鱼种之间传递，包括石斑鱼。

图 3_ 出人意料的拯救

乌鳍石斑鱼从前有个不恰当的名字：黑石斑，如今科学家们称它为"乌鳍石斑鱼"，有人称它为"地中海石斑鱼"，这也不准确，因为人们也会在南美洲和非洲的大西洋沿岸和印度洋西部遇见它。不过，它属于法国海岸的代表性鱼种，但在二十世纪八十年代险些灭绝。尽管这种石斑鱼一直被世界自然保护联盟（IUCN）列入"濒危"物种，但我们还是看到它们正在许多地方重建群落。在梅德斯群岛，它们的数量从未减少，而且该地的全面保护使人们能见到一些尺寸惊人的品种。一条石斑鱼的预期寿命约为半个世纪，那时的它能达到约 150 公斤重，但是这么大的品种在这里已经找不到了。

与海鲂的幸运邂逅

因为长长的背鳍和椭圆身体正中一个靶心似的黑点而很容易辨认的海鲂是一种主要生活在深海中的大鱼。尽管这种鱼不是特别罕见，但它与潜水者们的邂逅也具有随机性。由于梅德斯群岛二十多年来受到的全面保护，这个区域是观察鲷科这个代表鱼种的活动的最佳地点之一。

体长可达 75 厘米、最大体重 8 公斤的海鲂主要以沙丁鱼、鳀鱼和小鲱鱼为食。它以庄严而起伏的泳姿追逐这些鱼群，看似缓慢，实则迅疾。沿着梅德斯群岛被繁茂的五彩珊瑚覆盖的峭壁处潜水时，我们会遇到这个离群索居的鱼种中的一些幼年成员。海鲂的俗名"圣彼得"来自一个传说，相传这种鱼体侧的那个斑点是奉耶稣之命钓鱼的使徒圣彼得留下的拇指印。

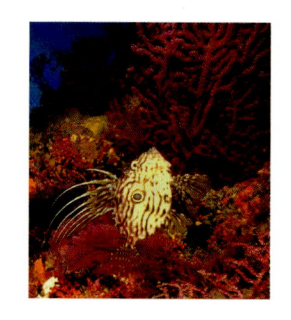

地中海

乌鳍石斑鱼最长可达 1.4 米，重 165 公斤，是地中海最大的鱼类之一，比它更大的只有长 10 米、重 6 吨的姥鲨，翻车鱼，成年鱼长 3 米、重达 2 吨以及重量能超过 500 公斤的北方蓝鳍金枪鱼和剑鱼。

石斑鱼出生时都是雌性。12 岁达到 75 厘米长的石斑鱼就变成了雄性，从而保证了繁殖方面非常有效的自然选择。这些鱼蜷缩在洞穴或阴暗的崩塌岩石中伺机捕食，一旦见到猎物就会突然蹿出，贪婪地一口咬住。

在其他体形较大的鱼中，石首鱼显得胆怯，躲在岩石缝里以免被打扰。泽生海鳝体表颜色各异，在这里通常用黄色大理石花纹装扮自己。这里的海鳝似乎比热带海域里的那些更加好斗，至少它们给人的印象是这样的。

地中海的整个水下动物群都在梅德斯群岛展现无遗，这里的确是地中海西部物种最丰富的潜水胜地之一。人们有时甚至能在这里看到成群的鲟鱼甚至纳氏鹦鲷从身边游过。

图 1_ 黄嘴三鳍鳚
这条德氏三鳍鳚是一条雌鱼，因为雄鱼的头部几乎全黑。这种鱼生性稳重，体长 7—9 厘米。

图 2_ 欧洲天竺鲷
长约 15 厘米的欧洲天竺鲷通常在洞穴入口处营群居生活，捕食小型无脊椎动物。雄鱼在口中孵卵。

图 3_ 年幼的绿隆头鱼
地中海里常见的绿隆头鱼体色多变。图中是一条在它经常栖息的波喜荡草丛中受到惊吓的幼鱼。

图 4_ 杂斑盔鱼
此地数目众多的杂斑盔鱼是喜欢转圈游泳的鱼，生活在礁石附近或海草丛中。图中的这条雄鱼比雌鱼的色彩更丰富。

图 5_ 显鲉
体长超过 15 厘米的显鲉是一种长着可怕的能分泌毒液背鳍棘的鱼。它一动不动地埋伏在礁石上，伺机捕食冒失乱闯的小鱼。

图 6_ 面对面也不怕
地中海扁隆头鱼一点也不怕鲉鱼，因为它们体形相当。生活在不到 25 米深处的它以软体动物和甲壳动物为食。

无所不知

1978 年之前，西班牙还允许穿自行控制潜水装备进行水下捕鱼。1983 年，加泰罗尼亚（Catalo-gne）政府将梅德斯群岛列为自然保护区，禁止在该群岛周围 75 米范围内进行水下或海上捕鱼或以高于 2 节的速度航行。自 1990 年起，禁区扩大到群岛周围 200 米，这就解释了为什么礁石的水下部分隐藏着那么多的动物。

截至 1994 年，国家公园内的潜水总次数已达到每年 8 万次，从那以后被限制到 6 万次，这个数字也已经很可观了。对潜水者行为的规定更加严格，禁止潜水者触碰任何地方。

地中海中西班牙沿岸另一个较大的潜水点是巴利阿里群岛（îles de Baléares）。马略卡岛（Majorque）的洞穴因水下钟乳石和石笋而闻名。帕尔马（Palma）以南 28 海里（约 52 公里）处的卡夫雷拉群岛（Cabrera）是一个国家公园和海洋保护区，那里的鱼类丰富性可与梅德斯群岛媲美。请注意，在伊维萨岛（Ibiza）也能找到一些非常有趣的沉船残骸。

适宜时期

7 月至 9 月底之间，海水清澈温暖。由于夏季这里会被来自整个欧洲的潜水者攻陷，您最好在 6 月和 9 月来，那时候海水的能见度和海洋动物的多样性最佳，而且比喧闹的夏季要安静得多。

相关信息

凭借梅德斯群岛的盛名，埃斯塔蒂特在潜水方面也得到了大力开发，潜水中心的数目迅速增多。在最好的几家中，美人鱼潜水中心（Sirena）拥有装备精良且舒适的游船。如今，法规规定每天的潜水者人数不能超过 400 人，以限制过度开发导致保护区不可避免的损坏。梅德斯群岛至少有 8 处较大的潜水点，其中最有名的是海豚隧道（Dolphi）。这是一条长 12—20 米的隧道，入口处有一个海豚的雕塑，按照传统，进入隧道时要拥抱它，以求得到它的保护。

费雷内尔（Ferrenelles）是在 20 米深坡度较缓的海底开发的潜水点，这里的小鱼密度惊人。人们可以在这里看到别处不常见的狗鱼和石首鱼。梅达佩皮塔（Meda Pepita）的巨大礁石堆形成了一些四通八达的洞穴。它们给人的印象是在岩壁上钻了许多洞，就像一块瑞士格鲁耶尔干酪。羊肠小道交织成网，潜水者可以在其中穿梭。但是当心不要在这个迷宫里迷了路！

地中海

29

拉瓦卡（La Vaca，意为"母牛"）以通往外海的多个石拱闻名，这里逡巡着石首鱼、石斑鱼、鲷鱼、光鳃鱼，有时还有鳐鱼。

几点建议

由于潜水可能在较深处（40 米左右）进行，尤其为了欣赏最美的珊瑚，您需要装备一套 6—7 毫米厚的潜水服，夏季也是如此。另外不要忘记戴一盏头灯，以便欣赏珊瑚鲜艳的色彩。

国家公园内禁止夜间潜水，需等到日出之后才能进入。很遗憾，因为夜里有许多值得探索的奇观！

注意，埃斯塔蒂特的许多潜水俱乐部都要求出示健康证明，不要忘记带哦！

梅德斯群岛，一群世外小岛

这片只有 23 公顷的水下保护区在加泰罗尼亚首屈一指。二十多年来，它一直受到全面的保护，得以重建起非常平衡的生态系统。海岸附近和特尔河（le Ter）河口带来了大量的有机物，促进了浮游生物的迅速繁殖，使这里表现出生物多样性。露出海面的部分是一个鸟类保护区，据统计，这里栖息着 60 种鸟。

实践指南	潜水等级 ★★ 潜水质量 ★★★ 鱼类 ★★★	环境 ★★★ 感觉 ★★ 生物多样性 ★★★	摄影摄像 ★★★ 旅游价值 ★★★ 性价比 ★★★

一月	二月	三月	四月	五月	六月	七月	八月	九月	十月	十一月	十二月
14℃	16℃	18℃	20℃	22℃	26℃	28℃	28℃	25℃	23℃	18℃	15℃
14℃	14℃	14℃	15℃	17℃	20℃	23℃	25℃	23℃	21℃	18℃	15℃

法国 FRANCE

4

卡尔维
甲壳动物的乐园

卡尔维周围的许多小海湾提供了全年或几乎全年无限制潜水的可能性。

在风平浪静的日子里，卡尔维周边海域是地中海法国沿岸最清澈、生物最多样的海域之一。曾经禁止潜水的斯康多拉保护区（réserve sous-marine de Scandola）如今有几个区域已经开放。被列入联合国教科文组织《世界遗产名录》的这个区域蔚为壮观，海底谷被茂密的红色柳珊瑚覆盖。

位于科西嘉岛（île de Beauté）西北海岸的卡尔维（Calvi）是上科西嘉省（Haute-Corse）的首府，距离尼斯（Nice）173公里。这个古老的要塞保留了它的城堡。城堡占据了一个战略位置，从那里可以俯瞰整个海岸。海岸上点缀着几片海滩，边缘栽种着海岸松。

尽管具有浓厚的旅游气息，卡尔维仍然是一个安静的小镇，因为这个只有5000多个居民的小镇成功地保留了它那典型的属于科西嘉岛的魅力。这是地中海潜水活动的一个战略性基地，因为这个潜水胜地的避风性极佳。

有趣的物种

鱼类方面，除了传统的鲉鱼、隆头鱼、鲷鱼和石首鱼，人们还时常在卡尔维的海域中见到石斑鱼和海鳝。但是最引人入胜的无疑是与无脊椎动物的相遇，还有当地人一直小心翼翼保守着的"红珊瑚矿"传说的秘密。

图1_ 海蛞蝓
海蛞蝓（Cratena peregrina）是一种漂亮的腹足纲软体动物，长3—5厘米，背部的鳃羽用来呼吸和消化。

图2_ 一丛海草
大叶藻是一种草本植物，它的长条形叶子可达1米长，夏季生刺。

地中海

仔细察看礁石的洞穴，就会发现龙虾和其他甲壳类动物——蟹、对虾、海螯虾、蜘蛛蟹、铠甲虾和虾蛄，它们为潜水者奉上了一场视觉盛宴。尤其不能错过的是龙虾滩（sec aux langoustes）——遗失在海底沙滩中的一个很小的岩丘，只有晴朗的日子才能找到。这里还因为巨大的变形角珊瑚而闻名，它们伸展开鲜红的扇面，在水下30多米孤芳自赏。

在一些礁石堆区域，比如"图书馆"（bibliothèque），人们可以饶有兴致地仔细观察地中海呈现给我们的各种裸鳃类动物。应该想办法让它们从洞穴里出来去追逐它们最爱的猎物——多孔动物和水螅。

图1_ 小虾蛄
小虾蛄是一种甲壳类动物，因肉质鲜美而被过度捕捞，导致日渐稀少。

图2_ 与海葵共生的寄居蟹
这只大寄居蟹与寄生海葵共生。

图3_ 铠甲虾
铠甲虾是一种甲壳类动物，可以通过它的蓝色条纹辨别。

被淹没的 B17 轰炸机

正对着城堡、沉睡在卡尔维海湾水下28米处的这架飞机是1944年2月14日从意大利福贾（Foggia）基地起飞的。它的目的是轰炸维罗纳（Vérone）的货运列车编组场。由美国空军少尉弗兰克·G.沙普利克（Franck G. Chaplick）驾驶，载着9名行动队员的这架B17轰炸机被德国大炮击中。在两台发动机起火、三人被射死的情况下，飞行员试图在科西嘉岛上着陆。最终他强行在水上安然无恙地降落，挽救了幸存的士兵。如今，这架飞机的残骸保存较好，值得参观，即使仅仅是为了它的历史价值并向沙普利克少尉的功绩致敬！

图4_ 棘刺龙虾
棘刺龙虾正变得稀少，尤其是较大的品种。它以软体动物为食。

图5_ 蜘蛛蟹
地中海特有的蜘蛛蟹的甲壳直径可达25厘米。

图6_ 穴居虾
地中海猬虾长达8厘米，以它的长螯为特征。

适宜时期

卡尔维由于灿烂的阳光而成为非常受欢迎的夏季度假胜地。来自全欧洲的游客和潜水者蜂拥而至，导致价格攀升！建议您在 6 月或 9 月秋分之前来享受温暖而漫长的白天，因为这个时期的海洋动物非常丰富。透过平静的海面，可以看到数不清的无脊椎动物。

相关信息

如果您时间紧，就乘飞机来卡尔维，否则可以从马赛或尼斯乘船（渡轮），以便存放您的自行车。由于重要的酒店在旺季一律会客满，所以提前预订是必不可少的。

关于潜水中心，海马（L'Hippocampe）、卡尔维潜水（Calvi plongée）、艾比克（Epic）、科西嘉潜水（Diving Corsica）和卡斯蒂利亚潜水（Plongée Castille）这几家设在卡尔维的潜水中心都是最专业的。您也可以选择鲁斯岛（île Rousse）的几家俱乐部，如白鲸潜水（Beluga plongée）或艾比尔（Epir）。

几点建议

建议您在当地找一个好的向导带您去潜水，因为尽管这里不乏有趣的地方，但潜水点并没有清楚的路标。您最好在早晨去 B17 残骸处潜水，此时的海水非常清澈。在这片海域，穿 5 毫米厚的潜水服是一个不错的折中方案。

■ **我们的忠告**

作为潜水者们在科西嘉岛的聚会胜地，卡尔维名副其实。它将地中海珍藏的生机勃勃的形态和多姿多彩的环境奉献给大家。

难得一见的全景

建于十五世纪，加固于十六七世纪的城堡俯瞰着整个小镇和海湾。潜水游船从停泊港出发，尽管游客越来越多，但港口仍保留着合理的面积。

实践指南	潜水等级 ★★ 潜水质量 ★★★ 鱼类 ★★★	环境 ★★★ 感觉 ★★ 生物多样性 ★★★★	摄影摄像 ★★★ 旅游价值 ★★★★ 性价比 ★★★

一月	二月	三月	四月	五月	六月	七月	八月	九月	十月	十一月	十二月
14℃	15℃	16℃	18℃	22℃	25℃	25℃	26℃	24℃	22℃	18℃	15℃
14℃	14℃	15℃	16℃	18℃	21℃	23℃	24℃	23℃	20℃	18℃	16℃

地中海

马耳他 MALTE

5

戈佐岛
在地中海的碧海蓝天之间

1

马耳他周边海域是整个地中海最清澈的海域之一。在日光的斜射下，您有时会感觉自己在一个淡水湖里潜水，没有任何颗粒物阻挡视线。一幅幅随着深度更加鲜艳的蓝色单色画构成了马耳他潜水的主要特色。

2

在西西里岛（Sicile）以南100公里、距离利比亚海岸不到350公里的海面上，有一片小群岛——马耳他共和国，包含马耳他（Malte）、戈佐（Gozo）、科米诺（Comino）、科米诺托（Cominotto）和菲尔夫拉（Filfla）五座小岛，后面两座无人居住。这些典型的地中海小岛呈现出干旱的景象，海岸线犬牙交错，巨大的礁石悬垂于深蓝的海面之上。这里有绝妙的水下洞穴和峭壁，是十分适宜潜水的地方。

鉴于马耳他在欧洲和非洲之间的战略位置，它在历史上就是文明交会的十字路口和至关重要的殖民地。很奇怪，马耳他海域中的鱼类相当稀少，给人的感觉是小岛上的干旱延伸到了海面以下，动物几乎不存在。这要归咎于当地采用极具破坏性的方法进行的密集捕捞。

大量的洞穴保证了潜水者能够在具有艺术摄影光影效果的令人震撼的水下环境中漫步。某些巨大的断层裂缝能够使三四个潜水者同时穿过岩石，但是这些羊肠小道很快就会变窄，使探险旅程更加危险。据统计，戈佐岛有50多个潜水点。这座岛被高耸的峭壁包围，一大半海岸只有乘船才能到达。在海水的侵蚀下，岩石下方缓慢形成了隧道——可穿越的洞穴。

戈佐岛最受欢迎的潜水点无疑是蓝洞。可步行到达的这个15米深的深渊就像岩石上敞开的一扇窗户。穿过石拱门并返回欣赏阳光照耀的氛围之后，我们可以沿左侧游向一片延伸至水下50米的峭壁。在那里（偶尔）有机会看到几条金枪鱼。

马耳他海域约有15条沉船可供潜水者观赏，其中好几条是服役期满后被凿沉的船。位于戈佐岛南侧且靠近科米诺岛的蓝色潟湖的那几条沉船是最有名的。

图1_ 教堂之国
瓦莱塔姆西达区的圣约瑟夫教堂是马耳他首都55公顷土地上的约320座纪念性建筑物之一。

图2_ 为潜水老手准备的沉船
"卡尔维拉"号，一艘50米长的古老渡轮，1957年以"弗里西亚二号"（Frisia II）的名字投入运营，1977年更名为"诺德帕洛马"号（Nordpaloma）。2006年8月12日，它在戈佐岛沿海被凿沉，用作人工暗礁。这艘沉船平躺在水下36—40米深处。

蓝洞的神奇石拱
戈佐岛的蓝洞确定了马耳他潜水的色调,阳光穿过接二连三的洞穴和石拱,营造出一种摄人心魄的光影氛围。

最美的沉船包括"赫勒斯滂"号（Hellespont）、"卡尔维拉"号（Karwela）、"P29"号、"罗兹"号（Rozi）等，它们都位于水下30多米，甚至40多米深处。

有趣的物种

马耳他海域中生存着一些罕见的波喜荡草丛，特别是在科米诺岛的蓝色潟湖一侧靠近科米诺托小岛的一片未开发的海域里，这里是游泳运动爱好者经常光顾的地方。在水下15米深处，我们可以遇到地中海的常见鱼种，主要有光鳃鱼、孔雀锦鱼、纹百鲷和狐鲣。夏季鱼类似乎更多，因为水温非常适合它们活动。不要忘记去探寻岩石坑洼处的无脊椎动物，把它们赶出洞穴，您一定不会一无所获。

在马耳他岛北侧、距离瓦莱塔仅16公里的圣保罗湾，与圣安德鲁俱乐部（Club Saint-Andrew）一起到"金枪鱼笼"中去潜水，可能会是一次不同寻常的经历。在方圆3公里的大海中撒开几张直径50米、容积约20万立方米的巨大渔网，每张网内囚禁着上千条鱼，其中某些鱼甚至超过200公斤重！在水下5—40米深处，鱼儿们在异常混杂拥挤的氛围中跳着令人眩晕的环舞。这番景象令人难忘！

适宜时期

从4月起，马耳他群岛就迎来了平静而晴朗的天气，五座小岛都沐浴在灿烂的阳光中。您应该避开7月和8月，那时不仅酷暑难耐，而且全欧洲的游客都会蜂拥而至。在5月和7月或者从9月中旬

■ **我们的忠告**

马耳他的海底因其格外起伏的地形而不同于地中海的其他许多地区。这里并不适合初学者潜水，因为在洞穴中体验到的情感震撼要求高度的自控力和潜水技术。

至10月底，潜水会更加舒服和安静，因为那时的水最清澈。12月和1月更凉爽，尽管温度极少降至10℃以下。但是冬季多雨，海水有时会变得浑浊。不过潜水者几乎不需要担心遇到强洋流。

相关信息

马耳他岛上不缺少旅馆，其中不乏出色的旅馆。不幸的是，为数众多的旅游综合设施好像一座座堡垒，使人们感觉自己突然置身于时代之外，也置身于马耳他当地生活之外。

旅游潜水在这个国家已经发展了三十多年了，现有五十多家潜水俱乐部！在马耳他岛上，俱乐部集中在距离广阔的瓦莱塔港两步之遥（马耳他岛全长只有25公里）的圣朱利安湾（St.Jullian's Bay），更多地集中在圣保罗湾（St. Paul's Bay）。还有一些俱乐部设在岛西侧的梅利哈湾（Mellieha Bay）。

而在戈佐岛上有十几家潜水俱乐部可选。英语是这个国家的官方语言（欧元是流通货币）。马耳他最受青睐的潜水点之一是阿赫拉什角（Ahrax Point），这里有一大丛波喜荡草，据统计，其中栖息着300多种海洋动物。在科米诺岛，水下15米深处有圣母玛利亚洞穴群（Santa Marija Caves）的十个洞穴可供参观。岛上最美的峭壁——灯笼角（Lantern Point）是地层断裂形成的。

几点建议

什么也比不上租一艘小帆船，真正享受马耳他潜水的乐趣。尽管这里禁止海上锚泊（马耳他是一个战略区域），但这是能够抵达散布各处、数不清的未开发小海湾的唯一途径。

千万不要忘记基本的安全规则，尤其是在穿越一个未知的洞穴时，需要用到引导线。最后，您要知道，周日在马耳他无法给汽车加油（周日休息）。如果您计划自驾游，需要提前做好准备……

图1_1000条金枪鱼的华尔兹
在圣保罗湾，在地中海捕获的北方蓝鳍金枪鱼被养在巨大的圆形网笼中。一千多条鱼在这个笼子里盘旋。

图2_一个美丽的天然石拱
戈佐岛西侧德维拉湾（baie de Dwejra）的"蓝窗"（Azure Window）石拱因水晶般清澈且相当深（60米）的海水而成为最受青睐的潜水点之一。

图3_适合潜水初学者
戈佐岛玛榭芬湾（Marsalforn）附近的魁巴甲湾（Qbajjar Bay）的盐田是由缓缓伸向浅海的礁石形成的。

实践指南	潜水等级 ★★★ 潜水质量 ★★★ 鱼类 ★	环境 ★★★ 感觉 ★★★ 生物多样性 ★	摄影摄像 ★★ 旅游价值 ★★★ 性价比 ★★★

一月	二月	三月	四月	五月	六月	七月	八月	九月	十月	十一月	十二月
13℃	14℃	15℃	16℃	18℃	21℃	24℃	26℃	25℃	21℃	17℃	15℃
15℃	15℃	15℃	16℃	18℃	21℃	24℃	25℃	23℃	23℃	20℃	17℃

地中海

MER ROUGE

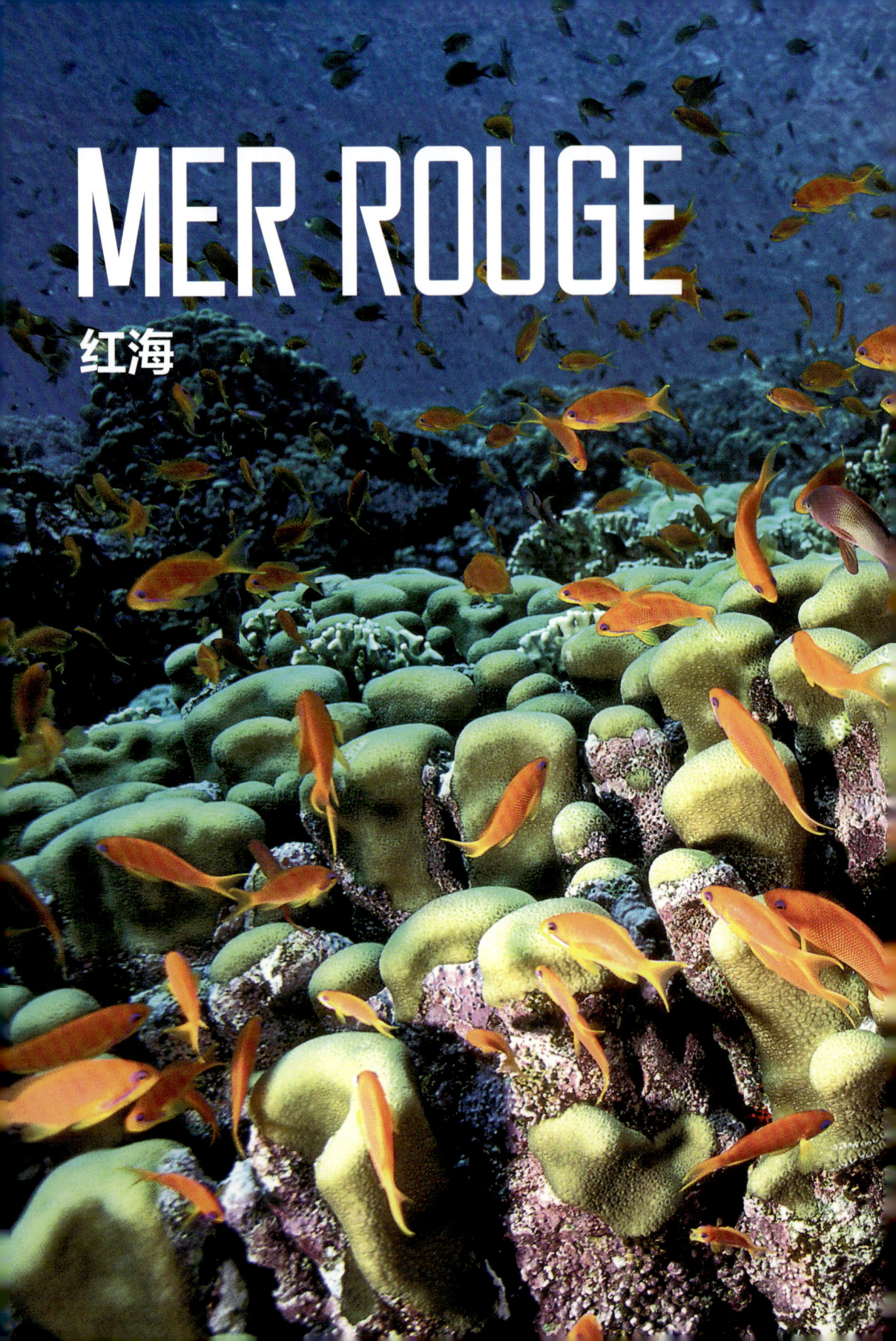

红海

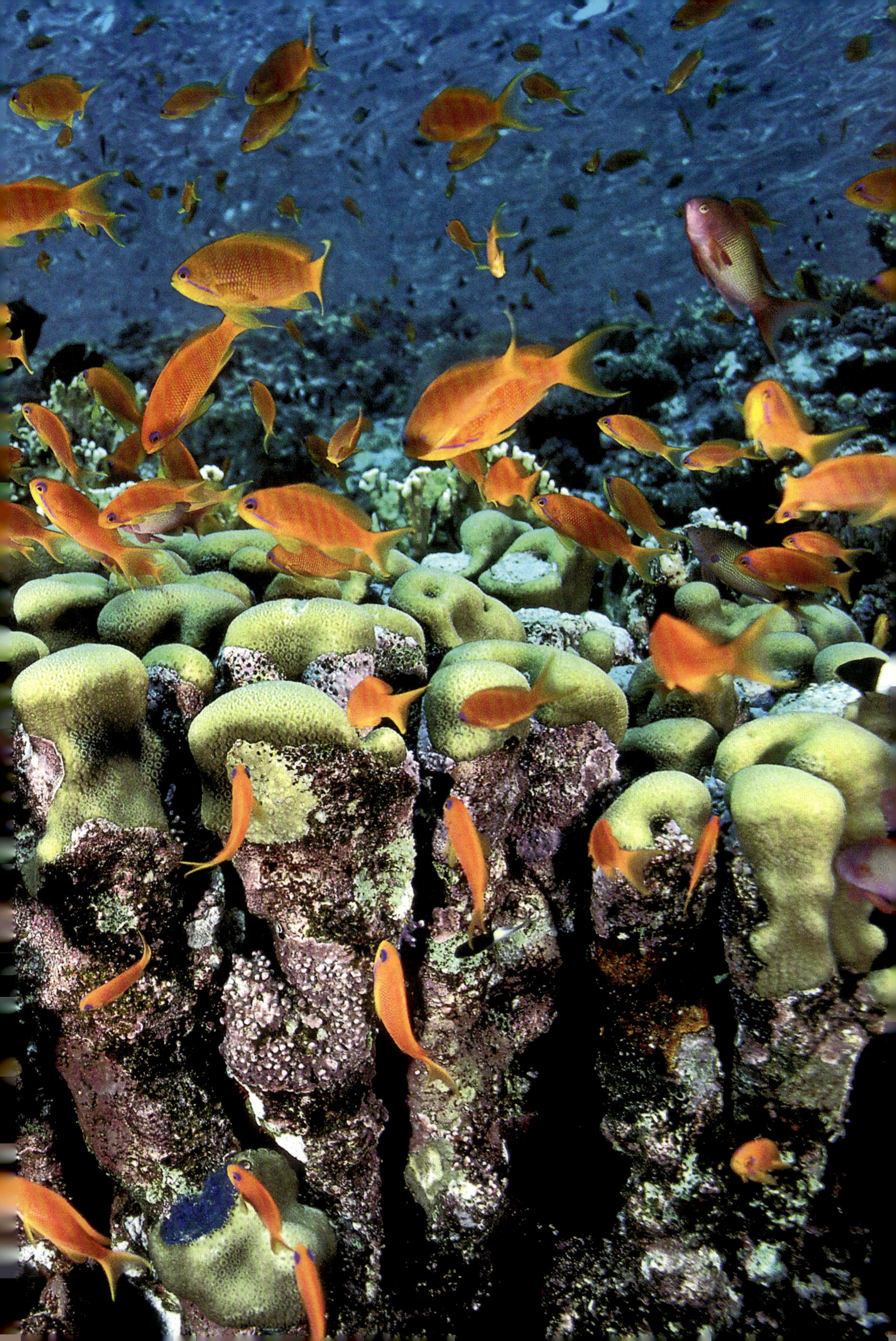

被誉为全球水下天堂之一的红海名副其实,它为欧洲旅行者提供了最容易接近、具有无双性价比的"热带风情"潜水胜地。五彩斑斓的奇景中聚集的无数海洋生命保证让您有一种完全的新奇感。最近几年人们对红海进行了大规模的旅游开发,但这个国际局势非常紧张的地区特有的地缘政治问题使红海旅游具有一定随机性。然而,无论是船宿潜水还是旅馆住宿和白天潜水,红海提供的服务都是世界最佳水准。

作为成功的代价,红海北部的潜水点属于世界上游客最多的潜水点,人类的出现影响了珊瑚礁的寿命。为了保护这份平衡性很脆弱的自然遗产,同时也是经济发展的重要来源,当地政府颁布了一些保护珊瑚礁的规则,不再允许海上锚泊,而且潜水点的船舶数目受到了限制。但是,不稳定的政治局势严重威胁着这些良性行为的持久性,而保护自然很少成为革命优先考虑的对象。这就需要负责任的、尊重自然的潜水者成为这个带给他如此多欢乐的美妙世界的第一保护者。

一场多彩的芭蕾舞
探索红海的珊瑚礁给人一种在魔幻花园中游泳的感觉,因为珊瑚的颜色鲜艳而多变。这里或许是世界上最好的热带潜水入门之地,因为潜水条件各方面都很好(适宜的洋流、温暖的海水、极佳的能见度、轻易可达且登记清楚的潜水点、舒适的游船、称职的工作人员)。照片中,在埃及海域,一条曲纹唇鱼在珊瑚丛中搜寻食物,主要是无脊椎动物。周围几百条丝鳍拟花鮨在一个长满了绚丽多彩的软珊瑚的珊瑚礁花园里游来游去。雌鱼为橘黄色,雄鱼为紫红色,背鳍棘很长,形似里拉琴。

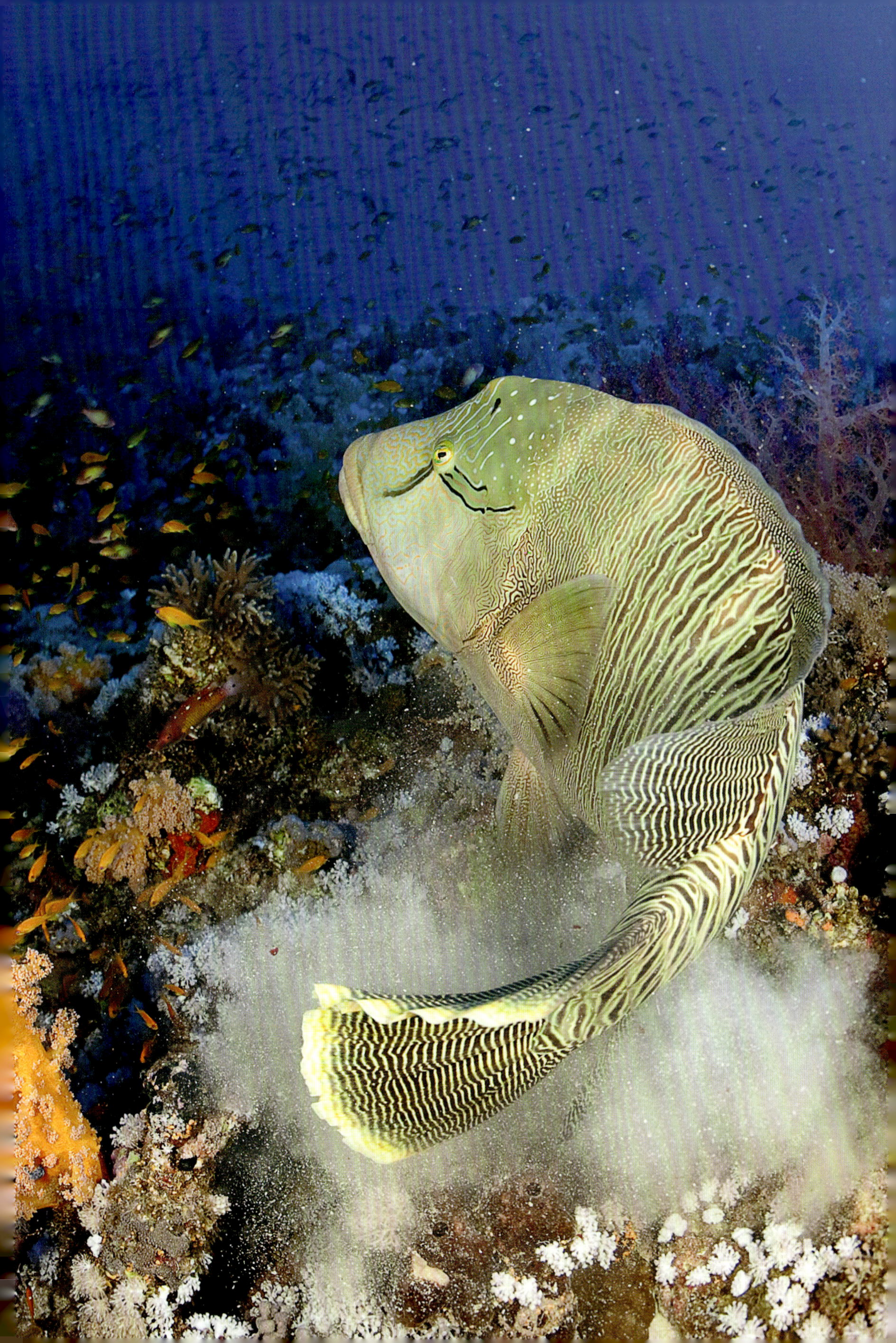

埃及 ÉGYPTE

6

塔巴
伪装能手之家

1990年那场形成一条泥河、摧毁了所有珊瑚的暴雨已经被遗忘。生命在废墟上重新开始，新的珊瑚群也发展起来。但是还需要将近一个世纪才能恢复珊瑚礁最初的繁茂景象。幸运的是，这个区域已经受到了保护。

当您仔细翻找礁石的凹坑或者探索珊瑚礁附近的沙滩时，如果您有极大的耐心，就会遇见这个真正与众不同的地方特有的动物群落。

绿眼睛的舞蹈虾
在埃及相当常见的网纹活额虾也叫"网纹长额虾"。因为它生活在岩石凹坑里，人们通常会在夜间潜水时见到它，并能通过它那双在灯光下发光的绿色大眼睛确定地辨认出它来。这是一个四海为家的物种，也出现在波利尼西亚（Polynésie）、新喀里多尼亚（Nouvelle-Calédonie）和日本海域。

塔巴（Taba），这个位于埃及与以色列边境上的贝都因小城发展很快，已经成为重要的国际商业、政治会议中心。

尽管人们对2004年10月8日那场使希尔顿酒店（hôtel Hilton）毁于大火的爆炸事件仍记忆犹新，塔巴地区最近几年来仍然对旅游业敞开了大门。塔巴南侧小海湾沿岸建起了十几座大酒店。

它们面朝约旦和沙特阿拉伯，坐拥山、海、沙漠之间美不胜收的景色。我们曾经集中在边境附近希尔顿酒店旧址对面令人惊异的珊瑚礁周围进行潜水活动。

在这个地点潜水非常特别。景色虽然令人失望，但当您聚精会神于更微小的细节时，就揭开了一个不可思议的世界的面纱。

有趣的物种

塔巴的特色毫无疑问是蛤蟆鱼或青蛙鱼，学名躄鱼，真正的"伪装之王"。红海有11种躄鱼，非专业人士几乎无法分辨它们。长30—40厘米的康氏躄鱼是个头最大的。这是一个潜伏的捕食者，停在礁石上一动不动，完全融入周围环境，一旦猎物出现，它就张开大嘴，一口将其吞掉。

它一点不擅长游泳，行动缓慢，用形似手的胸鳍支撑身体。人们极少在深于40米的水下遇见它。在这片海域偶尔能见到的10—15厘米长的小蛤蟆鱼是细斑躄鱼。

躄鱼与玫瑰毒鲉争夺"伪装之王"的头衔。玫瑰毒鲉的13条背棘内含剧烈的神经毒液。一旦被它刺中，会非常痛苦，肌肉麻痹，神经系统也会受到攻击。玫瑰毒鲉不具有进攻性，但它完美的拟态总会让人不小心碰到它。

在同一海域，拟鲉属的不同鱼种也是潜在的危险。因此，潜水过程中千万不要碰任何东西。完全无害但同样是隐藏高手的"鳄鱼鱼"也很常见。

图1_完美的拟态

康氏躄鱼穿着它那结壳的长裙,看上去就像被藻类和微小的无脊椎动物侵占的一块死珊瑚。这种可怕的潜伏捕食者用它住处的主色调伪装自己,以至于完全消失在周围环境中,使它的猎物看不见它。它体长30多厘米。

图2_浑身是刺的鲉

作为红海特有的鱼种,髯拟鲉很少超过20厘米长。这是一种温和的鱼,偏爱浅水区(不到30米深)。能很好地融入周围环境的它陷入沙中或者用它所栖息的礁石颜色来伪装自己。由于它动作缓慢,对潜水者不具有任何危险性,但是当心不要把手放在它长满刺的背上。

红海

剃刀鱼

  这些令人惊奇的鱼属于剃刀鱼科，也叫"海草鱼"，这是盎格鲁-撒克逊人给它们起的名字。这是一个只有剃刀鱼属（包含三个种）构成的单一鱼科。只有内行的观察者才能发现完全拟态的这些鱼的存在。它们很容易被错当成一株海藻，尤其是当它们随着水流或波浪漂浮时，看上去好像一动不动。如果潜水者动作缓慢，尤其是当他很慢地呼气，避免气泡的轰鸣声从减压阀里泄漏出来时，海草鱼几乎不会受到惊吓。做好这些预防措施后，潜水者完全可以全神贯注地观察它们。此时他会发现它们微小的透明腹鳍在不停地运动，以确保这种动物在水流中保持稳定。

  这张照片展示了一对长满斑点的剃刀鱼，叫作锯吻剃刀鱼。雌鱼明显比雄鱼大，可能有16厘米长。在塔巴，这些鱼持续不断地在礁石周围出没，因为这里的土质盛产海草。它们主要生活在浅水区（3—15米深）。在礁石区，剃刀鱼总是成对出现，只有在繁殖时才离开大海。通常，深海鱼类会随着洋流在浮游生物中间游动。通常头朝下游泳的剃刀鱼以小甲壳类为食，它们用管状吻吸食猎物。这种管状吻直径小，有利于制造一种低压，无须费力就能形成高效的吮吸效果。

  除了体形明显较大之外，雌剃刀鱼还能从它们腹鳍处的腹囊分辨出来。这个腹囊用来储存雄鱼受过精的鱼卵。它是一个真正的孵化器，因为雌剃刀鱼会一直怀着它的后代，直至孵出小鱼为止。

图1_假玫瑰毒鲉
毒拟鲉与毒鲉相似，但可通过它头部后方的一个隆起来分辨。这种鱼体长不超过30厘米，具有良好的拟态性，似乎常常被藻类覆盖，使它与背景混为一体。

图2_鳄鱼鱼
长头乳突鲔因神似鳄鱼，也被称为鳄鱼鱼，身体扁平，与海底同色，长70—100厘米。这是一种温和的鱼，但也是一个可怕的捕食者，它会用它的大嘴突然咬住冒失闯入它势力范围内的所有小鱼。

图3_谨小慎微
为了使自己看不见，鳄鱼鱼完美地发展了伪装艺术。为了避免它的眼睛反射的亮光使它被发现，一层模仿藻类的网纹部分覆盖了它的角膜。

图4_完全隐藏
这个既奇怪又惊人的鱼头是萨尔弗朦的头。这种分布很广、在斐济都能见到的鱼隐居在沙中，常常把自己完全埋起来，只露出眼睛和一个形似刚从土里钻出来的虫子的诱饵。这种鱼也拥有含毒液的背棘。

图5_只眼观勿触碰
人们经常在塔巴海底的沙滩中遇见玫瑰毒鲉。它那死鱼头一般的外观是在提醒潜水者，如果被它的背棘刺中，可能导致死亡（心脏休克）。这种贪吃的鱼会吞下经过它势力范围内的所有猎物。

适宜时期

塔巴全年都适合潜水，但是春季（4月和5月）和秋季（9月和10月）的几个月更加舒适。

相关信息

作为中转城市，塔巴也是一个度假胜地，近年来豪华旅馆如雨后春笋般层出不穷，提供包含潜水在内的许多休闲活动。多家国际酒店，如万豪（Marriott）、雷迪森（Radisson）或索菲特（Sofitel），都集中在距小城约20公里的塔巴高地（Taba Heights）。位置绝佳的瑞享酒店（Movenpick）拥有一片400米长的私人海滩。在潜水方面，塔巴水下运动俱乐部（Taba Aqua sport）设在塔巴酒店兼纳尔逊度假村和瑞享酒店，建议了十多个深度在5—40米的潜水点。

然而在距离希尔顿酒店旧址仅300米处有一个峡谷，这是我们肯定能遇见蛤蟆鱼和我们在前几页为您介绍的所有奇特生物的唯一地方。从铺满碎石的海滩下潜，这在红海并不常见。我们缓缓潜入海中，沙质海底坡度平缓，散布着珊瑚礁，一个接一个，直到水下35米。

几条建议

尽管经历了过去的不幸和始终笼罩在边境的紧张局势，塔巴仍有望成为红海最大的旅游景点之一。所有大型国际酒店连锁店都已在亚喀巴湾（golfe d'Aqaba）的这个部分建成或正在建设中。

今天，30公里长的海岸带上正不断开放新的潜水点，但那里都是比较常见的珊瑚礁。

实践指南	潜水等级 ★★ 潜水质量 ★★ 鱼类 ★★★	环境 ★ 感觉 ★★ 生物多样性 ★★★	摄影摄像 ★★★ 旅游价值 ★ 性价比 ★★★

一月	二月	三月	四月	五月	六月	七月	八月	九月	十月	十一月	十二月
16℃	17℃	20℃	22℃	24℃	27℃	30℃	30℃	26℃	24℃	20℃	18℃
21℃	21℃	22℃	24℃	24℃	25℃	26℃	27℃	26℃	25℃	23℃	22℃

红海

埃及 ÉGYPTE

7

宰海卜
石斑鱼的狂欢节

1

珊瑚礁沿几公里长的整个海岸分布。如果沙滩上有一条通道不会使车下陷，您可以从岸边下海潜水。最好是在高潮时下水，这样更容易穿过布满珊瑚礁的海滩。

宰海卜的两个最有名的潜水点是峡谷（Canyon）和蓝洞（Trou bleu）。前者是地形崎岖的大裂缝。滑入一条很窄的通道之后，我们就潜入了一条壮丽的峡谷，谷壁间距逐渐向海面拓宽。坡度缓和的沙质海底从水下32米处开始，在巨大的岩石布景中继续向下延伸20米，不幸的是，这里几乎没有海洋生命。

既享有盛名又令人害怕的蓝洞是一条直径150米、深110米的深渊。潜水始于水下8—10米处的岩石中的一条狭窄的通道，一次仅容一名潜水者通过。潜水者在这条裂缝中下沉至30—35米深处并保持稳定。再往下是一片令人眩晕的绝壁。在完全失重的状态下漂荡的感觉令人陶醉！岩壁上的一些洞穴覆盖着许多彩色的结壳。

在埃拉特（Eilat）和沙姆沙伊赫（Sharm-el-Sheikh）的中间，一条干河变宽形成了大三角洲，在雨季，这条干河就变成了泥石流。曾经只是贝都因人临时居住地的宰海卜（Dahab）仍保留了一个传统村镇的灵魂。

如今这里是一个海滨小浴场，环境宁静平和，深受年轻环球旅行者的喜爱。在这个世界性的地方，埃及的传统生活与度假区的漫不经心相映成趣。宰海卜拥有整个西奈半岛（Sinaï）最美丽的白沙滩之一，它也因此受到欢迎，当然还有山峦形成的壮观的天然城墙。我们可以从95公里外的沙姆沙伊赫出发，经公路抵达宰海卜。如果您有跨越埃以边境城市塔巴的签证，也可以从埃拉特前往宰海卜。

有趣的物种

红海中所有的珊瑚群落在宰海卜的水域中都很常见，尽管有的密度不如别处那么大。石斑鱼是潜水者，甚至初学者能欣赏到的最引人注目的鱼类之一。大多数潜水者都能看到这些捕食者潜伏捕食。为了更迅速地扑向它们的猎物，它们或者藏在珊瑚的凹坑里，或者躲在凹坑阴影处。

石斑鱼属于鮨科，并且是其中体形最大的代表。尽管印度洋和太平洋里的某些种类达到了令人震惊的尺寸，但是在宰海卜，石斑鱼只有40—80厘米长。石斑鱼的种类和颜色的多样性十分显著。

石斑鱼一生中可能会改变性别。它们出生时是雌性，之后某些成年鱼变成了雄性，变性鱼的比例取决于该种群数量的多少。这种天然自调节系统确保了珊瑚礁中的平衡，因为捕食者的比例永远不会使它们的猎物总数受到威胁。

图1_清洁虾
一只通体透明、带白色斑点的清洁虾——美丽尾瘦虾——正在帮一条珊瑚红色的青星九棘鲈清理表皮寄生虫。

图2_跳动的珊瑚礁

无法与红海更偏南的某些胜地媲美,因为这里几乎没有"大的"珊瑚礁,但是幸海卜的珊瑚礁因珊瑚多样性而闻名。珊瑚礁里小鱼众多,我们在每次潜水时都能遇见的丝鳍拟花鮨即为证明。在这个到处是洞穴的绚丽多彩的海底花园里,宽厚的尖吻棘鳞鱼在软珊瑚中间十分常见。

图3_最闪亮的石斑鱼

青星九棘鲈,也叫红石斑、东星斑或珊瑚鲈,是红海和印度洋-太平洋海域珊瑚礁中常见的一种鱼。这种鱼可以从其非常鲜艳的颜色分辨出来,体长不超过40厘米。它偏爱清澈的海水和小鱼聚集的珊瑚礁。

图4_赤石斑鱼

赤石斑鱼是珊瑚礁中常见的一种鱼,人们在不同深度都能遇见它。体长不到40厘米的这种鱼能够根据周围环境变换表皮颜色。尽管它时常独来独往,但您也有可能遇见小群的赤石斑鱼。

图5_六斑九棘鲈

六斑九棘鲈又名血石斑,图中的这条在一个洞穴里与白边锯鳞鱼为邻,是红海特有的品种,但相当罕见。这种鱼定居在峭壁上,看上去很害羞。它的体长约50厘米。

图1_褐点石斑鱼
褐点石斑鱼又名大理石纹石斑鱼，是体长可能超过1米的大胖鱼。独来独往、深居简出的它潜伏捕食，主要在黄昏时出来。

图2_侧牙鲈
侧牙鲈因其尾巴的形状在当地被称作"黄色新月"，是一种体长80厘米的非常活跃的石斑鱼。人们在海里游泳时经常会遇见它。

图3_斑点九棘鲈
斑点九棘鲈又名"眼斑鲹"（mérou paon），主要生活在珊瑚礁靠近海面的几米处，偏爱清澈的海水且非常活泼。它体长约40厘米。

适宜时期

　　春季，您可以欣赏沙漠中的绚丽色彩。从 4 月起，大海变得温暖、平静而澄澈。您要当心强烈但持续时间不长的沙暴和夜间的凉气。夏季的炎热使海水显得冰凉，水温几乎介于 22—24℃。冬季因不停刮风而略有寒意。

相关信息

　　如今宰海卜和周边地区有 50 多家旅馆接待国外游客。它们的等级从民宿到艾美宰海卜度假村（Meridien Dahab Resort）及其五星级酒店不等。

　　宰海卜的潜水俱乐部几乎与旅馆一样多。装备最齐全的潜水中心，如奈西玛度假村（Nesima Resort）、海舞者潜水中心（Sea Dancer dive center）、宰海卜碧海蓝天（Big Blue Dahab）、宰海卜章鱼世界（Octopus world Dahab）、波塞冬潜水者（Poseidon divers）、蓝色王国潜水（Blue Realm diving）、H2o 潜水者（H2o divers）等，每天早晨都会到潜水者的住处接他们。他们也能为您预订住处，有时甚至能把您安排进一间旅馆。虽然舒适度普普通通，但环境还是一流的！

48　　环球潜水攻略

图4_西奈半岛，一片壮丽的沙漠
正是在这个半岛上耸立着埃及的最高峰凯瑟琳山，还有西奈山（海拔2285米），又名"摩西山"。

图5_一个惬意的旅游绿洲
时常在海风吹拂下的宰海卜海滨浴场是一个美不胜收的景点。这里方圆20公里内登记了20多个潜水点。

几条建议

您要当心这个地区的道路状况，尤其是缺乏路标的情况。如果您没有越野车和经验丰富的当地司机，就不要去公路和主要道路之外的地方去冒险。宰海卜是一个出色的夜间潜水地，潜水点规则地分布在海岸南部，这里的峭壁最绚丽。在这里，您会遇见龙虾、正在捕食的贝壳动物，当然还有各种各样的水螅，它们在夜晚伸展开触手，以便更好地捕捉猎物。

即使在宰海卜停留一周，您也不会对这个地方感到丝毫厌倦，因为可以进行的潜水活动的确丰富多彩。

实践指南	潜水等级 ★★★ 潜水质量 ★★★ 鱼类 ★★	环境 ★★★★ 感觉 ★★★ 生物多样性 ★★★	摄影摄像 ★★ 旅游价值 ★★ 性价比 ★★★★

一月	二月	三月	四月	五月	六月	七月	八月	九月	十月	十一月	十二月
16℃	16℃	18℃	20℃	23℃	25℃	30℃	30℃	26℃	24℃	22℃	18℃
22℃	22℃	23℃	24℃	24℃	25℃	26℃	27℃	26℃	25℃	24℃	23℃

红海

埃及 ÉGYPTE

8

沙姆沙伊赫
鱼的漩涡

1

可以从沙姆沙伊赫前往的许多潜水点都完美地代表了红海海底世界的丰富性和多样性。从整体上看，它们可以与赫尔格达参见潜水胜地之 10 的潜水点相媲美。

西奈半岛南端的穆罕默德角的位置使这些潜水点都面向广阔的大海。这一点再加上海底的深度，使潜水者们能遇见庞大的深海动物群落。鲨鱼礁潜水点就在穆罕默德角，潜水结束后，还可以去约兰达礁（Yolanda reef）逛一小圈，它是鲨鱼礁向东延伸的部分。"约兰达"号（Yolanda）沉船就隐藏在这里，被数不清的鱼和软珊瑚环绕着。

穆罕默德角"鲨鱼观察地"的美誉在我们看来名不副实。这里的鲨鱼倒是不少，但只能远远地观看。然而我们还是见到了几条双髻鲨、镰状真鲨和灰礁鲨。它们大多报复心强，因为这个地方被它们用作繁殖地。

被潜水者们称为"沙姆"（Sharm）的沙姆沙伊赫（Sharm-el-Sheikh）位于亚喀巴湾出口处、西奈半岛最南端。这个海岬得天独厚的位置使它拥有了非同寻常的海底宝藏，同时保证了全年海水的清澈度。十分幸运的是，只有四分之一的游客醉心于潜水，从而避免了这里的潜水点过度开发，因为二十多年来，这个古老的阿拉伯小镇一直承受着狂热扩张主义的影响。

如今，红海沿岸二十多公里的海岸线上密密麻麻地排列着旅馆，使沙姆沙伊赫被人们视为"埃及的里维埃拉（Riviera）"。这个红海边的海滨浴场旅游胜地也是最负盛名的世界潜水胜地之一，因为这个地区蕴藏着人们能够想象出来的最繁茂的海底花园……

如果您想从港口航行不到半小时就能到达二十多个绝佳的潜水点，那么您最好朝着穆罕默德角（Ras Mohammed）的方向行驶……从沙姆沙伊赫出发，只需一个半小时行程就可轻松到达那里。

这个能够看到整个西奈半岛的海岬由巨大的礁石悬崖构成，它们直插入海中，勾勒出复杂的羊肠小道。自 1983 年起，这里就成为一个或多或少受到重视的海洋保护区，尽管在 2011 年，政府允许在这里进行为期两个月（5 月和 6 月）的捕鱼活动。这也是一个强洋流区，因此需要划定安全区域。

图 1_ 白斑笛鲷
白斑笛鲷是一种在幼年时独来独往的鱼。它的背部有两个白斑。成年后成群活动。最大的白斑笛鲷可达 80 厘米长。

图 2_ 令人目眩的圆形表演场
从垂直向下延伸 100 多米的鲨鱼礁水下，踩几下水就能看到几百条白斑笛鲷不停地兜着圈子，它们身旁往往跟着暗鳍金梭鱼。

50

环球潜水攻略

红海

图 1_ 这是一个奇特的花园……
沙姆沙伊赫奉献了许多迷人的潜水点，它们水质清澈、少有很强的洋流（穆罕默德角除外），而且有大量的无脊椎动物，看似一个种满五彩缤纷花朵的花园。它实际上是被人们称作"软珊瑚"的刺胞动物门——过去称腔肠动物门（coelentéré）——的群落。

图 2_ 生机勃勃的五彩花园
在沙姆沙伊赫潜水就像是参观一个种着繁茂灌木丛的巨大花园。这里的"植物"实际上是一个无脊椎动物聚集的群落，以大量的软珊瑚为主，珊瑚上的"花"是贪吃的水螅虫，它们用触手捕捉微小的猎物。

冒险经历

在鱼群中
失重遨游

我是循序渐进探索红海海底宝藏的，第一次潜水是 1976 年在亚喀巴湾进行的。被这片鱼类丰富、色彩绚烂海域的美丽折服后，我又在塔巴、赫尔格达和塞法杰（Safaga）多次潜水，但从未遇到过"大家伙"。而沙姆沙伊赫却令我叹为观止……那里丰富的礁石让摄影师目不暇接，我在那里经历了几次难忘的邂逅，比如在杰克逊礁（Jackson's reef）附近海域与我擦身而过的庞大的双髻鲨，当时我正独自一人进行摄影潜水（嘘……不要说出去）。要想冒险，还是要去穆罕默德角。在那个时代，那是潜水者的"圣杯"，是只有停留一周的潜水者才能得到的奖赏。潜水者在某些方面与钓鱼者相似：很多时候会把他们的幻想与现实相混淆或者夸大他们的冒险经历的紧张性。另外，鲨鱼礁在我看来是一个既美妙又危险的地方。

美妙是因为潜水者们讲述的与动物群落邂逅的经历，危险是因为那些能够"折断牛角"的强洋流。当船将我们的潜水小组在海中放下之后，记住：尽快靠近礁石，以控制洋流。哇哦，奇迹！那一天海水纹丝不动。我们在纯粹的海洋里、在澄澈的海水中、在射穿海面的阳光中遨游，仿佛神赐时刻稍纵即逝的景象。气瓶里还有一点空气（是的，我属于那种"穿脚蹼的恐龙"），突然出现一种完全放松的感觉……身体像羽毛一样轻，我体验到了在第四维度中飞翔的感觉，而我的周围有成千上万条鱼在不可思议地盘旋着……永生难忘！

帕特里克·米乌拉纳

有趣的物种

  红海的整个动物群落都在沙姆沙伊赫的礁石附近聚会。数不清的石斑鱼与小丑鱼、神仙鱼、管口鱼和蝴蝶鱼并肩同行。这是一场五彩斑斓的大型盛装芭蕾。但是更让人震惊的是满眼的软珊瑚。这些软珊瑚又称"丝珊瑚",形似开满花的灌木丛,"花朵"色彩绚丽,有粉红色、红色、橘黄色、蓝紫色或乳白色。人们仿佛在真正的伊甸园里潜水……

  在鲨鱼礁,有三种鱼深居简出。数量最多的要数白斑笛鲷。体长可达 80 厘米的它们有与银白身体形成对照的金色眼睛、闪着红光的鳍和棕色的背部,很容易分辨。由大约 500 条白斑笛鲷组成的鱼群在水下 15—30 米深处游弋。

  在这个区域,您还会遇到暗鳍金枪鱼。它们可以几十条组成一小群巡游,但最常见的是几百条约 80 厘米长的暗鳍金枪鱼组成的密集鱼群。尽管它们有着惊人的牙齿,但不具有攻击性。

  沿着峭壁踩水时,我们经常会在潜水结束时遇到一群群漂亮的燕鱼,英国人称之为"蝙蝠鱼",学名圆眼燕鱼。这种身体扁平的鱼非常平易近人,会与潜水者靠得很近。它们游泳时摇动着尾巴,十分滑稽。

  还会有一群群星点若鲹经过,就像是一支支捕食纵队,总是急匆匆的。某些漂亮的品种体长可超过 1 米。它们是可怕的捕食者,以闪电般的速度冲向经过它们势力范围的哪怕最小的鱼,一条也不放过。它们能够成群结队地在水下 100 米深处巡游。

无所不知

穆罕默德角在拉丁语里的意思是"穆罕默德的头"。这位先知并未来过这些地方，但是这个海岬的特殊位置使此地成为通往红海其他地方的桥头。它曾经被用作战略要地，至今仍有军队驻守。

从前，穆罕默德角因其战略意义被起名为"波塞冬"（Poseidon）——希腊海神的名字。我们还记得这片135平方公里的土地曾经在第三次中东战争（1967年6月）中被以色列吞并。根据1979年的和平条约，它第一个被归还给埃及。

如果您前往穆罕默德角，一定要去杰克鱼通道（Jack Fish Alley）潜水。这是一个美不胜收的岩洞，需要限制参观人数（不超过六名），以便领略它奇妙的氛围。

这是一种放流潜水，因为不会下锚。应从礁石右侧下潜，不超过10米深，因为正是在这个深度上有一条裂缝。当您小心翼翼地钻进裂缝内部，您会被成千上万条透明的小鱼——拟单鳍鱼包围，它们在灯光下像珠宝一样闪闪发光！

红海上的海岬

仿佛伸向西奈半岛南端大海中的一个观景平台，穆罕默德角距离沙姆沙伊赫12公里。这个海洋公园面积为345平方公里，实际上是一个最受欢迎的潜水地，尤其是因为这个区域已经受到30多年的保护了。据统计，这里有220种珊瑚。

■ **我们的忠告**

沙姆沙伊赫没有辜负它的盛名。潜水点的美景超乎人们的想象。澄澈、温暖、平静的海水使潜水者能够欣赏无可比拟的斑斓色彩。即使在同一个地点下潜20次，每次也都能发现新的物种。对于经验丰富的潜水者而言，一个星期的船宿潜水可能更加有趣，因为这样就有机会探索更远的潜水点，比如蒂朗海峡（détroit de Tiran），同时又能在不容错过的穆罕默德角潜水！

"约兰达"号沉船，这洗手盆真美！

当鲨鱼礁的洋流推着潜水者向南移动时，他们常常会到达一个10米深的小洼地，1981年一艘南非货船在这里沉没。1987年一场猛烈的暴风雨把这艘沉船完全拆解开来，它的内部非常奇特，有许多洗手盆、坐浴盆和便盆，看上去与这个五彩珊瑚构成的环境格格不入。货船的残骸在海底散布了100多米，已经被五颜六色的软珊瑚丛占领了。

当大海平静时，这是一个进行海底摄影的理想之地，因为这里的海水非常澄澈。我们还能在这里观察到藏在洞穴里的海鳝、鬼鬼祟祟路过的鲹鱼以及罕见的蝠鲼。注意沉船残骸上的火珊瑚。什么也不要碰！

适宜时期

在沙姆沙伊赫全年都可以潜水，但是 11 月到来年 2 月底的气温比较凉爽，狂风可能会阻碍潜水活动。4 月、5 月、9 月和 10 月是最佳时期。7—8 月是旅游旺季，白天天气炎热（但海上还是很舒适）。然而，在夏季，我们能观察到许多聚集的鱼群，因此有更多机会遇到"大家伙"。

相关信息

埃及和该地区不稳定的政局使得旅游业不断下滑，红海也未能幸免。然而这里的潜水基础设施还是很出色的，从俱乐部组织的简单一日游（团队游）到豪华游船船宿潜水无所不包。至于住宿，您恐怕很难选择。沙姆沙伊赫地区有 200 多家各种类型的旅馆，其中 100 多家被归入"豪华"类。四季度假村（Four Seasons Resort）因其精致的环境和繁茂的花园被认为是当地最好的旅馆之一。

这里最负盛名的潜水中心包括水瓶座（Aquarius）、纳布克湾潜水（Aqua Nabq）、骆驼（Camel）、帝王潜水（Emperor divers）、海洋学院（Ocean college）、奥纳斯（Oonas）和沙伊赫海岸（Sheikh coast）。

实践指南

潜水等级 ★★★
潜水质量 ★★★★★
鱼类 ★★★★

环境 ★★★★
感觉 ★★★★
生物多样性 ★★★★

摄影摄像 ★★★★
旅游价值 ★★
性价比 ★★★★

一月	二月	三月	四月	五月	六月	七月	八月	九月	十月	十一月	十二月
16℃	16℃	18℃	20℃	23℃	25℃	30℃	30℃	26℃	24℃	22℃	18℃
22℃	22℃	23℃	24℃	24℃	25℃	26℃	27℃	26℃	25℃	24℃	23℃

埃及 ÉGYPTE

9

沙德瓦岛和朱巴勒岛
巨轮的墓地

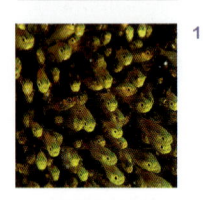

阿布·努哈斯暗礁周围的海水很少有平静的时候，因为这个暗礁很大一部分暴露在海面上，始终被海浪拍打着。这迫使大部分游船提供放流潜水或借助一艘橡皮艇直接到达潜水点。只要系泊在现场的固定锚上，就可以沿着缆绳到达几艘沉船的中心地带。

图1_ 拟单鳍鱼
拟单鳍鱼因为身体反光而被盎格鲁-撒克逊人称作"玻璃鱼"。这种鱼体长10—15厘米，在沉船或岩洞中密集群居，面对潜水者不会表现出丝毫畏惧。

图2_ "吉安尼斯 D"号（Giannis D）
这艘100米长的日本货船于1969年建成，1983年4月19日沉没。沉船的外形至今还比较完整。但是，这里的海洋生物与红海其他地方相比较为匮乏。

图3_ "卡纳蒂克"号（Carnatic），穿越历史的潜水
1869年9月12日沉没的这艘89米长的帆船依然保存得很好。沿着船身构架潜水可以看到栖息在这里的体形很大的海鳝。

点缀着裸露珊瑚礁的朱巴勒海峡（détroit de Gubal）位于沙德瓦岛（île de Shadwan）北部，溯流而上就到了苏伊士湾（golfe de Suez）。海峡里有好几座岛，其中包括小朱巴勒岛（Little Gubal），岛上并排的白色灯塔和金属塔就是它的标志。阿布·努哈斯暗礁（récif d'Abu Nuhas）——被称为"厄运之父"，因为这里发生过多起沉船事故——周围有至少四个潜水点。这些潜水点非常有名，常有从沙姆沙伊赫、艾尔古纳（El Gouna）或赫尔格达出发的船宿游船前来参观。乘船到达这里需要至少两小时。这里是五艘船的墓地，它们的遗骸成为极其壮观的潜水点。

向北朝着西奈半岛的方向溯流而上，我们可以到达沙布阿里暗礁（récif de Sha'ab Ali），这里埋葬着一艘巨型沉船——"蓝蓟花"号（Thistlegorm），是1965年由库斯托船长在"卡吕普索"号早

期的一次红海探险中发现的。如果有洋流，可以在同一次潜水中探索"吉安尼斯 D"号（Giannis D）和"卡纳蒂克"号（Carnatic）。但是由于这两艘沉船惊人的美丽和庞大的外形，最好还是花上一个白天的时间分两次潜水。

"吉安尼斯 D"号潜水点深度为 18—25 米。能见度良好，尤其是夏天风平浪静的时候。船体向左侧卧，断裂成大小不等的两部分。壮观的船首部分已结壳，但仍依稀可辨。远端的桅杆完好无损，体现了这艘沉船的特点。这艘船在暗礁上的位置隐藏了它的上部结构。

"卡纳蒂克"号向右侧卧在 24 米深的海底，船体倾斜，船首位于水下 16 米深处。保存状态非常好。海水清澈时，人们能够从海面欣赏到这艘沉船的全貌。这艘船当年的别号为"孟买邮船"（courrier de Bombay），由于机房爆炸而断成两截。残骸散落了约 200 米，这至少证明需要两次潜水才能好好参观整条船。

形似一个被淹没的巨人，"蓝蓟花"号本身的重要性就足以证明探访它的意义。但给人留下深刻印象的还是它所载的货物。四个货舱里封闭着两辆轻型坦克及其机枪，还有一些卡车、汽车、摩托车和汽车备件，其中许多轮胎至今未被腐蚀。除了洋流和潜水者带来的一些沉积物堆积起来之外，整条船的保存状态仍然相当好。

红海

有趣的物种

沙德瓦岛的礁石因聚集了大量深海鲨鱼、金枪鱼、鲈鱼和其他大型鱼类而闻名。钓鱼运动爱好者会定期光顾这些水域，并时常在那里钓到枪鱼和旗鱼。

在参观"吉安尼斯 D"号时见到的鱼类相对较少。这艘沉船白白被许多丝鳍拟花鮨占领了，而它庄严的外形完全配得上名气更大的主人。在"卡纳蒂克"号上，船首云集着小鲲鱼，它们的鳞片像钻石般闪闪发光。整个被珊瑚和多孔动物覆盖的船体变成了一个绚丽多彩的人工暗礁。许多鱼在这艘沉船周围盘旋，主要有鹦嘴鱼、石斑鱼、隆头鱼，甚至还有斑鳍蓑鲉。船载的绝大部分酒瓶始终封闭在下层甲板下。货舱已经被许多 80 厘米长的斑鳃棘鲈占领。

在"蓝蓟花"号潜水的经历如此惊奇，以至于潜水者常常忘记观察这里的动物群落。而这里可不缺鱼类！笛鲷、石斑鱼、海鳝把这艘沉船的下部结构当成了它们的家。几条神仙鱼和随处可见的拟花鮨在周围闲逛。请不要碰任何东西，因为有许多拟鲉停在海绵和珊瑚的结壳上。在沙质海底，我们会遇到许多鳄鱼鱼（长头乳突鲔），它们的拟态令人瞠目。它们会在潜水者附近一动不动，确信他们看不见自己。只有经验丰富的潜水者才能分辨出它们，因为它们与环境很好地融为一体。

图 1_ 斑鳍蓑鲉
斑鳍蓑鲉是这些沉船上常见的一种鱼。它的背鳍棘能分泌毒液。

图 2_ "蓝蓟花"号的守卫
几条尖翅燕鱼陪伴潜水者们参观这条沉船。

图 3_ 尖翅燕鱼的游行
体长可达 50 厘米的尖翅燕鱼成群结队地出游，每个鱼群包含几百条鱼。它们很少生活在深于 35 米的水中，是潜水者常见到的伙伴。它们的吻很小，以浮游生物和水母为食。

图 4_ 玻璃鱼的翱翔
在"吉安尼斯 D"号沉船中，一群拟单鳍鱼在闪光灯照射下闪闪发光。这些小鱼的身体会反光，以分散捕食者的注意力，因为即使是最小的闪光也会使捕食者难以分辨单个的猎物。

红海

无所不知

从色彩和海洋生物方面来看,"吉安尼斯 D"号可能没有"卡纳蒂克"号那么有趣,但是它给人一种非常神秘的印象。在这里潜水的感觉非常强烈,潜多少次都不会厌烦。

"Thistlegorm"源自盖耳语,意为"蓝蓟花"。1940 年 4 月 9 日由约瑟夫 - 汤普森公司(J.L.Thompson & Sons)建造的这艘船长 126.50 米,测定容量为 9009 吨。它的蒸汽发动机功率为 1860 马力,航行速度为 10.5 节。

适宜时期

沙德瓦岛和朱巴勒岛的沉船探险应规划在晴空万里、海面平静、最好是平潮的时候,因为朱巴勒海峡波涛汹涌,堪称极强洋流的舞台。在这种情况下,海水浑浊,潜水就失去了意义,而且一切活动都会变得困难得多。5 月至 9 月似乎最适合找到理想的潜水条件,但是这几个月也是旅游季节,沉船景点可能因为"交通堵塞"而变得不那么令人惬意。

相关信息

沙姆沙伊赫与赫尔格达之间经典的船宿潜水通常会将沙德瓦岛的几处沉船景点包含在它的计划内,但却很少包含"蓝蓟花"号。请注意,有关当局时不时地威胁要禁止参观这艘沉船,因为船体内仍存有大量弹药。如果潜水船只未装备探测器或 GPS,那么它几乎不可能发现"蓝蓟花"号沉船的位置,因为船体结构的上半部分在水下 12 米深处,而船底则躺在约 30 米深处。注意不要搞错景点。离沙姆沙伊赫近得多的"堂拉文"号(Dunraven)沉船几乎没有参观的必要,因为这里的海水总是很浑浊。"蓝蓟花"号沉船的位置使它的一侧能始终避开洋流。因此有必要始终在它的端部下锚。无论探访哪艘沉船,都必须沿着锚泊处下沉并注意水深处的洋流方向。安全起见,一艘橡皮艇会跟着潜水者。

■ 我们的忠告

沙德瓦岛和朱巴勒岛的沉船跻身红海最美的沉船之列。每个沉船地都至少应进行两次潜水,以便对这些沉船的美学价值有一个全面了解。这是一些非常美丽的潜水点,尤其是从感官和情感方面而言。这些沉船的体积、长度以及围绕着这些悲剧地点的海洋生物的丰富性创造了一种独特的氛围,潜水者只有在清澈而平静的海水中才能欣赏到,而这种情况少之又少。小朱巴勒岛的礁石值得一探,尤其是布鲁夫角(Bluff Point)。隐藏在这些礁石中的许多洞穴已经被无数的玻璃鱼占领了。还有一艘驳船的遗骸,已经成为这个地区各种鲉鱼的聚会场所。

图 1_ 壮观的船首
1941 年 10 月 6 日凌晨 1:30,停靠在沙布阿里附近的"蓝蓟花"号被德国轰炸机击沉。

图 2_ 仍完好无损的货物
"蓝蓟花"号货舱里的 BSA 牌摩托车保存完好,令人惊讶。舱内还有一些汽车和卡车。

图 3_ 阿布·努哈斯暗礁
朱巴勒岛和沙德瓦岛海域布满了壮丽的礁石,其中某些与海面平齐,导致了许多海难并由此给此地招来了恶名。只有橡皮艇能够进入某些潜水点,它们的绚丽多彩让人想起了太平洋的那些潟湖。

几点建议

当洋流强烈时，请您不要寻求刺激去冒险，搞得自己筋疲力尽。让自己静静地随波逐流，在上升时，先将一个充满气的浮标升到水面上。潜水游船的水手们很擅长定位潜水者。当洋流的力量很大时，可以在同一次潜水中（走马观花地）参观"卡纳蒂克"号和"吉安尼斯 D"号。注意：如果海水清澈度一般，请您不要冒险进入沉船内部！必须穿戴全套潜水服并最好戴上手套，以免在接触到锈蚀的铁板时被划伤。某些尖锐的下部金属结构会像剃刀一样割伤您。借助浮力背心调整好您的平衡，小幅度轻柔地踩水，以免扬起覆盖着沉船内部的很细的沉淀物。

请您只用眼睛看，而不要触碰任何东西。某些潜水者对这些历史遗迹缺乏尊重的表现令人痛心。

实践指南	潜水等级★★ 潜水质量★★★★ 鱼类★★	环境★★★ 感觉★★★★ 生物多样性★★	摄影摄像★★★ 旅游价值★ 性价比★★★

一月	二月	三月	四月	五月	六月	七月	八月	九月	十月	十一月	十二月
16℃	16℃	18℃	20℃	23℃	25℃	30℃	30℃	26℃	24℃	19℃	17℃
22℃	22℃	23℃	24℃	24℃	25℃	26℃	27℃	26℃	25℃	24℃	23℃

埃及 ÉGYPTE

10

赫尔格达
"拿破仑"和他的"近卫队"*

沙布鲁尔乌姆加马尔是大海上的一块无法登陆的浅滩。尽管在有风的时候锚泊会不稳，但全年都可以到达那里。我们建议在这里进行两次潜水。初学者们下水时应让礁石始终在自己的右侧，这样才能在美丽的珊瑚丛中漫步。最爱冒险的潜水者可能更喜欢让礁石在自己的左侧，以便遇见几条隆头鱼（曲纹唇鱼）。在向水下 40 米区域挺进时，他们会遇见一些大型蠕线鳃棘鲈。

图 1_ 灰裸胸鳝
灰裸胸鳝是一种体长 40—60 厘米的蛇形鱼，常常好几条住在一个洞穴里，潜伏捕食。

图 2_ 征服四方的"拿破仑"
曲纹唇鱼是隆头鱼中最大的品种。体长可能超过 2 米，重量超过 180 公斤！它主要以无脊椎动物为食。

图 3_ 一个濒危物种
过于为人熟知且主要因它的肉质而受到喜爱的隆头鱼已经被列入《IUCN 濒危物种红色名录》了。

赫尔格达最早是一个渔港，距离开罗大约 50 分钟飞行航程，如果您想欣赏西奈半岛的景色，则需要穿越沙漠公路 6 小时车程。这座城市，尤其是它的周边地区，近 20 年来依靠旅游业，特别是潜水，得到了很大的发展。如今居民超过 9.5 万人的赫尔格达因此成为世界主要水下活动中心之一。

具有埃及特色的海滨浴场名副其实。这里的珊瑚礁的质量、呈指数增长的旅馆基础设施和争相攀比豪华程度的游船使赫尔格达凭借其超高的性价比成为欧洲甚至亚洲潜水者首选的异国目的地。

每个早晨，数不清的游船离开渔港或者旅馆的码头，驶往周边的珊瑚礁。

距离赫尔格达一小时航程的沙布鲁尔乌姆加马尔（Sha'ab rur umm Gamar）是一处很长的礁石。

* 隆头鱼（Napoléon）在法语中与拿破仑同名，"近卫队"指的是隆头鱼群，这里是一种隐喻。——译者注

这里被视为该地区海洋生物最丰富的潜水点之一，您可以进行多次潜水，每一次都有不同的收获。这里还有一艘很老的沉船，它已经变成了鱼儿们的村落。

位于吉夫顿岛（îles de Giftun）和乌姆加马尔岛（île de Umm Gamar）之间的暗礁是一块巨大的礁石，这里的海洋生物极其丰富，值得进行四次绝妙的潜水。在这个神奇的地方，总是会有最令人吃惊的邂逅。暗礁之于赫尔格达有点像穆罕默德角之于沙姆沙伊赫。

在暗礁附近、距离赫尔格达一个半小时航程的乌姆加马尔是一处露出海面的礁石，形成了一个坡度不大的小岛，岛的北部矗立着一座灯塔。我们只有在天气晴朗时来此潜水才能看到蔚为壮观的峭壁。在暗礁，潜水的第一阶段是沿着布满巨大风信子鹿角珊瑚的宽阔岩滩进行的。沿着礁石踩水，我们就到达了一处具有不可思议的生物丰富性的峭壁。将潜水深度控制在 22—25 米，您就可以饶有兴致地观赏此处的奇观了。这里主要是一些铺满了软珊瑚的小洞穴，里面住着无处不在的玻璃鱼，还有石斑鱼、其他五颜六色的鱼和不怎么怕生的爪哇裸胸鳝（murène géante）。

在沙布鲁尔乌姆加马尔，请您在礁石的南侧潜水，因为这里是最佳潜点。下降到水下 20 米时，请让礁石保持在您的左侧，这样就可到达一片很大的峭壁，峭壁中有一个长满软珊瑚的洞穴。在整个潜水过程中，还会有一些隆头鱼与您做伴。

有趣的物种

红海的所有鱼类都在赫尔格达海域的礁石周围现身了。因为习惯了每天与潜水者们并肩同行，某些鱼变得过于亲密，甚至妨碍了潜水者的活动。它们会来撞您的面镜或咬您的手指乞食。为了遵循它们的饮食规律，这里禁止投食，这样做是对的。

刚沉入水下时，常常会有刺尾鲷迎上前来。它们几乎通体全黑，只有不断长大的尾巴底部有一块很有特点的白斑。这些鱼体长在 30—50 厘米，总是成群出现在锚泊的游船周围，搜寻潜水者们的残羹剩饭。

这个海域的明星鱼毋庸置疑就是隆头鱼。这些体长 1.5 米、重 100 多公斤的庞大鱼种毫不害羞地与潜水者们擦身而过。它们当中绿色的成年雄鱼的前额很有特色地隆起，因此为它们赢得了"拿破仑"这个奇怪而流行的名字。因为，稍微想象一下，我们就可以在这个隆凸中看到这位皇帝戴的双角帽的圆形部分……

隆头鱼那对灵活凸起的眼睛也很奇特，使它看上去既好奇又聪明。实际上，曲纹唇鱼很容易受到美食的诱惑。千万不要用哪怕最

图 1_ 魔鬼之美
狮子鱼（斑鳍蓑鲉）是最常见的鲉鱼，这种美丽的鱼缓慢的泳姿就像鸟类在空中翱翔。

图 2_ 坏脾气
在筑巢期，褐拟鳞鲀会进攻路过它领地的所有生物，包括潜水者。

图 3_ 有毒的双刃剑
蓝斑条尾魟尾巴底部有两根能分泌毒液的针，被它们刺中会非常痛苦。

图 4_ 威胁性基于攻击性
辐蓑鲉只有狮子鱼一半大，但它的优雅和可怕却毫不逊色。

小的甜点来诱惑它，因为它可能会变得胆大妄为，有时甚至具有攻击性。如果说隆头鱼对潜水者不具有真正的危险性，那么这些礁石周围的某些十分美丽的鱼类可并非如此，它们可都带着可怕的武器呢。在需要当心的鱼类中，"泰坦炮弹"（褐拟鳞鲀）从它绿色的菱形身体即可分辨出来，体长可达75厘米。这种鱼有像隆头鱼一样凸出的眼球，但却没有那么友好，也被叫作"小胡子炮弹"。它在沙子里筑巢，用它的胸鳍给巢穴扇风。如果有任何生物经过它的巢穴附近，它会立即扑上去。

潜水者们必须远远地观赏威严的鲉鱼，因为它们的背鳍棘能分泌毒液。

无所不知

对于一位欧洲潜水者来说，赫尔格达（阿拉伯语为 Al Ghardaqah）代表一次舒适而吸引人的潜水旅游的最佳性价比。这是高品质的热带潜水入门的首选目的地。

从二十世纪八十年代初该地区旅游业飞速发展以来，德国人就始终是最大的客户群体，但是如今俄罗斯人也蜂拥而至。为了享受更安静的潜水，您可以到更南边的艾尔古纳（距离赫尔格达20公里）去探险。从1996年起，艾尔古纳就成为一个旅游小镇并且一直在发展（现有17家旅馆，3000个房间）。

您也可能更喜欢塞法杰（距离赫尔格达53公里），它保留了渔港的原貌，这里的潜水项目与赫尔格达一样享有盛名。

适宜时期

请注意冬季的寒凉（相对而言），但是在赫尔格达全年都可以潜水。例如，在1月，人们会经常遇见蝠鲼。最适宜的时期是春末。此时的海水温暖（约25℃），白天的气温有时很高，但到了傍晚就会降到令人舒适的温度。夏季，高温引来了浮游生物，因此海水会变得比较浑浊。

■ 我们的忠告

您不要期待在赫尔格达遇到"大家伙"。深海鱼在这里很罕见，鱼群的规模也比沙姆沙伊赫小。在这里，主要是享受一种多彩、快乐、生机勃勃的潜水氛围，尤其是海洋生物的丰富性。那些最细心的潜水者可能会在每次下潜时观赏到100多个不同物种。重要的是安静地前进，不要追求深度，而是保持在水下20米的区域，以便欣赏五彩斑斓的世界。在这里拍照或录像的确是乐事一桩！

图1_ 常见的清洁鱼
裂唇鱼毫无畏惧地潜入海鳝的下颌。这种互助关系使这条10厘米长的小鱼能找到食物，同时帮这条捕食者清除妨碍它的某些寄生虫。

图2_ 几只正在工作的小虾
几只美丽尾瘦虾正在帮一条爪哇裸胸鳝清理牙齿和皮肤上的寄生虫和碍事的沉积物。

图3_ 一条潜伏的爪哇裸胸鳝
爪哇裸胸鳝是一种奇特的蛇形鱼，体长可超过2.5米，重达30公斤。它住在珊瑚中间形成的天然洞穴中，是一种夜间捕食者，主要以鱼类为食。

一次绚丽而安静的潜水
赫尔格达的众多礁石使游船可以随时找到避风的下锚处。这里很少有强洋流，而且在夏季，渐变的色彩构成了一幅由祖母绿色和蓝宝石色混合而成的画。

相关信息

游船上准备了一切，潜水者只需要考虑自己的摄影器材即可。住宿方面，赫尔格达地区有各种类型的旅馆（据统计，至少有250家），包括那些国际连锁豪华酒店。夜幕降临时，不要忘记去仍旧风景如画的赫尔格达老城区艾尔达哈尔（El Dahhar）散散步。您在那里能品尝到美味的钎烤小鸡和著名的手抓土耳其烤羊肉。老港阿尔-萨卡拉（Al-Sakkala）周围的旅游气息更浓。

几点建议

请您好好利用救生背心来保持平衡，以免搅起很细的沙子。落在珊瑚上的颗粒物会使水螅窒息，从而损坏珊瑚礁。请在探险过程中保持谨慎，不要触碰任何东西。许多能引起刺痒的物种看上去就像一些无害的小东西。建议您一早（最迟8点）出发，以免在这些潜水点遇见太多的潜水者。

实践指南	潜水等级 ★★ 潜水质量 ★★★ 鱼类 ★★★	环境 ★★★ 感觉 ★★ 生物多样性 ★★	摄影摄像 ★★★ 旅游价值 ★★ 性价比 ★★★★

一月	二月	三月	四月	五月	六月	七月	八月	九月	十月	十一月	十二月
16℃	16℃	18℃	20℃	23℃	25℃	30℃	30℃	26℃	24℃	19℃	17℃
21℃	22℃	23℃	24℃	24℃	25℃	26℃	27℃	26℃	25℃	24℃	22℃

红海

埃及 ÉGYPTE

11

兄弟岛
心潮澎湃的船宿潜水

在大哥岛（Big Brother）西北侧埋葬着"阿依达"号（Aïda）沉船，这是一艘 75 米长的军队运输舰，是 1911 年埃及向法国订购的。1957 年 9 月 15 日，这艘来接灯塔上驻军的军舰因为恶劣天气而沉没。沉船处于垂直位置，后端在最深处（水下 80 米），损毁严重的前端在水下近 25 米处。许多种类的鱼都在结满了硬珊瑚和软珊瑚的沉船里安了家。潜水应在早上进行，因为此时的光线美轮美奂。

图 1_ 黄色蝴蝶鱼
黄色蝴蝶鱼是红海特有的鱼种。从它眼睛和鳃上的深蓝色斑点可以辨认出来。它们经常出双入对。

图 2_ 海扇
海扇——有时被错称为"厚丛柳珊瑚"——呈扇形，分成许多细枝，直径 1—2 米，由刺胞动物八放珊瑚虫群落分泌而成。

图 3_ "努米底亚"号的幽灵
1901 年建成的 140 米长的英国货轮"努米底亚"号（Numidia）于同年 7 月 20 日撞上了大哥岛的暗礁。如今身上披满软珊瑚的它平卧在一片倾斜的海底岩滩上。

环球潜水攻略

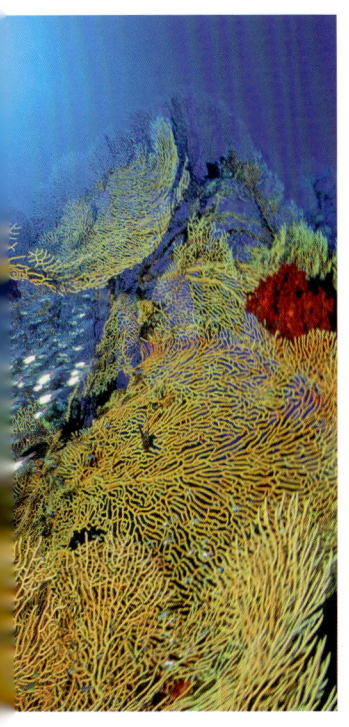

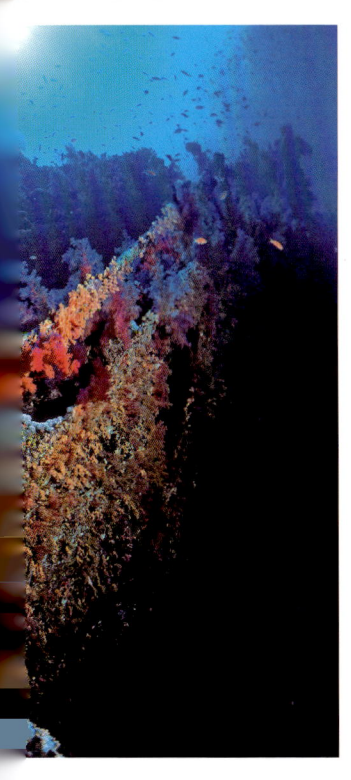

作为一个具有传奇色彩的潜水胜地，兄弟岛——当地人称为"Al Lkhwan"或"El Akhawein"——是红海中心两座沙漠荒岛。位于赫尔格达和马萨阿拉姆（Marsa Alam）中间的这两座岛方圆几海里，孤零零地浮现在海面上。距离兄弟岛 36 海里（约 67 公里）处是埃尔库赛尔（El-Quseir），一座旅游业蓬勃发展的小镇，沿海岸有 30 多个潜水点。

兄弟岛是一个国家公园。进岛需要得到海岸巡防队的许可，并且支付一笔税才能在那里潜水。从赫尔格达、塞法杰或马萨阿拉姆出发，乘坐最豪华的潜水游船，经过五六个小时的航行才能到达兄弟岛。

由于无法找到避风处，游船只能在兄弟岛停留两天到四天。这里登记有十多个潜水点。

距离大哥岛东南方向约一海里的小弟岛（Little Brother）是一座圆形岛，被一圈礁石包围着。这里的潜水条件时常比较困难，非常强的洋流可能使潜水变成一次漫长的滑翔，您会看见峭壁在眼前越来越快地一扫而过。这里的景色的确美妙，在水下约 30 米处，您可以看到由大型珊瑚和巨大的黑角珊瑚丛组成的真正的森林。

在"努米底亚"号沉船处潜水是不可错过的行程。最壮观的下部结构是两个很大的金属轮子，上面结满了五颜六色的无脊椎动物。尽管海水澄澈，但您要当心不要不知不觉地下潜到不合理的深度。上升时，请您看向海面。兄弟岛以深海大鲨鱼著称。这是人们在红海中能够遇见无沟双髻鲨和远洋白鳍鲨的海域之一。

有趣的物种

在兄弟岛能邂逅"大家伙"的传言有点失实，因为通常要到遥远的海域才能观察到这些"大家伙"。作为补偿，可能因为这些礁石与世隔绝，我们在那里见到了大量海龟。最常见的种类是绿蠵龟。这种体形庞大的爬行动物平均体重 100 多公斤（有的还要重得多）。在水下，它那缓慢而优雅的泳姿使它看上去超然世外。这是一种温和的动物，您可以离它很近，但需要保持很小的动作幅度且缓慢地释放气泡。

玳瑁（Eretmochelys imbricata）背着像屋瓦一样叠盖的甲壳，很容易辨认。这是一个较小的品种，但很稀有，因为人类为了得到它的甲壳而猎捕它。它已被列入"极危"物种。

在芦笋鳗的花园里

如果说不同品种的海鳝是潜水者最终能在赫尔格达的海里遇见的既平常又令人印象深刻的鱼类之一,那么想见到另一种蛇形鱼则要困难得多。它就是异糯鳗,又叫"花园鳗"。

这个名字是指包含园鳗属和异康吉鳗属的异糯鳗亚科,共有约35个种。体长可超过80厘米的西氏园鳗部分钻入沙里生活。而异康吉鳗则上千条聚集成群,直立在水流中寻找浮游生物。它们将头部弯成90℃,就像一条准备攻击的眼镜蛇。西氏园鳗灰绿色的丝状身体上布满了深色的斑点,形状很难分辨的头部以一只黑色的大眼睛为特征,嘴宽、唇厚。

异糯鳗,有时也被叫作"芦笋鳗"(anguille-asperge),群居在水下5—100米深的缓坡沙滩上。每条鱼都会在沙里挖一条垂直的坑洞,并用它的皮肤分泌的黏液加固这条坑洞。用尾巴牢固地抓住洞穴的异糯鳗一生都待在同一个地方。人们从未在海水中见过它们,但是它们或多或少露出沙地之外,直立着捕捉它们的猎物。

异糯鳗生活的区域被叫作"海鳗花园",因为从远处看去,它们就像均匀种植的一株株植物。

无论何种异糯鳗对摄影师来说都是一个挑战,因为它们属于最难靠近的鱼类之一。只要有一丁点儿危险的迹象或可疑的动作,它们就会突然缩进自己的避难所,消失在沙里。几分钟后,它们才羞涩地重新露头。对于潜水者来说,让异糯鳗习惯他们这种不合常规的存在是不可能的。

图1_ 友好的邂逅
一只绿蠵龟正运着一条鳓。

图2_ 以无脊椎动物为食
最初是食肉动物的绿蠵龟会随着年龄的增长逐渐变成食草动物。

图3_ 著名的"努米底亚之轮"
躺在一个长满珊瑚的花圃上的"努米底亚"号沉船因其结壳的轮子而闻名。

在大哥岛船宿潜水

从赫尔格达出发至少需要 8 小时，从塞法杰出发至少需要 5 小时，才能到达兄弟岛。这里很少有风平浪静的锚泊处，因此夏季更适合这种航行。当具备最佳条件时，这里的潜水可以视为世界上最好的潜水之一。

适宜时期

夏季（从 6 月 15 日至 9 月 15 日）当然是去兄弟岛进行船宿潜水的最佳时期。因为需要避开大风和汹涌的海浪，它们会使水下探险变得危险许多，特别是使人不适。兄弟岛附近海域自 1983 年以来就受到保护，而且由于它们与世隔绝的位置，被视为红海十大最佳潜水胜地之一。

相关信息

大哥岛的特点是一座 32 米高的大灯塔，它是英国人于 1883 年建造的。我们可以通过一条旧的木浮桥到达灯塔。从灯塔顶部可以俯瞰大海和周围礁石壮阔的全景。小弟岛周围的洋流大部分时间向南流。经典潜水项目是把潜水者放在北侧的峭壁处，让洋流带着他们自己回到锚泊处。如果下潜深度不超过 15 米，完全可以背着一个装有 12 升压缩空气的气瓶绕岛一圈。游船的选择余地很大，但请您在诸多公司或旅行社之间货比三家，要知道游船的舒适度及与此相关的尺寸对于连续多日的船宿潜水是最重要的。

几点建议

由于兄弟岛的位置完全暴露在海风下，您最好选择一艘稳定的大型游船，并提前准备好防晕船药。在小弟岛，通常在岛的东南侧锚泊，但有时也不一定。兄弟岛的潜水总是放流潜水，潜水者从船上跳下水去，随波逐流。遇到强洋流时应采取的做法是始终靠近礁石活动。这会使您保持准确的定位并能够抓住礁石（注意不要损坏珊瑚），从而避免被洋流带得太远。

鉴于这些困难的条件，每位潜水者都应装备一个阶段减压用的充气浮标。这便于游船的附属橡皮艇在他远离预定点上浮时发现他。谨慎起见，最好留在安全曲线范围内，这样就无须进行阶段减压停留。

实践指南	潜水等级 ★★★ 潜水质量 ★★★★ 鱼类 ★★★	环境 ★★★ 感觉 ★★★ 生物多样性 ★★★	摄影摄像 ★★ 旅游价值 ★ 性价比 ★★★

一月	二月	三月	四月	五月	六月	七月	八月	九月	十月	十一月	十二月
16℃	17℃	20℃	22℃	24℃	27℃	30℃	30℃	26℃	24℃	20℃	18℃
21℃	21℃	22℃	24℃	24℃	25℃	26℃	27℃	26℃	25℃	23℃	22℃

红海

埃及 ÉGYPTE

12
马萨阿拉姆
大海牛的牧场

1

大多数潜水中心和 60 多家旅馆都集中在马萨阿拉姆北部 25—30 公里内，面向著名的埃尔芬斯通礁，位于迦里卜港（Port Ghalib）、埃尔纳巴 - 埃尔索加亚（El Nabaa el Soghayar）、棕榈湾（Palm Bay）和拉古纳湾（Laguna Bay）等区域。

在 50 多公里的海岸线上，潜水点不可胜数。人们探索较浅的海底沙滩，想要偶遇儒艮——地球上最罕见的海洋哺乳动物之一，在这里被称为"最后的美人鱼"。整个红海的儒艮数目也不超过几百只。但是人们来到马萨阿拉姆也是为了乘坐非常舒适的游船到近海探索潜水的巨大乐趣。

2

3

位于赫尔格达以南 270 公里处的马萨阿拉姆（Marsa Alam 或 Mersa）多年来一直在开发卓越的旅馆基础设施，主要是高档宾馆。在沙漠和由美丽的沙滩镶边的山峦构成的背景中，这里仍然是一个安静祥和的地方。一旦该国政治稳定并能确保游客的安全不受潜在恐怖主义威胁之后，马萨阿拉姆就会变成红海其他海滨浴场的重要竞争对手，因为它的地理位置确保它的冬季气温较高（1月气温 24℃）。

在潜水方面，马萨阿拉姆被视为埃及新的大型潜水基地。它以两个特殊的潜水点闻名——沙布沙格拉（Shaab Shagra）的埃尔芬斯通礁（Elphinstone reef）和阿布凯宰岛（Abu Kizan）的代达罗斯礁（Daedalus reef），还有塞迈角（Ras Samadaï）成群的海豚，尤其是有机会在某些海底沙滩上遇到最罕见的儒艮。

距海岸 6 海里（约 11 公里）处的埃尔芬斯通礁是一片长 700 米、宽 50—60 米的礁石。它只在低潮时露出海面，以鲨鱼著称，尤其是大多在清晨现身的双髻鲨。它看上去像一片潜入深海的峭壁。放流潜水最好在它面向大海的那个区域进行。

在马萨阿拉姆以东 52 海里（约 96 公里）处的代达罗斯礁需要 3 小时航程才能到达。只有船宿游船的行程中包含了这个景点。这是一片直径约 500 米的圆形岩滩，中间有一座灯塔。当气候条件良好时，可以在始终淹没在水下的礁石上方锚泊。这片相当陡的峭壁延伸至水下约 50 米处，然后突然笔直潜入了深蓝色的深海中。

有趣的物种

人们能在马萨阿拉姆海域中遇到的最罕见也最奇特的动物就是儒艮，或者叫海牛。这是一种属于海牛目的海洋哺乳动物，与海牛是近亲。非常平和又相当害羞的儒艮没有任何防御手段。它往往独居在沿海水域和红树群落中。谨慎的它喜欢浑浊的水域，因为在那里它可以更好地隐藏自己。

这种庞大的动物，平均体长 2.5 米、重约 1 吨，具有优秀的屏气能力，可以在水下停留一刻钟。由于长期遭到捕猎，儒艮一度几乎灭绝，但自 2000 年 4 月起，它得到了全面的保护，因此在《IUCN 濒危物种红色名录》中仅被列入"易危"物种。

图1_ 素食的海龟
成年之后的绿蠵龟变成了素食主义者。在马萨阿拉姆，人们经常遇到正在啃噬海草的体形庞大的海龟。

图2_ 兴致勃勃的大海牛
作为儒艮科中唯一的种，儒艮是海牛的近亲，它俩共同组成了海牛目。这种哺乳动物以水生植物为食，"海牛"这个名字也由此而来。

图3_ 一种会过滤的哺乳动物
儒艮属于十分罕见的哺乳动物，它一边吃草一边过滤水，就像须鲸所做的那样。这张照片中，我们看见它正扬起它吃草的地方的沉积物。

图 1_ 海豚之家
萨马迪礁（海豚之家）是马萨阿拉姆最著名的潜水点之一，因为一群深居简出的长吻原海豚已经在这里住了好多年。人们可以屏气潜水观赏它们。

图 2_ 宽吻海豚的潟湖
在马萨阿拉姆东南的一片 5 公里长的大潟湖——沙布萨塔亚（Shaab Sataya）可以遇见宽吻海豚。人们需要乘坐橡皮艇接近海豚。

图 3_ 从沙滩开始探索
初学者和孩子们在马萨阿拉姆会感到满意，因为游泳就可到达许多礁石。在那里能看到许多鮋科的鱼。

图 4_ 丰富多彩的海上运动
尽管潜水是马萨阿拉姆第一大旅游活动，但是旅行社也会推荐海滩上的各种娱乐项目。您也可以玩滑浪风帆甚至风筝冲浪。

无所不知

埃尔芬斯通西南端的小礁石以较缓的坡度延伸至水下 40 米，然后突然笔直潜入深蓝色的深海中，形成了一条 15 米多长、镶嵌着五颜六色的多孔动物的海底隧道。这里是许多鱼类的王国，尤其是白斑笛鲷，它们每年夏季都来此产下成千上万只卵。埃尔芬斯通礁东北端的水下峭壁受到很强的洋流的影响。从水下 30 米深处开始，就时常见到大鲨鱼路过。

在代达罗斯礁，有大量的火珊瑚——多孔螅属——存在，因此潜水时不要触碰任何东西。在这里潜水与在埃尔芬斯通潜水相似，但有更多机会在潜水结束时遇见远洋白鳍鲨，因为它们经常在海面附近游泳。相反，想要观察双髻鲨，必须下潜到深海中并远离礁石。

多年前就无法再带着气瓶与塞迈代角的海豚们一起潜水了。游客只被允许在海豚陪伴下游泳，如果他有幸能接近它们的话。要想到达这个景点，必须缴纳一项用于发展埃及自然保护的专项税。尽管人们时常可以远远地眺望海豚，但在浩瀚的大海上与它们邂逅仍然是一次独特的经历、一个难忘的时刻。

适宜时期

马萨阿拉姆海域全年都适合潜水。然而盛夏季节（7 月和 8 月）天气酷热，海水几乎总是非常澄澈。相反，爱好摄影的人们会避开 4 月和 5 月，因为浮游生物会妨碍能见度。作为补偿，这个时期有可能遇见鬼蝠魟和鲸鲨。最后，秋季似乎是在外海大礁石周围观察双髻鲨的最好时期。

相关信息

  马萨阿拉姆海域近几年来旅游业发展迅猛。那里有各种等级的旅馆。诸如洲际（Intercontinental）、考拉亚湾（Coraya）、希尔顿（Hilton）、协和（Concorde）、皇冠假日（Crowne Plaza）等许多大型连锁五星级酒店竞争激烈。年轻人和爱好真实、自然和星空的人则会对帐篷露营感兴趣，如埃米度假营（Emy camp）或奥拉德·巴拉卡生态旅馆（Awlad Baraka ecolodge）——位于马萨阿拉姆以南（14 公里）为数不多的潜水中心之一。

几点建议

  马萨阿拉姆的潜水中心像蘑菇一样疯长，毫无疑问，海滨浴场也会跟着不断迅速扩张，但愿这个地区的宁静可以维持下去。官方登记的潜水中心就有 30 多家。它们大部分都提供优质的服务和符合国际标准的装备。注意，某些潜水中心会夸口说能看见儒艮，并借口能提供现场专业培训和颁证的服务而漫天要价。

  最好乘坐船宿游船去该海域的大礁石附近潜水，越来越多的游船推荐从赫尔格达出发去塞法杰的路线。这是一种价格较高的方案，但是能保证丰富多样的潜水体验。

实践指南	潜水等级 ★★★ 潜水质量 ★★★★ 鱼类 ★★★★	环境 ★★ 感觉 ★★★★ 生物多样性 ★★★	摄影摄像 ★★★ 旅游价值 ★ 性价比 ★★★★

一月	二月	三月	四月	五月	六月	七月	八月	九月	十月	十一月	十二月
18℃	18℃	20℃	22℃	25℃	27℃	32℃	32℃	28℃	26℃	22℃	20℃
24℃	24℃	25℃	25℃	26℃	27℃	28℃	29℃	28℃	27℃	26℃	25℃

苏丹 SOUDAN

13

苏丹港
心潮澎湃的聚会

苏丹海域以存在整个红海无法比拟的"大家伙"而闻名。船宿潜水从参观恰好沉睡在苏丹港出口水下 40 米深处的"翁布里亚"号开始。只有经验丰富的潜水者才能探索这艘沉船，因为它最好的观赏位置是在水下 30 米区域内。这艘船长 153 米，当心不要在内部迷路！因为没有来自港口的洋流，海水很清澈。

图 1_ 锈色鹦嘴鱼
雄性锈色鹦嘴鱼身着色彩鲜艳的长裙，这种相当常见的鱼具有明显的性二型现象。人们在夜间潜水时可以近距离观察它。

图 2_ 路氏双髻鲨
身形巨大但无攻击性的路氏双髻鲨体长达 4 米。幼鱼结成庞大的鱼群在深海出没，而成年鱼则独来独往，更加深居简出。

图 3_ 裸狐鲣
裸狐鲣是一种深海鱼，体长可达 2 米。它们独来独往或少数成群在海里巡逻，是好奇心强又贪吃的捕食者。

图 4_ 橘点若鲹
阿拉伯半岛附近水域特有的橘点若鲹是一种活跃的捕猎者，体长达 50 厘米。它时常在延伸至水下 50 米深的峭壁周围出没。

面积约为法国 3.4 倍（188.6 万平方公里）的苏丹共和国与埃及、利比亚、乍得、中非共和国、厄立特里亚和埃塞俄比亚接壤。这是一个信仰伊斯兰教的国家。苏丹的民族构成复杂，各民族之间唯一的联系是阿拉伯语，但是他们所说的阿拉伯语也有 100 多种方言。

乘飞机从迪拜出发，2 小时后即可到达红海边的苏丹港（Port-Soudan）。距离该国首都喀土穆（Khartoum）约 670 公里的苏丹港是一座由渔民居住的小镇，他们自己建造木质小船。旅游价值几乎为零，但苏丹海域本身因异常频繁的潜水活动而闻名。1940 年 6 月 10 日，悬挂意大利国旗的"翁布里亚"号（Umbria）货轮在驶出苏丹港时沉没。这艘 1911 年在汉堡建造的货轮从那以后就被视为世界上最美的沉船之一。

在苏丹港以北几海里处的沙布鲁米礁（récif de Sha'ab Rumi）处，库斯托船长和他的团队于 1963 年 7 月在这里建造了他们的水下房屋，即大陆架二期项目（Précontinent II）。这些飞碟形大房子的骨架为人们提供了一次心潮澎湃的潜水朝圣的机会，以纪念这些先驱们。

位于桑加奈卜（Sanganeb）大珊瑚礁高处的灯塔指示着这处作为红海潜水传奇胜地之一的浅滩的存在。

沙布鲁米礁的外形就像靠近海面的一大片珊瑚。它倾斜向下延伸至水下 10 米，然后形成一片几乎水平的沙滩，最后是 100 多米长的峭壁。库斯托水下房屋就建在这个峭壁上。这个马蹄铁形的礁石形成一个很好的避风港，在风平浪静的日子里，船宿游船经常夜里在沙布鲁米锚泊。这样就可以第二天一大早开始潜水，从而保证真能看见鲨鱼。

桑加奈卜礁的位置实际上是锚泊理想的天然避风港。这个潜水点主要以双髻鲨闻名，它们有时会成群出现在水下 40—60 米深处。您最好选择 3 月初至 5 月中旬以及 9 月底至 11 月中旬这两个时间段进行潜水，以免酷热难耐，因为夏季水温经常会超过 30℃。

有趣的物种

经过半个世纪的浸泡，"翁布里亚"号幽灵般的构架已经变成了一个壮观的人工暗礁。鹦嘴鱼、鲈鱼、神仙鱼、蝴蝶鱼以及数量更多的五颜六色的石斑鱼都已经习惯了潜水者的出现，任凭他们接近自己而不会生气。锈迹斑斑的金属与硬珊瑚和软珊瑚一起营造了一种奇特的效果。

除了随处可见的笛鲷和刺尾鱼之外，库斯托水下房屋的其他部分所在的沙布鲁米海底沙滩上动物数量相对贫乏。一定当心不要触碰金属墙壁，虽然在海底沉睡了半个多世纪，它们仍然锋利、易碎。这些奇特的建筑被漂亮多彩的海绵和许多无脊椎动物覆盖着。在靠近礁石南端水下 30—40 米深处，人们经常能看到双髻鲨和美丽的白边真鲨。注意不要太过陶醉……在这么清澈的海水中，水深计会很快失效的！在桑加奈卜，只有运气极差的情况下才看不到鲨鱼，尤其是在这块礁石的西南端，这里定居着许多种类的鲨鱼。

您可以乘坐游船的附属橡皮艇前往深海，在那俯冲到 40 米深处。保持稳定后再缓缓上升至礁石处。一些体长超过 2 米的白边真鲨会与您同行。

镰状真鲨就比较少见了。这是一种轮廓瘦长的鱼，可以从它明显不对称的尾巴分辨出来。自信而好奇的它们的存在的确让人感觉不舒服。它们一圈又一圈地把潜水者包围起来，并逐渐缩小包围圈。但只要这个捕食者表现出一种从容甚至傲慢的态度，它就没有危险。相反，如果它的动作变得更加活跃，泳姿变得不平稳，那么您最好开始谨慎并坚决地撤离至海面。

图1_ 隆头鹦嘴鱼
体长可达1.3米的隆头鹦嘴鱼是一种爱群居的鱼，人们常在远离海岸的礁石上遇到它们。潜水者很难接近胆小的它们。

图2_ 密点胡椒鲷
密点胡椒鲷只在红海南部出现。这种体长40—50厘米的鱼也被称为"密点图"。它们组成小群，生活在礁石上。

图3_ 黑尾真鲨
黑尾真鲨的纺锤形身体长约1.5米，在桑加奈卜的珊瑚滩周围数量众多。这是一种好奇心强的鱼，会与潜水者离得很近。

图4_ 一群大眼鲷
在白天，宝石大眼鲷成群结队地出现在礁石附近，每群有100多条鱼。它们夜间到海里去捕食，主要以鱼苗和小型头足纲动物为食。

图5_ 在"翁布里亚"号的内部
宽敞的舱口使潜水者能够潜入这艘能运载2000名乘客的大船的通道。除非有一位潜水专家引领，否则不要到货舱内冒险，因为您很有可能会迷路。

图6_ 驾驶丰田车的残骸
一位女潜水者正在距离苏丹港50海里的沙布苏埃蒂（Shaab Suedi）水下的一辆丰田车残骸上握着方向盘。1977年12月，沙特阿拉伯的一艘满载着丰田汽车的长103米的货轮"蓝带"号（Blue belt）在这里沉没。

图7_ 库斯托的水下房屋
在沙布鲁米，一位潜水者正在靠近大陆架二期项目的遗迹，这是雅克-伊夫·库斯托和他的"卡吕普索"号团队于1963年实施的海底生活体验项目。令人惊讶的是这些房屋如今看来仍然很现代。

桑加奈卜的传奇形象是在峭壁周围巡逻的体长超过3米的双髻鲨群。这虽是常见的景象，但不能担保每次都能见到，经常需要下潜到更深处（40米以下）去碰碰运气。

无所不知

建议您乘坐游船向南一直到达苏瓦金（Suakin或Sawakin）去潜水。在经历过运来珍贵货物的沙漠商队和阿拉伯小帆船的繁荣时期之后，这座商业城市因为50公里外控制着该国全部海上交通的苏丹港的扩张而销声匿迹。如今，用大块珊瑚建造的房屋开始翻修，人口增长也相当快。

适宜时期

人们会在 10 月初至来年 6 月底之间在苏丹附近海域潜水，因为夏季这里的水温会超过 30℃，这有利于浮游生物的繁殖，海水也因此变得浑浊。夏季，苏丹的气候十分灼热、干燥，有些地方树荫下的气温都超过 50℃。

相关信息

尽管苏丹是一个非常亲法的国家而且明确表示希望向游客敞开大门，但是因为周边的军事行动，法国官方不建议到苏丹旅游。欧洲没有直飞苏丹的航班。推荐这个目的地的潜水旅行社，如超级海洋（Ultramarina）或 AMV 潜水（AMV Subocea），销售从巴黎途经迪拜到苏丹港的航班。也可以从马萨阿拉姆出发，乘坐大型游船进行为期两周的船宿潜水。在苏丹体验潜水的唯一方案就是船宿潜水。法国人是"黑男爵"号（Baron noir）的忠实粉丝，这是一种长 22 米的豪华机动游艇，可以容纳 12 名乘客，乘坐舒适，还有空调。游艇主人弗兰克·亨伯特（Franck Humbert）自 1987 年起在红海南部定居，完全了解这里最佳的潜水点。建议在这艘游艇上接受高氧气瓶使用方法的培训。

几点建议

无论您在苏丹哪里旅游，我们都建议您联系一家专业旅行社，并详细咨询船宿潜水的条件，因为在这个国家一切都充满变数。对外公布的旅游基础价格会因为高到无人敢问津的旅行签证费用而提高，这还没算上海洋公园高昂的进入和停留税。

图1_ 桑加奈卜的"黑男爵"号
这艘 22 米长的游艇几乎是唯一一从苏丹港出发前往苏丹附近海域的常规运营的游船，而这种情况已经维持好多年。

图2_ 从桑加奈卜的灯塔上看到的全景
从 50 米高的灯塔顶部，可以 360℃俯瞰这个国家海洋公园的全景。海洋公园创建于 1990 年，长 6 公里、宽 2 公里。

实践指南	潜水等级 ★★★ 潜水质量 ★★★★ 鱼类 ★★★★	环境 ★★★ 感觉 ★★★★ 生物多样性 ★★★	摄影摄像 ★★★ 旅游价值 ★ 性价比 ★★★

一月	二月	三月	四月	五月	六月	七月	八月	九月	十月	十一月	十二月
25℃	26℃	28℃	30℃	33℃	35℃	40℃	41℃	35℃	30℃	28℃	26℃
24℃	26℃	27℃	28℃	29℃	31℃	33℃	33℃	32℃	30℃	28℃	27℃

吉布提 DJIBOUTI

14

吉布提
海洋大胃巨人的盛宴

9月至来年6月底适合在七兄弟群岛潜水，平均潜水深度在20—25米。从11月至来年2月，在鬼岛和塔朱拉湾必定能遇到鲸鲨。最近几年有人甚至见过15条鲸鲨成群游过。潜水者应保持屏气状态，以免惊吓到这些体形巨大的鱼类。人们经常会在海面附近遇到来觅食的鲸鲨。其余时间无法见到鲸鲨，因为它们生活在水下100—150米深处。

图1_ 黄色领航鱼
无齿鲹经常伴随鲸鲨远航。这些鱼平均体长60厘米，有时能达到1米。人们能在礁石附近看见聚成小群的它们。还有一些单个的无齿鲹伴随在深海大鱼的身旁，主要是鲨鱼和蝠鲼。无齿鲹的幼鱼与水母共生，毫不畏惧地隐藏在水母分泌毒液的触手中间。

图2_ 永远吃不饱的善饥症患者
鲸鲨只吃浮游生物、磷虾或体长不到10厘米的小鱼。它庞大的身躯迫使它吸收巨量的食物，据估计，一头10米长的平稳游泳的鲸鲨每天大约要吃掉一吨食物。它的大脑袋下面长着一张宽1.5米的巨嘴，每小时能吞下6000升水。这种动物能够用鲸须过滤出水中的可食用物质。

位于非洲和亚洲大陆地质断裂带上的吉布提共和国在红海与印度洋的交汇处，有着得天独厚的战略位置。这条被称为"东非大裂谷"的断裂带逐渐加宽，引起了强度很大的火山运动，一些从海面看不见的海底火山在海底喷发出沸腾的熔岩。

1862年，塔朱拉苏丹（soudan de Tadjoura）以5.2万法郎的价格把奥博克港（poste d'Obock）卖给了法国，自此之后，吉布提成为法国的领土。1977年6月27日，吉布提独立。潜水是在该国北面扼住红海要冲的曼德海峡（Bab-el-Mandeb）进行的。经过一夜的航行（约300公里）才能到达七兄弟群岛（Sept-Frères），又名萨瓦比群岛（îles Sawabi）。

七兄弟群岛中的第一座岛——翁达达巴利岛（Ounda Dabali）是一个沙丘，其西北侧平静的海湾适宜锚泊。西面的哈姆拉岛（Hamra）不太适合潜水，而第三个"兄弟"——地势较低的托尔卡岛（Tolka）正相反，那里有许多礁石缝，里面住着成群的胡椒鲷和很大的鞍带石斑鱼。第四个"兄弟"——卡达达巴利岛（Khadda Dâbali）或大岛（île grande）的西南侧有一个很好的夜间潜水点。

另外，南面的海角常有强洋流经过，有很多机会遇见近海鲨鱼。

第五个"兄弟"——胡洛德岛（Horod le'Ale）或东岛（île de l'Est）有繁茂的黑角珊瑚丛，引人入胜。鳑鱼总是会如期而至，还有灰三齿鲨。第六个"兄弟"——翁达科梅图岛（Ounda Komaytou）或南岛（île du sud）有一处极美的峭壁。其余的两座岛——鬼岛（île du Diable）（又叫"魔鬼深渊"）和塔朱拉岛（Tadjoura）则因每年的某些时期在岛周围定居的鲸鲨而闻名。

在曼德海峡，红海和印度洋的汇合导致了强洋流。丰茂的浮游生物导致海水浑浊，但却招来了大型深海鱼。只需要一个风平浪静的时期，就可以在这些少有鱼类光顾的礁石周围见到它们。但是如果气候条件合适，在七兄弟群岛潜水会是一次非同寻常的经历。

在吉布提潜水通常采用船宿方式，需要在船上住六个晚上，还会去前往魔鬼深渊（Ghoubbet el Kharab）中途的阿萨勒湖（lac Assal）和阿尔杜科巴火山（volcan Ardoukoba，1978 年喷发形成）游览。这个 300 米高的锥形火山被凝固的熔岩包围着。

有趣的物种

体长可达 12—15 米、体重数吨的鲸鲨是世界上最大的鱼类。在吉布提遇到的鲸鲨平均体长为 6—8 米，雌性比雄性更大。当这种动物张开它那无边的大嘴过滤海水（每小时 2 立方米）并吞下数量巨大的浮游生物（这是它唯一的食物）时，场面令人震撼。

当鲸鲨闭上嘴时，一块长有耙齿（约 30 排）形鲸须的海绵状组织就发挥了过滤器的作用。捕获的物质中无法通过这个间隙 10 厘米的天然丝质栅栏的将被吃掉。

除了壮观的体形之外，还可以通过背上布满白色斑点的蓝色皮肤来辨认鲸鲨。鲸鲨的腹部都是浅灰或白色。它身体每一侧有 5 条垂直的鳃裂，用于过滤海水。

鲸鲨是一种温和的鱼类，不会对潜水者表现出任何敌意。它游泳时很安静（因为体形和力量大而游得很快），整个身体向两侧摆动，而不是像大部分其他种类的鲨鱼那样只摆动尾鳍。

鲸鲨已被列入《IUCN 濒危物种红色名录》中的"易危"物种。它的总数在下降，因为这种巨大的鱼很久以来一直遭到捕杀，以满足远东地区对它的鳍的钟爱。自 2002 年 11 月 15 日起，鲸鲨被列入《濒危野生动植物种国际贸易公约》名录，禁止捕捞。不幸的是，这种保护并未得到完全执行，尤其是在亚洲。

尽管潜水者与鲸鲨之间一直很频繁地相遇，但是除了它的大胃口和某些它偏爱的浮游生物聚集地之外，人们对它的习性知之甚少。

图 1_ 巨大的天然过滤器
尽管鲸鲨像鲸一样到海面来呼吸，但它的确是一种鱼类。它在觅食时吸进的全部的水——请看背景中那一团鳑鱼——被过滤后会从它巨头两侧的鳃裂排出。

图 2_ 世界上最大的鱼
据吉尼斯世界纪录记载，已知最大的鲸鲨体长 12.65 米、重达 16 吨，于 1949 年在巴基斯坦的巴巴岛（île de Baba）被捕获。然而，一些值得信赖的观察报告中提到有些鲸鲨体长达 15—18 米。鲸鲨游泳速度相当慢，这使潜水者可以借着它激起的水流从容地跟随它。这条鱼始终在运动中，能穿越几千公里的海洋。

红海

在繁殖方面，科学家们认为鲸鲨为卵胎生，尽管有人曾看到一个鲸鲨卵（35 厘米长），还有被偶然捕到的一条体长约 50 厘米的幼年鲸鲨脐上有一条疤。而有人曾经在雌鲸鲨的腹中找到将近 300 个胚胎，这也证明了它就是卵胎生动物。鲸鲨出生时体长应为 40—60 厘米。人们认为它要到 20—30 岁时才达到性成熟。

由于鲸鲨的发育相当慢，某些鱼类学家估计它们的可能寿命在 100—150 岁。这在鱼类中十分罕见。但是迄今为止捕到的最老的鲸鲨只有 70 岁！

七兄弟群岛始终以鲨鱼种类的多样性而闻名。如今，也门渔船无差别地高强度捕捞使鲨鱼的总数逐渐稀少。因为鼬鲨经常出现在渔船附近，所以没有必要再说明夜间在这些水域潜水无异于自杀行为！

无所不知

吉布提共和国拥有 370 公里长的海岸线。曼德海峡在红海上，而亚丁湾已经属于印度洋。这个干燥炽热的国家没有任何常年流淌的河流，这也是它非常贫穷的原因。

这是一个深受伊斯兰教影响的国家，游客必须尊重他们的习俗。当您在陆地上游览时，一定要注意正确着装，男人穿长裤，女人应尽量遮盖胳膊、肩膀和腿！

图 1_ 温和又从容的巨兽
屏气的潜水者很容易接近鲸鲨，但为了尊重这种鱼的安静生活，不建议您去触摸它。

图 2_ 不可能混淆
鲸鲨那布满白色条纹和斑点的深蓝色背面与其他任何鱼都不相似。它的腹部是白色，身体由一层 10—15 厘米厚的粗糙表皮保护。

图 3_ 侦察兵似的领航鱼
无齿鲹无忧无虑地在鲸鲨的巨嘴前游泳，因为它们知道自己太大，不适合做鲸鲨的猎物。

图 4_ 深海之主
在赤道南北纬 30°—40° 的所有海洋里都可能遇到鲸鲨。一旦在海面吃饱了，这种鱼就会钻进潜水者无法抵达的深海。

■ **我们的忠告**

在七兄弟群岛潜水的确非常激动人心，因为与鲸鲨或其他大型深海鱼的相遇会给人留下难以磨灭的印象。不幸的是，动物群落最丰富的地方往往受制于很强的洋流，使潜水变得困难。如果有大量的浮游生物，能见度会降低，摄影师们会非常恼火，尤其因为鲨鱼的欢庆正是在这种条件下达到高潮的。这是专门留给身体健康且经验丰富的潜水者扣人心弦的潜水体验。

适宜时期

应该避开夏季，因为笼罩这个地区的酷热，背阴处的气温都会超过50℃！从5月至10月，水温超过30℃，导致浮游生物大量繁殖，因此海水比较浑浊。在这个风很大的地区，大海通常波涛汹涌，损害了潜水的舒适度，因此挑选一艘优质的游船非常重要。人们往往能亲身体会到七兄弟群岛锚泊的困难。位于曼德海峡中间的这个群岛实际上没有任何避风区域。

实用信息

有两艘26米长的游船提供七兄弟群岛的船宿潜水：一艘是580马力的"达因"号（Dyn）机动游艇，装有一个海水淡化系统。另一艘是"德利"号（Deli）双桅纵帆小舟，用柚木和桃花心木制成，有一台280马力的发动机。这两艘船都可以搭载12人，有双人空调舱室，带私人卫生间。注意：七兄弟群岛潜水需要二级潜水员证。

几点建议

如果从巴黎出发，只有法航提供直飞吉布提的航班（约10小时30分钟）。埃及航空、埃塞俄比亚航空和汉莎航空也到达这个目的地，但航程更长且需换乘两次。由于地区政治的不稳定性以及也门的各种海盗和人质绑架行动，在七兄弟群岛潜水还是相当冒险的。一定要选择专业旅行社的服务。

如果遇到恶劣天气，塔朱拉湾——鲸鲨的老巢——几乎总是可以避风的。您还可以一直溯流而上至奥博克港，在礁石附近进行简单的潜水。"大型潜水"需要相当大的船，至少需要在船上住四天。但是最有价值的远航是六七天，这样可以在最佳潜水点进行15—20次潜水，以确保令人激动的邂逅！

图1_ 从海面观察
从船上定位鲸鲨相当容易，因为在适宜的季节，这种鱼常常会游到海面上，甚至直接把背鳍露出来。

图2_ 海平面以下的盐水湖
位于海拔-153米的阿萨勒湖是非洲大陆的最低点。这个没有生命的地方实在是美极了。盐度很高（348克/升）的湖水是热的，因为某些源头的水甚至都烫手。

实践指南	潜水等级 ★★★★ 潜水质量 ★★★★ 鱼类 ★★★★	环境 ★★★ 感觉 ★★★★ 生物多样性 ★★★	摄影摄像 ★★★★ 旅游价值 ★ 性价比 ★★★★

一月	二月	三月	四月	五月	六月	七月	八月	九月	十月	十一月	十二月
25℃	26℃	28℃	30℃	33℃	35℃	40℃	41℃	35℃	30℃	28℃	26℃
24℃	26℃	27℃	28℃	29℃	31℃	33℃	33℃	32℃	30℃	28℃	27℃

红海

OCÉAN INDIEN

印度洋

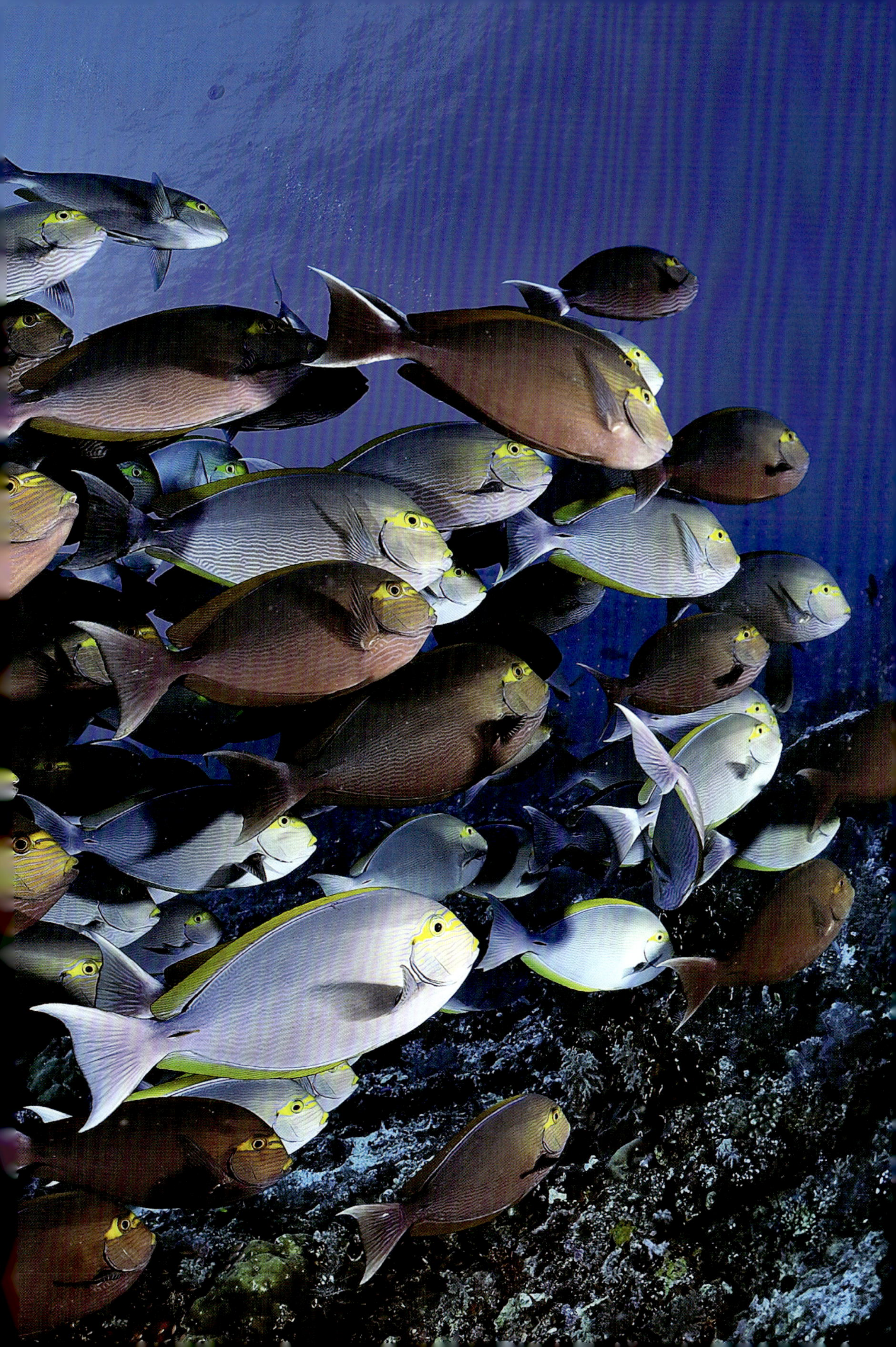

懒洋洋地躺在赤道两侧南北回归线之间的印度洋面积为 7617.4 万平方公里，是全世界面积最小的大洋。相距最远的两端——南非伊丽莎白港（Port Elisabeth）和澳大利亚珀斯（Perth）之间的距离为 4600 公里。因为南面有南极洲，印度洋受到季风周期的影响，北部四季分明。这种气候的鲜明对比致使海上形成强大的洋流，有时还有惊人的风暴。

印度洋在露出水面的陆地附近平息下来。它的海水清澈，一些被珊瑚礁包围、沐浴着阳光的美丽岛屿分布其中。这里对于度假者，尤其是潜水者而言如同天堂一般。这里的潜水点比太平洋岛屿周边海域的潜水点更加千变万化。地形和物种的多样性使人们随处都能发现一种繁衍不息的生命。

作为一个引人入胜的探索之地和激动人心的水下冒险之地，印度洋需要慢慢地、仔细地、反复地探索，才能完全领略它与众不同的美。这是一个可以一次又一次地探索却永远不会厌倦的世界！

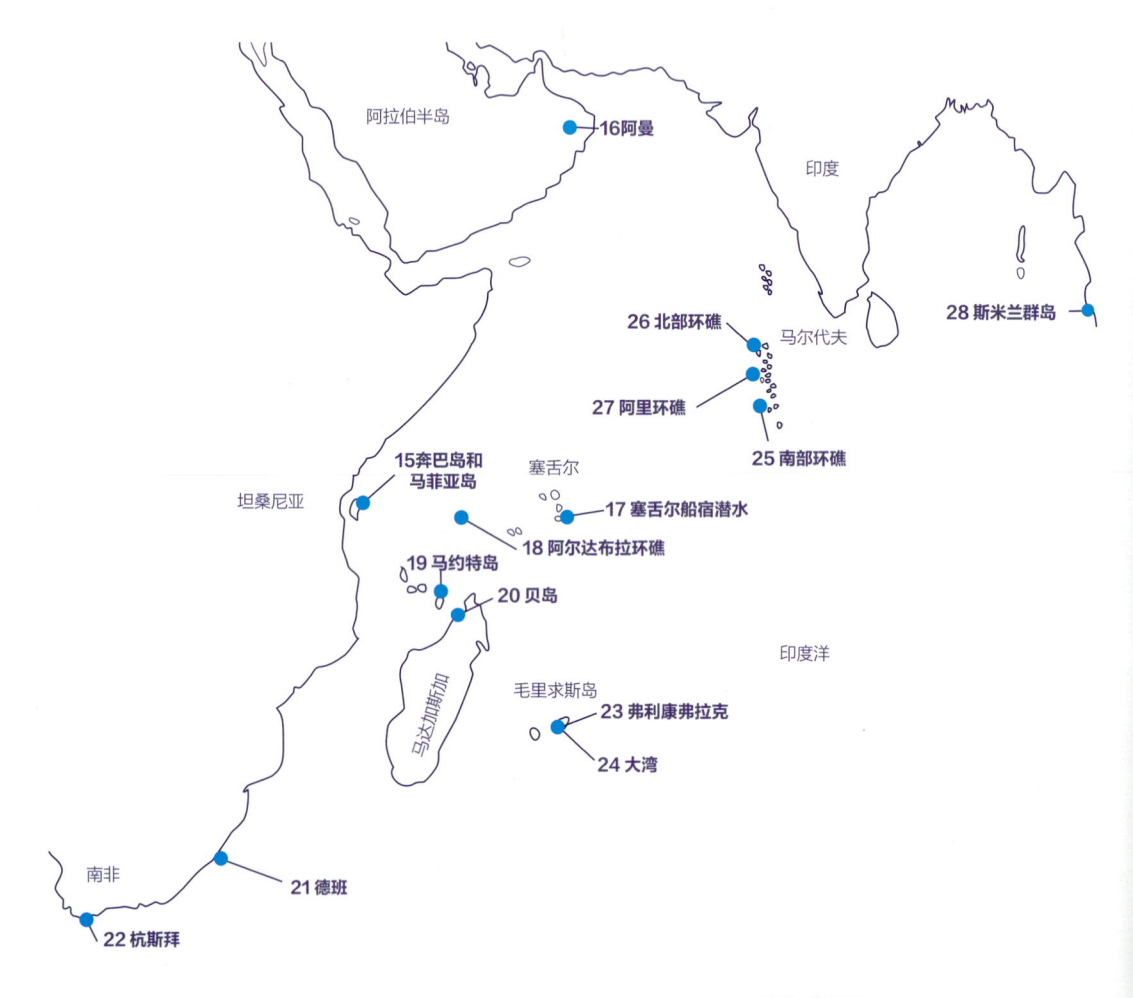

前进，马夫鱼！
在印度洋随处可见的马夫鱼因为背鳍上长长的白色延长丝而被库斯托船长叫作"电台鱼"。这种温和的鱼以浮游生物为食。

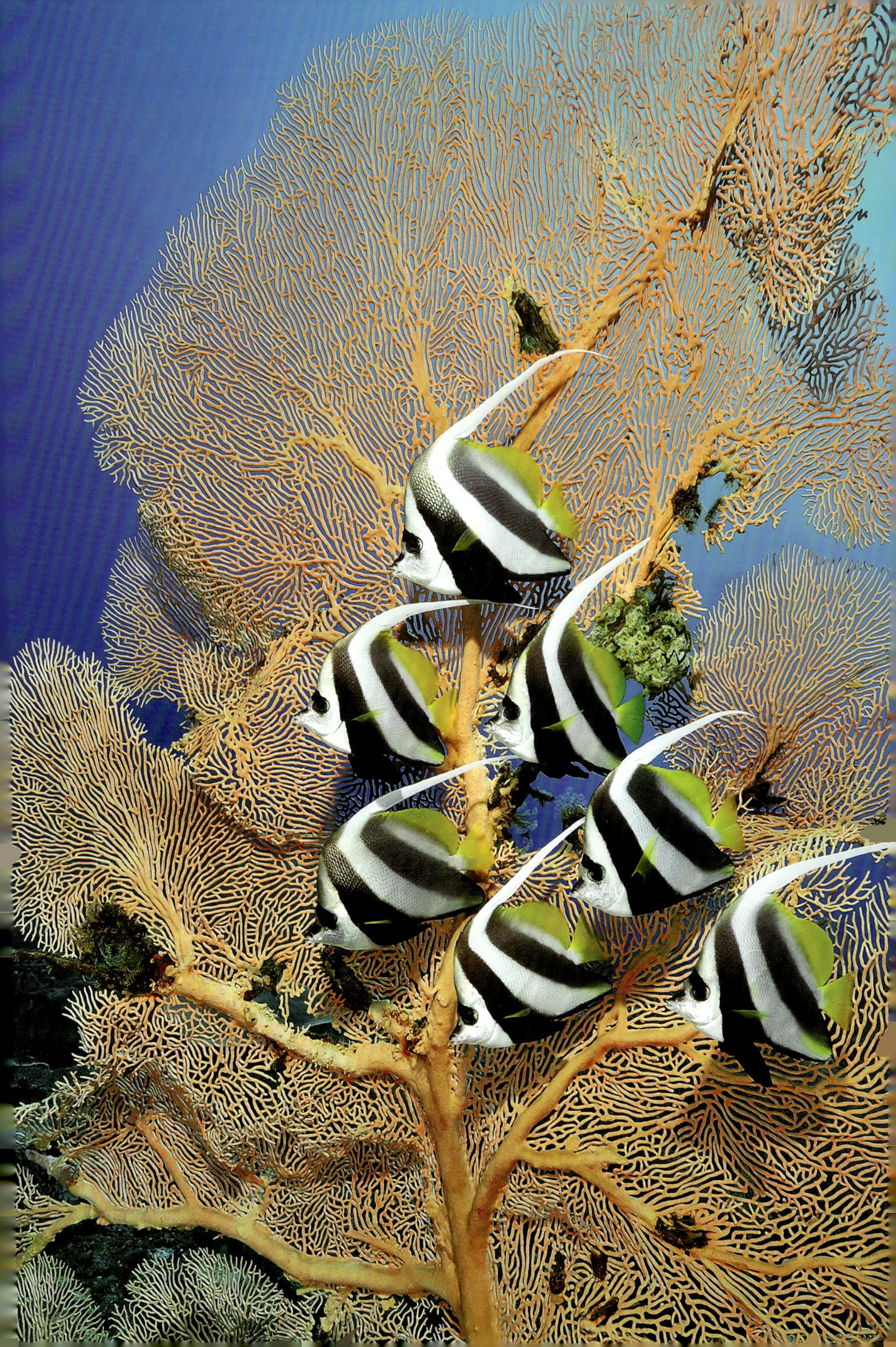

坦桑尼亚 TANZANIE

15

奔巴岛和马菲亚岛
小人国的海底旅行

1

位于南纬6℃的桑给巴尔群岛气候规律。东面以礁石镶边的岛屿为潜水提供了极好的机会。尽管许多优质的潜水中心已经发展起来，但坦桑尼亚的潜水仍然鲜为人知，而这也使探险活动具有"远离乌合之众"的优点。

2

图1_ 大型猛兽之国
坦桑尼亚大陆部分主要因拥有多个广阔的自然公园而闻名，人们在那里能看见非洲的所有大型猛兽。坦桑尼亚岛屿部分对于潜水者而言是真正的天堂。

位于印度洋上坦桑尼亚东北方向距海岸36公里的桑给巴尔群岛（archipel de Zanzibar）由三座珊瑚岛组成：温古贾岛（Ujunga）（又名桑给巴尔岛）、奔巴岛（Pemba）和马菲亚岛（Mafia）。

凭借靠近非洲大陆得天独厚的地理位置，今天有时被称作"岛国"的坦桑尼亚长期以来一直被视为一个战略要地。由于自公元十世纪起就成为阿拉伯帝国的殖民地，群岛上城镇的建筑明显表现出摩尔人的影响。

作为整个十九世纪非常活跃的港口，桑给巴尔参与了奴隶贩卖和龟壳贸易，并且成为重要的丁香产地。1964年，温古贾岛和奔巴岛回归了坦桑尼亚共和国，但它们仍保留着一种半自治状态。而马菲亚岛始终属于坦桑尼亚，是滨海大区下辖的六个县之一。

奔巴岛的阿拉伯名字"Al Jazeera Al Khadra"（意为"绿岛"）源于岛上大规模的丁香种植业。

温古贾岛（桑给巴尔岛）不是最有名的；然而，以下潜水点都值得一探究竟：

位于岛西南面的波利布礁（Boribu reef）被认为是桑给巴尔最好的"潜水点"之一。这座起伏很大的礁石直落入水下30米，表面布满一列列的珊瑚和巨型海绵。这里是大海鳝的王国，偶尔会有深海鱼路过，尤其是鲸鲨（12月至来年4月）。

86　　环球潜水攻略

图 2_ 与黑斑石斑鱼的相遇
巨大的捕食者黑斑石斑鱼体长可达 2 米、重 100 多公斤。这里的黑斑石斑鱼不怎么怕生。

图 3_ 雌雄同体的交配
在马菲亚岛上，两只媚眼叶海蛞蝓将它们的繁殖管连在一起进行繁殖。这两根"阴茎"将其中一只的精子转移至另一只身上。裸鳃目是雌雄同体，但与蜗牛一样，它们不自行受精。

图 4_ 同类相食的裸鳃
此图中，美拉刺猬鳃，体长 4 厘米的背鳃科，正在吃一只"西班牙舞娘"的卵，它是裸鳃目最大的品种。

图 5_ 小背海牛
趴在一块硬珊瑚上的这只三鳃海牛科的裸鳃体长约 10 厘米。它主要以钙质海绵为食。

图 6_ 多彩海牛
印度洋中常见的这种体长 4 厘米的海蛞蝓可以从它的鳃和它的黄色嗅角辨认出来。

图 7_ 多彩的爱情芭蕾
两只身着带深褐色漂亮条纹长袍的多角海牛正在以一种优雅的芭蕾舞姿势交配。这是两只体长 6 厘米的闪着红光的裸鳃。

图 8_ 西班牙舞娘
"西班牙舞娘"，学名血红六鳃海蛞蝓，它的俗名来自它柔软的螺旋状泳姿，使人想起了弗拉明戈舞的裙裾翻飞。图中的这只西班牙舞娘正带着它那好像多层镶边的红裙般的卵带。

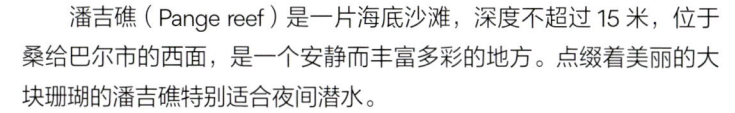

潘吉礁（Pange reef）是一片海底沙滩，深度不超过 15 米，位于桑给巴尔市的西面，是一个安静而丰富多彩的地方。点缀着美丽的大块珊瑚的潘吉礁特别适合夜间潜水。

穆罗格礁（Murogo reef）是该岛西面最大的礁石，缓坡倾斜下降至水下 24 米。礁石上长满各种珊瑚，小鱼穿梭其间，还时常有海龟和石斑鱼出没。在桑给巴尔，还有一些沉船可以探索。最美的是位于水下 40 米的"企鹅"号（Penguin）。

门巴环礁（atoll de Mnemba）当然是最有名的。有两座礁石——基什瓦尼（Kichwani）和大墙（The Big Wall）值得一游，运气好的话可能会见到深海鱼。初学者可能更喜欢瓦塔波米（Wattabomi）的

印度洋

87

冒险经历

在影像中邂逅一段传奇

1994年在奔巴岛的一次潜水旅行期间遇到莱妮·里芬施塔尔（Leni Riefenstahl）之后，我被这位不同寻常的人物吸引住了。1902年出生的她从橡皮艇上翻了下来，面对我们遇到的强洋流，92岁的高龄似乎并没有妨碍她。她正指挥着她的摄像师兼忠实助理霍斯特（Horst）拍摄一部新的纪录片。莱妮是德国最伟大的电影艺术家之一。她因为指导关于1936年柏林奥运会的纪录片《奥林匹亚》（Dieux du Stade）而举世闻名。72岁时，莱妮开始探索海底潜水——她在年龄上做了假，少报了20岁。从此她投身潜水活动，直至2003年去世，其间出版了两本书，还拍摄了一部真正赞美海洋的纪录片。1998年，我在巴布亚新几内亚（Papouasie-Nouvelle-Guinée）与她重逢。她告诉我，她是在看了我的幻灯片之后才决定每年都去瓦林迪（Walindi）潜水的。

利昂内尔·波佐利

安静与丰富多彩。

温古贾岛以北50公里处的奔巴岛是一个享有盛名的潜水地，因为这里有壮丽的峭壁，但是请注意东面峭壁处有较强的洋流。人们主要在距离奔巴岛约30分钟航程的米萨利岛（île de Misali）周围潜水。

桑给巴尔以南160公里处的马菲亚岛绝对值得一游。1995年，该岛的一大部分被设为海洋公园。面积822平方公里的完整保护区聚集了截然不同的多个生态系统：海岸森林、潟湖、红树群落、珊瑚礁、热带稀树草原等。

有趣的物种

桑给巴尔群岛海域的丰富性使人们能见到大量的无脊椎动物，尤其是各种颜色的裸鳃类。

这些软体动物属于腹足纲，其俗名"海蛞蝓"就由此而来。它们的种类数不清，主要通过颜色来区分。颜色和某些种类身上明显的闪光斑点被用作防御手段，以警告鱼类它们是有毒的。因为裸鳃类开发了一整套化学武器（分泌酸和毒素），而且还能在背部的凸起中储存水螅的刺丝囊（水螅的刺细胞），水螅是它们的主要食物，刺丝囊形似水下荨麻。它们在产卵时也做同样的事，将它们的卵安全地下在一层非常有效的刺丝保护囊中。

在开阔的水域中可以见到一些体长可达2米的大型石斑鱼——黑斑石斑鱼，但在不到40米深的海里很少见到它们。这些非常"恋家"的石斑鱼喜欢独居，很少远离它们栖息洞穴所在的礁石。它们主要吃甲壳动物，也吃礁石周围的小鱼。

1　　　　　　　　　　**2**　　　　　　　　　　**3**

图1_ 肖氏胡椒鲷
银灰色的肖氏胡椒鲷属于胡椒鲷属。这种体长 40 厘米的鱼喜欢密集群居，这使它们能保护自己不受某些捕食者的侵犯。

图2_ 双斑短鳍蓑鲉
双斑短鳍蓑鲉背鳍上的两个黑斑用于迷惑攻击者，使它们难以分辨它的头和尾。

图3_ 侵略性的海葵
图中的这株群居的隐花海葵寄生在珊瑚上。这些华丽的块茎是刺珊瑚和柳珊瑚的致命敌人，它们最终会完全覆盖住珊瑚，使珊瑚虫窒息。

红树林下动人心魄的潜水

在以红树为主错综复杂的植物覆盖的海岸潮区，红树群落构成了既丰富又珍贵的濒危生态系统。

因为有正对着马菲亚岛的鲁菲吉河（rivière Rufiji）三角洲，坦桑尼亚拥有东非最大的红树群落。在马菲亚岛上也能见到这个植物群系。经常有旅行社组织去那里徒步旅行，但也可以在涨潮时带着脚蹼、面镜和透气管游过去。在一片碧绿清澈的水中，您有机会发现一片由红树树根构成的动人心魄的海底树林。您还可以在那里看到一些两栖鱼类——弹涂鱼、螃蟹和其他各种甲壳动物，还有一些小鱼。红树群落已成为许多鸟类的筑巢区。

东非有十种红树，包括：红茄苳、海榄雌、杯萼海桑（见图）和角果木，最后这种是印度洋的特有树种。

它们浓密的根系抓住蓄满水的沉积物，减缓了侵蚀。大多数红树的根部分在地面以上，以吸收空气中的氧气。这些根形似高跷或指向天空，因此被称为"出水通气根"。

红树群落的特点是红树喜盐（它们生长在含盐的土壤中）。露出地面的树根避免与盐接触，而红树还能够将盐积累在老叶中，它们自然凋落前储存了盐，或者通过位于叶根部的腺体排出这种有毒物质。同样，种子在植物身上发芽，以免胚芽接触到海盐饱和的土壤。

适宜时期

桑给巴尔地区一年大部分时间的气候都很适宜旅游。最高温度在27℃至32℃之间变化，海风起到了很好的调节作用，阵阵微风避免温度过高。

6月至10月几乎不下雨，1月和2月也不下雨。最不适合潜水的季节肯定是4月和5月。其余时间里，潜水的乐趣取决于风的强度。

相关信息

尽管桑给巴尔岛、奔巴岛和马菲亚岛仍然以手工业为主，但潜水活动正逐步发展起来。大部分的潜水安排在傍晚，两次潜水之间提供一次简餐。根据不同的潜水地点和时期，平均能见度在20—60米，这一点大大提升了桑给巴尔潜水的美誉。

坦桑尼亚游艇公司（Tanzania Yachtts）提供从达累斯萨拉姆（Dar es Salaam）出发的豪华船宿潜水套餐，包括帆船、钓鱼和去桑给巴尔岛和奔巴岛（六晚）或马菲亚岛（八晚）潜水。游客乘坐的是

■ **我们的忠告**

尽管坦桑尼亚潜水活动的发展速度慢得让人难以忍受，但还是应该赶在它变成全世界所有"蹼足人"（Homo palmipodus）非去不可的目的地之前去发现它的潜水之美。这是一个尊重和保护自然观念深植于当地文化之中的国家。如果不多停留一周，以便远航去国家公园潜水的话，那就太遗憾了，因为这将是一次激动人心和真正难忘的经历。

2

"纵帆船假日"号（Schooner Holidays）——1910年建造的34米长的木质双桅纵帆船，带空调的大船舱内可搭载六位乘客，包括在未开发的海滩上享用浪漫晚餐在内的服务可谓物有所值。

实用建议

在坦桑尼亚的潜水之旅至少包括桑给巴尔岛和奔巴岛，后者以其微动物群闻名，被视为微距摄影的天堂。奔巴岛的植被更加葱郁，这是一个有分寸地从事生态旅游业的原生态小岛。

更远一些的马菲亚岛通常与南面的两个陆地国家公园塞卢斯（Selous）和鲁阿哈（Ruaha）包含在同一个推荐旅行套餐中。您有机会另辟蹊径，享受一次非常新奇的发现之旅。

自2005年起，坦桑尼亚开放了一个新的潜水目的地，在距离该国大陆南部海岸上米金达尼（Mikindani）35公里的姆纳济湾（Mnazi Bay）的海洋保护区内。富丽堂皇的老博玛宾馆（Old Boma Hotel）组织去这个几乎未开发海域的潜水一日游，在那里，人们可以在几公里长的白色沙滩上享受阳光。蕴藏了至少400个物种的礁石离海滩非常近。可以从岸边直接潜入水中，初学者们会喜欢这里。

图1_ 桑给巴尔住宅酒店（Résidence à Zanzibar）
自2011年4月开放以来，这或许是岛上最好的旅馆，但人们在桑给巴尔能找到各类住处。在奔巴岛，人们通常会选择环境宜人的礁石潟湖旅馆（Fungu Lagoon）或曼塔度假村（Manta resort）。

图2_ 热带的世外桃源
马菲亚岛上的凯纳斯旅馆（Kinasi lodge）位于一个古老的腰果和可可种植园里。它拥有自己的潜水中心。

实践指南

潜水等级★★	环境★★★	摄影摄像★★★
潜水质量★★★★	感觉★★★★	旅游价值★★★★
鱼类★★★★	生物多样性★★★	性价比★★★

一月	二月	三月	四月	五月	六月	七月	八月	九月	十月	十一月	十二月
28℃	28℃	28℃	27℃	25℃	24℃	25℃	25℃	25℃	26℃	27℃	28℃
27℃	27℃	28℃	28℃	27℃	26℃	25℃	25℃	26℃	27℃	27℃	27℃

阿曼 OMAN

16

阿曼
海鳝的巢穴

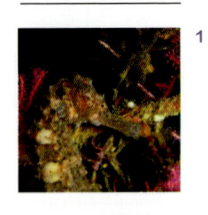

最北边的穆桑代姆半岛（péninsule de Musandam）是一座由几个小岛围绕着的多山半岛，耸立在霍尔木兹海峡（détroit d'Ormuz）上，正对着伊朗（相距45公里）。穆桑代姆和阿曼的其他领土被阿联酋一个突出部分隔开来。这种特殊的地形使得阿曼扼住了霍尔木兹海峡——进入海湾国家的一条必经之路，每年有数千艘油轮从这里经过。

图1_ 管海马
体长15厘米的管海马在阿拉伯海的海草繁茂区域中常见。

图2_ 豆点裸胸鳝
豆点裸胸鳝体长可达2米。当它被打扰时，会毫不犹豫地从洞里蹿出来。

图3_ 一个可怕的捕食者
黄天竺鲷始终谨慎地紧紧排成一行，以免被贪吃的海鳝捉住。

　　有时被称作"阿拉伯之角"的阿曼苏丹国占据了阿拉伯半岛的东南端。这个约有450万居民的国家占地31万平方公里，其中四分之三是沙漠。它有个绰号叫"海洋苏丹国"，因为它的海岸线长达3165公里。它的边境毗邻鲁卡哈利沙漠（désert du Rub-al-Khali）的沙特阿拉伯部分、也门、阿曼湾和印度洋（阿拉伯海），后者实际提供了1300公里未开发的海滩。

　　尽管阿曼曾在1891—1971年处于英国的保护之下，但从十八世纪起就建立了苏丹国。前苏丹卡布斯·本·赛义德·阿勒赛义德（Qabus bin Said Al Said）出生于1940年，1970年7月起执政，大力发展旅游业。

　　潜水是在几个小岛附近赭石色的峡湾风光中进行的，远处海面上，巨型油轮若隐若现。

　　再往南很远处，人们还开发了戴曼尼亚特群岛（Daymaniyat）的珊瑚礁。从穆桑代姆半岛上的阿曼首都马斯喀特（Mascate）（110多万居民）出发，乘快船向北航行30—45分钟，即可到达散落在阿曼海湾同一海岸上的这一串珊瑚礁。

分成西、中、东三组的戴曼尼亚特群岛自 1980 年起被列为自然保护区。您在那里会有一种独立于世的感觉，这是当今备受推崇的一种奢侈。

无论选择哪个潜水点，阿曼的海水都是罕见地清澈、碧绿，有点像布列塔尼（Bretagne），因为洋流带来大量的浮游生物，每一天的海水浑浊度都有很大的变化。

有趣的物种

阿曼海域蕴藏着丰富的动物群落。成群的笛鲷、海龟、墨鱼、鳐鱼、鲷鱼、豹纹鲨和所有五颜六色的珊瑚礁鱼都聚集在此。桌面硬珊瑚美轮美奂，五彩斑斓的软珊瑚随处可见。最后，许多峡谷、蜿蜒的小路、隧道和其他地质断层组成了最具美感的起伏多变的海底地形。据统计，戴曼尼亚特群岛海域有 85 种珊瑚和 900 种鱼。西面几个小岛里的"道克墙"（Doc's Wall）因数不清的各种海鳝而闻名。在那里到处都能看见海鳝：它们在洞穴里或海水中独来独往或出双入对。

东面一组小岛里的"警察快跑"（Police Run）时常会遇见惊喜，比如鲸鲨或蝠鲼，但总是稍纵即逝。在同一区域里，"水族馆"（Aquarium）确保您能看见管海马和苏伊士海马。在穆桑代姆群岛，人们也会在利马岩（Limah Rock）的南侧和章鱼岩（Octopus Rock）附近遇见这些奇特的鱼，它们用卷曲的尾巴抓住软珊瑚。

图 4_ 波纹海鳝
波纹裸胸鳝是一种夜间出没的海鳝，体长可达 1.5 米。穴居的它如果被打扰，则会表现出攻击性。

印度洋

利马岩的北侧有一片露出海面的礁石顶，这里栖息着多样的海底生物。鲷鱼和鲭鱼擦身而过，与此同时，隐藏在裂缝中的魔鬼蓑鲉监视着它们的活食品柜。

适宜时期

阿曼一年平均有 11 天下雨，因此全年都可以潜水。然而，在炎热的夏季，海水会更浑浊，但也正是蝠鲼最多的季节。从 2 月至 9 月，鲸会出现，但很害羞。理想的行程应计划在 10 月至来年 2 月。

实用信息

要去穆桑代姆半岛，最好是先乘飞机到迪拜，然后经由一望无际的公路横穿阿联酋。在超级平坦的赭石色沙漠风光中穿越一个半小时后，就到达了迪巴港，这里有几条陈旧的阿拉伯小帆船，仿佛回到了从前……这里还有两家潜水中心。

以迪巴港为基地的"红帆船"号（Red Dhow）能搭载 16 名潜水者，"蓝帆船"号（Blue Dhow）能搭载 12 名，它们都是当地为潜水建造的阿拉伯小帆船，内部装修考究。船上的电子设备应有尽有，还装有空调。标准的船宿潜水为期 6 天，平均每天安排 3 次潜水，如果您愿意的话，甚至可以安排一次夜间潜水（推荐）。

图 1_ 黄口海鳝
星斑裸胸鳝可以从栗色身体上遍布的白色斑点和鲜黄色的口腔辨认出来。

图 2_ 纹身海鳝
灰裸胸鳝是一种体长 40 厘米的海鳝，幼年时通常群居，昼伏夜出，以鱼类为食。

图 3_ 巨大的爪哇裸胸鳝
爪哇裸胸鳝体长超过 2 米。图中这一对正潜伏在一块珊瑚礁上伺机捕食，背景中有几条东方胡椒鲷。

图1_ 伸向大海的岬角
站在萨瓦迪群岛（îles Sawadi）其中一座小岛上端详，这个小碉堡好像在威严地俯视着戴曼尼亚特群岛，据统计，阿曼最好的几个潜水点就在那里。

图2_ 登船去潜水
游船停泊在离萨瓦迪海滩度假村（Al Sawadi beach resort）海滩很近的地方来接潜水者们，大海始终风平浪静。

几点建议

从10月至12月，在阿曼南部的佐法尔省（Dhofar）尚未大规模开发的水域中，季风导致的寒流有利于瞬息即逝的奇异大海藻林的生长。人们可以在米尔巴（Mirbat）的万豪酒店（hôtel Mariott）和塞拉莱（Salalah）的希尔顿酒店和皇冠假日酒店找到几家潜水中心。从11月至来年4月，也有潜水中心组织去哈拉尼雅塔（Halaniyat）几座岛的船宿潜水探鲸之旅（阿曼海域中登记有20种鲸和海豚）。

由2台720马力发动机驱动的强大动力游艇"萨曼探险者"号（Saman Explorer）建于2006年，能搭载22名潜水者。从11月至来年5月中旬，这是唯一在塞拉莱以南海域经营船宿潜水的船只。它提供从米尔巴出发到人迹罕至的一些礁石附近为期一周的探险之旅，每天安排三四次潜水。视觉盛宴的菜单包括：座头鲸、蝠鲼、海豚、大石斑等。

实践指南	潜水等级★★ 潜水质量★★★ 鱼类★★★	环境★★ 感觉★★ 生物多样性★★★	摄影摄像★★ 旅游价值★★ 性价比★★★

一月	二月	三月	四月	五月	六月	七月	八月	九月	十月	十一月	十二月
27℃	29℃	32℃	34℃	35℃	36℃	38℃	36℃	32℃	30℃	28℃	28℃
24℃	24℃	25℃	26℃	28℃	28℃	29℃	30℃	28℃	27℃	26℃	25℃

印度洋

塞舌尔 SEYCHELLES

17

塞舌尔船宿潜水
展开的巨大扇面

船宿潜水从马埃岛出发。在泰雷兹岛（Thérèse）——主体为一座160米高的山丘——第一次停靠后，还需要航行一整夜才能到达德罗什岛（233公里）。岛周围的礁石被视为塞舌尔最好的潜水点之一。

所有长途航班都在马埃岛（Mahé）降落，这里也是塞舌尔首都维多利亚市（Victoria）所在地。长27公里、宽7公里的马埃岛是塞舌尔群岛中最大的岛屿。这里有多家潜水中心，但最有趣的经历还是6—8天的船宿潜水。船宿游船，如"伽拉忒亚"号（Galatea）、"海珍珠"号（Sea Pearl）或"海贝壳"号（Sea Shell），都提供从马埃岛或普拉兰岛（Praslin）出发的行程，但路线会根据天气条件有所变化。这些游船最常探访的是塞尔夫岛（île au Cerf）、拉迪戈岛（La Digue）、小妹岛（Petite Soeur）、大姐岛（Grande Soeur）和普拉兰岛（Praslin）。

更爱冒险（也更富有）的潜水者可以选择前往阿米兰特群岛（les Amirantes）（外岛）中德罗什岛（île de Desroches）的十晚船宿潜水。

长6.2公里、宽1500米的德罗什岛是阿米兰特群岛中最大的岛屿。这片被15公里长的细沙滩围绕的椰林中隐藏着一家豪华旅馆。这个岛上登记有15个优质潜水点。

德罗什岛最初是一个火山岛，在它周围，海底平均深度为1980米，令人眩晕。因此人们可以在这里遇到深海鱼。在"经典"船宿潜水过程中，人们可以探访一些多样的、动物群落十分丰富的礁石，但很少能见到"大家伙"。

图1_ 鸟类的天堂
据统计，塞舌尔有265种鸟，其中十多种为当地特有品种。白玄鸥几乎出现在所有岛上。它在岛上产卵，直接将卵下在一根树枝上。

图2_ 卡氏丝鳍花鮨
一个海扇被一群卡氏丝鳍花鮨包围着。这些十几厘米长的小鱼在礁石中迅速繁殖，组成庞大的鱼群围着这些礁石盘旋。

图3_ 尖吻鰤
很擅长拟态的尖吻鰤生活在珊瑚上，它身上的红色棋盘图案容易与八放珊瑚的网纹混淆。人们也叫它"尖嘴红格"。

图4_ 带橘黄斑点的尖吻鲀
尖吻鲀又被称为"穿百衲衣的鱼"，主要生活在鹿角珊瑚上。它用很细的吻吸食珊瑚虫。

印度洋

有趣的物种

塞舌尔海域中的海龟主要在 12 月至来年 2 月大量繁殖，这是它们在这些晴朗的岛上产卵的旺季。我们曾经被这里繁多的鱼类征服。它们在这里没有聚集成密集的鱼群，而是沿着礁石排成无序的纵队，丰富的色彩令摄影师着迷。

当我们沿着峭壁滑行时，海洋的蓝色强烈到动人心魄。滑行 30 米后，巨大的柳珊瑚展现在眼前。

最大的是海扇，从前叫软柳珊瑚，形成直径 2 米非常壮观的扇形。色彩最丰富的要数管柳珊瑚，其"绽放"的鲜红色折角骨骼通常由数千个白色珊瑚虫构成。有时被称为"角珊瑚"（corail corné）的柳珊瑚属于刺胞动物门，其中八放珊瑚亚纲的珊瑚虫分泌出的外骨骼有很多分枝，由具有一定柔韧性的珊瑚质构成。

无所不知

塞舌尔群岛的 41 座花岗岩岛是在泛古大陆分裂时形成的，这个超级大陆曾将地球上最初的土地连成一片。由瓦斯科·达·伽马（Vasco de Gama）于 1502 年发现的阿米兰特群岛在 1814—1876 年成为英国的属地。拥有一片美丽环礁的普瓦夫尔岛（île Poivre）是为纪念毛里求斯的法兰西岛（île de France）和留尼汪（La Réunion）的波旁岛（île de Bourbon）总督皮埃尔·普瓦夫尔（Pierre Poivre，1719—1786）而命名的。这位总督对植物非常感兴趣，发展了香料的种植并创建了马埃岛的植物园。

由于远离非洲大陆，塞舌尔群岛上很少有哺乳动物居住，这倒是有利于鸟类的迅速繁殖。这些岛上特有品种的大量分布使得一些独一无二的物种得以发展，其中某些因其稀有性已成为全面保护的对象。比如黑鹦鹉、塞舌尔鹊鸲和塞舌尔莺。

图 1_ 当动物模仿植物时
就像树的枝杈和植物的根系,柳珊瑚的骨骼组成部分之间也相互连通。

图 2_ 在阴影中行走的群体
海扇的巨大扇面在水下很深处和凹陷处才舒展开来,因为它害怕强光。

图 3_ 假柳珊瑚
因其形似扇子,人们把巢软珊瑚叫作假柳珊瑚,它实际上是一种硬质结构的软珊瑚。

■ **我们的忠告**

在阿米兰特群岛潜水是一个伟大的探索时刻,使您产生一种远离所有文明、在奢侈的风景当中扮演冒险家的美妙感觉。近海的岛屿因装点礁石的生物多样性和斑斓色彩而妙趣横生。这是一个生机勃勃的世界,有着极高的生物多样性和令人惬意的潜水条件。

印度洋　　99

适宜时期

从 4 月至 10 月，东南风带来相对较为舒适的凉爽，也保证了晴朗干燥的天气。从 12 月初至来年 3 月底，西北季风导致天气炎热潮湿，时而有短暂但非常强烈的降雨。在这一时期，海水的清澈度会下降。

相关信息

塞舌尔开发的是一种高档甚至奢华的旅游业，这确保了天堂般的度假体验，但往往价格高昂。而船宿潜水通常会提供不错的性价比。

在组成阿米兰特群岛的所有岛屿中，只有德罗什岛可以乘飞机直接抵达（从马埃岛出发飞行 1 小时）。德罗什岛度假村（Desroches Island resort）被誉为塞舌尔最好的小型旅馆之一。它拥有一个优秀的潜水中心，但潜水地的价格与推荐的五星级服务相匹配。

"伽拉忒亚"号是一艘漂亮的双桅小帆船，长 30 米、宽 6 米，装有柚木甲板。这艘船始建于 1987 年，2012 年年底进行了翻新。它如今是在塞舌尔经营的潜水装备最好的"船宿游船"。

这艘优雅的船有 7 个空调舱室，能搭载 14 名潜水者。在塞舌尔生意不好的季节，它也运营马达加斯加航线。"伽拉忒亚"号最初开发的是一条相当经典的旅游路线，环绕塞舌尔最具旅游价值的岛屿——马埃岛、普拉兰岛、拉迪戈岛，途经费利西泰岛（Félicité）、玛丽安娜岛（Marianne）、大姐岛、小妹岛、好奇岛（Curieuse）和鸟岛（Bird）。

德罗什岛的潜水中心会带您领略 20 多处潜水点，包括峭壁、洞穴和隧道，它们构成了壮丽的景象。

其他连接外岛的游船是一些双体船，将帆船、垂钓和潜水的乐趣结合在一起。比如"绿松石"号（Turquoise）——长 17.5 米的侯爵 56 型双体船，可搭载 8 名潜水者，并拥有一架轻型飞机，用于搜寻蝠鲼和鲸鲨。

图 1_ 乘双桅纵帆船去船宿潜水
自 2013 年 6 月起，西尔万·奥吉耶（Sylvain Augier）组织乘"伽拉忒亚"号绕塞舌尔最著名的几个岛的船宿潜水。

图 2_ 与巨型鱼一起游泳
某些游船拥有一架轻型飞机，可以发现鲸鲨，与鲸鲨一起游泳是激动人心的经历。

几点建议

千万不要错过游览船宿潜水途中每个停靠点的岛屿，因为塞舌尔拥有异常丰富的动植物资源，其中许多是当地特有物种。

实践指南	潜水等级 ★★ 潜水质量 ★★★ 鱼类 ★★★★	环境 ★★★ 感觉 ★★ 生物多样性 ★★★	摄影摄像 ★★★ 旅游价值 ★★★★ 性价比 ★★

一月	二月	三月	四月	五月	六月	七月	八月	九月	十月	十一月	十二月
29℃	30℃	29℃	28℃	27℃	27℃	26℃	26℃	25℃	26℃	28℃	29℃
27℃	27℃	27℃	27℃	26℃	26℃	25℃	25℃	25℃	26℃	27℃	27℃

印度洋

塞舌尔 SEYCHELLES

18

阿尔达布拉环礁
完好无损的大自然交响乐

在阿尔达布拉环礁潜水是一次激动人心的体验，因为它只向极少数运气好的人开放（每年只有 100 多人）。尽管珊瑚礁的质量并不都像围绕这些岛的传说中那么上乘，但是身处地球上最远离尘世的自然景点之一的感觉也很奇妙。

阿尔达布拉群岛（archipel d'Al-dabra）由 46 座无人居住的珊瑚岛组成，其中主要的四座为：阿尔达布拉环礁（Aldabra）、阿桑普申岛（Assomption）、阿斯托夫岛（Astove）和科斯莫莱多环礁（Cosmoledo）。该群岛的总面积为 350 平方公里（最长处 35 公里、最宽处 14.5 公里），其中 155 平方公里为陆地，使其成为世界上最大的浮出海面的环礁。

距离马埃岛 1000 多公里的阿尔达布拉环礁与马达加斯加"仅"相距 420 公里。这个环礁被珊瑚礁包围，1954 年，库斯托船长对它包含的极为丰富的海洋生物资源赞不绝口，专门为它摄制了一部纪录片并撰写了一本书。

阿尔达布拉环礁由三座主岛构成：大特雷岛（Grande Terre）、马拉巴尔岛（Malabar）和皮卡尔岛（Picard）。塞舌尔岛屿基金会（SIF）的一个研究站就设在皮卡尔岛上，一些科学家在里面工作，由船只定期供应补给。长 25 公里、宽 8 公里的潟湖在高潮时不超过 6 米深。潟湖的水每天两次经由四条水道排mph，流入大海。潮差最高达到 3.70 米，低潮时海水覆盖了潟湖的大部分。

自 1982 年起被列入联合国教科文组织《世界遗产名录》的阿尔达布拉环礁今天仍然是地球上保护

图 1_ 乌翅真鲨
常见于热带珊瑚礁浅海，对人类较温和，除非受到挑衅。

图 2_ 蓝黄梅鲷
蓝黄梅鲷是一种相当胆小的鱼。它们群居生活，在海中迅速地游来游去。

图 3_ 黑斑条尾魟
"展翅翱翔"的这条黑斑条尾魟正载着一条鲫。

图 4_ 清水石斑鱼
清水石斑鱼正在让两条小裂唇鱼给它洗澡。

得最好的自然环境之一。自 1976 年 6 月 29 日塞舌尔独立以来，阿尔达布拉环礁就由塞舌尔岛屿基金会管理，该会非常严格地限制这些与世隔绝的小岛的进入权。因为根据世界自然保护联盟（IUCN）的标准，这几座环湖岛被视为严格自然保护区。

潜水主要安排在皮卡尔岛周围，包括将皮卡尔岛与大特雷岛分开的西侧水道，或者位于皮卡尔岛和马拉巴尔岛之间的北侧主水道。人们在这里会经常见到：乌翅真鲨、纳氏鹞鲼、黑斑条尾魟、隆头鹦嘴鱼、数十条一群的黑斑石斑鱼，甚至曲纹唇鱼。在马拉巴尔岛前方的"中间营地"（Middle Camp）潜水点也让人心潮澎湃。

您也可以在整个珊瑚礁的外侧潜水，那里会有数不清的发现。

崩塌的长礁石上长满了柳珊瑚，其中的海扇随着洋流轻轻摆动。在这里，您还可以看到许多"服务站"，石斑鱼（有时是一条曲纹唇鱼）让一大群小隆头鱼和鮈鱼为它们清洁耳朵和牙齿。

印度洋

由于禁止锚泊，人们只能进行放流潜水，随着偶尔很强的洋流漂荡。沿着礁石进行夜间潜水不会有问题，甚至因为能看见大量的甲壳动物而非常有趣。高潮在红树群落中探险是非常吸引人的。鸟类、鱼类、甲壳动物在一片"根系森林"中游来游去。阿尔达布拉环礁上生长着七种红树：红茄苳和木榄的特点是它们那形似高跷的坚固根系，而海榄雌则像垂直扎进沉积物中的小木棍。

图1_ 黑斑石斑鱼
体形庞大（可达1.5米长）的黑斑石斑鱼面对潜水者没有表现出一丝恐惧。

图2_ 褐点石斑鱼
两条褐点石斑鱼隐藏在一个桌面珊瑚下面。它们是幼年鱼，因为成年鱼总是独自生活。

图3_ 爬树的鱼
红树群落中的弹涂鱼或虾虎鱼也能离开海水生活，栖息在树根上。

图4_ 阿尔达布拉象龟
阿尔达布拉象龟原产于印度洋上的这个偏远的海岛。这种体重可达300公斤的爬行动物的平均寿命为150岁。某些甚至已经活了200年。

图5_ 踩着高跷的红树
红茄苳是一个两栖树种，紧紧抓住沿海的沉积物。它那形似高跷的根系牢固地扎在沉积物中，树身高度可超过20米。

图6_ 银鳞鲳
银鳞鲳喜欢咸水，常见于河口湾或红树群落中，喜欢成群结队，每一群都有上百条鱼。

冒险经历

与一位特殊的摄影师面对面

20年前，《费加罗杂志》（Figaro Magazine）交给我一个任务，让我完成一篇关于大卫·杜比莱（David Doubilet）的采访报道，他是世界上最有名的职业水下摄影师。

对于当时还是年轻摄影师的我来说，这是一次难以置信的机会，我与《国家地理》杂志的一个美国探险队一起在阿尔达布拉环礁待了15天！除了阿尔达布拉环礁令我惊奇的动植物多样性之外，大卫的"半工业化"工作方式也令我叹为观止。他用了6—10台摄影机和同样多的器材箱，每个沉入水下的箱子都是为了完成一个不同的目的。

他的助理根据"主人"的需要携带器材。摄像机能拍到的潜水区域当然是有限的，但即使是最小的对象也得到了全方位的拍摄。这当然能够使他随后从中挑选出一张或多张震撼人心的照片，发表在杂志上。只要有一台设备没有完成36个视角的拍摄，大卫就不会结束他的潜水。大卫在阿尔达布拉环礁的第一次潜水是与船长磨合的机会，因为他必须进行一个多小时的阶段减压停留。我还记得他回来时，像提手提行李一样提着那些珍贵的正片胶卷。它们的重量不少于20公斤（甚至更重）。

利昂内尔·波佐利

有趣的物种

在几乎是处女地的阿尔达布拉环礁，您一定会有惊人的发现，尤其是在微动物群方面。富含氧气的海水促进了数不清的无脊椎动物的繁殖，其中珊瑚的形态变幻多端。

一些海龟在水中巡逻，因为阿尔达布拉环礁是绿蠵龟的重要营巢区。您还有可能时不时地在潟湖中见到儒艮。据统计，这里大概有200种鱼。当您随着返回的洋流，在通往潟湖内部的峡谷中漂流时，肯定会见到隆头鹦嘴鱼。这些奇特的蓝绿色鱼体长达1.2米，可以从它们的大圆头辨认出来。

无所不知

自公元九世纪被阿拉伯航海者发现后，阿尔达布拉环礁在十六世纪被葡萄牙人"正式"占领。它最初被命名为"Ilha Dara"，暗含阿拉伯语"al-khadra"，意为"绿色的"，因为这里的海水呈现翡翠和绿松石的颜色。阿尔达布拉环礁自1742年起又被法国占领，直至十九世纪初落入英国人之手。

自十九世纪开始，水手们带来了山羊、老鼠和猫，给阿尔达布拉环礁造成了严重的生态问题。这些动物破坏了灌木丛低矮的树枝——大海龟的主要食物，有时还吞吃雏鸟。

阿尔达布拉环礁的鸟类包含100多个常见品种，其中13种是当地特有的，如阿尔达布拉白喉秧鸡或阿尔达布拉卷尾。科学观察一直在进行，2013年5月，人们首次在阿尔达布拉环礁上发现了一只马达加斯加翠鸟，这是此前从未在塞舌尔报告过的一种鸟。

在植物方面，据统计有22个环礁特有品种，其中某些只出现在阿尔达布拉岛上，如阿尔达布拉异木患——无患子科、海滨悦猴瓜——葫芦科、大青——唇形科、黄细心——紫茉莉科、阿尔达布拉露兜树——露兜树科等。

一块纪念阿尔达布拉环礁于 1982 年 11 月 19 日被列入联合国教科文组织《世界遗产名录》的牌子上刻着："阿尔达布拉环礁，大自然借塞舌尔共和国的人民之手赠予人类的奇观。"

适宜时期

阿尔达布拉地区有两个非常分明的季节。从 5 月至 11 月中旬，天气干燥，十分晴朗。从 11 月至来年 4 月，白天时有短暂而强烈的降雨（年平均降水量为 1200 毫米）。前往阿尔达布拉环礁船宿潜水的理想时期是 4—5 月或 10—11 月。

这个属于"外岛"的区域是塞舌尔唯一有时受到龙卷风影响的区域，尤其是在 2 月。

实用信息

从位于阿尔达布拉环礁东南 37 公里、需从马埃岛坐两小时的飞机才能到达的阿桑普申岛出发的船宿潜水是在阿尔达布拉环礁潜水的唯一途径。为期一周的旅行——在"玛雅儒艮"号（Maya's Dugong）上住 7 晚——安排在确定的日期，每年两次，通常在 2 月底和 5 月中旬之间。这艘 40 米长的海洋考察船被重新装备成游船，开往皮卡尔岛，行程包括一次潟湖外潜水、几次主水道（Houareau 水道）潜水、一次潟湖与红树群落寻找儒艮的探险、在马拉巴尔岛和波利姆涅岛（Polymnie）的几次潜水以及在皮卡尔岛令人惊奇的"水母池塘"里的浮潜。

注意！前往阿尔达布拉环礁的船宿潜水不一定能成行。塞舌尔政府经常因为有海盗劫掠船只的风险而发布禁令。始终有很多海盗在这片人迹罕至的广阔海域上游弋。

图 1_ 在皮卡尔岛的潟湖中
一些乌翅真鲨一直在离海滩很近的浅水中游来游去。它们的身旁时不时有比较让人不安的犁鳍柠檬鲨相伴。

图 2_ 石蘑菇
这些被海水蚀刻的大块岩石就是阿尔达布拉环礁的风景特点。退潮时，它们会完全露出海面。最大的几块岩石被海鸟们用来筑巢。岩石的水下部分都结满了小型无脊椎动物。

■ **我们的忠告**

作为地球上保护得最好的自然保护地之一，阿尔达布拉环礁是一个令人心潮澎湃的地方，这里的潜水质量会随着海水的清澈度而发生很大变化。在珊瑚礁的外侧，海洋生物的丰富性令潜水者瞠目结舌。想要清点为数众多的物种，尤其是无脊椎动物，可能需要几个月的时间。陆地上的探索发现也是旅游的亮点之一，在这样一种略带敌意的环境中，生活着成千上万的海龟和鸟类。

完全受到保护的动物群落不会表现出任何恐惧，这不禁让人想到另一个自然天堂——科隆群岛（archipel de Colòn）。

几点建议

主水道中的洋流速度可达 6 米 / 秒，潟湖中大约 180 立方千米的水中有 60% 都会流过主水道。因此在平潮或涨潮结束时在阿尔达布拉环礁潜水要谨慎，因为沉入向外流的洋流中有些危险。

请您事先准备一双结实的步行鞋和一条厚帆布长裤，以便在这些岛上徒步游览。因为，十分不规则的地形时常有锋利的断面和坑洞，而且植被也有很多刺。您可以乘坐橡皮艇绕着阿尔达布拉环礁的几座小岛漫游。这通常是欣赏奇特的动物群落的最佳途径。去一些每年仅接待 100 多位潜水者的水域探险是一种奢侈，尽管价格不菲，但不同寻常的经历是无价的……

实践指南	潜水等级 ★★ 潜水质量 ★★★ 鱼类 ★★★★	环境 ★★★ 感觉 ★★★ 生物多样性 ★★★★	摄影摄像 ★★★★ 旅游价值 ★★★★ 性价比 ★★

一月	二月	三月	四月	五月	六月	七月	八月	九月	十月	十一月	十二月
29℃	30℃	29℃	28℃	27℃	27℃	26℃	26℃	25℃	26℃	28℃	29℃
27℃	27℃	27℃	27℃	26℃	26℃	25℃	25℃	25℃	26℃	27℃	27℃

印度洋

法国 FRANCE

19

马约特岛
当乌龟扮成兔子时

1

马约特岛的特点是它的双层礁石屏障。第一层位于离岸 200—300 米处，可供初学者和屏气潜水者在 5—15 米深处安静地探索水下世界。第二条珊瑚礁带几乎连续绕岛一圈，离岸更远（3—15 公里）。绵延 160 公里的这片珊瑚礁勾勒出一个深 30—80 米的宽阔潟湖，近几年来，潟湖中长出繁茂的珊瑚。

在礁石外围，峭壁直插入深海。由于海水澄澈，潜水者需要频繁检查水深计。但就是要在这里潜水才能遇见"大家伙"，尤其是座头鲸，从夏季到秋季，这里有很多座头鲸。

马约特岛有两个海洋保护区，严禁锚泊：朗格戈里（Longogori）渔业完整保护区（S 形水道）和面积为 2800 公顷的萨兹利（Saziley）海洋公园，那里还生活着儒艮。

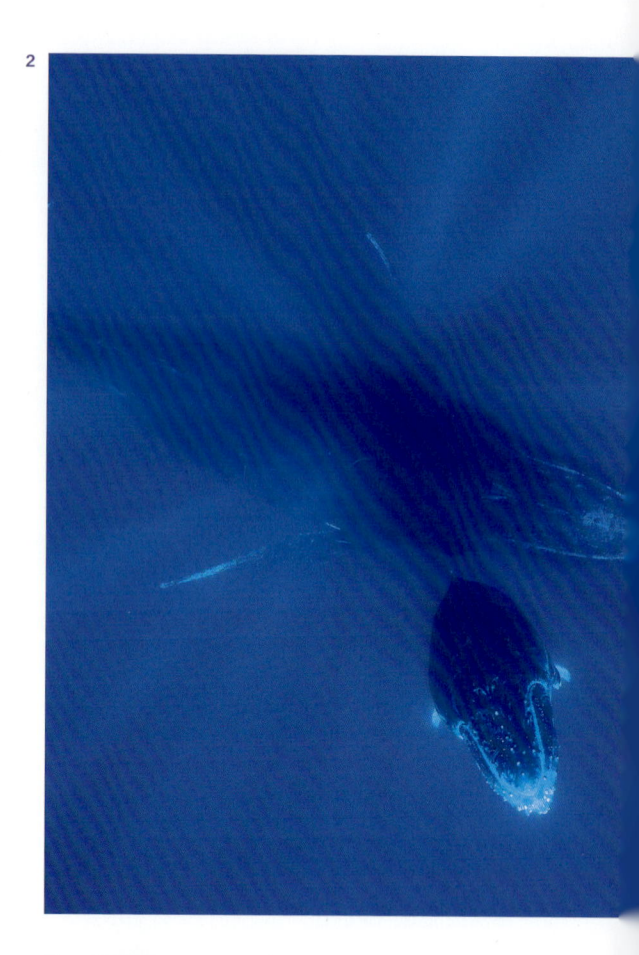

2

图 1_ 马约特狐猴
马约特褐狐猴是当地特有的受到完全保护的狐猴亚种。

图 2_ 座头鲸一家
一头雌性座头鲸和它的宝宝正在马约特岛清澈的海水中游弋。7 月至 10 月，这里有大量的座头鲸。

由四座岛组成的科摩罗群岛（archipel des Comores）分为两部分：一部分是科摩罗联盟（Union des Comores），即由大科摩罗岛（Grande Comore）、昂儒昂岛（Anjouan）和莫埃利岛（Mohéli）组成的联邦共和国；另一部分是马约特岛（Mayotte），经 2009 年 3 月 29 日的全民公决，于 2011 年 3 月 31 日正式成为法国的一个海外省。

与马达加斯加和桑给巴尔毗邻的科摩罗群岛位于赤道和南回归线的中间、莫桑比克海峡的北入口。马约特岛由两个火山岛组成：建有帕漫济（Pamandzi）国际机场的小陆地岛（Petite Terre）和首府马穆楚（Mamoudzou）（5万居民）所在的大陆地岛（Grande Terre）。

拥有世界上最大潟湖（1500平方公里）的马约特岛是爱好博物学的潜水者们梦寐以求的目的地，他们醉心于那里丰富多彩的珊瑚世界。

因为潟湖的位置很好地避开了洋流，在这里潜水宁静而惬意，通常十分清澈的海水中鱼类繁多，尤其是在6月和10月。

有趣的物种

尽管马约特岛的海域中登记有500多种珊瑚，但外行人的眼睛很快会对满目的鹿角珊瑚甚至美轮美奂的桌形轴孔珊瑚感到厌倦。然而，没有人会对海龟优雅滑翔的姿态无动于衷。

马约特岛的潟湖中定居着两种海龟。体重可达250公斤的绿蠵龟比体形较小、长着鹰嘴、鳞甲、龟壳边缘极不规则的玳瑁更常见。玳瑁是杂食动物，而绿蠵龟则以绿毛藻为食，这是一种绿色海藻，好像是长在礁石附近沙地上的一小丛细草。

早晨潜水时更容易见到海龟，因为它们会在夜间筋疲力尽的产卵之后在桌面珊瑚下面好好地休息一下。人们可以靠近它们，但要注意慢慢呼气，以免呼出的气泡发出噪声。

图 3_ 在笛鲷上方"翱翔"
一只绿蠵龟正在一群笛鲷——又名四线笛鲷——的上方"翱翔"。这是一种40厘米长的爱群居的鱼，在印度洋很常见。

印度洋

109

海龟通常全年都会在马约特岛上产卵，尤其是 3 月至 6 月，5 月是高峰期。它们受到完全保护，由海龟观察所的警卫们监控。但是您可以观看它们始终在夜间进行的陆上活动。

布埃尼（Bouéni）附近的桂拉海滩（plage de Gwéla）和布恩德鲁尼海滩（plage de Boundrouni）、大陆地岛南侧的萨兹利大海滩和小陆地岛上摩亚（Moya）的两个海滩是海龟最常光顾的地方。当海龟从海里出来在海滩上歇息时，您应保持沉默，不要打扰它们。

无所不知

科摩罗群岛因有矛尾鱼居住而闻名。这是一种我们认为一亿年前已经灭绝的鱼。1939 年一条西印度洋矛尾鱼被钓上来。2010 年，劳伦特·巴列斯塔（Laurent Ballesta）在莫桑比克附近制作乌斯怀亚（Ushuaia）节目时拍摄到了活的矛尾鱼。

2013 年 4 月，非洲矛尾鱼（还有一个印度尼西亚种）的基因组被排序。这表明尽管进化非常缓慢，但矛尾鱼的基因组中包含了大约 25% 的转位子。这是一个移动的、重复的、能够导致突变的 DNA 序列。它们被视为生物多样性和进化的强大发动机。

■ **我们的忠告**

马约特岛可以使您在十分安静的环境中领略美妙的海底世界，它对于潜水入门甚至学习都是完美的。它对于希望研究状态优良的礁石的生物学内行们也是绝佳的目的地。这座在植物学、地理学和人类学方面都具有丰富资源的岛不可能使旅游者无动于衷。鉴于它的发展潜力，马约特岛的旅游业值得进一步开发。

图 1_ 东方石鲈
因其条纹号衣而被称为"苦役犯石鲈"的东方石鲈体长可达 80 厘米，只在繁殖期间群居。

图 2_ 海龟的天堂
受到严格保护的海龟，比如图中的这只绿蠵龟，在马约特岛的潟湖中数量众多。因为它们几乎不怕生，人们甚至可以屏气观察它们。

图 3_ 玳瑁
尖嘴和不到 1 米长的身体是玳瑁的特点。长期以来因龟壳而遭到捕猎的玳瑁是最濒危的海龟之一。

图 4_ 呼吸空气
能够屏气 3 小时（平均 30 分钟）的绿蠵龟需要到海面上呼吸，图中这只海龟正在恩古加海滩（plage de N'Gouja）附近。

冒险经历

我生命中最美的一次潜水

有一些像这样的日子，每个人都对您微笑……某些人找到了他们命中注定的女人，另一些人中了彩票，而我，在1980年6月的这一天中了潜水者大奖。当时我在科摩罗群岛拍电影，我们在寻找不同寻常的拍摄地点。晚上喝了一点（许多）酒之后，一个朋友朝我喊道："明天我带你去做一次你终生难忘的潜水！"一言为定……于是第二天拂晓，我们在做梦的时间上了船……方向——瓦约暗礁（banc Vailleux）。这块暗礁在距离大科摩罗岛12海里处露出水面，绵延约15公里。

无论这是巧合，是运气，还是我的幸运星，事实是……我刚踩了几下水，就看见了一场所有鱼类的狂欢：鲨鱼、蝠鲼、鳉、海蛞蝓、鲸鲨、鲆鱼，整个海洋都来赴这一天的聚会！我曾在这个地点反复多次潜水，却从未欣赏到如此美妙的交响乐。

雷蒙·萨凯

印度洋

图 1_ 惊人的猴面包树
最大的猴面包树在南部的布埃尼半岛和布朗德雷（Brandélé）之间。

图 2_ 苦尽甘来
清晨，一只绿蠵龟经过几小时疲惫不堪的产卵之后回到大海里。

图 3_ 好客的潟湖
人们可以在距离海滩很近的海里看到非常美丽的珊瑚，就在水下1米处。

适宜时期

从 4 月至 10 月，科摩罗群岛都处于干燥但相当温和的热带气候中。风通常比较柔和，海面平静，海水如水晶般清澈透亮。这是适合潜水的季节。从 11 月至来年 3 月，旋风带来湿热的天气，有时令人窒息。全年的平均气温在 26—30℃之间变化。

实用信息

留尼汪南方航空公司、法国航空公司和法国科西嘉航空公司提供从巴黎到马约特岛的 10 小时直飞航班。当地有几家非常舒适的旅馆，如果选择民宿，您会体验到真实的民风。十多家潜水俱乐部为游客提供服务。在恩古加海滩上，毛雷花园酒店（hôtel Jardin Maoré）享有盛誉，还有设在萨库里酒店（hôtel Sakouli）的南部探险俱乐部（Sud-explo）、特雷瓦尼酒店（hôtel Trévani）的马约特潟湖俱乐部（Mayotte Lagoon）或北方酒店（Nord）的快乐潜水者俱乐部（Happy divers）。

潜水点通常在一些珊瑚瀑布附近，这些珊瑚瀑布中间断断续续地出现一些裂缝，形成壮观的海底峡谷。从10月中旬至来年2月底，成百上千的石斑鱼来到这条"S形水道"中产卵，景象十分壮观。

几点建议

由当地居民自己选择成为法国海外省的马约特岛是一个热带的小法国，游客们在这里受到发自内心的、纯朴友好的欢迎。人们在这里遵循自然的节奏生活，大自然蕴藏着丰富的宝藏：猴面包树（baobab）、热带丛林灌木、高山、红树群落，还有令人惊异的达帕尼（Dapani）的红土荒原，这些美妙的风景都值得探访。由于伊斯兰教是当地制度的一部分，您需要遵守戒律，尤其是当您在城里游览时，不要穿太暴露的衣服（应遮挡肩膀和膝盖）。

实践指南	潜水等级 ★★ 潜水质量 ★★★ 鱼类 ★★	环境 ★★★ 感觉 ★★ 生物多样性 ★★	摄影摄像 ★★★ 旅游价值 ★★★ 性价比 ★★★

一月	二月	三月	四月	五月	六月	七月	八月	九月	十月	十一月	十二月
32℃	32℃	36℃	34℃	32℃	30℃	28℃	28℃	30℃	30℃	30℃	32℃
28℃	28℃	30℃	30℃	28℃	26℃	25℃	25℃	26℃	28℃	28℃	28℃

印度洋

马达加斯加 MADAGASCAR

20

贝岛
水下的精华

1

这是一个面积为 312 平方公里的热带伊甸园，岛上有 7 万居民，已经成为一个旅游胜地。绰号"香岛"的贝岛是前往因礁石质量著称的两个群岛——南面的拉达马群岛（Radama）和北面的米修群岛（Mitsio）——船宿潜水的出发地。

面积为 59.2 万平方公里的马达加斯加（Madagascar）是继格陵兰岛（Groënland）、新几内亚岛（Nouvelle-Guinée）和加里曼丹岛（Bornéo）之后的世界第四大岛。马达加斯加被库斯托船长称为"巨鸟之国"（巨鸟指的是 16 世纪已灭绝的象鸟），南北长 1580 公里，东西宽 500 公里。在大约 2.4 亿年前与非洲大陆分离的马达加斯加至今仍隔着莫桑比克海峡与非洲大陆相望，平均距离为 400 公里。位于主岛（大陆岛）西北侧的贝岛（Nosy-Be）又名"大岛"（Grande île），距离马达加斯加首都塔那那利佛（Antananarivo）617 公里。

白天（通常是早晨）在贝岛的潜水安排在安迪拉纳（Andilana）和兰花岛（Sakatia）的海湾，这里有大约 15 个潜水点。同时不要忽略塔尼克里岛（Nosy Tanikely）保护区，那里的礁石周围是呈缓坡下降的沙滩，非常便于潜水。塔尼克里岛是各种鳐鱼的天堂，也有豹纹鲨和锯鳐。

从贝岛乘船一刻钟可到达空巴岛（Nosy Komba），也叫"狐猴岛"。岛上有一家很棒的生态旅舍，设在海滩上的一家潜水中心属于阿姆庞格瑞纳村（Ampangorina）。

在贝岛以北约 45 海里（约 83 公里）处是米修群岛，包括查拉巴吉纳岛（Tsarabajina）、四兄弟岛（Quatre-Frères）、安卡利亚岛（Ankarea）和大米修岛（Grande Mitsio）。这里的潜水体验是不同凡响和丰富多彩的，因为某些潜水点举世闻名，如兄弟暗礁（banc des Frères）、安卡利亚暗礁（banc d'Ankarea）和卡斯托暗礁（banc du Castor）。

有着白色沙滩和独立小海湾的查拉巴吉纳岛是米修群岛中最近（乘快船不到两小时）也最美的岛。这座面积只有 22 公顷的岛上覆盖着茂密的植被，中间耸立着康斯坦茨旅馆（Constance Lodge）——一家于 2013 年 4 月全面翻修的旅馆，内设潜水中心。

远眺安卡利亚岛，它那顶部被截断的火山外形占据了直径 219 米的海面。这座由玄武岩岩柱峭壁构成的岛被渔民们用来在美丽的白色沙滩上晒鱼。安卡利亚岛上覆盖着非常繁茂的多肉植物，其中有令人惊讶的非洲霸王树。它们的灰色树干长满了刺，开白花。

位于海龟岛（Nosy Iranja）南面、距离贝岛 100 海里（约 185 公里）的拉达马群岛由几座边缘镶嵌着细沙滩的未开发小岛组成——卡拉卡约罗岛（Kalakajoro）、贝拉菲亚岛（Berafia）、安塔尼莫拉岛（Antany Mora）。这里的礁石庇护着数量众多的海底动物群落。船宿游船会经过著名的俄国人海湾（baie des Russes），1905 年初日俄战争期间，沙皇的一支舰队在这里停靠了几个月。

图 1_ 你的眼睛很美，你知道的！
在贝岛很常见的豹变色龙有一双奇特的灵活的眼睛，能 360 度旋转。

图 2_ 黑斑条尾魟
黑斑条尾魟是在塔尼克里岛和米修群岛很常见的大型鳐鱼。它的直径可超过 2 米。它的舌头能分泌毒液，导致非常严重的创伤。

图 3_ 西班牙舞娘的表演
两只 50 厘米长的巨大的血红六鳃海蛞蝓正在打情骂俏，潜水者似乎并没有打扰到它们。

人们在莫桑比克海峡的峭壁处潜水，这里因深海鱼众多而闻名。作为这个地区必游之地的格雷格墙（Greg Wall）——延伸至水下 70 米的峭壁上布满了美丽的海扇，在水下 30 米处有一个洞穴，人们可以从洞口潜入，再向下潜 10 米后从出口钻出来。

印度洋

有趣的物种

许多潜水者受到俱乐部或旅行社广告的吸引，会去探访米修群岛或拉达马群岛，因为广告中吹嘘这里能见到鲨鱼、蝠鲼、鲸和鲸鲨。尽管存在遇见它们的可能性，但也只能远远地偷偷地看上几眼。世界上有些地方比马达加斯加有更多机会与大型深海鱼面对面。作为补偿，这里有一些大型的暗礁，鱼类的密度非比寻常。

一些肥大的蛞蝓可能时不时地出现，甚至出现在浅滩。鲹、鲷鱼、胡椒鲷、马夫鱼、鲳鱼、鳐鱼、睡鲨和海龟是最常见的物种。珊瑚鱼在最平静的海域里狂欢。同时不要忘记去凹坑里看一看，因为龙虾会聚集在这些地方。

初学者们可能想要从米修群岛主岛周围的海滩下海潜水，因为这里没有污染和过度捕捞，海底世界因此丰富多彩。他们在那里会发现一些沙质小浅滩，上面点缀着一块块的珊瑚，为多彩而奇特的微动物群落提供了栖息之所。再游远一点儿，他们会发现一些大的海底沙滩，巨大的虹鱼和纳氏鹞鲼在上面留下一道道整齐的划痕，其中几道的宽度超过2米。

在马达加斯加海域十分常见的神仙鱼——刺盖鱼组成的鱼群为我们展现了礁石周围某些最美的生物。这些优雅、多彩和几乎不怕生的鱼常常独来独往地交错而过，以珊瑚虫、海绵、藻类和软珊瑚为食。想要看见鲸鲨，就请在11月来贝岛；要看蝠鲼，则在4月、5月、10月和11月来；而座头鲸和须鲸在8—11月更常见。

注意：尤其不要在夜间潜水，因为巨大的鼬鲨从太阳落山时起就会在这些水域甚至浅滩捕食。

图1_ 噢，船长，我的船长！
星斑裸颊鲷，"白船长"，又叫"白皇帝"或"蓝鸭嘴"。这种爱群居的鱼体长60—80厘米。

图2_ 黄背梅鲷
在塔尼克里岛保护区里，一群黄背梅鲷身旁伴随着六棘鼻鱼——独角兽的远亲。

图3_ 大眼笛鲷
大规模群居、体长不超过30厘米的笛鲷不只在马达加斯加常见，在整个印度洋-太平洋海域都很常见。

图4_ 驼背笛鲷
整个印度洋都能遇见的驼背笛鲷体长达45厘米。它们沿米修群岛这样的珊瑚岛礁石聚集成很大的鱼群，这种鱼可以从其驼背辨认出来。

图 5_ 普通马夫鱼
三条马夫鱼在一面海扇前。库斯托船长因为马夫鱼长长的背鳍而称它们为"电台鱼"。

图 6_ 蓝纹神仙鱼
美丽的半环刺盖鱼的俗名"蓝纹神仙鱼"来自它眼睛上面半圈鲜艳的蓝色印记。

图 7_ 黑角珊瑚
这些角珊瑚丛是一些刺胞动物，属于六射珊瑚亚纲。

图 8_ 半月神仙鱼
斑纹刺盖鱼因其体侧的鲜黄色斑点形状像（倒置的）马达加斯加岛的轮廓，又被称为"地图鱼"。

无所不知

您有可能（但很难）在米修群岛（主要是安卡利亚岛）看见世界上最罕见的昼出猛禽"ankoay"。这是马达加斯加人给马达加斯加的鱼鹰（aigle pêcheur）或白尾海雕（pygargue）——学名非洲海雕（Haliaetus vociferoides）起的名字。这种独自生活在大岛西部的鸟估计有 100 多对，据统计，米修群岛上有 3 对。这种成年后翼展可达 2 米长的海雕身体呈浅灰色，两颊白色，身高达 80 厘米。它已被列入《IUCN 濒危物种红色名录》中的"极危"物种。

对于所有野生动物和自然爱好者来说，在洛克贝（Lokobe）完全自然保护区（7.5 平方公里）里步行和乘独木舟游览一番是必不可少的。这个仍然部分被原始森林覆盖的保护区里栖息着多种狐猴——有狐猿狐猴（maki macaco）、灰背狐猴（lépilémur à dos gris）、倭狐猴（microcèbe），还有爬行动物——马达加斯加蟒蛇（boa）、变色龙（caméléon）和一些两栖动物，如当地特有的小蟾蜍——棕曼蛙（Mantella betsileo）。

■ 我们的忠告

米修群岛和拉达马群岛因其原生态的美和海底生物的丰富性而引人注目，但是那里的海水不总是那么清澈，这也正是我们能在那里看见如此多的鱼的原因。贝岛周围有许多初学者可以到达的美丽的潜水点，这座岛是发现热带海域潜水乐趣和天堂般美丽景色的绝佳出发点。

印度洋

适宜时期

欧洲的夏天正是贝岛地区的旅游旺季,从 5 月至 10 月,天气相对稳定、干燥,确保白天阳光明媚。7 月和 8 月,强烈的北风掀起了海上的大浪,并可能导致猛烈的暴风雨,使海水变得浑浊,难以进行潜水。在 5 月、6 月,尤其是 9 月和 10 月,人们可以遇见较大的鱼类和鲸。11 月至来年 1 月中旬降雨频繁,但这种热带暴雨转瞬即逝,所以这一时期仍然很适合潜水。相反,请避开 1 月中旬至 3 月底这段时间,因为久久不散的乌云会导致短暂的暴雨,甚至有龙卷风的危险,此时的大海波涛汹涌、能见度较差。

实用信息

贝岛旅游业的发展离不开旅馆设施档次的提升。岛上有 15 家旅馆提供国际标准的舒适服务。最受喜爱的旅馆有:拉文萨拉疗养酒店(Ravintsara Wellness)、安佳马兰戈海滩度假酒店(Anjiamarango Beach Resort)、皇家海滩酒店(Royal Beach)、奥拉度假酒店(Ora Resort)、伊甸园旅舍(Eden Lodge)、安博哈拉度假酒店(Ampohara resort)等。

贝岛腾飞也带动了潜水俱乐部的快速发展。海洋之梦(Oceane's dream)是最早的一家潜水俱乐部(1990 年建立)。设在安巴多罗卡(Ambatoloaka)小村里的这家俱乐部由几个法国人管理,专门提供船宿潜水,采用 13 米长的双体船(可搭载 8 名潜水者),在 3 月中旬至 12 月期间出游。

再向您推荐几家提供白天潜水的俱乐部:珊瑚潜水俱乐部(Coral diving club)、狐猴岛潜水俱乐部(Nosy Komba plongée)、图库尔潜水俱乐部(Plongée Toukoul)、贝岛水肺潜水俱乐部(Scuba Nosy-Be)、马达潜水俱乐部(Madaplouf)等。

图1_ 海龟的天堂
贝岛南面的海龟岛包含两座小岛，它们之间由一片白色沙滩相连。您可以在这里享受到自然的"小确幸"。

图2_ 量身定制的船宿潜水
停靠在贝岛的13米长的双体船"海洋之梦"号可以搭载8名潜水者去探索各个岛周围的50多个潜水点。

几点建议

您一定要去爬一爬矗立在安卡利亚岛上的安卡利亚山。穿过荆棘丛生的浓密灌木丛之后，几条幽僻的小径通往山顶，在那里您可以看到整个半岛和近在咫尺的大米修岛的壮丽景色。

从贝岛乘船一个半小时就能到达的海龟岛是一个理想的热带休闲天堂。您还可以到好几个峭壁处去进行深度潜水，在那里可以远远地看见一些深海鱼。

实践指南	潜水等级 ★★ 潜水质量 ★★★ 鱼类 ★★★	环境 ★★ 感觉 ★★★ 生物多样性 ★★★	摄影摄像 ★★★ 旅游价值 ★★★ 性价比 ★★★

一月	二月	三月	四月	五月	六月	七月	八月	九月	十月	十一月	十二月
30℃	30℃	34℃	32℃	30℃	28℃	27℃	27℃	28℃	28℃	28℃	30℃
28℃	28℃	30℃	30℃	28℃	26℃	25℃	25℃	26℃	28℃	28℃	28℃

印度洋

南非 AFRIQUEDU SUD

21

德班
危险的遭遇
和兴奋的战栗

1

在约翰内斯堡（Johannesbourg）以南 568 公里的德班（Durban 或 Ethekwini）是祖鲁人的故乡——夸祖鲁-纳塔尔省（KwaZulu-Natal）的主要城市。它是一个有 350 多万居民的聚居地。

2

　　作为现代化、国际性沿海开放城市，德班有绵延 3 公里的广阔的马林百列海滩（plage Marine Parade），它将海滨浴场旅游业与有利的潜水条件结合起来，同时也没有忘记附近的几个大型动物保护区，如摩库兹（M'Kuzi）、赫卢赫卢韦（Hluhluwe）和乌姆福洛济（Umfolozi）。

　　如果有可能在德班潜水，尤其是在港口区域附近和乌姆兰加岩（Umhlanga Rocks）处——那里有几条沉船和一片优质礁石，即海豚礁（Dolphin reef），水下活动主要在东面直至莫桑比克的海域进行。

　　被称为"鲨鱼海岸"的索德瓦纳湾（Sodwana Bay）及其向东延伸至莫桑比克的蓬塔杜欧鲁（Ponta do Ouro）的部分保证会使您肾上腺素飙升。在德班以东 30 公里的乌姆科马斯（Umkomaas）——这个名字在祖鲁语中意为"鲸之地"——是要去探访 5 公里外的阿里瓦沙洲（Aliwal Shoal）的潜水者们的聚会点。这片 8 公里长的礁石在水下 6—27 米之间高低起伏，因鲨鱼众多而闻名。

　　人们会在大教堂（Cathedral）、鲨鱼沟（Shark Gully）和雷吉洞（Raggie Cave）几处潜水点遇见沙虎鲨。它们经常聚集成群，人们在同一次潜水中甚至能看见 60 条沙虎鲨！阿里瓦沙洲也有几条沉

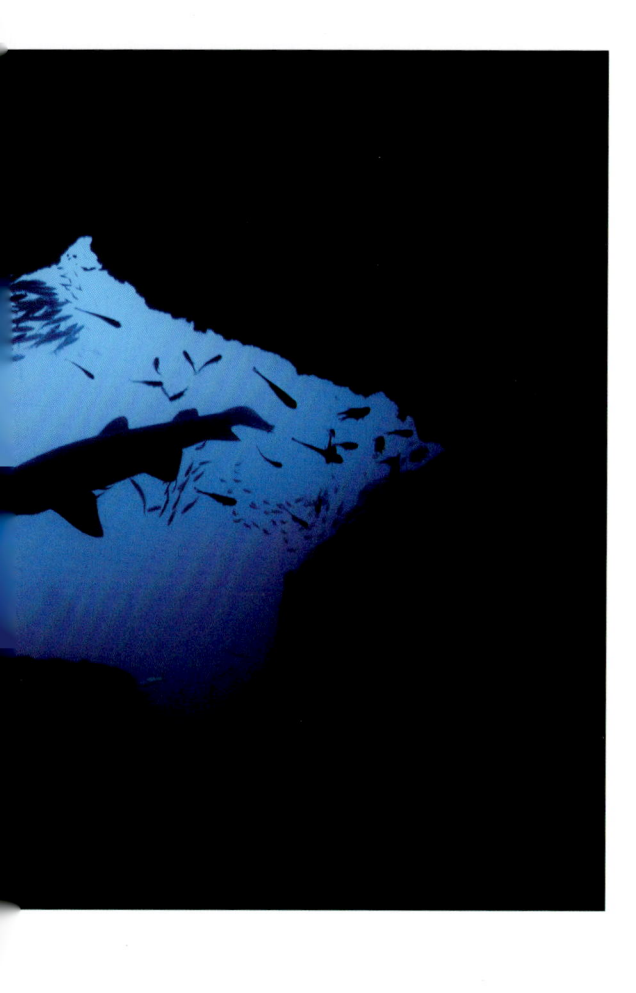

图 1_ 祖鲁人的故乡
作为夸祖鲁-纳塔尔省的第一座城，德班是一座生机勃勃的城市，居民主要讲祖鲁语。

图 2_ 一个危险的影子
一条沙虎鲨正在洞穴出口处巡逻。它的体长可超过 3 米。

图 3_ 令人极其不安的外形
尖尖的头部、一动不动的小眼睛和半张着的下颌构成了这条鲨鱼的特点。

图 4_ 又细又尖的牙齿
几乎不具有攻击性的沙虎鲨以鱼类、甲壳类和头足纲为食。

船，尤其是 1884 年首航当天沉入 25 米海底的"尼波"号（Nebo）和 1974 年沉入 30 米深处变成暗礁的 2000 吨重的货轮"产品"号（The Produce）。

霸王花海堤（Protea Banks）是一片 4.5 公里长的平坦大礁石，位于距芙蓉海岸市（Hibiscus Coast）的中心小镇马尔盖特（Margate）4.5 海里的大海上。这里栖息着至少 13 种鲨鱼。人们可以在这里见到可怕的赞比西鲨。鼬鲨和路氏双髻鲨比较常见，最幸运的潜水者有时可以见到灰鲭鲨。

有趣的物种

阿里瓦沙洲、霸王花海堤和索德瓦纳湾是沙虎鲨偏爱的地方。这些长着细长牙齿的庞大的鲨鱼是洄游鱼类。它们每年 6 月至 12 月（这里的冬季）经常在这些水域出没，在来自南方的凉爽洋流中乘凉。在这一时期，这些巨大而温和的鲨鱼会进行它们的繁殖仪式。雄鲨咬住雌鲨并抓住它的鳃，这一对伴侣在交配时保持平行。在妊娠期间，卵胎生的雌鲨不再进食。八九个月后，它会产下两个胚胎，但有时会吃掉它们！游泳很慢的沙虎鲨很容易靠近，只要不遭到攻击，它们不会对潜水者表现出任何敌意。

当地夏季（12月至来年1月）来临时，沙虎鲨开始向水温较低的水域洄游，把此地留给数量众多的鱼群。在这一时期，海水有点浑浊，人们遇见公牛真鲨的机会明显增多。这种体长3米的强大鲨鱼游起泳来上下起伏，很有特点。它有一个"食人鲨"的恶名。尽管它会对潜水者表现出好奇，但似乎还是尊重他们的。不过它时常会攻击冲浪者。

从3月到6月，霸王花海堤附近会聚集许多鼬鲨。非洲潜水冒险俱乐部（African Dive Adventures）提供在深海的特殊潜水，目的就是遇见这些平均体长达4米的惊人的深海鱼。在水里放入一个散发着诱人气味的诱饵（不准投喂动物）就会在5—30分钟内吸引一条或多条鼬鲨。一群十几条冒失的鼬鲨静静地待在水中，潜水者们集中在水下10—12米深处，保持稳定，尽可能减小动作幅度。在打量了这些入侵者一刻钟之后，这些鲨鱼在潜水者周围围成一圈，甚至能触碰到他们，这是一种难以置信的经历。经常会有一条鲨鱼钻进分发诱饵的箱子。

图1_ 黑边鳍真鲨的巡逻
图中这条身旁伴随着几条鲫的黑边鳍真鲨是德班地区海岸水域中数量最多的鲨鱼品种。这种美丽的鲨鱼身体呈梭状，体长很容易达到2米。正在成群捕食的黑边鳍真鲨可能对潜水者表现出攻击性，尤其是当它们把潜水者当成潜在竞争者时。

图2_ 需要当心的捕食者
被称为"斗牛犬鲨"（requin bou-ledogue）或"赞比西鲨"（requin du Zambèze）的公牛真鲨是唯一一种能够沿河口溯流而上、时不时地在河里生活的鲨鱼。体长可达3米的公牛真鲨是一种可怕的、贪吃的肉食动物，是最常攻击人类的鲨鱼之一。在莫桑比克的蓬塔杜欧鲁的尖礁（Pinnacle）潜水点能看见它们。

图3_ 栉齿锯鳐
一名女潜水者正靠近一条栉齿锯鳐——鲨鱼的远亲。它体长达2米，骨质长吻上长着20多颗2厘米长的牙齿，使它的吻看上去像一把锯。

图4_ 圆犁头鳐
圆犁头鳐身旁伴随着一条领航鱼，即无齿鲹。这种犁头鳐体长可超过2米。人们还会在霸王花海堤见到体长3米的及达尖犁头鳐。

"沙丁鱼大迁徙"的狂热

从 6 月中旬至 7 月中旬，庞大的沙丁鱼群在夸祖鲁 - 纳塔尔的海域中交配繁殖。当地居民习惯说，当芦荟开始开花时，"沙丁鱼大迁徙"就开始了。产卵后的鱼会向西游，回到开普敦（Cape Town）海域较冷的水中。在这场大迁徙中，长 35 公里、宽 2 公里、高 30—40 米的鱼群引来了一群大型捕食者：海豚、鲨鱼，甚至还有海狮和鲸，还没算上成千上万只开普鲣鸟，它们俯冲潜入水下 20 米去参与这场饕餮盛宴。这场无法形容的沙丁鱼大屠杀是潜水者观察在别处很少见到的各种鲨鱼的良机，比如短尾真鲨。

这些真正的"活鱼雷"可以从它们长达 3 米的外形轮廓辨认出来。它们面对潜水者时表现出一种胆怯的行为，而到了狂热捕食的时候，它们就变得有攻击性了。它们是反应敏捷的捕食者，跟踪在温热的海水中迁徙的鱼群。当然只有经验丰富的潜水者才能在"沙丁鱼大迁徙"过程中潜水。只有很少几家俱乐部——如咖啡湾（Coffee Bay）的非洲潜水冒险俱乐部——提供这种独一无二的体验活动。他们使用小型飞机定位捕猎最活跃的地点作为潜水点。

无所不知

霸王花海堤形成一片长 6 公里、宽 800 米的礁石，人们可以在这里进行各式各样的潜水。潜水活动自二十世纪九十年代就在这里开展了，尽管水下访客的人数有规律地增长，但这个潜水点的重要性保证了潜水的高质量（如果气候条件适宜的话，但这种条件不会始终存在）。在霸王花海堤，如果持续的洋流推着潜水者穿越沙虎鲨沟（Sand Shark Gulley）的峡谷，那么他们会到达一片开阔的沙地，上面栖息着许多犁头鳐，有时会有锯鲨，这是令人难忘的稀有的邂逅。

请注意，德班的海滩都装有防鲨网并受到持续监控，这证明这个海域有鲨鱼大量聚集，因此一些体形庞大的鲨鱼经常被这些纳塔尔鲨鱼协会（Natal Sharks board）维护的网卡住。

适宜时期

9 月和 10 月是观察沙虎鲨的理想时期。2 月至 6 月期间双髻鲨较多，而鲸鲨则在 11 月至来年 3 月间出现在这些水域，在 12 月和来年 1 月数量达到高峰。从 12 月至来年 4 月，还有 6 月，人们在这里能看见很多海豚。夏季（12 月至来年 2 月底）几乎没有人潜水，因为海水比较浑浊，这是频繁的暴雨和充满浮游生物的大洋流造成的现象。

相关信息

12—14 天的行程将潜水与探索大自然和当地文化结合起来，是发现夸祖鲁 - 纳塔尔省的海岸丰富性的最佳折中方案。还可以把这一行程与去开普敦的杭斯拜（Gansbaai）看大白鲨结合起来。距离德班半小时车程的乌姆科马斯小镇已经成为潜水者们的聚会点，这里有十多家潜水中心可供选择。至少有三家旅馆提供非常舒适的服务：厄加勒斯旅舍（Agulhas house）、海洋公园酒店（Ocean Park）、乌姆科马斯宾馆（Umkomaas Guest house），还有优质的民宿。请注意，距离乌姆科马斯 20 公里的著名海滨浴场阿曼泽姆多蒂（Amanzimtoti）和作为去霸王花海堤最近出发点的马尔盖特也有不错的旅馆。

实用建议

一定不要错过参观距离德班几公里的纳塔尔鲨鱼协会。这个科研中心维护着 29 公里长的防鲨网，保护该地区的海滩不受鲨鱼的侵犯。该协会下设一个非常有趣的博物馆，举办一些展览（防鲨网捕获的鲨鱼标本），使人们能更好地认识鲨鱼的生理结构和生物学特点。

某些旅行社组织的探索行程超出了南非的国界，一直到莫桑比克的蓬塔杜欧鲁和蓬塔梅隆根（Ponta Melongane）（距离德班 500 公里）。在 1976—1992 年遭受了激烈内战的莫桑比克逐渐向旅游业开放，而鉴于蓬塔杜欧鲁有杰出的潜水资源，当地人开办了许多独具魅力的小旅馆。

■ **我们的忠告**

在德班海域潜水见到的鲨鱼的多样性是举世无双的。海水并不总是特别清澈，但这恰恰增强了邂逅的戏剧效果。结合去几个动物保护区游览的探索之旅，这会是一个丰富多彩的假期，也一定会令非潜水游客心满意足。

德班的大海无边无际
在德班可以找到所有大型国际连锁酒店，它们大多建在沿海一线。

实践指南	潜水等级 ★★★ 潜水质量 ★★★★★ 鱼类 ★★★★★	环境 ★★★ 感觉 ★★★★★ 生物多样性 ★★★★	摄影摄像 ★★★ 旅游价值 ★★★★ 性价比 ★★★

一月	二月	三月	四月	五月	六月	七月	八月	九月	十月	十一月	十二月
27℃	28℃	27℃	26℃	24℃	22℃	22℃	22℃	23℃	23℃	25℃	26℃
27℃	28℃	28℃	29℃	29℃	29℃	28℃	28℃	28℃	28℃	28℃	27℃

几年前，杭斯拜已经变成了世界大白鲨之都。1975 年因斯蒂芬·斯皮尔伯格受到彼得·本奇利的小说启发拍摄的电影《大白鲨》的成功而被神化为海洋霸主的大白鲨，与虎鲸一样，都是现存最非凡的捕食性动物。

因过于密集的捕捞而被列入《IUCN 濒危物种红色名录》中的"易危"物种的大白鲨自 1990 年起开始在南非受到全面保护，南非也成为第一个采取此类保护措施的国家。如今，全世界的潜水者们来到杭斯拜，想要与这些巨大而优美的鲨鱼有一次难忘的邂逅。

距克莱贝港 4 海里的戴尔岛（Dyer Island）栖息着一群海鸟：黑脚企鹅、海燕、鸬鹚、开普鲣鸟等。不远处还有一座更小的岛——间歇泉岛，是 5 万只非洲毛皮海狮的居住地。在这两个动物密集生活区之间，鲨鱼巷成为大白鲨的捕猎场。大白鲨已经成为杭斯拜的主要旅游卖点，实际上我们不能再把一次在 11—13 米长的船上挤着 15 个人的 4 小时的旅行定义为潜水了。无论如何，您肯定会获得强烈的感觉，因为这里的动物的确非比寻常。

经过 20 多分钟的航行，游船在岛附近抛了锚，开始撒饵诱鱼的操作。鱼饵是用海水腌过的薄鱼片制成的令人恶心的混合物，但其成分一直是保密的。通常只需要十几分钟，头几条大白鲨就会现身，贴着海面游过来。为了使冒险更引人入胜并使游客们看到大白鲨"露出牙齿"，船员会在海面上搅动一个用缆绳拴着的人造鱼饵，让捕食者来咬它。

镀锌铁丝网笼子被放到水中，用缆绳牢牢地绑在船上，并用浮筒保持在海面上。潜水者始终待在海面以下不超过 1 米深处，由一根水管供气，使他们能非常舒服地进行观察，而无须担心减压的问题。

注意，海水较凉（16—18℃）而且经常被波涛汹涌。旅行中会提供一套潜水服（7 毫米厚）。海水能见度有时可以达到 15 米，但通常限制在 5—6 米。鲨鱼们永远不会被喂食，只是被鱼饵的气味吸引到船的附近。当地政府要求旅游活动尽可能减少对鲨鱼行为的影响。

南非 AFRIQUEDU SUD

22

杭斯拜
与海里的吃人巨妖面对面

1

杭斯拜（Gansbaai），又名"鹅湾"（Gosse Bay），是 1881 年建成的一座小渔村，它的名字源于当时在这里筑巢的大量野鹅。距开普敦市约 180 公里的杭斯拜位于以鲸闻名的赫尔马努斯大区。

图 1_ 黑脚企鹅
黑脚企鹅（Spheniscus demersus）是居住地最靠北的企鹅。一大群企鹅在开普敦附近的博尔德斯海滩（Boulders Beach）筑巢。当地政府设立了一个非常有趣的（收费）观察区。

印度洋

图 1_ 令人不安的外形
大白鲨的巨大体形以及它露出许多三角形牙齿的咧嘴形象不禁让人肃然起敬并心生疑虑。

图 2_ 艰难的爱情
这头雌性大白鲨头上的疤痕毫无疑问是交配时被雄鲨咬的,但从来没有人见过雄性大白鲨。

有趣的物种

在杭斯拜的一切水下活动都集中在观察大白鲨上,这项活动是全年举行的。人们遇到的大白鲨平均长度在 3.5 米左右,但 4.5 米长的品种也很常见。与许多电影中普及的形象相反,"大白鲨"并非天生就会攻击吊笼并把潜水者当成猎物。相反,这种鲨鱼经常试图咬住笼子,想了解这个与它的生活环境格格不入的东西。

大白鲨属于与陆地上的老虎或狮子同一等级的"超级捕食者"。为此,它具备最好的捕猎武器,即能使它迅猛地扑向猎物的流线型身体,这也解释了跃身激浪的现象——当大白鲨扑向在海面游泳的猎物后跃出水面的动作。

大白鲨至少有 30 年寿命,在 10 岁时达到性成熟。这种卵胎生动物的繁殖率较低,每头雌鲨每两年只产一胎,每胎产 2—10 头幼鲨。

在登记种群总数明显下降之后,这种非同寻常的鱼在世界各地都受到了保护。

图 3_ 惊人的体形

一些异想天开的故事或者与姥鲨混淆的观点告诉人们大白鲨能达到 10 米长。尽管从未有人捕到 7 米长的样本，但是某些大白鲨的体长的确超过了 6 米，重达 2 吨！

图 4_ 超级强大的颌

大白鲨拥有 4—6 排 5—7.5 厘米长的三角形牙齿，颌宽达 60 厘米。

图 5_ 跃身激浪

跃身激浪是一种动人心魄的行为：白鲨捕到在海面游泳的海狮之后跃出水面。

无所不知

从 7 月中旬至 12 月底，可以将一次观察大白鲨的行程与观察来此地繁殖的北大西洋露脊鲸安排在一起。

杭斯拜也因为沉船而闻名。从十九世纪开始，大约有 140 艘船在海中的暗礁上搁浅了。最著名的景点——危险角（Danger Point）是 1852 年英国军队运输船"伯肯黑德"号（Birkenhead）沉没的地方。445 名士兵和水手在营救平民乘客的行动中遇难。那句著名的"妇女和儿童优先"就是在这次营救中喊出的。某些死里逃生的人在当地安了家，成为农民，他们的后代也在这里繁衍生息。

■ 我们的忠告

这肯定是人们能在 1 米深水下进行的最特别的潜水！与一头大白鲨面对面一定会让您浑身发抖。自从这种冒险转变成旅游卖点之后，它就丧失了很多神秘感。从船上观看大白鲨受到鱼饵气味的诱惑把头露出水面、张开大嘴、露出所有牙齿的景象也能给人留下不同寻常的印象。难忘的经历！

图 6_ 避免靠近

许多专业影片是在没有吊笼的情况下拍摄白鲨的，因此使人感觉这种鱼没有那么可怕。

图 7_ 游遍各大洋

大白鲨是长途游泳健将，能够迁徙数千公里。

印度洋

冒险经历

2000年8月，库斯托与他的儿子让-米歇尔（Jean-Michel）在美国电影《深海奥德赛》（*Deep Ocean Odyssey*）中一起经历了一场大冒险。探险队的队长克里斯蒂安·彼得龙（Christian Pétron）和弗朗索瓦·萨拉诺（François Sarano）选择了南非的大白鲨作为第一个主题并请我担任这次历险的摄影师。出发前，我得知《费加罗杂志》（*Figaro Magazine*）的一位摄影师15天前从吊笼中出来时遇到了一条大白鲨的攻击。一个叫安德烈·哈特曼（André Hartmann）的人在最后一刻一拳打在鲨鱼的吻部救了他！因此，当克里斯蒂安·彼得龙告诉我因为摄像机和它们的机箱太大，这20天的拍摄没有吊笼时，我感到有些担忧。在杭斯拜，大白鲨专家安德烈·哈特曼帮助我们拍到了一些特别的影像。拍摄结束时，让-米歇尔毫不犹豫地屏气攀住一头大白鲨的鳍，留下了一组前所未有的镜头，以证明这种鲨鱼并不是影片《大白鲨》中展示的那种怪物。在这一惊心动魄的经历中，我只拍到了唯一一张照片，胶卷的最后一张！

利昂内尔·波佐利

不可能的抚摸

适宜时期

在适宜条件下观察大白鲨的最佳季节是5月至9月，这个时期海水较凉，但相当清澈。夏季海水的能见度有时只有两三米。因此应避开1月、2月和3月。

遇见大白鲨的机会超过90%，这也解释了为什么杭斯拜因观察大白鲨而举世闻名。

相关信息

在杭斯拜，十几家旅游中心提供与大白鲨相遇的机会。不同经营者之间的服务质量有明显的差别。

您没有必要预订行程，即使现场直接登记也可以确保游船不会超载，而乘船舒适度方面的条件也会令人满意。大白鲨环游（Great White Shark Tours）、海洋动力（Marine Dynamics）、鲨笼潜水（Shark Cage Diving）、无限鲨鱼潜水（Shark Diving unlimited）、白鲨潜水公司（White Shark Diving Company）等都是这方面的专业旅行社。

杭斯拜的旅馆服务也得到了发展。海湾旅馆（Bay lodge）、悬崖旅馆（Cliff lodge）、小龙虾旅馆（Crayfish lodge）、海星旅馆（Seastar lodge）、鲸鱼之歌旅馆（Whale-song lodge）都提供优质的服务。还有一些潜水者们喜爱的知名民宿，如海洋空气（Aire del Mare）和内尔的家（Nell's）。

大自然爱好者可能会喜欢葛鲁特伯斯自然保护区酒店（hôtel Grootbos Private Nature Reserve），这是一家环境优美的豪华综合酒店，里面种着740种植物。该酒店提供有趣的植物园观光。

几点建议

因为游船行驶不太平稳，您需要在前往大白鲨潜水观光之前习惯海上生活。

海水很凉，而且因为吊笼始终贴近海面，潜水时间可以随意延长，所以如果您是狂热的摄影爱好者的话，我们强烈建议您穿上密封潜水服。

图 1_ 用假饵吸引捕食者
让一个浸满鱼味的海豹形物体浮在海面上是所有游船采用的吸引鲨鱼靠近潜水者并露出全部牙齿的技巧。

图 2_ 成千上万只冲浪的海狮
在杭斯拜的海中，间歇泉岛礁（Geyser rock）上聚居着 5 万只非洲毛皮海狮。

实践指南	潜水等级 ★ 潜水质量 ★★★★ 鱼类 ★★★★	环境 ★ 感觉 ★★★ 生物多样性 ★	摄影摄像 ★★★ 旅游价值 ★★★ 性价比 ★★★

一月	二月	三月	四月	五月	六月	七月	八月	九月	十月	十一月	十二月
24℃	24℃	22℃	22℃	20℃	18℃	18℃	18℃	20℃	20℃	22℃	22℃
17℃	16℃	15℃	14℃	14℃	13℃	12℃	12℃	13℃	14℃	15℃	16℃

印度洋

毛里求斯岛 ÎLE MAURICE

23

弗利康弗拉克
毒鱼之乡

1

在这里，多彩的珊瑚礁经常被热带暴风雨摧毁。但是岩洞、崩塌的礁石、拱洞与块状珊瑚相映成趣。

2

3

图 1_ 合齿鱼的牙齿
趴在桌面珊瑚上或者部分隐藏在沙中的革狗母鱼（合齿鱼科）属于最敏捷的潜伏捕食者。

图 2_ 尖头拟鲉的小憩
尖头拟鲉平均体长 30 厘米。可以从它扁平的头和尾鳍上的深棕色带状条纹辨认出来。

图 3_ 它的刺可以致死
玫瑰毒鲉的背鳍棘能分泌一种对心血管和呼吸道均有毒性的毒素。被它刺到会非常痛苦。

尽管毛里求斯岛旅游业发展迅速，但弗利康弗拉克（Flic-en-Flac）依然保留了小渔村的魅力。弗利康弗拉克坐落在西海岸上，距离首都路易港（Port Louis）半小时车程，有绵延 3 公里的白沙滩，边上种着木麻黄。从这里一直到瓦麦拉（Wolmar），散布着许多高级宾馆，还有餐厅、迪斯科舞厅和赌场。但是村民们始终在每天从狭窄的水道驶出的小渔船的平静节奏中生活着。

从海滩乘独木舟，不到半小时即可到达 50 多个潜水点。其中大部分相当深（平均 35—45 米）。这些潜水点都很容易到达，最有趣的一个无疑是蛇墙（Rempart Serpent），一片因外形蜿蜒曲折而得名的崩塌的珊瑚礁。水下 26 米深处有非常丰富的动物群落，因为周围是无边无际的沙滩，海洋生物都集中在礁石上。

还有其他许多水下景点值得一看：水下 18 米适合初学者的水族馆（Aquarium）——鱼群欢聚的场所；水下 21 米保护完好的"拖船二号"（Tug II）沉船——常见的狮子鱼以及许多鳗鱼和其他拟态鱼

时常光顾这里；水下 28 米的大教堂（Cathédrale）——巨大的结构优美的岩石瀑布，一到夜晚，龙虾、虾蛄、螃蟹等就为它带来了活力；水下 35 米的醒岩（L'Éveillé）——有美丽的拱洞和许多鱼类的峭壁；水下 45 米的粉红珊瑚——长满了柱星珊瑚的壮观拱洞，中央有一面海扇。

有趣的物种

  鲉——包括玫瑰毒鲉——与其他分泌毒液的鱼类是这个海域主要的卖点。它们在哪儿都能繁殖。毒鲉是一种又大又沉又笨拙的鱼，体长 30—40 厘米，夜间潜伏捕食。靠近它嘴边的任何鱼都会被它吸住、吞下！

  毒鲉具有非凡的拟态本领。我们经常会借助这种鱼唯一活动的特有的红色瞳孔的眼睛发现它。这种鱼潜伏捕食，像它家族（鲉科）中的大部分其他成员一样。它的六条隐藏在皮肤褶皱中的背鳍棘含有一种可以致死的很强的毒液。去弗利康弗拉克潜水的基本建议是带一根小棍，以免用手直接触地。

  我们在弗利康弗拉克还遇见过其他各种鲉，某些很少见，比如丝鳍鬼鲉和短鳍蓑鲉，当然还有拟鲉属的多个品种和随处可见的狮子鱼。

图 4_ 飞翔的蓑鲉
鳍形似帆的斑鳍蓑鲉。

图 5_ 驼背的蓑鲉
驼背拟鲉。

图 6_ 行走的蓑鲉
丝鳍鬼鲉隐居在沙中。

图 7_ 假玫瑰毒鲉
头上有个隆起的毒拟鲉。

图 8_ 短鳍多臂蓑鲉
短鳍多臂蓑鲉，一种体形短小的蓑鲉。

图 9_ 叶鱼
叶鱼，学名三棘带鲉，看上去像一片海藻。

印度洋

可怕的海螳螂

蝉形齿指虾蛄（Odontodactylus scyllarus），俗称七彩螳螂虾，是一种非常奇特的甲壳动物，人们在弗利康弗拉克潜水时经常能看见它们，尤其是夜间潜水时。这种长约15厘米、绿身体、蓝眼睛的动物使人联想到海螯虾，但它的橘红色前爪会缩成一团。这个不寻常的姿势使它被称作"海螳螂"，暗指前臂经常摆出这种姿势的薄翅螳螂。具有非常明显的进攻习性的螳螂虾在感觉自己受到威胁时，会攻击各种体形的闯入者（包括潜水者）。它会突然向前伸出爪子，动作之快使对方无法躲避。尽管螳螂虾没有螯，但它仍能导致严重的创伤。螳螂虾爪子的打击力量可达50公斤，这使它能够敲碎腹足纲或双壳类动物的壳，美餐一顿。这种动物还拥有动物界最发达的色觉，因为它的视网膜中有16种视锥，而人类只有3种（红、蓝、绿）。

无所不知

玫瑰毒鲉分泌毒液的特点仍然鲜为人知。人们认为毒液囊一旦破裂就不可能再生。因此毒鲉只在极为紧急的情况下（主要是当有人踩到它时）才使用自己的武器。被刺到的疼痛感非常强烈，甚至会导致昏厥。毒液不耐热。因此我们可以用很热的纱布中和它。惯用的处理方式是涂抹高锰酸钾或注射可的松。澳大利亚血清只对当地特有的毒鲉（Synanceia trachynis）起作用。

适宜时期

在毛里求斯，最好的潜水条件集中在11月、12月和来年5月。1月和2月也是非常好的时期，前提是没有任何龙卷风的威胁（但不幸的是龙卷风的出现相当频繁）。7月和8月，海水比较凉（22℃），而且鱼的数量较少。最重要的是要避开雨季，因为许多河流在弗利康弗拉克附近汇入大海，一场大暴雨过后，海水会变得很浑浊且含有许多颗粒。

相关信息

您可以租一个"营地"，即一座海边别墅。这些别墅在一年大部分时间都没有人住，因此租赁价格合适。最好的酒店包括：毛里求斯希尔顿酒店（Hilton Mauritius）、马拉迪瓦酒店（Maradiva）、独木舟酒店（La Pirogue）、沙滩酒店（Sands）、索菲特皇家酒店（Sofitel impérial）、蜜糖海滩酒店（Sugar beach）。

这里还有多家俱乐部：深渊俱乐部（Abyss）、毛里求斯潜水乐园俱乐部（Diverland Mauritius）、海胆俱乐部（Sea Urchin）、太阳潜水俱乐部（Sun Divers）、迪卡波俱乐部（Ticabo）等。对于非潜水者来说，无边无际的海滩是一个神奇的休闲之地，但这里几乎没有其他海上活动，因为潟湖的水太浅了。对于潜水专家而言，可以选择设在卡罗琳别墅酒店（Villa Caroline）——弗利康弗拉克的一家惬意的小旅馆——里的由皮埃尔·绍洛伊（Pierre Szalay）经营了30年的海底探险有限公司（Exploration sous-marine Ltee）。

图 1_ 一片丰富而好客的大海
毛里求斯岛是著名的度假胜地，因为它有美丽的海滩和几乎全年都非常舒适的气候。

图 2_ 木麻黄镶边的美丽海滩
由于 2 月里肆虐的暴风雨，弗利康弗拉克地区的椰子树比较罕见，取而代之的是木麻黄，一种优雅且耐候性很强的树。

几点建议

建议您在毛里求斯岛至少停留 6 天，以便比较完整地探索各个潜水点并利用非常清澈的海水。大海在经历了波涛汹涌或一段时间的降雨之后需要四五天才能恢复它的澄澈。

因为潜水点的距离大多比较近（最多半小时航程），当条件适宜时，俱乐部会组织每天 3 次乘渔船或快船出海潜水，也会组织（优质的）夜间潜水。

建议您穿着塑料鞋在潟湖很浅的水中毫无顾虑地行走，或者在那里游泳，但不要冒险触碰魔鬼蓑鲉的刺。要知道，您甚至可能在海滩边崩塌的礁石堆中遇见毒鲉，这时候可要谨慎……

实践指南	潜水等级 ★★★ 潜水质量 ★★★ 鱼类 ★★★	环境 ★★★ 感觉 ★★★ 生物多样性 ★★	摄影摄像 ★★★ 旅游价值 ★★★★ 性价比 ★★★

一月	二月	三月	四月	五月	六月	七月	八月	九月	十月	十一月	十二月
32℃	32℃	36℃	34℃	32℃	30℃	28℃	28℃	30℃	30℃	30℃	32℃
28℃	28℃	29℃	29℃	28℃	26℃	24℃	23℃	25℃	27℃	27℃	28℃

毛里求斯岛 îLE MAURICE

24

大湾
在鲨鱼坑里

1

2008 年，一部由《国家地理》杂志拍摄的影片使全世界的潜水者都渴望来探访鲨鱼坑（Fosse-aux-Requins）——于格·维特里（Hugues Vitry）发现的一个潜水点，他于 1987 年在大湾碧海蓝天酒店（hôtel Grand Blue）附近建立了蓝水潜水中心（Blue Water Diving Center）。在水下 12 米一条被海浪击打形成的峡谷里，许多黑尾真鲨呼吸着新鲜空气，但它们已经逐渐被渔民们捕捞殆尽了。从那以后，这家潜水中心又在一个阳光充足的地方找到了类似的潜水点，距离母鹿洞（Trou aux Biches）两个多小时航程。

一些崩塌的礁石像瀑布一般倾泻到非常澄清的水中，连续不断的涌浪使海水充满氧气，鲨鱼们似乎很喜欢这一点。它们因此可以一动不动地享受裂唇鱼的清洁服务。

2

3

图 1_ 一个不可错过的花园
距离大湾 16 公里的柚子园是在天堂般的热带环境中散步的好去处。

图 2_ 妖怪的圆圈舞
十多条鲨鱼正在一个阴暗的洞穴中等待着潜水者，这种独一无二的潜水体验会使肾上腺素飙升。

图 3_ 胆大包天的清洁工
裂唇鱼冒险进入黑尾真鲨的嘴里，后者则顺从地让它们清洁它的牙齿和皮肤。

图 4_ 发光的活招牌
枪乌贼能发光的眼睛对于夜间成群捕食的鱼来说就是一个基准点。

图 5_ 蓝蛸的恋爱
这对蓝蛸正在繁殖过程中。雄章鱼将它的交接腕滑入雌章鱼的外套膜腔中受精。它们的交配可能持续几个小时。

图 6_ 虎斑乌贼
虎斑乌贼是一种相当常见的乌贼，可能超过 40 厘米长、5 公斤重。

图 7_ 惊人的拟态
章鱼总是很难看见，因为它们与周围的环境融为一体。这条全身变成沙子的颜色、追逐贝壳类的章鱼就是证明。

作为毛里求斯岛历史悠久的海滨浴场，大湾（Grand Baie）成功地从一个小渔村发展成大旅游中心，同时又保留了它的真实性。大湾位于首都路易港以北 20 多公里处，尽管毛里求斯岛的发展引人注目，但它仍然是接待游客最多的地方。这里是出类拔萃的海滨浴场目的地，有得天独厚的优美沙滩，游船可以平静地锚泊。拥有众多商店的落日大道（Sunset Boulevard）使大湾成为购物胜地，但它同时也是一个优质的海上运动中心，而且显然是潜水的首选之地。

有趣的物种

鲨鱼池（bassin aux requins）被潜水者们称为"鲨鱼坑"甚至"鲨鱼竞技场"，这里的探险只能在大海风平浪静时进行，而且专属于经验丰富的潜水者（有至少 30 次潜水经历的证明）。在毛里求斯岛潜水度假时，礁石探险也不可错过。人们在这些海域见到了 6 种不同的海鳝，其中某些只有在夜间潜水时才能看到。

太阳落山后，枪乌贼发出的生物光为潜水增添了神秘色彩。这种现象归因于催生特殊蛋白质的共生细菌。它体内的一些特殊细胞——光细胞能透过皮肤的某些区域——发光器官发出荧光。生物发光有助于喜欢群居的枪乌贼之间的沟通和定位。但这主要是为了吸引同伴和某些猎物，也是为了使捕食者迷失方向。

印度洋

无所不知

如果在黑河（Rivière Noire）和莫纳山（Le Morne）地区度假，去参观位于塔马兰（Tamarin）方向一个高原上的沙马雷勒（Chamarel）的七色土也是一件趣事。蜿蜒曲折的公路穿过甘蔗园，游客可以欣赏到莫纳山一侧壮丽的全景。之后，就深入了茂密的植被区，在那里可以看到一个瀑布，然后就是"七色土"景点了，如今这已是一个私人保护区。

毛里求斯岛的另一个必去景点是位于岛北面的柚子园，即西沃萨古尔·拉姆古兰植物园（Sir Seewoosagur Ramgoolam Botanical Garden）。它的面积为 25 公顷，有 85 种棕榈树和稀有植物。

适宜时期

一定要利用风平浪静的天气去鲨鱼池潜水，因为这个区域经常受到涌浪的影响，使潜水像"摇滚"一样。7 月和 8 月（冬季），海水变凉，但是清澈度最佳。

图 1_ 潟湖中的裂缝
毛里求斯岛西海岸的特点是轮廓蜿蜒曲折，植被丰茂。正如我们从这张航拍照片上看到的，海滩通往水很浅且铺满珊瑚的潟湖。这里有许多值得探索的潜水点。

11月至来年4月之间，海水温度高得多，但龙卷风的频繁出现会干扰水下活动。请注意，西海岸降雨较少。

如果您全年都在毛里求斯岛潜水，那么我们特别建议5月、9月和10月，因为这几个月的海水最清澈，而且鱼类的聚集也达到了顶峰。这里的洋流比马尔代夫的小，但人们也都是进行放流潜水。

相关信息

毛里求斯岛沿海不断建起大酒店，而且通常每家酒店都与一家潜水俱乐部联营。西北海岸就是这种情况，例如木麻黄酒店（Casuarina）、炮手酒店（Le Canonnier）、传奇丽世度假村（Lux Grand Gaube）、玛丽蒂姆酒店（Maritim）、麦尔维尔奥拜罗酒店（Merville Oberoi）、维兰达大湾酒店（Veranda Grand Baie）等优秀的综合性旅馆。这个地区还以沉船著称，尤其是"银星"号（Silver Star），长39米，已成为鲎鱼的定居之所。

人们较少在毛里求斯岛东南侧潜水，但这里游客也很多，因为这片海域几乎不受保护。您有机会在这里看见"大家伙"并探访蔚为壮观的海底峡谷。一些潜水中心与著名酒店联营，比如琥珀酒店（Ambre）、康斯丹贝尔玛度假村（Constance Belle Mare）、半岛酒店度假村（Preskil Beach）、山德拉尼酒店（Shandrani）和托斯洛克酒店（Touessrok）。

几点建议

毛里求斯岛有30多家专业潜水中心，它们都属于皮埃尔·绍洛伊创建的毛里求斯水肺潜水协会（MDSA）。皮埃尔于1984年定居毛里求斯，是该国旅游潜水的开拓者之一。

在岛中央的卡特勒博尔纳（Quatre-Bornes）的维多利亚医院（Hôpital Victoria）的副楼里安放着一个超级现代化的六座减压舱。您可以将您在毛里求斯岛上的度假分成两部分：在母鹿洞或大湾海域中途停靠，以便在岛北侧的一些非常丰富但很容易到达的潜水点潜水，最后前往从广义旅游的角度看景色宜人的黑河地区。

毛里求斯岛因豪华旅游业而闻名，各家综合性旅馆也在这方面互相竞争。但是对于一队潜水者来说，总有可能租赁一座别墅（当地人称为"营地"），以降低度假成本。整个岛上的自然保护和景点维护都很严格。潜水者被禁止触碰珊瑚，更不能攀住礁石，所以请学会自己保持稳定。

实践指南	潜水等级 ★★ 潜水质量 ★★★ 鱼类 ★★★	环境 ★★ 感觉 ★★★ 生物多样性 ★★	摄影摄像 ★★★ 旅游价值 ★★★★ 性价比 ★★

一月	二月	三月	四月	五月	六月	七月	八月	九月	十月	十一月	十二月
32℃	32℃	36℃	34℃	32℃	30℃	28℃	28℃	30℃	30℃	30℃	32℃
28℃	28℃	29℃	29℃	28℃	26℃	24℃	23℃	25℃	27℃	27℃	28℃

马尔代夫 MALDIVES

25

南部环礁
奇妙的旅行

1

船宿游船之间的激烈竞争促使某些公司推出一些新颖的路线。由于水上飞机的普及，如今人们也可以到达一些遥远的环礁。于是，经过 45 分钟的飞行后，人们可以在曼德芙仕岛（Medhufushi）——美慕环礁（atoll de Meemu 或 Mulaku）登陆，用一周的时间游览这片环礁以及哈杜马蒂（Hadhdhunmathi）的拉姆环礁（atoll de Laamu）和科卢马杜卢（Kolhumadulu）的塔环礁（atoll de Thaa）。再往南一些，距离马累 400 公里偏远的苏瓦迪瓦环礁（atoll de Huvadhu）——又名卡夫阿里夫环礁（Gaafu Alifu）——根据行程需要乘游艇航行 10—15 天才能抵达。这是从马累出发的单程航线，回来时乘坐水上飞机，或者乘飞机去、坐船回来。这样可以保证能探索一些几乎还是处女地的潜水点并遇见许多捕食动物。

2

3

图 1_ 追逐黑尾真鲨
黑尾真鲨被当地人称为"Dagsit"。

图 2_ 罕见的物种丰富的礁石
石珊瑚、桌面珊瑚与一群美银汉鱼。

图 3_ 小丑与彗星
一群细鳞圆鲹在栖身于公主海葵里的马尔代夫小丑鱼（学名浅色双锯鱼）的上方盘旋。

在斯里兰卡西南 675 公里的蔚蓝色大海上散落着一颗颗热带珍珠，这就是马尔代夫，它由 1199 座岛屿组成，其中只有 202 座供当地人居住，100 座专门用于旅游业（酒店岛）。这些岛的总面积为 302 平方公里，分成 26 个环礁。群岛南北长 823 公里，东西宽 130 公里，仅有 644 公里的海岸线。海洋占马尔代夫共和国总面积的 99%。每座环礁都被潟湖内形成的珊瑚礁包围。这道屏障被一些水道断开，它们将陆地切割成迷人的大岛和小岛。大部分岛只有几百米长。

经典的船宿潜水都是从马尔代夫共和国首都马累（Malé）出发的。南部路线游览一些以海底世界而闻名的地区，如南阿里环礁（South Ari atoll）和费利杜环礁（Felidhu atoll）——也称瓦夫（Vaavu）环礁。由于船宿潜水的船队十分现代化且装备精良，某些旅行社会安排去更往南的几乎未开发的海域探险。

您也可以航行得更远，直到位于赤道南面的阿杜环礁（atoll d'Addu）。人们在距离马累 500 公里的甘岛（Gan）着陆，乘坐 9 天的游艇到达一些人迹罕至的潜水点。请注意，南部环礁，尤其是阿杜环礁，受到 1998 年厄尔尼诺现象导致的珊瑚严重破坏的影响较小。

也正是在阿杜环礁沉睡着马尔代夫最大的沉船——"英国忠诚"号（British Loyalty）。这艘 1928 年建成的 5500 多吨的油轮于 1944 年 3 月 9 日被一艘日本潜艇的鱼雷击沉。这艘沉船向右侧卧在 33 米深的海底。2 月至 4 月的"大南部线"船宿潜水堪称完美，那时的洋流有利于鲨鱼、金枪鱼、箭鱼、鲹和蝠鲼的出现。

潜水在水道中或海面露出的礁石周围进行，以增加看见"大家伙"的机会。人们还会在一些"浅礁"（thila）上潜水，这种珊瑚礁上定居的海底生命形式的多样性令人惊叹，岩壁上还有五彩斑斓的结壳。

图 4_ 高大的彩色珊瑚礁
一些软珊瑚群使珊瑚礁变得绚丽多彩，这里栖息着数百种无脊椎动物和鱼类，比如这些丝鳍拟花鮨。

图 5_ 一个美丽的桌面珊瑚
一条尖吻棘鳞鱼和一些尾斑金鳞鱼——可以从它们的白色尾鳍辨认出来——正藏在一个桌面珊瑚的下面。

水道中有一些引人注目的洞穴，洞壁上铺满了彩色软珊瑚和大型柳珊瑚。靠近海面处，这片礁石上还装点着美丽的桌面珊瑚和石珊瑚。

有趣的物种

马尔代夫因鲨鱼而闻名，但是由于过度捕捞，马累附近海域的这些大型食肉动物的种群数量正在逐渐减少。乘坐游艇远离那些容易到达的海域，您可以看到一些大的鱼群，如笛鲷、鲹、燕鱼等，它们成群结队地游来游去，蔚为壮观。

无所不知

与太平洋上的火山岛相反，马尔代夫群岛诞生于海洋。它们是珊瑚礁侵蚀的结果，构成了地球上最平坦的国家。一位爱开玩笑的航海家曾经说过，这里的"最高点是椰树的树冠"。

这种地形使马尔代夫在气候变暖和由此可能造成的海平面上升的预测前景下成为一个濒临消失的国家。从十世纪起由来自印度和斯里兰卡的渔民居住的马尔代夫在1887年至1965年是英国的保护领地。1968年，该国成为独立的共和国，它的特点是只有一个城市——首都马累。居住着该国四分之一以上人口——约40万人——的马累是一个人口过剩的城市，它在不停地向海洋推进。

由于以潜水为代表的旅游活动的重要性以及几次致命事故的发生，马尔代夫政府颁布法令，规定旅游潜水的最大深度应限制在30米。另外，船宿潜水要求二级潜水员资质（PADI进阶开放水域潜水员或CMAS二星潜水员）和50次潜水经历。

图1_ 纺锤鲕
纺锤鲕通过摩擦鲨鱼表面粗糙的身体来去除自己身上的寄生虫。

图2_ 白顶礁鲨
灰三齿鲨又名白顶礁鲨，是一种非常温和的鲨鱼。

图3_ 豹纹鲨
豹纹鲨体长可达3米。这是一种夜间活动的鱼。

图4_ 贪睡的鲨鱼
须鲛目的锈须鲛夜间捕食，白天在洞穴中休息。

冒险经历

穿着脚蹼与
巨兽一起漫步

1976年初次尝试了潜水之后，我有幸成为"库斯托的孩子们"中的一员，这位舰长和他绝妙的影片《沉默的世界》(Le Monde du Silence)是我成为博物学爱好者——当然，还有潜水者——的初衷。我记得当时见到大型鱼类的机会要比现在少得多。这或许是因为许多礁石仍然未被发现，但也是因为一些我还不知道的原因……我记得，在伊夫·库斯托的一部影片中，他说在他的冒险经历中只遇见过三次鲸鲨！

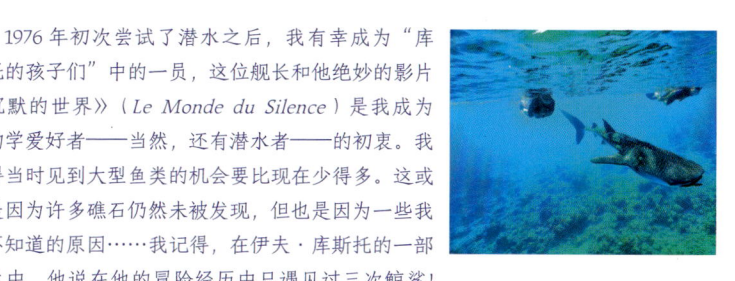

我花了35年时间、经历了2000多次带压力表的潜水，才最终得到了"圣杯"，有机会与这种巨大的鱼面对面。我得向您承认，在肯尼亚，我凑巧错过了与一条鲸鲨的邂逅，它从我头顶几米高处游过，而我当时正一头扎在珊瑚丛中兴致勃勃地拍摄微距照片……正是在阿里环礁的南面，离丽世岛（Lux Maldives）——又名迪胡菲诺胡岛（Dhidhoofinolhu）不远处，我有幸与一条4.5米长的"小"鲸鲨一起游泳。这个地方是全世界为数不多的有幼年雌性鲸鲨定居且全年都能见到它们的地方之一！

帕特里克·米乌拉纳

■ **我们的忠告**

在马尔代夫船宿潜水是一种罕见的乐趣，因为您每天都能发现比前一天更美的地方。南部海域探险确保潜水者能遇见格外多的形态各异的鱼。而且，这往往也是在马尔代夫度假的一种更经济的途径。

适宜时期

在马尔代夫全年都可以潜水。然而，11月至来年4月之间海水更清澈、更平静。随后雨季就会到来，使大海变得汹涌和浑浊。在马尔代夫，一年有大约300天都阳光灿烂。

水下能见度十分多变，而且很大程度上取决于两季之间会逆转的洋流方向。简而言之，在1月和4月之间，环礁的东侧更适合潜水。我们建议您，如有可能，在这个时期去南部海域船宿潜水。

实用信息

马尔代夫有两种船宿游船。一种是当地制造的，受到渔民用的"多尼船"的启发。它们是20—25米长的大木船，其中某些舱室内装有空调。还有一种是游艇，其中某些有35米长，更加舒适，甚至还有带大床的套间，但它们不一定能提供最佳的潜水体验。在这方面，口碑与互联网论坛的作用是不可替代的。

一艘专门用于潜水的多尼船附带"旅游"舱，用来存放压缩机和气瓶（有时会提供高氧气瓶）。气瓶充气在远离游船的地方进行，以免乘客受到噪声影响。

船宿潜水的经典航线至少需要一周，包括南马累环礁（Malé sud）、阿里环礁和费利杜环礁。"大南部线"探险通常计划在非常准确的日期，因此有必要提前很长时间预订，因为这一行程很受欢迎。

如果您想享受独一无二的休闲时光，我们建议您在马尔代夫最有特色的"酒店岛"中选一座多停留一周。注意，该国清晰地定位于豪华甚至超豪华旅游，所以有时会报出天价。

图 1_ 珊瑚环礁的壮丽景色
从空中俯视，马尔代夫呈现出它的整个地质独特性，碧绿的潟湖更增添了它的美丽。

图 2_ 丰富却濒危的自然环境
马尔代夫的岛屿植被茂盛。如果海平面上升，这些岛屿可能会消失。

几点建议

在水道中潜水意味着会遭遇强烈的洋流。因此潜水者必须有良好的身体状况：请您出发前一两个月在泳池里练习游上几个来回。

伊斯兰教在该国根深蒂固，他们严格执行伊斯兰教教法，有人可能会质疑到该国旅游为何要为这些习俗支付一笔隐性保证金。这就是您个人需要思考的问题了。

实践指南	潜水等级 ★★ 潜水质量 ★★★★ 鱼类 ★★★★	环境 ★★★ 感觉 ★★★ 生物多样性 ★★★★	摄影摄像 ★★★ 旅游价值 ★★ 性价比 ★★★★

一月	二月	三月	四月	五月	六月	七月	八月	九月	十月	十一月	十二月
30℃	31℃	30℃	29℃	29℃	28℃	29℃	29℃	28℃	28℃	27℃	28℃
27℃	27℃	27℃	28℃	28℃	27℃	29℃	28℃	27℃	27℃	27℃	27℃

马尔代夫 MALDIVES

26

北部环礁
紧密队列的游行

各环礁之间距离遥远，因此为期一周的经典北部船宿潜水行程仅限于马累环礁的北部和位于南马洛斯马杜卢区（Maalhosmadulu Sud）的芭环礁（atoll de Baa）的南部。10天的船宿潜水行程可以包括拉维亚尼环礁（Lhaviyani）——又叫法迪福卢环礁（Faadhippolhu）。用15天的时间，游船可以到拉环礁（Raa）和诺努环礁（Noonu）去历险。

图1_ 明信片上的风景
马尔代夫也因为瑰丽多姿的落日而闻名。每天傍晚，天空中晚霞如火，呈现出变幻多端的景象。

图2_ 一群"黑水鸡"
人们有时用"黑水鸡"这个名字来称呼圆眼燕鱼——马尔代夫水域中很常见的一种鱼。

图3_ 夏威夷的外科医生
在马尔代夫常见的额带刺尾鱼的名字源于它全世界分布的特性。这种鱼尾鳍前面的"解剖刀"被用作它的防御武器。

　　由于这些长期受到侵蚀的珊瑚岛高出海面不超过2米，所以马尔代夫群岛是一个濒危的脆弱生态系统，只有将生存维系于珊瑚虫的活动。这些不可计数的细小的腔肠动物缓慢但坚定地建造出蔚为壮观的结构。历经几个世纪的积累，硬珊瑚或石珊瑚的钙质外骨骼就构成了珊瑚礁。

　　马尔代夫群岛由一些环礁组成，"环礁"这个名字源自当地迪维西语中的"atolu"一词。1842年博物学家查尔斯·达尔文（Charles Darwin）使用了这个词。他认为这些岛屿是崩塌在海洋中的一座

印度洋

火山的遗迹，后来只剩下了这个珊瑚王冠。中央有一片淹没在浅水中的砂土区域——潟湖，它通过礁石中自然侵蚀形成的几条水道与大海相连。

马尔代夫由一些小珊瑚岛和一些由连续的小环礁组成的大环礁构成，具有岛屿分散的地貌特色，从空中俯瞰，这些岛屿形成了一个美不胜收的整体。

长期被大海的怒涛侵蚀的充当围墙的礁石中聚集着大量的海洋生命，体现了丰富的生物多样性。

据估计，约有 700 种鱼时常出没马尔代夫海域。潜水游船可以载着您从一个礁石航行至另一个礁石，使您尽可能地领略这非同寻常的动物多样性。

北马累环礁（长 69 公里、宽 39 公里）是游客光顾最多的地方，有 30 多座岛，岛上都设有综合性旅馆。这是一个利用率很高的潜水区，因此最好是去更远的游客较少的一些环礁。

当然，经典的北部路线根据海洋的状况和洋流的方向会有所变化。它连接马尔代夫共和国的几座最有名的旅游岛屿，如班度士岛（Bandos）、瓦宾法鲁岛（Vabbinfaru）、图拉吉里岛（Thulaagiri）、纳卡查夫士岛（Nakatchafushi）、马库努都岛（Makunudu）、艾雅度岛（Eriyadu）、海伦格力岛（Helengeli）等。

与南部一样，某些船宿游船建议乘坐水上飞机飞往北部一个遥远的岛屿（下行船宿），回来时乘船至马累，或者相反（上行船宿）。也有旅行社推荐一些 8—11 天的"大北部线"行程。从马累机场出发乘坐 40—45 分钟（300 公里）的国内航班，在哈达卢环礁（atoll Haa Dhaalu）北面的哈霓玛阿都

图 1_ 大眼鲷
当宝石大眼鲷感觉到威胁时，它的身体将变成银灰色。

图 2_ 金带齿颌鲷
喜群居的金带齿颌鲷在马尔代夫的珊瑚礁中常见。每个鱼群都由几十条鱼组成。

图 3_ 尖吻棘鳞鱼
尖吻棘鳞鱼，也被称为金鳞鱼，体长 40—50 厘米。居于洞穴中的它们鳃上带刺。

岛（île d'Hanimadhoo）着陆，这里有游船运营商。如果您期待不寻常的经历，那么长 33 米的 "MV Amba" 号豪华游艇（10 个双人舱室）也时不时地提供从哈霓玛阿都岛出发去该国最北端的哈阿里夫环礁（atoll Haa Alifu）探险的服务。

正如南部船宿潜水一样，北部潜水也是在水道里（强洋流）或浅礁附近进行。这些没入水中的大珊瑚礁中最有名的有：达拉旺杜（Daravandhoo）、哈兹发（Hazfa）、海伦格力、纳西莫（Nassimo）、内里瓦鲁（Nelivaru）。还有"船坞沉船"（Shipyard wreck）行程，包含两艘沉船，其中一艘一头垂直插入 29 米深的海底，另一头露出海面。

有趣的物种

经典的北部船宿潜水行程可以让您领略马尔代夫鱼种的极其多样性。然而遇见"大家伙"的可能性要比南部船宿潜水行程少，因为从马累很容易到达这片海域，这里遭受了过度捕捞。

我们曾经因为每次潜水时遇见的鱼种数目而喜出望外；这里的生物多样性远远优于红海最好的几个潜水点。鱼群的密度令潜水者欣喜若狂，他们甚至需要在鱼群形成的"墙壁"中开辟出一条道路。当您安静地呼气并缓慢地踩水时，鱼群会毫无畏惧地分散开，看似漠不关心地让您通过。

最壮观的鱼群是由笛鲷组成的，其中包括四线笛鲷——可以从它身体上蓝黄相间的纵向条纹分辨出来。这是一种 30 厘米长的鱼，它们组成的密集的鱼群最多可包含 1000 多条鱼。

图 4_ 肉嘟嘟的嘴
厚嘴唇是东方石鲈的特点，雄性体长达 70 厘米。它有时独居，有时组成密集的鱼群。

图 5_ 单斑笛鲷
单斑笛鲷的俗名"黑点仔"来自幼鱼身侧的椭圆形斑点，但这个斑点会随着年龄增长而消失。它居住在洞穴中。

图 6_ 四线笛鲷
马尔代夫的浅礁周围有很多四线笛鲷，也被称作"马德拉斯布"*。

---

* 马德拉斯布是原产于印度的一种色彩鲜艳、丝经纱纬交织的布。——译者注

印度洋

无所不知

在遭受了二十世纪末厄尔尼诺现象造成的严重气候紊乱之后，马尔代夫清澈、多鱼的海洋又恢复了原貌。所有种类的鲨鱼和海龟在马尔代夫都是受保护的。

环境部长预计大概需要 30 亿美元才能拯救这个群岛。这笔资金可供修建一些堤坝来保护该国 600 公里的海岸线。但是马尔代夫没有这么多钱，因为从居民人数上看，它是亚洲最小的国家。然而，某些专家估计到 2100 年，这个群岛可能因为海平面上升而被淹没。

■ 我们的忠告

北部船宿潜水行程使您有机会发现马尔代夫鱼类最多、色彩最丰富的几个潜水点。北马累环礁的许多珊瑚礁都是初学者可以到达的，它们是很好的热带潜水入门之地。"大北线"往往偏运动性，但它也能提供许多感性的体验。

适宜时期

北部船宿潜水全年都可进行，但是人们更愿意选择 9 月至 12 月，因为此时北部的潜水点通常比南部环礁少受风浪的侵袭，而且这个时期也可能遇见蝠鲼。如果条件非常适宜，一直到来年 4 月都可以潜水。

图 1_ 天堂般的岛屿
马尔代夫的大部分专门从事旅游业的岛屿海滩上都种着椰树，构成了一道赏心悦目的风景。

图 2_ 宁静安逸的氛围
马尔代夫有大量无人居住的岛屿，时常有人在船宿潜水期间在那里锚泊。

冒险经历

一个男人与鲨鱼

1979 年，担任海底旅行社经理的我想要为渴望强烈感觉的潜水者们开发一些新的刺激的目的地。当时，马尔代夫的潜水还处于初步摸索阶段，少有的几家酒店岛都位于北马累环礁中。它们当中的班度士岛像热带的一颗小珠宝，深受德国人的青睐。班度士岛由赫尔瓦特·福伊特曼（Herwarth Voitgmann）领导（如今在德国），他因在一块礁石上徒手喂一群很近的鲨鱼而闻名。还没有人敢尝试这一"壮举"。我的朋友让-米歇尔·鲁塞尔（Jean-Michel Roussel，1996 年逝世）建议我冒一次险，扮演"鲨鱼诱惑者"的角色。我们用了三个星期的时间，在瓦杜（Vadoo）水道中从早到晚用 16 毫米镜头拍摄影像。电影《一个男人与鲨鱼》（Un homme et des requins）收获了不少国际奖项，还在法国电视二台的"冒险记事本"（Les Carnets de l'Aventure）节目中和潜水摄影节（Festival de l'image sous-marine）的开幕式上播放，我也因此投身到摄影事业中。

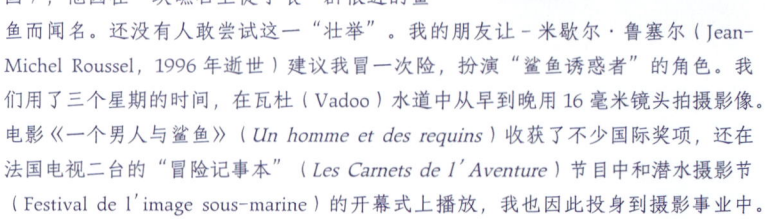

雷蒙·萨凯

实用信息

最北端的珊瑚礁给人一种重新找回了 30 年前马尔代夫的感觉，有多变的礁石和大量的深海动物。

您有必要准备一个充气浮标，因为潜水几乎都是放流，您需要在水中进行安全性阶段减压停留后，才能回到船上。在马尔代夫停留不到 3 个月的欧洲、瑞士和加拿大的游客不需要签证，但是请注意，您需要一张前往另一个目的地的机票和一份返程日后 6 个月内有效的护照。航班经停多哈（Doha）、迪拜、马斯喀特（Mascate）或科伦坡（Colombo）。

马尔代夫的时间在冬季比法国早 4 小时，夏季早 3 小时。在某些环礁可能采用 1—2 小时的特别时差，以便游客能够更久地享受阳光灿烂的白天。

几点建议

马尔代夫是一个严守教规的伊斯兰国家，所以您应抱着一种非常尊重的态度，尤其是不要戴十字形的首饰，因为该国禁止引入任何暗示另一种宗教的物品。带酒入境也是违法的。

实践指南	潜水等级 ★★ 潜水质量 ★★★ 鱼类 ★★★★	环境 ★★★ 感觉 ★★★ 生物多样性 ★★★★	摄影摄像 ★★★ 旅游价值 ★★ 性价比 ★★★★

一月	二月	三月	四月	五月	六月	七月	八月	九月	十月	十一月	十二月
30℃	31℃	30℃	29℃	29℃	28℃	29℃	29℃	28℃	28℃	27℃	28℃
27℃	27℃	27℃	28℃	28℃	27℃	28℃	29℃	28℃	27℃	27℃	27℃

印度洋

马尔代夫 MALDIVES

27

阿里环礁
蝠鲼的沐浴

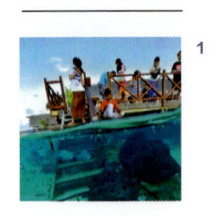

阿里环礁因其丰富性和多样性被认为是世界上最好的潜水胜地之一，尤其是因为在这里能看见鬼蝠鲼。

图 1_ 贪吃的黑斑条尾釭
在阿里环礁的大部分旅游岛中，潟湖是黑斑条尾釭的王国。这些宽度超过 2 米的优雅的鱼接受徒手喂食。

图 2_ 蝠鲼的饕餮盛宴
当洋流将浮游生物带进水道时，蝠鲼就会饱餐一顿。它们组成小群，以十分优雅的泳姿游弋，一些 3—5 米宽的大蝠鲼令人惊叹！

　　马尔代夫群岛西面的阿里环礁是一个长 85 公里、宽 30 公里的矩形环礁。由 105 座岛组成，陆地面积仅有 8.3 平方公里，而包括潟湖在内的总面积为 2271.75 平方公里。阿里环礁分为两个行政区：南阿里环礁和北阿里环礁，15000 多居民分布在 18 座岛上。目前在南阿里环礁有 20 多家旅游综合体（度假村），在北阿里环礁有 15 家。

　　大部分游客都会乘坐水上飞机到达阿里环礁的酒店，飞行时间根据旅游岛的位置在 20—40 分钟。对于潜水者来说，鉴于各潜水点之间距离遥远，船宿潜水显然是领略它们的多样性的最佳途径。

　　在北阿里环礁，不要错过与阿里环礁相连的拉斯杜环礁（Rasdhu atoll），包括库拉玛蒂岛（Kuramathi）、维利甘度岛（Veligandu）和马迪瓦鲁岛（Madiwaru），这是一个优质的潜水地。清晨，人们可以看到几条双髻鲨从深入水下 75 米的岬头游向远方。这里有许多鱼，如石斑鱼，在岩石的凹陷处还有黑角珊瑚。

　　另一个难忘的水道——甘格西水道（Gangehi kandu）是阿里环礁中最重要的水道之一，长 2.5 公里。在 30 米深的沙质海底，人们经常看见釭鱼、豹纹鲨和正在休息的白顶礁鲨。

　　玛雅浅礁（Maaya thila）是一个 80 米长、6 米宽的保护区，其中被洞穴穿透的峭壁深入水下 30 米。这里海洋生物麇集，是进行夜间潜水的最好地点之一。

　　略浅一些（25 米）的哈兹发浅礁（Hazfa thila）的景象与玛雅浅礁类似，也有许多体形较大的海鳝。

图 3_ 惊人的大嘴

鬼蝠鲼是一种重达 2 吨的深海鱼，以它过滤大量海水后吞下的所有小猎物为食。它还能食用甲壳动物。

图 4_ 珍贵的头角

头部这两个扁平的延长部分使这种蝠鲼得到了鬼蝠鲼的名字。它们的作用是赶走嘴前方的浮游生物，有时也能够挖沙寻找小猎物。

  自 1995 年起也被列为保护区的穆什马米吉里浅礁（Mushi Mas Mighili thila），也被称作"鱼头浅礁"，因黑尾真鲨而闻名。它们绕着这块直径 80 米的珊瑚礁巡逻，身旁伴随着许多鱼群，以鲹为主。礁石顶部距离水面约 10 米，坐落在 50 米深的海底。

  艾丽湖岛上矗立着三星级的查雅暗礁度假酒店（Chaaya Reef Resort），南侧的礁石是整个马尔代夫最有名的"房礁"之一。人们可以从防波堤或海滩下水到达那里。峭壁长 750 米，深入水下 30 米，形成连续的崩塌岩石和洞穴，上面覆盖着色彩斑斓的硬珊瑚和软珊瑚。

  西门度浅礁（Himmendhoo thila）也属于北阿里环礁中最有名的潜水点，这里也能见到来找小鱼为它们清洁身体的蝠鲼。在洋流平静的时候，没什么经验的潜水者也能到达 10 米深的海底。

  南阿里环礁也有一些几乎成为神话的潜水地。迪古拉岛（île Dhigurah）北面的迪古拉舒水道

（Dhigurashu kandu）就是这种情况。这条长 5 公里的水道中隐藏着十多个潜水点，其中包括断岩（Broken rock）和库达拉岛（Kudarah），都属于这个海域中观察鲨鱼和蝠鲼的最佳地点。在这个区域的最北面，德汉格提浅礁（Dhangethi thila）因其连续的小峭壁和（很强的）洋流带来的过多营养引来的众多海洋生物而受到青睐。

安嘎嘎浅礁（Angaga thila）就在同名的旅游岛正对面，几乎不受洋流影响。礁石平缓下降至水下 35 米深处，在 15—25 米之间有大量海洋生物，包括海龟。

蝠鲼潜水点（Manta point）名副其实，是一个观察蝠虹的著名潜点。它是位于兰加利水道（Rangali kandu）南侧的一个受保护区域，这里还建了一家豪华综合性酒店——马尔代夫康莱德度假村（Conrad Maldives）。礁石平缓下降至水下 10 米，然后垂直下降至 30 米。蝠鲼总是在东北季风期间现身。过了这段时间，礁石周围始终活跃着各种各样的海洋动物。

库达拉浅礁（Kudarah thila）位于维拉曼豪岛（Vilamendhoo）的南面，这座美丽的小岛上建有一家价格适中的优质酒店（三星级）。这片直径约 100 米的保护区一直下降至水下 40 米。这是许多彩色鱼群的必经之地，它的洞穴、悬崖和长满柳珊瑚和黑角珊瑚的拱洞也值得一看。

瑞提浅礁（Reethi thila），在马尔代夫当地迪维西语中意为"美丽的浅滩"，由从周围海底峡谷中露出水面的五块珊瑚礁组成。数不清的悬崖上装饰着粉色柳珊瑚，栖息着成群的胡椒鲷以及斧头鱼或玻璃鱼。

最终，在环礁最南面的菲诺芙岛（Didhoo-finolhu）有 4 公里长的白色沙滩，岛上建有豪华的五星级马尔代夫丽世度假村（Lux Maldives）。但是人们主要是为了欣赏在此海域定居的鲸鲨，这是这种鲨鱼中相当独特的一种现象。

有趣的物种

从 1 月初至 4 月底，鬼蝠虹随着通常穿越群岛的东西方向的洋流，聚集到阿里环礁的西南侧。从 5 月至 12 月，它们会频繁光顾北马累环礁的东海岸、南马累环礁和瓦夫环礁。蝠鲼与它们的远亲鲨鱼一样，是一种具有洄游习性的软骨鱼，翼展可达 5 米宽、体重可达 2 吨重！

作为食物链重要一环，浮游生物由微生物、水母、甲壳动物的幼体、头足纲、小虾、鱼苗等组成，是诸如蝠鲼、鲸鲨、姥鲨和鲸

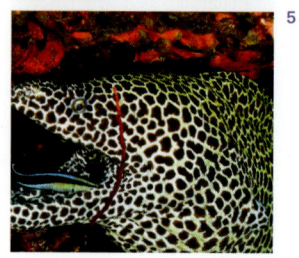

图 1_ 互利共生
清洁虾以鱼身上的寄生虫为食,如果没有它细致的清洁,鱼就会成为传染病、寄生虫病和真菌病的受害者。

图 2_ 危险的活动
美丽尾瘦虾正停在一条爪哇裸胸鳝的嘴上。这次清洁事先立下了君子协定,每个合作者都采取了一种默认无攻击的行为。

图 3_ 美丽尾瘦虾
美丽尾瘦虾自己游进了一条青星九棘鲈可怕的大嘴中。面对这条捉迷藏的小虾,这个捕食者张着嘴一动不动,表明它毫无敌意。

图 4_ 裂唇鱼与鹦嘴鱼
从身上的黑色横向条纹可以辨认出来的裂唇鱼正在靠近一条圆头鹦嘴鱼,以便从事它的保洁服务,蠕虫、寄生虫和食物残渣都是它的最爱。

图 5_ 不会被吃掉的小丑
裂唇鱼为一条豆点裸胸鳝清理牙齿,像一簇鬼火兴奋地游来游去。它毫不犹豫地在这条鱼的大嘴里饱餐一顿,然后再从它的耳朵游出来。

图 6_ 清洁服务站
一条鬼蝠鲼张开它头上的角,表现出一种从容的姿态。它被一群裂唇鱼清洁工包围着,它们来帮它清洁皮肤,吃掉上面的寄生虫。

印度洋

等巨型鱼类情有独钟的美餐。

潜水者守候在一个"清洁站"旁边窥伺着蝠鲼。因为蝠鲼会享用8—10厘米长的裂唇鱼的服务来去除自己身上的寄生虫。这些鱼类清洁工聚集在大块的石珊瑚周围，仿佛在"等待客户"。鬼蝠鲼一动不动，完全信任这些清洁工，其中一群清洁工非常活泼，甚至游到了这个"妖怪"的嘴里，吃掉所有让它不舒服的擅入者。

无所不知

根据人们对捕捞上来的蝠鲼的观察，作为胎生动物的蝠鲼一次能产下一条或两条体长 1.50 米、重约 10 公斤的小蝠鲼。在礁石内部的其他清洁站里，石斑鱼、海鳝、胡椒鲷正在惬意地享受其他附加服务。虾"美容师"们正在完成裂唇鱼未完成的工作。

■ 我们的忠告

阿里环礁"潜水天堂"的美名完全当之无愧。在最适宜的季节，某些潜水点的确可以跻身世界最佳的行列。即使最麻木的潜水者都会被这里鱼群的密度、深海鱼的时常现身和珊瑚的丰富多样吸引。

适宜时期

人们全年都可以在阿里环礁潜水，但是我们推荐的季节是 12 月至来年 5 月，因为这段时间大海最平静。通常，能见度在 15 米到 30 米，当云集的浮游生物引来了蝠鲼时，您会感觉是在薄雾中潜水！

实用信息

阿里环礁的旅游业在最近 20 年得到了巨大发展。尽管人们来这里都是为了潜水（幸好是这样），但寻找一个舒适的度假胜地彻底放松一两周的游客人数已经大大超过了潜水游客的人数……

酒店服务的水平达到了顶峰，在一些五星级的酒店岛上，一些超过 100 平方米的度假别墅拥有私人泳池，内部装修也出自最知名的设计师。

由于酒店之间竞争激烈，始终会有确实优惠的报价，如果您多一点耐心和技巧在网上搜索，就可能寻觅到性价比很高的选择。

图 1_ 白天潜水用的多尼船
所有旅游岛（照片中是丽世岛）都设有一家潜水中心。上午和下午都可以乘坐当地的多尼船出海潜水。

图 2_ 受保护的慷慨的大自然
当地采取了许多措施限制旅游业对岛上脆弱的生态系统的影响。受到保护的野生动物群落变得平易近人。

然而您需要注意套餐中不含的服务，尤其是三餐。尽管餐饮质量和住宿质量一样有了很大提高，但其价格仍然不亚于欧洲最豪华的酒店。因此，"费用全包"的船宿潜水肯定是服务性价比方面最有优势的选择。它总比在陆地上住宿更便宜。

几点建议

去马尔代夫旅游不需要打任何疫苗，除非是来自黄热病猖獗的国家（如部分南美洲和非洲的国家）的游客。但谨慎起见，还是应该保持接种疫苗（脊髓灰质炎疫苗、伤寒疫苗、甲肝和乙肝疫苗）的有效性。对于潜水者来说，建议接种破伤风疫苗。

注意灼热的阳光，游船上的乘客往往不够重视防晒。永远不要在潜水前长时间暴露在阳光下，以免晒伤。

实践指南	潜水等级 ★★★ 潜水质量 ★★★★ 鱼类 ★★★★★	环境 ★★★★ 感觉 ★★★★ 生物多样性 ★★★★	摄影摄像 ★★★ 旅游价值 ★★★ 性价比 ★★★★

一月	二月	三月	四月	五月	六月	七月	八月	九月	十月	十一月	十二月
30℃	31℃	30℃	29℃	29℃	28℃	29℃	29℃	28℃	28℃	27℃	28℃
27℃	27℃	27℃	28℃	28℃	27℃	28℃	29℃	28℃	27℃	27℃	27℃

印度洋

泰国 THAILANDE

28

斯米兰群岛
视觉的极致愉悦

海底的景象美轮美奂，珊瑚礁变幻无穷，从长满软珊瑚和柳珊瑚的珊瑚花园，到崩塌的岩石、洞穴、峡谷、拱洞和大峭壁。在一个海洋生命聚集的环境中，每一次潜水都不一样，因为每个潜水点的地形都不同。在一个这么小的地理区域中有如此多样的生物实属罕见。

1982年被列为国家自然公园的斯米兰群岛由9座珊瑚岛组成，最近又增加了另外两座成为潜水胜地的岛——梦岛和达柴岛。斯米兰群岛散布在安达曼海上，在泰国最受欢迎的海滨浴场普吉岛西北55海里处。

斯米兰群岛有一组尚未开发的小岛向北延伸，从1981年7月9日起，它们已成为素林国家公园。这个国家公园面积为141平方公里，由5座主岛组成，包括因常有鲸鲨出现而世界闻名的黎塞留暗礁（Richelieu rock）。

尽管可以进行仅一晚的船宿潜水，但探索最有趣的景点则需要在船上住六晚，去斯米兰群岛潜水，然后北上去梦岛和达柴岛，之后到素林群岛，最后在稍偏东的黎塞留暗礁结束行程。某些游船甚至提供十多天的行程，一直向北到达缅甸海域的丹老群岛，这里有800座岛，还有著名的缅甸海岸线。

素林国家公园由两座主岛构成——南岛（12平方公里）和北岛（19平方公里）。这两座被茂密的热带植物覆盖的花岗岩岛最高点海拔为350米。

图 1_ 神秘的泰国
这个佛教思想根深蒂固的国家时兴让青少年至少过一年僧侣生活。在这一年中，他们将学习谦恭与冥想。

图 2_ 迷人的安达曼海
在素林国家公园里，一大群拟单鳍鱼挤在一丛海扇中间。

　　斯米兰群岛周围登记了 20 多个潜水点。斯米兰岛（Koh Similan）西侧的仙境礁（Fantasea reef）是这个地区最有名的潜水点之一。在水下 18—25 米深处，一些岩层勾勒出峡谷和拱洞的轮廓，大量的鱼儿穿梭其中。

　　圆石城（Boulder City）的特点是一堆堆花岗岩散布在 40 米深的沙质海底。人们大多在这里潜水，欣赏多种多样的裸鳃类或者总是会现身的鲨鱼。摄影师可以随心所欲地选择拍摄对象！东方乐园（East of Eden）是一处平静的潜水点，给人一种在多彩的水族馆里潜水的感觉，海龟时常伴随在潜水者的左右。

　　再往北 20 公里的梦岛因 33 米高、长满硬棘软珊瑚的垂直峭壁而闻名。这面峭壁以近似悬崖的形式一直延伸到水下 45 米，在那里可以看到蝠鲼经过，尤其是在 4 月。

　　再往北航行 13.5 海里，就到达了达柴岛，这是一块大型多孔动物大量聚居的新的峭壁，深入水下 35 米。它也被称为"豹纹鲨礁"（Leopard Shark reef），因为人们在这里一定能见到这种漂亮的豹纹鲨，还有魟鱼。

印度洋

经过素林群岛和它那覆盖着茂密植被的美丽海湾之后，船宿潜水最后在黎塞留暗礁达到了最高潮，这里被视为泰国最佳潜水地。这块位于素林群岛东南 10 海里处的半没入海中的大礁石悬崖是库斯托船长发现的。在这块深入水下 50 米、被侵蚀出许多洞穴的礁石周围，有大量的石斑、鲨鱼和鲆鱼。人们来这里主要是为了看鲸鲨，因为这是一个富含浮游生物的区域。

有趣的物种

斯米兰群岛的礁石因鱼类丰富而享有盛名，印度洋的所有鱼种似乎都在这里聚会。大多数潜水者来这里是为了看"大家伙"，如果在这里进行微距摄影，看到的也是一场壮观的视觉盛宴，菜单上有：小丑虾、瓷蟹、裸鳃类、海龙、蛤蟆鱼、海马和大量的珊瑚。

梦岛和达柴岛都以多彩的软珊瑚和柳珊瑚、经常现身的蝠鲼，尤其是豹纹鲨而闻名。它们是少有的能经常观赏到这种大鱼在水中游来游去的地方。人们在这里也经常见到成群的金枪鱼和鲆鱼，还有一些礁鲨。每次潜水时，成千上万条珊瑚鱼自愿成为摄影师的拍摄对象。神仙鱼、小丑鱼、刺尾鲷、鳞鲀、鹦嘴鱼、鲷鱼、隆头鱼、马夫鱼等构成了一道活彩虹，令人目不暇接。

图 1_ 斑马鲨鱼或豹纹鲨
这是人们给豹纹鲨的两个谐称，它是安达曼海里最快乐的鱼之一。在泰国海域中几乎可以保证能够遇见这种大而害羞的鱼，尤其是在达柴岛附近。

图 2_ 缘颌鹦嘴鱼
缘颌鹦嘴鱼又称绿唇鹦嘴鱼，属于斯米兰群岛的礁石周围数量众多的鹦哥鱼科。鹦嘴鱼的名字来自它们能咬碎珊瑚的强有力的吻。

图 3_ 蓝面神仙鱼
黄颅刺盖鱼又称蓝面神仙鱼，是最美丽的礁鱼之一。体长平均 30 厘米的它以珊瑚丛中的被囊类、海绵和结壳的藻类为食。

图 4_ 黑斑叉鼻鲀
这条黑斑叉鼻鲀的蓝色身体说明它是一条幼鱼。成年后，它的身体会变成赭石色。这种体长 30 厘米的鱼在感觉到威胁时会自己鼓成一个球，它的俗名"气鼓鱼"也源于这个特点。

图 5_ 尖翅燕鱼
在浅海中群居的幼年时期结束后，尖翅燕鱼会成对生活。这种体长 50 厘米的鱼以浮游动物和水母为食。

图 6_ 射狗母鱼
射狗母鱼是一个拟态捕食者，它隐藏在珊瑚丛中或者一部分埋在沙中。这种鱼体长 10—20 厘米，只吃鱼类。

图 7_ 镊口鱼
镊口鱼的管状吻使它可以吸进所有小猎物。这种鱼一生都成对生活。

图 8_ 黄翼刺尾鱼
黄翼刺尾鱼又名黄鳍刺尾鲷，体长可达 60 厘米。这是一种喜好独居的鱼，以丝状海藻和海底的残渣为食。

图 9_ 尖吻棘鳞鱼
十分温和的尖吻棘鳞鱼和它那肉嘟嘟的厚嘴唇给人一种无害的印象。但是它的鳃盖上有能分泌毒液的棘。

无所不知

从 5 月至 10 月，去斯米兰群岛的船宿潜水就被去普吉岛东南海域以及诸如鲨鱼礁（Shark Point）、海葵礁（Anemone reef）、"国王巡洋舰"号（King Cruiser）沉船、大皇帝岛（Raja Yai）、小皇帝岛（Raja Noi）和皮皮岛（îles Phi Phi）等著名景点的探险取代了。这片点缀着天堂般的岛屿的壮阔海域曾被 2004 年 12 月 26 日的那场海啸摧毁，但这里的礁石没有受到影响，因为 6.5 米高的海浪是在海面上移动的。旅游基础设施很快就恢复到了从前的服务水平。这里的海底世界与斯米兰群岛海域一样五彩斑斓，或许丰富性略有逊色，但更容易接近。

车辆渡轮"国王巡洋舰"号的残骸在距离普吉岛半小时航程处。1997 年 5 月 4 日，它因撞上海葵礁附近的一块珊瑚礁而沉入 32 米深的海底。幸运的是，这场海难无人员伤亡。这艘长 85 米、宽 25 米的沉船稳稳地平卧在海底。它慢慢地变成了人工暗礁，庇护着众多五彩斑斓的动物群落。这个景点可供所有等级的潜水者观赏。

泰国南部的自然奇观不只局限于海底世界。考索国家公园（parc national de Khao Sok）被茂密的原始森林覆盖。游客们骑着大象在林中散步，观赏其中的动植物。也请您一定要在公园中央的人造湖（lac Cheow Larn）水晶般澄澈的湖水中洗个澡。

■ **我们的忠告**
由于非同寻常的能见度——在一年中最好的时期能达到 40 米——和海洋生物的密度，我们赞同国家地理学会将斯米兰群岛归入世界前十大潜水胜地。丰富多样的礁石提供了复杂的地形，勾勒出时常令人叹为观止的海底景象。在这里进行的潜水通常相当简单，但却总是有非同寻常的邂逅。

印度洋

黎塞留暗礁的鲸鲨

位于达柴岛东北30公里处的黎塞留暗礁一直因其是世界上最好的鲸鲨观察点而闻名。在2月和3月，有时甚至在4月，每三次潜水经历中就有两次能遇见这种海洋老饕。这个潜水点是一个覆盖着硬珊瑚和软珊瑚的礁石尖顶，它深入水下50米。这块暗礁被盘旋的鱼群包围，人们还可以在这里见到石斑、鲆鱼，甚至蝠鲼。黎塞留暗礁似乎位于鲸鲨的迁徙路线上，因为它们每年都会再来。在这里遇见的鲸鲨体形相当大（6—10米），使人猜想它们是成年鱼。

我们在黎塞留暗礁拍摄的这张照片中，鲸鲨的身旁伴随着几条䲟鱼，而一条短䲟（Remora remora）正贴在这个大家伙的头上。在鲸鲨的身前和身下，还有几条海鲡（Rachycentron canadum）正在充当领航鱼的角色，不要把它们与鲨鱼混淆。这种海鲡体长可达2米，也会为蝠鲼、海龟和深海大鲨鱼伴游。这是一种可食用鱼，越来越多地被养殖（幸事）。

鲸鲨平静地绕着礁石游泳。它似乎不是来觅食的，因为海水相当清澈。请注意，在皮皮群岛最北端的红石岛（Hin Daeng）和紫石岛（Hin Muang）上有60米高的壮丽峭壁，因为有深海鱼和鲸鲨的现身，它们的名气也不亚于黎塞留暗礁。

适宜时期

11月初至来年4月中旬是斯米兰群岛的旅游和潜水旺季。这个时期是干季，白天阳光灿烂，海水最为清澈。从5月至10月，船宿潜水通常在普吉岛东南侧海水略微浑浊的安达曼海上进行。

6月至9月中旬，大海更加汹涌，时常下雨而且天气闷热。

观察鲸鲨最好的时期从2月持续到5月。

相关信息

从曼谷坐飞机一小时到达的普吉岛是探索斯米兰群岛和安达曼海海底宝藏的所有船宿潜水行程的起点。

许多豪华游船都提供去斯米兰群岛的船宿潜水。"菲尔卡德"号（Philkade）是一艘29米长的豪华铝壳单桅帆船，属于海蓝宝石潜水中心（centre Aquamarine Divers），2002年投入使用，有6个空调舱室，能容纳13位乘客。这艘船提供4—11天的船宿潜水，最长的行程可以到达缅甸一些几乎未开发的礁石，如黑岩岛（Black Rock）、兰皮岛（Lampi）、克拉拉岛（Clara Islands）等。

"邦米三号"（Bunmee III）是2013年建造的一艘26米长的钢壳游船，最多能容纳18位乘客。它提供空调和船载高氧气体。

"泰国进取者"号（Thailand Aggressor）是这家著名公司一艘漂亮的游艇。这艘35米长的游艇可容纳18位乘客，提供最佳舒适度。

"白蝠鲼"号（White Manta）是一艘36米长的豪华游船，因其航行速度快，可以提供四晚船宿潜水，每个潜水点每天安排四次潜水。

图1_ 碧海珍珠
安达曼海上的大小岛屿就像一个个热带小天堂，以石灰岩山丘或花岗岩尖峰形式浮出水面。这些覆盖着茂密植被的岛屿的边缘几乎全部镶嵌着洁白无瑕的沙滩，只是懒洋洋地躺在上面也甚是惬意。

几点建议

如果您有 9—11 天可以支配，您可以选择一直到达缅甸海域丹老群岛的船宿潜水行程。自 1997 年起向潜水旅游业开放的丹老群岛有 800 座岛屿散布在 2000 平方公里的海面上。这些尚且少人问津的海域中蕴藏着一个数量众多的深海动物群落。请您不要错过"缅甸海岸线"——定居着多种鲨鱼和蝠鲼的一大片礁石。

去泰国旅游，30 天以内不需要签证。但是您的护照必须在返程日后 6 个月内有效。

实践指南	潜水等级 ★★★ 潜水质量 ★★★★ 鱼类 ★★★★	环境 ★★★★ 感觉 ★★★ 生物多样性 ★★★★★	摄影摄像 ★★★ 旅游价值 ★★★★ 性价比 ★★★★

一月	二月	三月	四月	五月	六月	七月	八月	九月	十月	十一月	十二月
27℃	28℃	28℃	28℃	28℃	27℃	27℃	27℃	27℃	27℃	27℃	27℃
27℃	28℃	28℃	29℃	29℃	29℃	28℃	28℃	28℃	28℃	28℃	27℃

印度洋

INDO-PACIFIQUE

印度洋 – 太平洋

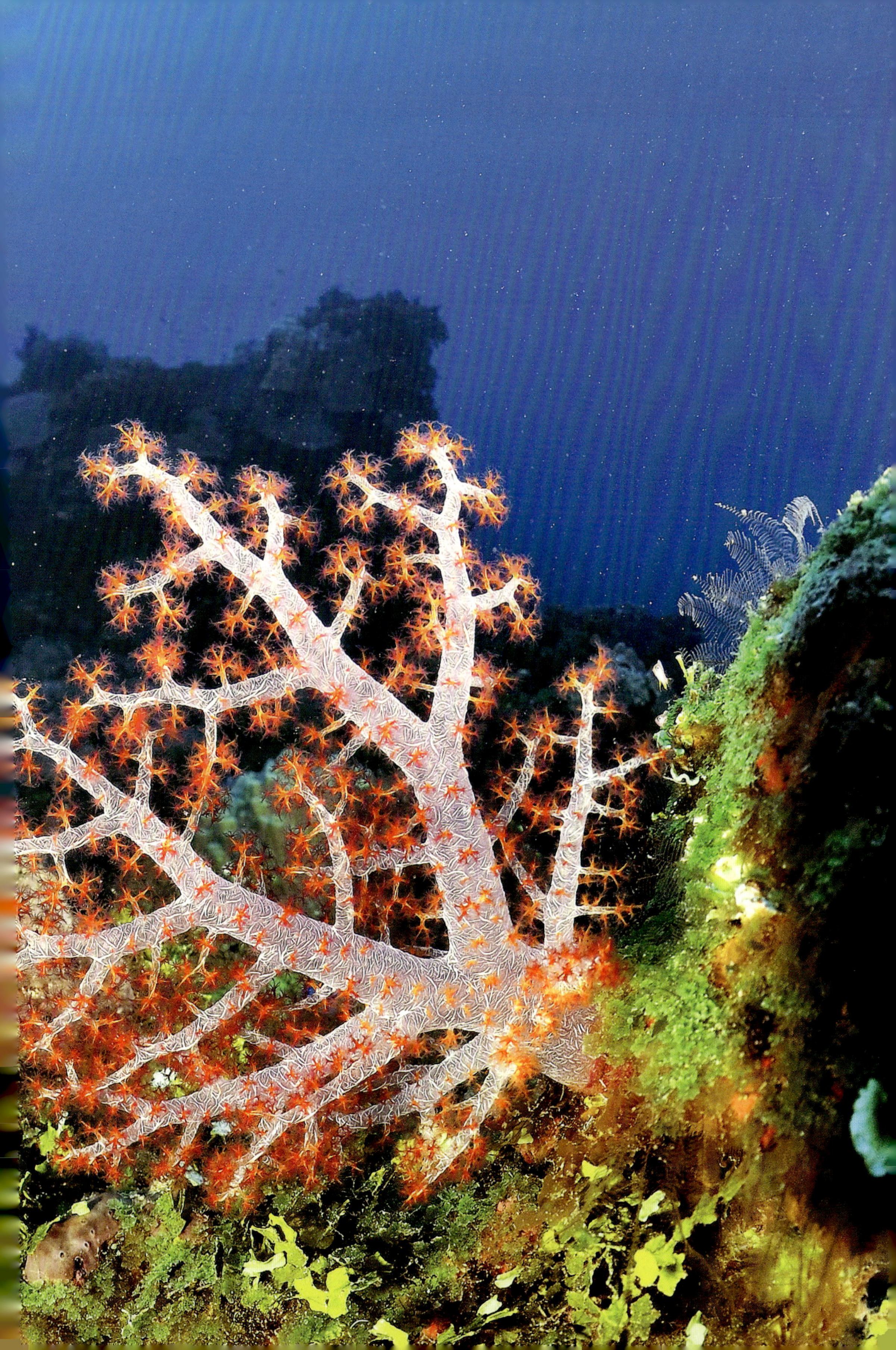

作为印度洋与太平洋之间的过渡区域的印度洋 - 太平洋海域由中国南海、苏拉威西海、爪哇海、帝汶海、班达海等一系列海组成，囊括了一连串在地理、自然和文化方面独具特色的岛屿。印度尼西亚、菲律宾、巴布亚新几内亚、密克罗尼西亚，都是被聚集着海洋生物的礁石包围着的令人困惑的地方……近几年来，这些遥远的地区为潜水旅游敞开了大门，它们传奇性的海底世界变得平易近人了许多。

印度洋 - 太平洋海域蕴藏着地球上最令人惊异的微动物群之一，其中不乏别处难得一见的真正的活宝藏。这里还居住着一些规模庞大的鱼群，它们在壮丽的珊瑚花园中游弋。

与所有稀有之物一样，印度洋 - 太平洋海域的奇珍异宝也不会轻易露面。想要发现并欣赏它们，丰富的潜水经验和扎实的博物学知识是必不可少的。

潜水活动都是在既新奇又迷人的海域进行的，有时候一种完全与世隔绝的极致感会油然而生。在这里，大自然常常表现得既羞涩又妩媚，用它的美丽和精巧来征服您。

在印度洋 - 太平洋海域潜水不再是一场冒险，但这始终是一次目不暇接、扣人心弦的旅行，它将触动您所有敏锐的感觉。

令人叹为观止的色彩！
在印度洋-太平洋海域，海底生物看上去就像一件件艺术品。在这张照片中，一朵名副其实的壮丽双辐海葵（学名公主海葵）合上了它的口盘，以便好好地消化食物。

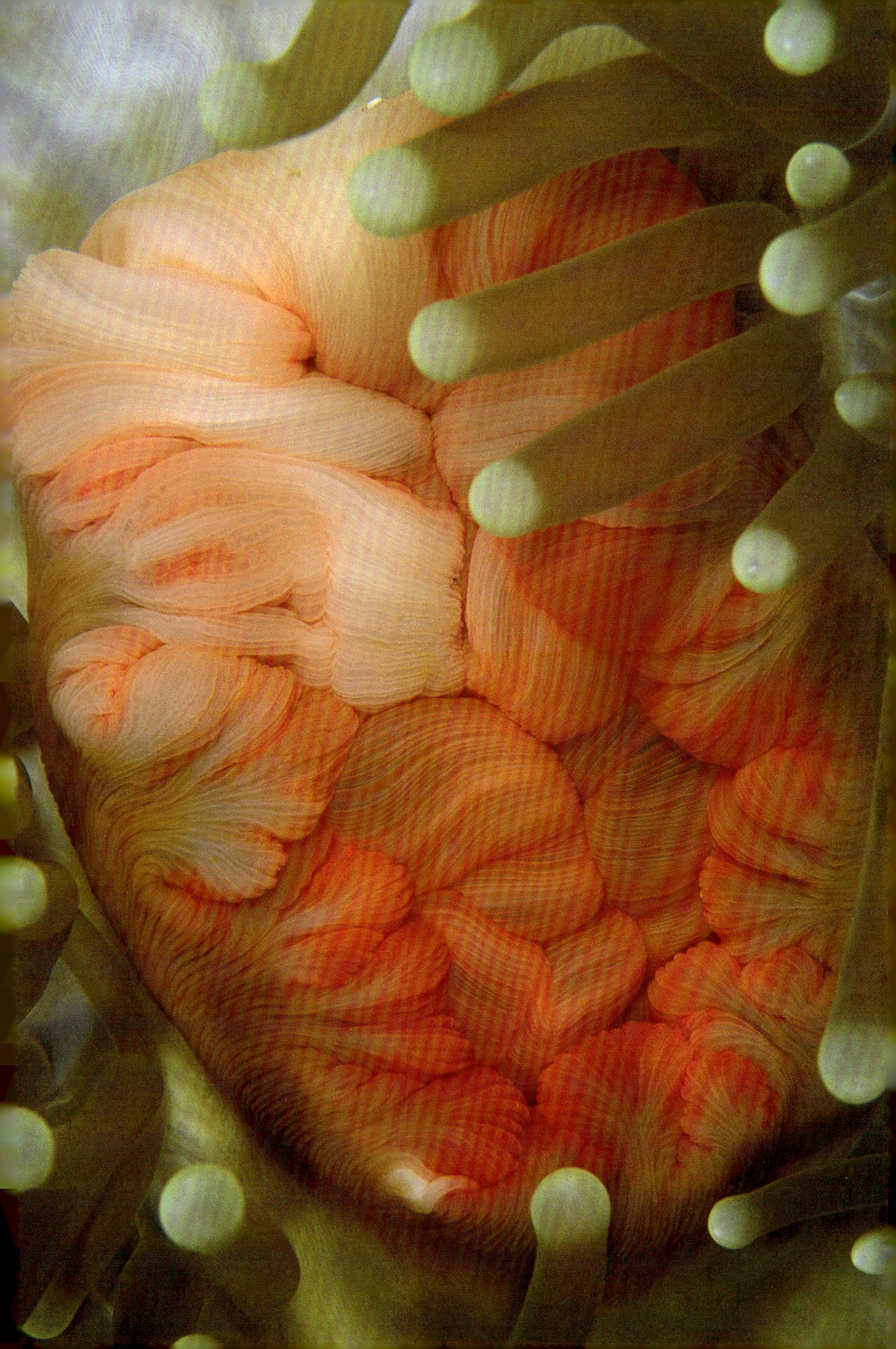

菲律宾 PHILIPPINES

29

米沙鄢
穿百衲衣的海蛞蝓

1

在六座岛——阿罗娜海滩（Alona Beach）、卡必劳（Cabilao）、杜马格特（Dumaguete）、马拉帕斯卡、莫阿尔博阿尔和锡基霍尔（Siquijor）——都设有潜水中心的海洋探险家俱乐部（Sea Explorers）自1989年开始经营，是米沙鄢知名的专业潜水机构。一些热带风情的小旅馆也与各家潜水中心联营。

图 1_ 菲律宾眼镜猴
保和岛特有的菲律宾眼镜猴只有15厘米长，是灵长目中体形最小的。这是一种夜行性动物。

图 2_ 无脊椎动物的王国
米沙鄢群岛的礁石上生长着大量的珊瑚、海绵和像这张照片里一样的海百合——学名许氏大羽花。

构成菲律宾群岛中央部分的米沙鄢是菲律宾的三大行政区之一，另外两个分别是北部的吕宋（首都马尼拉所在地）和南部的棉兰老。面积约为6.1万平方公里的米沙鄢被认为是名副其实的潜水胜地，以无脊椎动物和小型底栖鱼类（最深居简出的那几种）为特色。

位于苏禄海东北端的米沙鄢群岛由六座主岛构成，其中三座是潜水者时常光顾的地方。人口聚居（400多万居民）的宿务市（Cebu）是前往西南端的莫阿尔博阿尔（Moalboal）沿海潜水点和北面的马拉帕斯卡岛（Malapascua Island）的潜水点的出发地。

群岛东面的内格罗斯岛（Negros）上有一座活火山——坎拉翁（Kanlaon）火山。这座海拔2435米的火山是这个行政区的最高点，而菲律宾的最高峰是棉兰老岛上的阿波火山（mont Apo），海拔2954米。

保和岛（Bohol）位于米沙鄢群岛的正中，被一片巨大的红树群落包围着。这是一座生物极其丰富

图 3_ 特氏高泽海麒麟
从印度尼西亚到波利尼西亚都能遇见的这种裸鳃类体长可达 10 厘米，从前被称作"多彩海牛"（Risbecia）。这张照片中，一只帝王虾正把它当作保护工具，因为这种海蛞蝓具有毒性，捕食者们对它不屑一顾。

图 4_ 紫纹多角海蛞蝓
这张照片中，这只长 5—10 厘米的真正的"海洋小丑"正在与绿色海藻共生的一些高壶海鞘上爬行。这些海鞘既是被囊动物也是内肛动物，是这种印度洋 - 太平洋海域典型海蛞蝓的食物。

图 5_ 断裂扁形虫
通过其外形和鲜艳的颜色，这只扁形虫在模仿一只海蛞蝓，从而使潜在的捕食者认为它是有毒的。这种体长 5—8 厘米的扁形虫以海鞘为食。人们会在印度洋直至澳大利亚的海域中的礁石上见到它们。

图 6_ 多彩海蛞蝓
这种过去被归入多彩海牛属的海蛞蝓在整个印度洋 - 太平洋海域分布很广。它体长 5—6 厘米，在感受到威胁时会上下摆动它的"裙子"。照片中的这只海蛞蝓的旁边是它产下的很有特点的卵带。

图 7_ 威廉多彩海牛
这只 3—4 厘米长的小海牛拥有很特别的带白点的露鳃和嗅角。这是印度洋 - 太平洋海域中特有的品种，在菲律宾很常见。人们经常见到它们三五成群地聚在一起。

图 8_ 褐纹多角海蛞蝓
这种 4—5 厘米长的海蛞蝓有调色板一样丰富的色彩，每一只的条纹都不相同，在印度洋 - 太平洋海域十分常见。这种腹足纲动物以海鞘为食，其中包括照片上这些蓝色海鞘。

印度洋-太平洋

多样的岛，它的自然宝藏在1987年7月创建的拉哈西卡图纳国家公园里得到了保护。这个面积超过9000公顷的林区非常适合观察鸟类、昆虫和矮小的眼镜猴——成年眼镜猴只有150克重！

这些岛屿的周围都环绕着珊瑚礁，可供游客进行多种多样的潜水活动。

鉴于岛屿和潜水点众多，船宿潜水是领略米沙鄢群岛海底丰富性的最佳途径。有两种方案可选，每一种都有自己的优势⋯⋯

螃蟹船是菲律宾的传统游船，由两根竹制的平衡梁来保持平衡。木制船壳外形优美，装有宽阔的甲板和一个船舱，28米长的船最多可以容纳18位潜水者。由于平均航速为12节，螃蟹船可以迅速而平稳地在各个岛屿之间通行。它们被用作潜水基地。晚餐和住宿则安排在旅馆里。

另一种船潜方式就是直接在游船上住宿。有两艘非常漂亮的游船提供6晚、9晚或13晚的潜水远游。"菲律宾塞壬"号（Philippines Siren）是一艘豪华的木制皮尼西帆船，长40米，也可以扬帆航行。舱室全部装有空调，条件舒适，可以搭载16位乘客。"亚特兰蒂斯亚述尔"号（Atlantis Azores）是一艘33米长的铝壳机动游艇，有8间空调舱室。2005年改造过的这艘游艇非常现代化。这两艘游船都备有高氧气体。由附属橡皮艇送潜水者到达各个潜水点进行潜水。

有趣的物种

生物多样性是米沙鄢的优势。在水下，人们可以找到各种生物，从最大的到最小的，但令我们完全陶醉的还是"小人国"的世界。

尽管我们在世界任何地方都能见到海蛞蝓，但菲律宾这片海域中海蛞蝓的多样性却令我们叹为观止。这些腹足纲动物拥有令人难以置信的色彩，使科学家能够区分不同的种类，也使这种腹足纲动物能够警告潜伏的捕食者最好不要企图咬它。

这些海蛞蝓制订了一些既狡诈又有效的计策来躲过捕食者的食欲。为了更便于移动，这些古老的蜗牛历经几个世纪逐渐抛弃了它们的保护性外壳，变成了擅用化学武器的大师。某些海蛞蝓能分泌酸，另一些能分泌毒素，毒化它们周围的环境。

但是最狡猾的海蛞蝓则将其猎物的武器——它们吃掉的刺胞动物（水螅和海葵）的刺丝囊（含刺丝和毒液的细胞）占为己用。海蛞蝓能中和猎物的活细胞，将未成熟的刺丝囊保存在它背部的凸起——露鳃中。这些武器稳妥地保存在一些特殊腔体——刺胞囊中，随时准备抵御任何胆大妄为的鱼类。

无所不知

菲律宾共和国是一个包含7107座岛屿的群岛，其中2000多座岛上共居住着9800多万居民。

与狐形长尾鲨的难得邂逅

米沙鄢群岛或许是世界上唯一能经常在潜水时见到狐形长尾鲨的地方。有两个潜水点因此闻名。第一个是马拉帕斯卡岛近海的摩纳德暗礁（Monad Shoal），它是大海中一片20米长的浅滩，是相当害羞的近海鲨鱼非常喜欢的"清洁站"。第二个是长尾鲨角（Thresher Point），在小渔村滕戈（Tengo）附近、宿务市东面的峨兰哥岛（île d'Olango）的北端。在距离长尾鲨角40米处，有一群定居的狐形长尾鲨，每一条体长都接近4米。

图 1_ 镶边多彩海蛞蝓
人们在菲律宾的帝汶海遇见的这种 5 厘米长的海蛞蝓的特点是其套膜上的斑点越往边缘处越稀疏。这张照片中的这只海蛞蝓正在产下一条很长的卵带。

图 2_ 公牛多彩海麒麟
照片上的海蛞蝓正在交配,它们生活在印度洋中,全身分布着能分泌有毒物质的腺体。体长 5—7 厘米。

图 3_ 敦贺灰翼海蛞蝓
生活在太平洋西部的这种小型海蛞蝓体长不到 2 厘米。它也可能是黄色的,但可以从它背上那些端部带黑色斑点的乳头状凸起以及浅蓝色的触角分辨出来。它以其他种类的海蛞蝓的卵为食。

图 4_ 黑边多彩海蛞蝓
从前被称为黑边舌状多彩海蛞蝓的这种色彩多变的海蛞蝓可以从它那镶着一条连续黑边的波纹"裙子"辨认出来。它体长 5—8 厘米,以海绵为食。

图 5_ 多彩海蛞蝓
这只海蛞蝓体长 8—10 厘米,与大部分同属一样,是雌雄同体,有一根"一次性阴茎",交配后即丢掉。但它还有另外两根阴茎可以替换!

图 6_ 美艳扇羽海蛞蝓
这种海蛞蝓背上有一些凸起——露鳃,其端部保存着几个能引起刺痒的细胞,即海蛞蝓吃掉的刺胞动物的刺丝囊。

印度洋-太平洋

菲律宾人非常好客，爱笑又热情，因此这个国家也被称作"微笑群岛"。

适宜时期

菲律宾受潮湿的热带气候影响，因此植被繁茂。

旺季（干季）从 1 月持续至 5 月。淡季（湿季）涵盖 6 月至 12 月。热带风暴甚至台风可能在雨季肆虐，但它们对潜水区域影响不大。

实用信息

由于没有从巴黎至马尼拉的直飞航班，您需要花 18 小时以上才能到达菲律宾。随后，您需要转机去宿务，所以仅途中往返就需要整整两天。对法国侨民而言，只有当停留时间超过 21 天时才需要签证，而旅游期限不得超过 59 天。护照应在回国日后至少 6 个月内有效。您还应证明自己有往返机票。入境不要求接种任何疫苗。

几点建议

在保和岛，一定要去游览巧克力山（Chocolate Hills），这个景点已经向联合国教科文组织提交了加入世界遗产的申请。这里有 1200 个 80—120 米高的规则的圆锥形山丘，上面覆盖着郁郁葱葱的森林。3 月至 5 月干季快结束时，这些山丘被棕色的植被覆盖，因此被称作"巧克力山"。

在苏禄海上，几乎位于米沙鄢群岛和巴拉望群岛（Palawan）中点处的图巴塔哈珊瑚礁（récif de Tubbataha）于 1988 年 8 月 11 日被宣布成为国家海洋公园，并于 1993 年 12 月被列入联合国教科文组织的《世界遗产名录》。这个生物多样性胜地禁止捕鱼，始终处于国家公园管理员监控之下。从二十世纪七十年代末起，人们才开始在这里潜水。由于位置偏远，图巴塔哈珊瑚礁处的海底与众不同，但是潜水者只能乘坐大型船宿游船到达这里。不容错过的潜水点包括："德尔森"号沉船（Delsan Wreck）、洗衣机（Washing Machine）、海扇巷（Seafan Alley）和灯塔（The Lighthouse）。

■ **我们的忠告**

苏禄海有不可思议的生物丰富性和罕见的动物群，值得一游。在这里潜水不会特别困难，但是潜水体验效果取决于向导的专业水平，只有经验丰富的导游才能带你发现那些海底宝藏。

图 1_ 奇特的巧克力山
这些在雨季时苍翠欲滴的规则的穹丘在 1 月至 5 月的干季结束后就变成了棕色，它奇特的名字也由此而来。

图 2_ 乘螃蟹船去潜水
这种带两根平衡梁的大船非常适合搭乘去苏禄海潜水。照片中的前景是鹿角珊瑚和蔷薇珊瑚。

实践指南	潜水等级 ★ 潜水质量 ★★★ 鱼类 ★★★	环境 ★★★ 感觉 ★★★ 生物多样性 ★★★★★	摄影摄像 ★★★★ 旅游价值 ★★★★ 性价比 ★★★★

一月	二月	三月	四月	五月	六月	七月	八月	九月	十月	十一月	十二月
28℃	29℃	30℃	31℃	32℃	32℃	31℃	30℃	29℃	29℃	28℃	28℃
28℃	28℃	28℃	28℃	28℃	27℃	27℃	27℃	27℃	28℃	28℃	28℃

印度洋-太平洋

菲律宾 PHILIPPINES

30

巴拉望群岛船宿潜水
小丑的大戏

1

巴拉望群岛周围的潜水点的深度几乎不超过 25 米，但是爱妮岛附近的米尼洛岛的礁石处可达 50 米。在岛的西北部，人们发现了美丽的珊瑚群。

2

由 1768 座岛（多数是荒岛）组成的巴拉望群岛（Palawan）位于加里曼丹岛大陆架的整个东北延伸部分上。这个面积超过 12.3 万平方公里的群岛是菲律宾的一个省，但它是人口最少（约 45 万居民）的省。巴拉望群岛的主岛名叫巴拉望岛，是该国面积第二大的城市，第一大城市是哥打巴托（Cotabato）。巴拉望岛西邻中国南海，东接苏禄海，长 425 公里，平均宽度为 25 公里——最宽处在布鲁克斯波因特镇（Brookes Point），宽 40 公里；最窄处在巴希里村（Barrio Bahile），宽 8.5 公里。

普林塞萨港（Puerto Princesa）是巴拉望省省会，位于菲律宾首都马尼拉以南约 600 公里处。被视为该国最荒芜地区之一的巴拉望群岛是一个庇护着许多稀有物种的自然保护区。

人们在巴拉望岛各处潜水，但主要是在岛北部的西侧、小镇巴奎特（Bacuit）的周围。马丁洛岛（Matinloc）、卡德劳岛（Cadlao）和塔皮乌坦岛（Tapiutan）也是出色的潜水点。在普林塞萨港的南面，宝塔礁（Pagoda）和羚羊礁（Antelope）会受到初学者的喜爱，因为它们的深度较浅而且不受洋流影响。

由于巴拉望岛的潜水点很分散，探索其生物多样性的最佳方案是从普林塞萨港或科隆岛（Coron）出发的船宿潜水。人们当然还会探访位于巴拉望岛以东 98 海里处的图巴塔哈珊瑚礁，还有北面的桑加

图 1_ 白条双锯鱼
作为印度洋 - 太平洋海域的特有品种，红小丑鱼（学名白条双锯鱼）与拳头海葵共生。

图 2_ 咖啡小丑鱼
咖啡小丑鱼又称粉红小丑鱼，尽管它的颜色更偏橘红色。这张照片中的咖啡小丑鱼躲在它最爱的公主海葵里保护自己，公主海葵的基部可能是红色、绿色或淡紫色，因个体而异。

图 3_ 一种罕见的共生
地毯海葵是银背小丑鱼最爱的宿主，即这张照片背景中的海葵，它被前景中的一条咖啡小丑鱼占据着，它通常与公主海葵共生。很少看见两种不同的小丑鱼分享同一株海葵。

特岛（Sangat Island）海洋公园、布桑加岛（Busuanga）和阿波礁（Apo reef）。位于苏禄海北部、巴拉望岛东面大约由 45 座岛组成的库约群岛（archipel de Cuyo）也闻名遐迩。

布桑加岛海域以第二次世界大战期间沉没的数十艘日本舰船的残骸而闻名，但是人们也可以在这里见到在包括迪马雅岛（Dimakya）在内的某些岛周围定居的儒艮。

人们乘坐螃蟹船——当地制造的带两根平衡梁的大独木舟——前往各个潜水点。

在适宜的季节，巴拉望群岛海域的水非常清澈。在这里潜水很容易，因为许多潜水点都不受强洋流的影响。这些礁石很少有深海鱼光顾，但是作为补偿，它们会让微距摄影和小型鱼类的爱好者们欣喜若狂。

印度洋-太平洋

有趣的物种

　　巴拉望群岛海域里数量众多、各种各样的珊瑚鱼和软珊瑚，还有极其多样的石珊瑚，构成了一幅赏心悦目的美景。在受洋流影响的区域，海葵大量繁殖。许多海葵里都住着成对或成群的小丑鱼。

　　根据身体上斑点的位置和数目，而不是根据颜色，因为每条鱼的颜色都截然不同，人们在这里分辨出了 26 种小丑鱼。

无所不知

　　"巴拉望"这个名字可能来自中文方言"Pa lao yu"，意为"有着美丽港湾的土地"，因为是中国人在公元九世纪首先航行到这个群岛的。

　　1934 年，世界上最大的珍珠在巴拉望群岛海域的一个巨大的砗磲中被发现。这颗重 6.6 公斤的珍珠直径 14 厘米，最长处 24.2 厘米。这颗珍珠被命名为"老子之珠"，现存于旧金山一家银行的保险柜里，据估计，它的价值超过 400 万美元！

　　自 1967 年以来，巴拉望省就成为一个野生动植物保护区，这个群岛庇护着 232 个特有物种。人们还在那里发现了 1500 种不同的植物、200 种鸟类和 600 种蝴蝶。对于摄影师、博物学爱好者或博物学家来说，这是一个真正的天堂。

一个华丽的花园

这张照片中的这一大块死珊瑚礁已经被公主海葵占领，它们的触手呈现出华美多变的色彩。这种海葵直径可达 50 厘米，当它们伸展能分泌毒液的触手时，面积是原来的两倍。人们很少能在超过 30 米深的海里见到这种海葵，因为它们喜欢浮游生物丰富、有持续的洋流提供丰富氧气的区域。

图1_ 棘颊雀鲷
这种鳃上长有棘刺的小丑鱼与拳头海葵共生。雄性小丑鱼比雌性颜色更红，但体形更小。

图2_ 眼斑双锯鱼
这张照片中的眼斑双锯鱼与公主海葵共生。这种鱼生活在浅水中（15米以下罕见）。人们常常把它与黑背心小丑鱼（菲律宾海域没有这种鱼）混淆，后者身上的黑边更宽。

图3_ 银背小丑鱼
在菲律宾的潟湖中常见的银背小丑鱼与地毯海葵共生。

图4_ 克氏双锯鱼
从波斯湾到澳大利亚，在许多种海葵中都能经常见到克氏双锯鱼。

图5_ 鞍背小丑鱼
体色较深的鞍背小丑鱼常常像这张照片中一样，与紫点海葵或马鞍海葵共生。

图6_ 黑双锯鱼
黑双锯鱼体色多变并受到共生海葵颜色的影响。这张图中与它共生的是公主海葵。

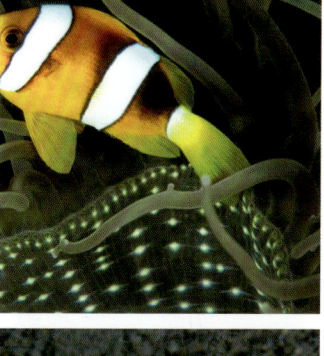

一种奇特的互助关系

正如所有的刺胞动物一样，海葵借助能引起刺痒的细胞——刺丝囊来捕获猎物。小丑鱼——双锯鱼属和棘颊雀鲷属——毫无惧色地生活在海葵的触手中间，因为有一层黏液保护着它们的身体。这种物质不能使鱼类免疫，但可以消除在海葵的刺细胞中触发毒刺钩释放的反应。尽管没有人能提供确切的证据，但这种保护黏液很可能是鱼和海葵共同分泌的。海葵拥有防止自己的触手互相刺伤的能力。当一条小丑鱼来"租赁"一株海葵时，它会先摩擦海葵的触手，好像这两个伙伴在认识彼此。

海葵是一个庇护所，小丑鱼毫无警惕性地"潜入"其中，甚至躲进它宿主的口中。小丑鱼顽强地保卫它的领地（甚至不断轻咬潜水者的手），比如，防止蝴蝶鱼来吃海葵的触手。

印度洋-太平洋

■ **我们的忠告**

喜欢刺激的潜水者会前往东面的海域探访布桑加岛的沉船和美丽的图巴塔哈珊瑚礁。集休闲、避世、自然旅游和优质潜水于一身的巴拉望群岛北部海域拥有能够吸引最挑剔的游客的一切条件。

适宜时期

西南季风出现在 6 月至 10 月之间。不建议您这段时期在巴拉望群岛海域潜水。在菲律宾潜水甚至游览整个菲律宾的最佳时期是 3 月底至 6 月初。4 月和 5 月被认为是最平静的时期，海水非常清澈，能见度可达 30 米以上。

请避开 7 月和 8 月，因为巴拉望群岛北部很可能刮台风。

相关信息

巴拉望岛不是菲律宾最具旅游特色的岛，因为岛上大部分是难以进入的自然区域。游客需要在马尼拉乘一架小型飞机到达普林塞萨港——一座拥有 25 万居民的非常有活力的城市或者爱妮岛——位于巴拉望群岛北端的一个独具魅力的小岛。

爱妮岛及其周围岛屿上有最具魅力的综合性酒店。科隆岛上还有一家既简朴又非常新奇的生态旅馆。

人们通常会在巴拉望群岛北部爱妮岛附近的米尼洛岛周围的海洋保护区内潜水。潜水游船都是早出晚归。玄武岩峭壁构成的美景着实令人惊叹。

图 1_ 乘螃船去潜水
这种当地制造的带平衡梁的大船被用于日间潜水。

图 2_ 雄伟壮丽的玄武岩峭壁
巴拉望群岛北部的景色将郁郁葱葱的植被与鬼斧神工的地质结构融为一体。

几点建议

在巴拉望群岛海域中潜水就像在物种丰富、景象壮丽的水中安静地漫步。如果您期待见到"大家伙",尤其是蝠鲼和鲨鱼,就必须在阿波礁以外条件比较严峻的水域中潜水。

周围是最原始的景色,您可以尽情欣赏海燕和在礁石的凹陷处筑巢的其他鸟类不停翱翔的景象。

自然爱好者可以尝试去寻找阿滕伯勒猪笼草。它是世界上最大的食肉植物之一,只生长在巴拉望岛中央的维多利亚山(Mont Victoria)上。

实践指南	潜水等级 ★★ 潜水质量 ★★★ 鱼类 ★★★	环境 ★★ 感觉 ★★ 生物多样性 ★★★	摄影摄像 ★★★ 旅游价值 ★★★★ 性价比 ★★★

一月	二月	三月	四月	五月	六月	七月	八月	九月	十月	十一月	十二月
32℃	29℃	31℃	30℃	28℃	28℃	28℃	28℃	28℃	29℃	30℃	31℃
22℃	24℃	25℃	27℃	28℃	29℃	30℃	30℃	28℃	26℃	25℃	22℃

印度洋-太平洋

马来西亚 MALAISIE

31
加里曼丹岛
深海鱼的竞技场

1

形似露出海面的一座岩石尖峰的西巴丹岛周围环绕着一圈礁石，礁石下部是令人眩晕的峭壁。这一特点使得西巴丹岛因其潜水质量而享誉世界。得益于海底的深度（600米），深海鱼为数众多，还有成群的大型鱼类：鲈鱼、鲹鱼、金枪鱼、隆头鹦嘴鱼和许多灰三齿鲨。西巴丹岛也因大量海龟聚集而闻名。

2

3

作为继格陵兰岛和新几内亚岛之后世界面积第三大的岛屿，加里曼丹岛（Bornéo，旧称婆罗洲）是地球上最珍贵的自然空间之一，当地特有的动植物群落占极高比例。该岛分成四部分。被文莱苏丹国（sultanat de Brunei）分隔开的北面的沙巴州（Sabah）和西面的沙捞越州（Sarawak）属于马来西亚。占加里曼丹岛面积四分之三的加里曼丹省（Kalimantan）则属于印度尼西亚。

被5000公里的海岸线环绕着的加里曼丹岛自然有许多潜水点。人们主要在位于沙巴州东南的小岛上潜水，尤其是西巴丹岛（Pulau Sipadan）——位于马来西亚国境线上，像一颗热带的小宝石，面积为12公顷。作为苏拉威西海上唯一的深海岛，西巴丹岛矗立在仙本那（Semporna）以南35公里的海面上，仙本那是一个拥有14万居民的港口城市，因油棕榈种植而发展起来。

圆形轮廓的西巴丹岛非常像马尔代夫的岛屿，植被茂密，边缘环绕着一圈美丽的白沙滩。而它实际是距今250多万年上新世的海底（600米）喷发的一座火山的遗迹。

自2005年起，西巴丹岛成为自然保护区，受到保护，人们不能再在那里停留，只能乘坐船宿游

图 1_ 一种象征性动物
树栖的婆罗洲猩猩重达 80 公斤，已被列入《IUCN 濒危物种红色名录》中，现存不到 3 万只。

图 2_ 花斑连鳍䲢
因为五颜六色的外表而受到养鱼爱好者青睐的花斑连鳍䲢体长可超过 6—7 厘米。这是一种非常害羞的鱼。

图 3_ 灯芯柳珊瑚
灯芯柳珊瑚将印度洋 - 太平洋海域的"海底花园"装饰得漂漂亮亮，它们的抗炎特性备受重视。

图 4_ 暗鳍金梭鱼
在西巴丹岛很常见的暗鳍金梭鱼常常几百条集结成群，绕着圈游泳，是一种可怕的捕食者。

船到那里潜水,或者从临近的马布岛(Mabul)和卡帕莱岛(Kapalai)下潜,这两座岛上有几家优质的综合性酒店。

距离西巴丹岛 25 分钟航程的马布岛和卡帕莱岛也提供以微距摄影为目的的潜水项目。人们称之为"垃圾潜水",意思是"在淤泥中潜水"或"在垃圾中潜水"!在一些面积不大的含淤泥的海底,聚精会神的潜水者可以发现活的奇观:贝类、软体动物、蛤蟆鱼、叶鱼、鲉鱼、鳄鱼鱼、侏儒海马、虾、海龙等。

马达京岛(Mataking)和邦邦岛(Pom Pom)是两座私人岛屿,岛上设有几家综合性酒店,可提供在其自有礁石周围(30 多个潜水点)的各种潜水活动,还组织去西巴丹岛潜水。

有趣的物种

一些定居的海龟生活在西巴丹岛周围,人们每次潜水时都会遇见几只。在繁殖期,海龟的交配场景的确壮观。从 5 月至 9 月,绿蠵龟和蠵龟在岛西北侧的海滩上产卵。

西巴丹岛庞大的深海鱼群会让您不虚此行。沿着峭壁踩几下水,总能遇见鲹鱼和舒鱼游来游去。垃圾潜水必不可少的乐趣在于躲在魔鬼海胆的长刺中间,突然看见花里胡哨但非常害羞的花斑连鳍鲔那身绚丽多彩的长裙。

1

龟冢

库斯托船长发现的被当地人称之为"龟穴"（Turtle Cavern）的地方位于西巴丹岛北面的码头潜水点（The Jetty）东侧。这是一个入口在水下 18 米的洞穴。这个洞穴首先形成一条钟形的隧道，一直向下延伸至位于水下 24 米的内室。

左侧有一条羊肠小道，向上直通到 17 米深处并导向包含许多小洞穴的龟冢（Turtle Tomb）。在由很细的沉积物构成、轻微踩水就会扬起尘土的地面上陈列着许多海龟的骨架和一只海豚损毁严重的遗骸。

人们可能以为这里对龟类来说是一个像"象冢"一样神奇的地方，但是没有一只海龟是自愿来这里赴死的。许多进入这个迷宫的海龟都没能重新找到出口，因此溺死在这里。

为了避免遭遇与海龟同样悲惨的命运，潜水者需要一名经验丰富的向导陪伴并采取适合这个奇特的潜水项目的安全措施。尽管这种探险不是特别困难，但它只提供给级别很高的潜水者，因为此处的环境很容易引起恐慌。

无所不知

加里曼丹岛是地球上生物最多样的地区之一。据统计，岛上有 222 种哺乳动物（含 44 个特有品种，其中包括婆罗洲猩猩）、420 种鸟（含 37 个特有品种）、100 种两栖动物和 394 种河鱼（含 19 个特有品种）。

在植物方面，加里曼丹岛上生长着 1.5 万种植物，其中三分之一是特有品种。基纳巴卢山（Kinabalu）海拔 4095 米，因山上生长的食肉植物而闻名，其中包括独特的马来王猪笼草，它的捕虫笼直径 40 厘米，最多可容纳 2.5 升的消化液，能够将一只鼠、一只蜥蜴或一只雏鸟消化得一干二净！近 15 年来，人们在加里曼丹岛上发现了 500 多个新物种（动植物）。

■ 我们的忠告

西巴丹岛潜水质量的世界美誉实至名归，没有丝毫吹嘘的成分。您可能遇见各种生物，但最引人注目的还是鱼群的密度。这座岛的圆形轮廓使人们总能找到一个风平浪静的地方。您有机会应该参观整座岛，因为岛的南面和北面的礁石形态截然不同。

图 1_ 绿蠵龟
作为西巴丹岛峭壁的特色形象，一只体形硕大的绿蠵龟正在一大群六带鲹的上方安静地游泳。六带鲹体长 60 厘米，夜间独自捕食。

图 2_ 玳瑁
尽管玳瑁属于最濒危的海龟，但它们在西巴丹岛海域中很常见。它们以长在礁石上的海绵为食，能够在水下待一个多小时。照片上这只玳瑁体形相当小，而且很胆怯。

印度洋-太平洋

适宜时期

雨水丰沛（每年降水量达 2000—4000 毫米）的加里曼丹岛有两个雨季："干季"从 5 月至 10 月，"湿季"从 11 月至来年 4 月。在西巴丹岛潜水的最佳时期是 4 月至 8 月。据当地人的说法，5 月是比较理想的月份，因为海水中的浮游生物较少，能见度为 30—40 米！

相关信息

马布岛上的西巴丹水上屋度假村（Sipadan-Water Village）和马布水上度假屋（Mabul Water Bungalows）以及卡帕莱岛上的卡帕莱豪华度假村（Kapalai Luxury Resort）都有漂亮的吊脚别墅，提供相当豪华的住宿服务。非常舒适的西巴丹 - 马布度假村（Sipadan-Mabul Resort）由许多当地特色的木屋式别墅组成，并设有一个著名的潜水中心。

您也可以乘坐 2001 年建造、2009 年改造的 29 米长的机动游艇"苏拉威西探险者"号（Célèbes Explorer）进行 3—7 天的船宿潜水。这艘游艇的空调舱室可容纳 16 名乘客。它全年营业，从仙本那出发，装备齐全、乘坐舒适，还设有高氧气体设备。它也可以载游客去敦沙卡兰海洋公园（Tun Sakaran Marine Park）潜水。这个群岛位于仙本那近海 20 公里处，因为海底的生物多样性，在当地与西巴丹岛名气一样大，1993 年被加里曼丹政府宣布为"鸟类保护地"，因为这里有大量的军舰鸟、白鹭和翠鸟，还庇护着稀有的尼科巴鸠。

1

2

图 1_ 西巴丹岛和它的珊瑚礁
在这座被列为保护区的自然天堂般的小岛的海域中登记了 3000 多种鱼类和珊瑚。

图 2_ 马布岛
距离西巴丹岛约半小时航程（15 公里）的这座面积为 20 公顷的岛上有两个渔村和多家旅馆。

图 3_ 屏气潜水可到达的礁石
非潜水游客可以从海滩下水，在浅水的美丽礁石上探索加里曼丹岛的水下奇观。

出于保护自然环境的目的，管理西巴丹岛的部门——沙巴公园管理处自 2008 年 4 月起建立了许可证制度（当然是收费的）。该制度限定每天最多 120 名潜水者（6 时至 16 时）可进入潜水点。因此您需要确认潜水中心拥有足够的许可名额。

几点建议

注意：不管从哪里去西巴丹岛，都是一段漫长的旅程。从欧洲出发，需要首先飞往马来西亚首都吉隆坡（Kuala Lumpur），然后转机到斗湖（Tawau）（2 小时 50 分钟）。随后从公路乘车 1—2 个小时至港口城市仙本那。再从仙本那坐一小时的船至酒店所在的岛。因此，为了好好享受这些独特的景点，您需要计划至少两周的行程。

实践指南	潜水等级 ★★★ 潜水质量 ★★★★ 鱼类 ★★★★	环境 ★★★ 感觉 ★★★ 生物多样性 ★★★★	摄影摄像 ★★★★ 旅游价值 ★★★ 性价比 ★★★

一月	二月	三月	四月	五月	六月	七月	八月	九月	十月	十一月	十二月
32℃	29℃	31℃	30℃	28℃	27℃	25℃	27℃	27℃	28℃	30℃	30℃
27℃	27℃	27℃	27℃	26℃	26℃	26℃	27℃	27℃	28℃	28℃	27℃

印度洋-太平洋

印度尼西亚 INDONÉSIE

32

科莫多岛
与"龙"共游

整个科莫多国家公园都受到保护，无论是陆地区域还是海洋区域。公园内的各个岛上居住着不同民族的渔民，本地人口约4000人。由火山喷发形成的科莫多诸岛地势陡峭，岛上最高的部分因为雨量充沛而覆盖着繁茂的植被。

陆地生态系统主要包括热带稀树草原和落叶森林，物种相当少，干季一派光秃秃的景象。相反，占公园面积67%的海洋环境由海洋生命麇集的礁石构成。深度在100—200米的海底覆盖着数不清的礁石堆，它们庇护着一个定居海底的既奇特又多样的动物群落。潜水区域通常会受到强洋流的影响。

图1_ 一只活恐龙
尽管从科学角度讲，恐龙与科莫多巨蜥只不过是很远的远亲，但这种巨蜥不禁使人联想到史前动物。

图2_ 高风险潜水
靠近像科莫多龙这样一只超级捕食者需要高度的谨慎，在水中更是如此。我们在这张照片中看到了这只巨蜥具有可怕力量的前脚尖爪的威胁。

被世界自然基金会（WWF）宣布为优先保护区的科莫多国家公园创建于1980年。这个群岛位于松巴哇岛（Sumbawa）与弗洛勒斯岛（Florès）之间，当前面积为1817平方公里，但是一个正在研究中的扩建项目将使其面积增至2321平方公里。这个独特的地方于1986年被联合国教科文组织宣布为生物圈保护区，由三座主岛构成：科莫多岛（Komodo）、帕达尔岛（Padar）和林卡岛（Rinca）。它们庇护着当今世界最大的活蜥蜴——科莫多巨蜥。这种巨蜥在1911年被荷兰殖民军队的一名中尉发现后才为欧洲人所知。

有趣的物种

一提起科莫多的名字，人们必然会联想到巨蜥，又称"科莫多龙"，一种巨型蜥蜴，体长可达 3 米，重 70 公斤！这种可怕的捕食者主要以鬣鹿为食，但实际上任何路过它的嘴巴尤其是尾巴所及范围内的猎物都难逃一死，它会用尾巴击毙它的俘虏。由于科莫多巨蜥更喜欢品尝腐烂的动物尸体，所以它拥有被细菌严重感染的唾液，被它咬过之后，会引起几乎蔓延全身的败血症。在 2009 年，一些澳大利亚研究人员证实了"科莫多龙"下颌处有一些能分泌毒液的唾液腺，一旦它闭上嘴，猎物就被毒素感染了。

在水下，微型艺术品爱好者会大饱眼福，因为科莫多的海底完全可以与印尼蓝壁海峡（Lembeh）的海底媲美。海蛞蝓、雀尾螳螂虾、微鳍乌贼、柏氏四盘耳乌贼、条纹蛸、巴氏豆丁海马、日本英雄蟹、柔毛玉蟹、糖果蟹、三叶小瓷蟹、白海箸、博比特虫，这些都只是海底数不清的无脊椎动物中的一小部分，只有警觉而耐心的潜水者才懂得如何识破它们非凡的拟态。

在鱼类方面，这里盛产拟态本领高强的新奇鱼种：只有一片指甲大的细小的鳖鱼，形似一副死亡面具的萨尔弗腾，能完美地模仿海藻的剃刀鱼，刺海马和它的马头，长棘拟鳞鲉，此外还有蝎子鱼和其他各种各样的鳄鱼鱼。这个充满海底奇观的庭院里最奇特的代表们正等着与您约会呢！

无所不知

微距摄影在以下潜水点进行：迪克诺（Tecno）、邦多（Bontoh）、拉扎（Laza）或深紫（Deep purple）。再远一些，不要错过蝠鲼巷（Manta Alley），正如它的名字，这是魔鬼鱼的"清洁站"。您还应该到黑鹿海岬（Tanjing rusa）的礁石处去潜水，那里有成群的鲹，还有城堡礁（Castle rock）的丝带胡椒鲷和燕鱼。

■ **我们的忠告**

在科莫多旅游，您肯定会感觉经历了电影《侏罗纪公园》（Jurassic Park）般的冒险。岛上有许多巨蜥，人们在水下也能遇到一些奇怪的生物。而风景的美丽、动植物群落的丰富性和当地人的热情好客更是锦上添花。一个必游之地！

印度洋-太平洋

图 1_ 奇怪的博比特虫
这种体长 1—3 米的巨型多毛类动物身体分节。

图 2_ 口内孵化
全长只有 2 厘米的这种鹦䱛鲷在自己的口中孵卵。照片为夜间拍摄。

图 3_ 蜂鸟短尾鱿鱼
近似乌贼的这种头足纲动物（学名柏氏四盘耳乌贼）体长 3—5 厘米，雌性比雄性长。这种夜行性动物整个白天都藏在沙中。

图 4_ 海兔
截尾海兔是一种夜行性腹足纲软体动物，它的俗名来自它的触角形状。

图 5_ 海笔上的瓷蟹
微小的十足目三叶小瓷蟹生活在一株白海箸上，它是生长在沙质海底的一种八放珊瑚。

图 6_ 红尾无须鳚
红尾无须鳚体长约 10 厘米。这种害羞的鱼为底栖动物，直到水下 30 米深处都能经常见到它。

图 7_ 斑琴虾蛄
体长 40 厘米的斑琴虾蛄是最大的虾蛄。这只甲壳类动物正潜伏着，伺机伸出它带刺的长臂来捕获猎物。

图 8_ 长棘拟鳞鲉
长棘拟鳞鲉有能分泌毒液的背鳍棘，生活在含淤泥的海底，人们可以从它的白色面具认出它来。

适宜时期

受极端季风气候的影响，科莫多群岛一年有 8 个月几乎不下雨。

11 月至来年 3 月，西风带来降雨，使海浪变得汹涌，在环绕着整个科莫多岛的礁石上撞击成细碎的浪花。4 月至 10 月，风比较干燥，主要吹拂着林卡岛和科莫多岛南侧的海滩。

观察蝠鲼的最佳季节是 12 月至来年 2 月的雨季，而 11 月至来年 1 月的海水是最清澈的。1 月至 3 月，海浪更加汹涌，但仍然具备潜水条件。

相关信息

32 米长的豪华铁木船宿游船"安拜"号（Ambai）自 2012 年起在这个地区运营，有 8 间带私人浴室和空调的舱室，能搭载 16 位潜水者。

其他许多非常漂亮的游船也提供去科莫多群岛潜水的项目，其中就有名副其实的"哇哦"号（Waow）。这艘 58 米长的三桅船上布置了非常宽敞的舱室，可用于 9—12 天的船宿潜水。40 米长

图1_ 微妙的颜色差异
科莫多国家公园由许多珊瑚礁环绕的岛屿组成。最高点是科莫多岛上海拔735米的萨塔利博山（Gnung Satalibo）。

图2_ "安拜"号船宿游船
这艘32米长的豪华游船定期提供从弗洛勒斯岛的拉布安巴霍村（Labuan Bajo）出发去科莫多群岛的9天（8夜）船宿潜水。

的纵帆船"印度洋塞壬"号（Indo Siren）是特别为潜水设计的。它能搭载16位乘客，非常舒适，可进行最多16天的海上探险。

这些游船可以带您探索一些人迹罕至的潜水点，尤其是一些构成巨大的海底花园的大峭壁。

几点建议

我们完全不建议您试图去靠近"科莫多龙"，更别说在水下了。它们是具有攻击性的动物，反应出人意料，杀伤力巨大。它们不但有惊人的爪子，尾巴也是一个武器，游客必须时刻对其保持警惕。这篇文章中的插图照片是由专业团队在非常特殊的条件下拍摄的。

实践指南	潜水等级 ★★★ 潜水质量 ★★★★ 鱼类 ★★★★	环境 ★★★★ 感觉 ★★★ 生物多样性 ★★★★★	摄影摄像 ★★★★ 旅游价值 ★★ 性价比 ★★
一月 27℃	二月 28℃	三月 28℃	四月 28℃	五月 28℃	六月 28℃	七月 29℃	八月 29℃	九月 28℃	十月 28℃	十一月 28℃	十二月 27℃
27℃	28℃	28℃	28℃	28℃	28℃	29℃	29℃	28℃	28℃	28℃	27℃

印度尼西亚 INDONÉSIE

33

瓦卡托比岛
奇怪，您说奇怪……

潜水者们的主要聚会地是位于托米亚岛（Tomia）西南面迷人的托兰多诺岛（Tolandono）上的瓦卡托比潜水度假村（Wakatobi Dive Resort）。被当地人称为"Onemobaa"的度假村占地8平方公里，1995年由瑞士人洛伦茨·梅德（Lorenz Mäder）建在向当地最后一位苏丹租来的土地上。这是一家高档综合性酒店，房屋为全木质结构，用传统方法建造，使整个旅馆完美地融入周围的自然环境。

图 1_ 锈斑蟳的交配
锈斑蟳是印度洋-太平洋海域很常见的物种，因肉质鲜美而遭到大量捕捞。

图 2_ 班达海的海底环境
管柳珊瑚和海绵庇护着最奇特的礁石生物。

横跨班达海（mer de Banda）和弗洛勒斯海（mer de Florès）分界线的瓦卡托比海洋公园（parc marin de Wakatobi）位于苏拉威西岛的东南面。2003年创建的这个国家公园面积为139万公顷，保护着600公里长的礁石群，是印度尼西亚面积第二大的国家公园。

图康伯西群岛（archipel Tukangbesi）由20多座岛屿组成，是真正的自然宝藏。印度尼西亚政府的完全保护政策为它保留了完整的生物多样性。据统计，这里有40多个潜水点，还有许多潜水点有待发现……

距离海滩边缘仅20米远的2公里长的一片礁石。游客可以随心所欲地在礁石上探险，夜间潜水也是极其豪华的视觉享受。

在万吉万吉岛（Wangi-Wangi）上还有一个非常迷人的帕图诺度假村（Patuno Resort），极具当地特色（提供印尼本地菜肴），设有一家拥有两艘游船的潜水中心。

图 3_ 斑马蟹
斑马蟹趴在一只海胆上,凭借身体的颜色完美地伪装自己。

图 4_ 珊瑚上的蜘蛛蟹
瘤背扁异蟹是一种很小的甲壳类动物,生活在柳珊瑚、黑珊瑚或这张照片中的珊瑚上。

　　游船每天出发,航行不到半小时就能到达周边四个岛屿的许多礁石潜水点。在瓦卡托比岛,海底景色令人叹为观止,各种色彩、地形起伏和海洋生命令人目不暇接。简直就是一座海底花园!

　　群岛的其他岛屿周围也有许多十分有趣的礁石,但它们距离太远,日间行程无法到达。因此瓦卡托比潜水度假村提供 5—11 晚的船宿潜水,游客将乘坐"远洋"号(Pelagian),一艘专门为远洋航行和潜水设计的 36 米长的坚固钢制游艇。这艘经过完全改造的游艇为了确保最佳舒适度,只能搭载 10 位乘客。

　　船宿潜水可以使游客探索周边岛屿——万吉万吉岛、布通岛(Buton)、巴图图罗岛(Batuturo)、帕萨尔瓦乔岛(Pasar Wajo)、卡莱杜帕岛(Kaledupa)和比农科岛(Binongko)的礁石。每天最多可安排四次潜水。

有趣的物种

　　维迪山脊（Waiti Ridge）——托米亚岛西侧 250 米长的礁石和瓦卡托比潜水度假村的"房礁"都以奇特的侏儒海马而闻名，其中可能还有一些尚不为人知的品种。这些 0.5—3 厘米长的可爱的小鱼擅长拟态，隐藏在柳珊瑚或海藻上。

　　也在托米亚岛西侧的马里姆布克（Mari Moubuk）潜水点是一个强洋流区，蕴藏着极其多样的珊瑚，一群群多彩的鱼儿在其中游来游去。在罗马岛（Roma），礁石变成了真正的花园，其中点缀着几种桌面珊瑚，如风信子鹿角珊瑚和两叉轴孔珊瑚。这片礁石呈缓坡向下倾斜，数不清的蓝黄梅鲷和宅泥鱼环绕在周围。

　　桌面珊瑚城（Table Coral City）是位于托米亚岛西南部的一个壮观的潜水点。人们在那里能见到这个海域最奇特的几种鱼，尤其是三棘高身鮋，也被称作"秋千鱼"，因为它们感觉到威胁时就会像秋千一样摇摆。如果能遇见红色或黄色的三棘高身鮋，摄影师们一定会喜出望外。

　　要想见到数不清的甲壳类动物，比如本页插图中的这些，还有乌贼大追捕，甚至非常罕见和可怕的蓝纹章鱼——被它咬上一口就会致命，就必须在"房礁"周围进行夜间潜水。

　　蟹是十足甲壳类动物，据统计约有 7000 个品种。由于它们的活动能力很一般，所以大部分都以动物尸体为食，在夜间更活跃。

　　人们在瓦卡托比岛看见的大部分蟹类都是体形较小的拟态品种。它们会模拟宿主的颜色和形态。

　　据统计，瓦卡托比岛海域中大概有 1000 种鱼类和 750 种珊瑚。因此，即便是最平庸的发现都是非比寻常的。相反，这里不是观赏大型鱼类和寻求强烈感受的最佳海域。

图 1_ 侏儒海马
粉红色的侏儒海马最长约 2 厘米,生活在小尖柳珊瑚上。它身上的彩色瘤使它不容易被发现。还有一种橙黄色的侏儒海马,与黄色海扇共生。

图 2_ 克里蒙氏豆丁海马
克里蒙氏豆丁海马直到 2003 年才为人所知。在澳大利亚豪勋爵岛被发现的这种海马在班达海里的圆柱状仙掌藻中也能见到。这种体形很扁的海马长 5—20 厘米。

图 3_ 蜷伏龙虾
非常奇特的蜷伏龙虾不到 4 厘米长,是 1994 年在巴厘岛发现的。这是印度尼西亚典型的一种害羞的龙虾,隐藏在桶状海绵的组织中。

图 4_ 看不见的蟹
光滑尖指蟹只生活在软珊瑚中。它能变成宿主的颜色,身上长有斑点,伪装成海鸡冠的形态。与植物相似的海鸡冠因与虫黄藻共生而进行光合作用。

图 5_ 细长的海马
细小的迪氏倭海马很少达到 2 厘米长。它能变成与共生的柳珊瑚——如这张照片中的刺柳珊瑚——完全相同的颜色,包括模拟隐藏着水螅虫的孔穴的斑点。

图 6_ 一颗拟态的小宝石
疣背扁异蟹的软壳呈现出闪光的颜色。这种蟹生活在鞭角珊瑚上。

图 7_ 瓷蟹
光滑瓷蟹如此罕见,以至于 1978 年才被命名。这种蟹生活在海鸡冠中。

图 8_ 伪装蟹
也被称作"伪装蜘蛛蟹"的钝额曲毛蟹的甲壳上长着一些海葵和水螅,它们用能引起刺痒的刺丝囊隐藏并保护它。

图 9_ 一只蟹篓
我们没有辨认出海绵上的这只梭子蟹。的确,这一科有 300 多个几乎还未得到研究的品种。这是一些体形很小但拟态能力很强的蟹。

图 10_ 有毒的保护者
这只光滑光背蟹(Lissocarcinus laevis)找到了一个理想的保护者,即一颗海星的触手。这只蟹溜到这个刺胞动物的外衣下面,就连这颗海星也碰不到它。

图 11_ 软珊瑚蟹
糖果蟹与海鸡冠共生,并模拟海鸡冠的颜色甚至骨针,以便逃过众多捕食者的眼睛。

图 12_ 日本英雄蟹
日本英雄蟹的体长不到 2 厘米。在这张照片中,它趴在一株气泡珊瑚上。它以悬浮的浮游生物为食。

图 13_ 拳击蟹
趴在一片石珊瑚上的拳击蟹正保护着它的卵(红色)。它的名字来自钳子端部顶着的海葵。

印度洋-太平洋

无所不知

1985年，雅克-伊夫·库斯托船长在图康伯西群岛的一次探险中发现了瓦卡托比岛的这片礁石，并称之为"世界上最美的珊瑚潜水点"。1992年，在世界自然基金会的建议下，整个图康伯西海域被划为海底保护区。1998年，瓦卡托比岛也获得了这一称号。

"瓦卡托比"这个名字是图康伯西群岛的四座主岛——万吉万吉岛、卡莱杜帕岛、托米亚岛和比农科岛的名字首字母缩合词，它们周围的礁石构成了这个海洋公园。

适宜时期

瓦卡托比岛的气候比较稳定，属于最少受苏拉威西群岛季风影响的地区之一。这里全年都适宜潜水，因为水温变化范围很小。12月初至来年2月底，雨水比较丰沛，大海也没有通常那么平静。

3月至12月，海水能见度最佳；然而7月和8月往往持续刮风，大海因此变得波涛汹涌，令人不适。

相关信息

瓦卡托比潜水度假村已经发展成一家综合性豪华酒店，提供三个等级的服务：别墅区、海滩度假屋和椰林度假屋。

这个度假村是生态旅游的典范，它既参与礁石保护，又借助旅游活动创造的就业机会不断改善当地居民的生活水平。度假村"租赁"该地区17个村的礁石，并在休渔期为500人供电。

游客可以在酒店的组织下，从1000公里外的巴厘岛出发，飞行2小时50分钟，到达瓦卡托比岛。2001年7月，瓦卡托比潜水度假村在托米亚岛上修建了一条1600米长的私人飞机着陆跑道。从前需要乘船航行20小时才能到达这里！游客通常需要在巴厘岛住宿一晚。

图1_ 很容易到达的礁石
乘坐当地制造的木船航行不到一小时，即可探访40多个潜水点，这种船让人联想到马尔代夫的多尼船。

图2_ 世界上最好的"房礁"
正对着瓦卡托比潜水度假村海滩度假屋的那片礁石被称为世界上最好的"房礁"。人们白天和夜晚都可以在这里随心所欲地潜水。

图3_ 一个受保护的潜水区
瓦卡托比岛采取了各种措施，尽可能减少潜水者对那些生长着奇特珊瑚的礁石的影响。

■ **我们的忠告**

即便是最麻木的潜水者也不会吝啬对瓦卡托比岛的赞美，这里生机勃勃、五颜六色的礁石令人赞叹不已。如果您精心挑选一位经验丰富、熟知这些奇特的礁石"居民"习性的向导引领您，那么每次潜水的感受都会交织着激动与狂喜。毫无疑问，没有这种专业视角的帮助，您可能会错过最奇特的物种。瓦卡托比岛也会让摄影师们欣喜若狂，因为他们可以在"房礁"上无拘无束地潜水。

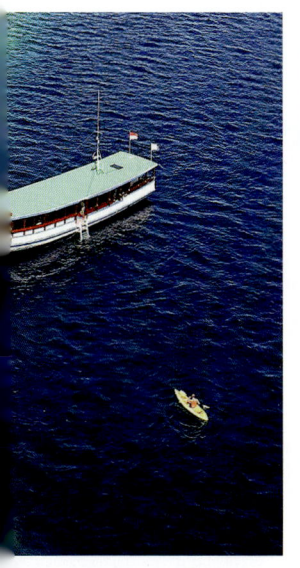

几点建议

瓦卡托比岛非常暴露的地理位置使这片海域经常受到强洋流的影响，洋流的方向也会突然改变，甚至在潜水过程中也会遇到这种情况。因此，谨慎起见，去潜水时应带上一个阶段减压浮标，在放流潜水中时常会用到它。

与印度尼西亚的其他地区一样，这个地区也主要信仰伊斯兰教，因此请准备一套合适的（能遮住肩膀和膝盖的）衣服，以便去游览那些风景秀丽的小村庄。

实践指南	潜水等级 ★★★ 潜水质量 ★★★★ 鱼类 ★★★★	环境 ★★★★ 感觉 ★★★ 生物多样性 ★★★★★	摄影摄像 ★★★★ 旅游价值 ★★ 性价比 ★★

一月	二月	三月	四月	五月	六月	七月	八月	九月	十月	十一月	十二月
27℃	28℃	28℃	28℃	28℃	28℃	29℃	29℃	28℃	28℃	28℃	27℃
27℃	28℃	28℃	28℃	28℃	28℃	29℃	29℃	27℃	28℃	28℃	27℃

印度尼西亚 INDONÉSIE

34

蓝壁海峡
一个藏着奇珍异宝的万花筒

人们可以在万鸦老及其周围海域，或者在建有迷人旅馆的邻近岛屿——西拉丹岛（Siladen）、刚加岛（Gangga）和布纳肯岛（Bunaken）周围进行优质的潜水。最好的潜水点在布纳肯国家海洋公园内。1991年创建的这个海洋公园面积为890平方公里。长着巨大的红色或黄色柳珊瑚的峭壁是印度洋-太平洋海域的典型景观。

图1_ 鳖鱼宝宝
这条鳖鱼无疑是一条幼鱼，因为摄影师的慧眼捕捉到它时，它的尺寸还不到5毫米。

图2_ 黄金海马
黄金海马的头部轮廓不禁使人联想到马头，这种奇特的鱼也因此得到了"海马"的别号。

图3_ 一次冒险的清洁
一只岩虾正在一条黑鳍蛇鳗的吻上忙于清洁工作。

作为印度尼西亚北苏拉威西省（Sulawesi du Nord）的省会，万鸦老（Manado）位于苏拉威西群岛（旧称西里伯斯群岛）的西北端。约有50万居民的万鸦老熙熙攘攘，是苏拉威西群岛的第二大城市，第一大城市是南部的望加锡（Makassar），约有150万人口。坐落在一个海湾里的万鸦老被一条绵延500公里至棉兰老岛的火山链包围着。万鸦老因丁香贸易富裕起来，它是全球最大的丁香产地之一。尽管万鸦老周围的潜水点相当有名，但是微距摄影爱好者们不可错过的是距离该市40多公里

图 4_ 大斑躄鱼
正如大多数蛤蟆鱼一样，大斑躄鱼通过摇动它头部顶端的一个鱼形片状假饵来"钓鱼"。

图 5_ 吸猎物机
当一条小鱼或一只虾经过时，大斑躄鱼会张开大嘴吮吸，在猎物周围形成负压，将它吸住！

图 6_ 小丑
大斑躄鱼也被称作"小丑蛤蟆鱼"，因为它的体表布满了颜色随环境变化多端的斑点。

图 7_ 康氏躄鱼
尽管蛤蟆鱼的体长很少超过 15 厘米，但康氏躄鱼体长可能超过其他蛤蟆鱼的两倍。它通常是棕色的。

图 8_ 白斑躄鱼
白斑躄鱼的吻上面长着一条筋，就像一根顶着假饵的"钓竿"。人们正是通过它的这种外形来分辨它的。

图 9_ 它吞下所有能动的东西
白斑躄鱼是一种贪吃的食肉动物，能攻击与它体形差不多大的猎物，包括它的同类！

图 10_ 与石头同色的表皮
躄鱼的粗糙、可伸缩、无鳞的表皮会随着周围环境——无论是岩石、珊瑚还是海绵——变换颜色。

图 11_ 条纹躄鱼
条纹躄鱼也被称作"多毛蛤蟆鱼"，是蓝壁海峡中最有名的明星之一。它的体色非常多变，从浅黄色到橙色甚至粉红色。

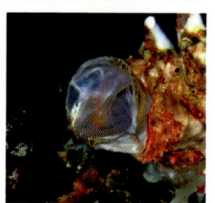

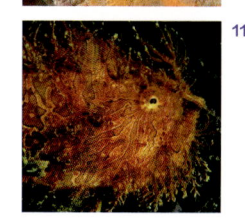

的蓝壁海峡（détroit de Lembeh）。那里的奇遇一定会让您瞠目结舌！

本潜水胜地的所有照片都是在蓝壁海峡拍摄的，这里因非常稀有的物种闻名于世。人们可以在蓝壁岛（île de Lembeh）正对面的大城市（20 万居民）——比通（Bitung）周边找到几家迷人的旅馆。

这些旅馆是在蓝壁海峡潜水的理想基地，非常特殊的生态系统和海底的黑沙是这个海峡的特色。海水的能见度较差（平均 4—8 米），但这不是问题，因为人们来这里是为了观察小型甚至微小的海洋生物。

这就是所谓的"垃圾潜水"，您需要挖开沙子，掀起石头或碎石，去寻找世界其他地方几乎看不到的活宝藏。

5 月至 10 月，某些游船会安排到万鸦老北面壮观的桑义赫（Sangihe）

印度洋-太平洋

火山群岛进行 9—11 天的船宿潜水，在茹旺岛（Ruang）、塔呼兰当岛（Tahulandang）、锡奥岛（Siau）和马哈格堂岛（Mahagetang）周围体验前所未有的潜水项目。

有趣的物种

由于没有岩石和礁石，蓝壁海峡几乎没有动物群落的藏身之处。定居此处的物种被迫发展了一些非常特殊的生存和捕食技能，因为一切游动的物体老远就能被发现（至少是在这个地方有限的游览界限内）。在这里，鱼类和无脊椎动物比起游泳，更喜欢行走，并且善于潜伏捕食。它们也因此将隐蔽和伪装技术发展到了极致。拟态从两个方面诠释了"隐姓埋名，幸福安定"这句话的意义：既不能被埋伏的捕食者发现，又要躲过潜在猎物的眼睛，以便使自己捕食成功！

在这个海域，人们仍然能够发现最多的海底新物种，因此总是能看到科学家们的身影。

除了图中这些物种外，人们还能在蓝壁海峡看见其他奇特的鱼类：黑色鳄鱼鱼——博氏孔鲉、"邦盖群岛（Banggai）的红衣主教"——考氏鳍竺鲷、"烟斗"——斑拟单角鲀、"小丑幽灵"——细吻剃刀鱼、鳒鱼——花斑连鳍鮨、黑环海龙、萨尔弗腾、拟态的章鱼、海蛞蝓、雀尾螳螂虾、虾，更不用说那非常罕见的火焰乌贼了。

无所不知

印度尼西亚，特别是苏拉威西岛以东和伊里安查亚（Irian Jaya）——新几内亚岛的印尼部分——以西之间的海域，是世界海底生物最丰富的地区。这或许是因为一百多万年前的冰期使海平面降低了大约 130 米，从而保留了地球的这个部分，避免了物种的毁灭。

图 1_ 鳄鱼的面具
锯齿鳞鲉的头部使人联想到非洲艺术。这种夜行性鱼隐藏在沙中。

图 2_ 帆鳍鲉
作为鲉的远亲，帆鳍鲉的身体垂直扁平，它的通用名也由此而来。这是一种夜间捕食性鱼种。

图 3_ 短须狮子鱼
又称短鳍蓑鲉的短须狮子鱼拥有形似鸟翼的宽大胸鳍。

图 4_ 海藻中的鲉
比较少见的前鳍吻鲉是一种吻像喇叭的鲉。它的背鳍棘含有毒素，明显凸起。

图 5_ 安汶狭蓑鲉
安汶狭蓑鲉擅长拟态，很难被发现，眼睛上方有一些长长的分叉凸起。

图 6_ 双指鬼鲉
很罕见的双指鬼鲉有时也被称为"敌鲉"。它借助胸鳍在海底"行走"。

图 7_ 沦为寄主的鲉
一只等足类甲壳动物像吸血的虱子一样蚕食着前鳍吻鲉。

■ **我们的忠告**

您将在蓝壁海峡发现博物学家想要探索的一切！建议您在这里的每个潜水点都多潜几次，跟随您的向导去探寻那些小型的活奇观。苏拉威西岛北侧的其他潜水点也很经典，但是这片海域的美却很罕见。如果您寻求完全的新奇感，可以尝试去科莫多岛进行一次船宿潜水。

很难消化的火焰乌贼

如果稍微幸运的话，您在万鸦老沙质海底上匍匐前进时，可能会遇见6—8厘米长的多彩小乌贼。火焰乌贼的学名"Metasepia pfefferi"是1885年由英国头足纲动物专家威廉·埃文斯·霍伊尔（William Evans Hoyle, 1865—1926）命名的。这个名字是为了纪念德国动物学家格奥尔格·约翰·普费弗（Georg Johann Pfeffer, 1854—1931）——汉堡博物馆馆长，也是研究这一纲软体动物的专家。

"火焰乌贼"（seiche flamboyante）这个通用名来自它那可以根据心情随意变化的奇特的体色。它的体表大部分呈棕色，有许多红点，是一个令潜在捕食者感到威胁的信号。因为火焰乌贼组织中封闭着很强的毒素，被认为与澳大利亚的蓝纹章鱼的毒素一样可怕，一旦被蓝纹章鱼咬到，可能导致成年人死亡。火焰乌贼、蓝纹章鱼和仿乌贼是目前已知仅有的三种有毒头足纲动物。

泳鳍蹩脚的火焰乌贼通常借助其有力的腕足移动。它的腕足边缘有一圈彩色的膜，它在起伏前进时摆动这层膜，或许是为了吸引猎物。人们还不知道被它咬到或被它的墨汁喷到是否也会中毒。

印度洋-太平洋

适宜时期

4 月至 11 月的条件最适宜潜水，6 月至 9 月是最干燥的时期。在这个季节，在东南季风的影响下，微风习习，凉爽舒适。去桑义赫群岛的船宿潜水只能在季风间歇时期进行，此时的浪涌较小，即 4 月、5 月、10 月和 11 月。

相关信息

这个地区的旅游业发展迅速，确保游客能找到舒适的旅馆，尤其是用当地材料建成的"热带"建筑风格的旅馆。在万鸦老附近，努桑塔拉酒店（Nusantara）、鲁雷大酒店（Grand Luley）、可可提诺斯酒店（Cocotinos）这些漂亮的度假酒店都拥有自己的潜水中心。在比通港，蓝壁度假村可能是最舒适的旅馆了，游客也可以住在岛上迷人的空空安湾度假酒店（Kungkungan Bay Resort）。当地人开的旅馆也很干净，尤其是方便与当地人接触，他们对外国人都很友好。例如很有名的潜水者旅舍（Divers Lodge）就是建在梦幻般景观中的生态度假村。

其他海底探险可以在苏拉威西进行。在中央，位于布阿勒莫半岛（péninsule Bualemo）两侧的邦盖群岛和托吉安群岛（Togian）都以其礁石而闻名遐迩。多座岛上都设有潜水中心。最后，从 11 月至来年 3 月，可以从安汶市（Ambon）出发，在苏拉威西岛南面的班达海中进行船宿潜水。这些岛上也设有一些潜水中心，岛周围能看见许多深海鱼。

图 1_ 迷人的小旅馆
蓝壁海峡的空空安湾度假酒店主要接待潜水者，它的高脚度假小屋非常舒适。

图 2_ 火山岛
就像这个群岛大部分岛屿一样，万鸦老图阿岛是一座古老的火山。它的周围环绕着一圈有趣的礁石，吸引着微距摄影爱好者们。

几点建议

建议您从海滩边缘或浮桥周围下水。往往在几米深的水中就可以发现稀有的物种。

注意，旅途会相当漫长，必须在新加坡中转，然后乘4小时飞机到达万鸦老，再乘一个半小时飞机到达蓝壁岛。欧洲人到印度尼西亚旅游不必接种任何疫苗，并可享受落地签证。

实践指南	潜水等级 ★★ 潜水质量 ★★★★ 鱼类 ★★★★	环境 ★★★ 感觉 ★★★ 生物多样性 ★★★★	摄影摄像 ★★★★ 旅游价值 ★★★ 性价比 ★★★★
一月	二月	三月	四月	五月	六月	七月	八月	九月	十月	十一月	十二月
30℃	29℃	28℃	27℃	27℃	28℃	28℃	29℃	30℃	30℃	30℃	30℃
28℃	28℃	27℃	27℃	26℃	26℃	26℃	27℃	27℃	28℃	28℃	28℃

印度洋-太平洋

帕劳 PALAU

35

帕劳
保护完好的珍稀花园

由于帕劳群岛地形复杂，潜水者可能会喜欢船宿游船提供的自由度和自主性。我们认为这是游览各座岛屿的最佳方案。在草木茂盛的洛克群岛（Rock Islands）中航行是一种享受。潜水点通常位于距离锚地半个多小时的海域，因为人们主要在水道外围潜水。

图 1_ 花斑连鳍鲔的恋爱
我们巧遇一对正在求偶的花斑连鳍鲔。这种鱼生活在珊瑚碎片中，通常在黄昏时分出来活动。

图 2_ 红扇珊瑚
红扇珊瑚被归为软珊瑚目，它们的群落长成具有吸水骨架的大扇面形状。

位于菲律宾以东 800 公里海上的帕劳共和国（République de Palaos）——人们更常使用它的英文名"Palau"，更官方的名称是"Belau"——东濒太平洋，西临菲律宾海。这个由 200 多座小火山岛或珊瑚岛组成的群岛面积为 460 平方公里。这个微型国家只有不到 2.5 万居民，首都是梅莱凯奥克（Melekeok），但大部分居民聚居在科罗尔（Koror）。帕劳在第二次世界大战后被美国托管，1994 年获得独立，但始终以美元为通用货币。

帕劳属于密克罗尼西亚——太平洋西部的一个区域，北邻日本，南接新几内亚。海底物种的丰富性使它享誉世界，包括 2000 多种鱼和数不胜数的稀有无脊椎动物。这里特别吸引我们的是被潜水新手们称为"植物"的海绵、柳珊瑚、珊瑚，但实际上它们是活跃的远古动物的群体。它们的存在营造了一种到处"烟花绽放"的节日氛围，因为张开触手的珊瑚虫看上去就像成千上万的微型花冠。在帕劳潜水，非同寻常的礁石也引人注目，并因鲨鱼聚集而闻名。另外，不要忘记"二战"遗留下的众多沉船。

一些豪华游船在这些海域航行。"海洋猎手"一号和三号（Ocean Hunter I et III）、"帕劳塞壬"号（Palau Siren）、"热带舞者"号（Tropic Dancer）和"帕劳进取者"二号（Palau Agressor II）都能提供豪华的设施、优质的服务和非常专业的潜水项目。设在科罗尔的鱼与鳍潜水中心（Fish'n

图 3_ 锯齿牡蛎
锯齿牡蛎也被称为"鸡冠牡蛎",体长 20 厘米,在帕劳很常见。

图 4_ 软珊瑚丛
常常被错认成礁石植物的软珊瑚实际上是刺胞动物,以从水流中过滤的浮游生物为食。

Fins)是帕劳潜水活动的开拓者,拥有 11 艘超快游船,可以到达 50 个不同的潜水点,都是在白天出海。

要想与帕劳的潜水点亲密接触,建议您选择龟湾(Turtle Cove)。这是一处壮丽的峭壁,聚集着大量拟态鱼类和各种裸鳃动物,而鲹鱼和鲨鱼则在洋流条件适宜时出没在附近海域。

初学者一开始可以在舞龙水道(Ulong Channel)的回流中潜水。在桌面珊瑚的背景上,鲨鱼们在水道入口处游弋。水道内部的珊瑚姿态万千,其中包括皱折陀螺珊瑚。潜水结束时,还能看见一米宽的大砗磲(Tridacna gigas)。

有经验的潜水者则可以去探索贝里琉岛(Peleliu)的礁石,那里常有地狱般的洋流肆虐,有一个潜水点因此被称作贝里琉特快(Peleliu Express)。这里的海水格外清澈,蕴藏着您想见到的所有深海动物。壮丽的峭壁上布满了天鹅绒般的软珊瑚和半透明的海扇。也不要忘记去德国水道(German Channel)和蓝角(Blue Corner)观看一场鲨鱼、鲹鱼、舒鱼、隆头鱼甚至鳎鱼的联欢。

恩盖德布斯墙(Ngedebus Wall)的景观与此相似,但更加令人心潮澎湃,因为那里有非常活跃的鲨鱼频繁出没,有时甚至能看见公牛真鲨。

请不要错过沉船遗迹,还有那些蓝洞,在那里潜水的感觉就像观看皮影戏……

印度洋-太平洋

有趣的物种

在帕劳海域中可以见到瑰丽多彩的珊瑚海，在那些举世闻名的令人眩晕的峭壁上生长着宽大的柳珊瑚、巨型海绵、软珊瑚和黑珊瑚丛。一些潜水点，如鲨鱼城（Shark City）和蓝角，因数目众多且活动频繁的黑尾真鲨而闻名。它们好奇心重，与潜水者靠得很近，时常因洋流推力过大而被迫用带钩的鳍抓住礁石！

古玩爱好者会去恩格雄珊瑚花园（Ngerchong Coral Garden）外侧潜水，在那里他们可以观赏到一百多年前的砗磲属中的一些宽达1.5米的特殊品种和一些美丽的红扇珊瑚。

最美的珊瑚花园之一位于大断层（Big Drop Off）处，它完全被本氏海齿花的羽毛覆盖，是初学者也可以进入的潜水点。许多软珊瑚把这个聚集着大量小珊瑚鱼的地方点缀得五彩缤纷。

无所不知

帕劳群岛在卡扬埃尔环礁（Kayangel）和托比岛（Tobi）之间绵延650公里。它是1543年被西班牙航海家鲁伊·洛佩斯·德·比利亚洛沃斯（Ruy Lopez de Villalobos，1500—1544）发现的，但他当时没有在岛上停留。

■ **我们的忠告**

在帕劳旅游，您肯定能领略到远离尘世、投身大自然的新奇感，也能从非常舒适的旅游基础设施中感受到美国的深远影响。请别忘记乘坐直升机俯瞰海上的一座座岛屿。它们犹如一条条被植被覆盖的绿色长蛇，构成了难得一见的美景。

图1_ 温柔鲨影
这类鲨鱼并不受寻求刺激的潜水者青睐，因其性情极为温和。这种体长可达2米的礁栖鲨类得名于其与珊瑚生态系统的密切关系，主要在夜间进行捕猎活动。

图2_ 科罗尔仙境般的海底洞穴
距离科罗尔西北一小时航程的蓝洞是一个巨大的海底洞穴上部的两个洞。较小的那个洞直径5米，开口处直径15米，较大的那个洞开口处直径27米。

图3_ 水母湖
距离科罗尔30分钟航程的艾尔默克岛（Eil Malk）的水母湖（Jelly-fish Lake）的咸水中栖息着上百万只金色水母——巴布亚硝水母。它们的刺丝囊极小，是无害的。但它们在2016年突然消失了。

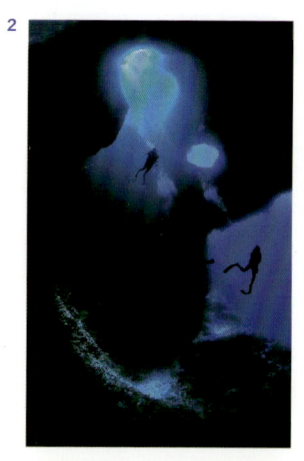

在激流中潜行

在海底峡谷中观察钝吻真鲨的潜水活动常常充满挑战,因为这些通道的水流异常强劲。在某些区域,潜水者可以借助固定绳索将自己锚定在珊瑚上。

　　帕劳人是在1783年第一次与外国人接触的,当时英国的亨利·威尔逊(Henry Wilson)指挥的舰船"羚羊"号(Antilope)撞在了科罗尔和贝里琉之间的礁石上。威尔逊和脱险的船员在帕劳住了3个月,修复他们的舰船。

　　帕劳群岛在1899年之前一直属于西班牙,之后被德国人买下。1919—1945年,帕劳被日本托管,之后又被联合国交给美国托管。1980年至1994年,帕劳被视为一个与美国结成"自由联盟"发展的半独立国家。1994年10月,帕劳共和国成为独立国家,同年12月在联合国取得席位。它的货币是美元。自2006年10月7日起,首都改为梅莱凯奥克。

贪婪的敢死队员

　　帕劳也因为第二次世界大战遗留的一些有趣的遗迹而闻名。日军的"爱知E13A1-1海军0型"(Aichi E13A1-1 Navy Type 0)水上飞机——被盟军称为"杰克"号水上飞机(Jake Seaplane)——残骸就是证明。1941年建造的这架水上飞机用于侦察、地面支持、搜救船员、反潜作战、运输和敢死队任务。这架三座单引擎(三菱14缸发动机)飞机的续航能力达1128海里(约2089公里)。

　　1944年,这架翼展14.5米、长11米的飞机在着陆时失控。它几乎完好无损地安息在水下15米深处的一大片珊瑚上,珊瑚连着一片缓坡礁石,延伸至水下40米。海水通常十分清澈(见旁边的照片),尤其是在涨潮时。

　　这架飞机的残骸直到1994年才被一位渔民在位于连接巴贝达奥普(Babeldaob)和科罗尔的桥梁以西5公里处发现。这是初学者可以进入的一个简单的潜水点,它沿着礁石延伸,潜水者可以看到一些美丽的裸鳃类动物和一些头足纲动物(章鱼和墨鱼)。

印度洋-太平洋

适宜时期

帕劳由于十分靠近赤道，气候具有典型的热带特征。环境温度从来不低于 21℃，年平均气温在 26℃左右。十分频繁的降雨滋润着繁茂的热带植被，使这些岛屿独具魅力。

人们全年都可以在平均水温 28℃的海里潜水。在帕劳，水下能见度通常超过 30 米，且与洋流方向有关。

旅游旺季从 12 月底一直持续到来年 5 月初，这也是降雨最少、海水最平静的时期。

鱼与鳍潜水中心在 3 月（"鲨鱼周"）组织特别的观鲨潜水，在 6 月组织沉船潜水。

实用信息

帕劳实际位于欧洲的对跖点上，等待您的是漫长的旅途。您可以从马尼拉（飞行两个半小时）、台北或首尔（飞行 5 小时）出发，到达科罗尔。帕劳机场位于艾拉伊（Airai），距离科罗尔约半小时车程。您有必要找一家旅行社，以便获得价格实惠的旅行套餐。

帕劳的官方语言是英语。大部分设备来自美国，电源为 110V，请事先准备一个转换插头。

对于不爱出门的游客，最好的旅馆肯定是建在一片迷人的椰林中的帕劳太平洋度假村（Palau Pacific Resort）了。在服务相当标准的迷人旅馆中，我们建议选择加罗林群岛度假村（Carolines Resort）和帕劳种植园度假村（Palau Plantation Resort）。

图 1_UNESCO 的世界遗产
2012 年被列入联合国教科文组织《世界遗产名录》的洛克群岛被当地人称为"Chelbached"，是一些覆盖着植被的珊瑚礁遗迹，在科罗尔以南海面上占据了 47 平方公里的面积。

图 2_ 清澈的海水和无人的小岛
洛克群岛由 250—300 座岛屿组成，景色雄伟壮丽，为游客提供了在清澈见底、物种丰富的海水中畅游的一千零一个机会。

几点建议

　　鉴于密克罗尼西亚距离遥远，建议您做一个长假规划，在那里住上几个星期。在帕劳住一个星期，然后到密克罗尼西亚的其他岛附近去探险，比如波纳佩岛（Pohnpei）和它的沉船，有 300 多种珊瑚的关岛（Guam），或者雅蒲岛（Yap），这是世界上唯一能确保您全年都能观赏蝠鲼联欢的地方。

实践指南	潜水等级 ★★ 潜水质量 ★★★★ 鱼类 ★★★★	环境 ★★★ 感觉 ★★★★★ 生物多样性 ★★★★	摄影摄像 ★★★★ 旅游价值 ★★★ 性价比 ★★★

一月	二月	三月	四月	五月	六月	七月	八月	九月	十月	十一月	十二月
29℃	29℃	28℃	28℃	28℃	27℃	26℃	26℃	27℃	27℃	28℃	29℃
28℃	28℃	28℃	28℃	28℃	27℃	27℃	27℃	27℃	28℃	28℃	28℃

印度洋-太平洋

密克罗尼西亚 MICRONÉSIE

36

丘克潟湖
历史悲剧的遗迹

只有船宿游船可以带您去探索这片广阔的潟湖下面丰富多彩的世界。多艘豪华游船推出为期一周的潜水远航：作为这个潜水胜地的先锋，庞大的"SS 索尔芬"号（SS Thorfinn）游船长 58 米，可容纳 26 位乘客。"丘克进取者"号（Truk Agressor）有 10 间舱室，全部带有私人浴室。"奥德赛"号（Odyssey）具有相似的舒适条件，可容纳 18 位潜水者。40 米长的双桅纵帆船"丘克塞王"号（Truk Siren）于 2014 年 11 月投入运营，可容纳 16 位乘客，提供最豪华的服务。这些游船中的每一艘都能提供高水平的服务，并装备了第一流的潜水设备，还有经验丰富的教练协助潜水。蓝色潟湖度假酒店周围的景色美不胜收，并拥有自己的潜水中心，已经在当地经营了 40 年！

由于错误发音而被称为"特鲁克"（Truk）的群岛自 1986 年起被官方定名为丘克群岛（Chuuk），与雅蒲岛、波纳佩岛和科斯雷岛（Kosrae）一起构成了密克罗尼西亚联邦，联邦的西部名为加罗林群岛（Îles Carolines）。

散布在海洋中、位于赤道以北仅 7℃的丘克群岛是密克罗尼西亚人口最多的群岛（约 6 万居民，面积 116 平方公里），首府是韦诺（Weno）。

在一圈珊瑚礁的保护下免受太平洋怒涛袭扰的丘克潟湖仿佛遗落在汪洋中，距离关岛 1000 公里，距离马尼拉 2500 公里，距离新加坡 3800 公里。这个直径 60 公里的三角形潟湖里的海水永远很平静，人们在这里潜水主要是为了参观在第二次世界大战"冰雹行动"中沉没的日军舰船的残骸。

1944 年 2 月 17 日至 18 日，由 9 艘航母、7 艘装甲舰和许多其他军舰组成的美国第 58 特遣舰队（Task Force 58）摧毁了日军的丘克海军航空基地。400 多架飞机、两艘潜水艇和 40 多艘舰船（共 60 艘）沉没在这个潟湖里。这次毁灭性的进攻创造了今天被称为"丘克潟湖的幽灵舰队"的景观。

25 年来，这些沉船始终未被破坏，而是慢慢转变成人造暗礁。1969 年，库斯托船长带领的团队探索了这个潟湖，而 1971 年在电视上播放的他的纪录片开启了这个岛的潜水旅游活动。

图 1_ 潟湖上的战场
大部分日本舰队都以丘克潟湖为司令部。1944 年 2 月 17 日和 18 日，至少有 4000 人在"海尔斯通行动"中丧生。

图 2_ "旧金山丸"
这艘建于 1919 年的货轮于 1944 年 2 月 18 日被一枚重达 250 公斤的炸弹击中。它位于水深 50 米处，甲板上还有三辆坦克。

"日丰丸"
这艘长107米、重3700吨的客轮于1936年11月16日下水,曾被征用以运输弹药。它位于水深50米处,这里的水质非常清澈。

印度洋-太平洋

图 1_ 激战的遗迹
一位潜水者正面对着被无脊椎动物占领的"藤川丸"船首的大炮。

图 2_ 工程船"伯耆丸"
这艘被改装成附属运输船的混合型货船的货舱内装着一辆推土机。这艘 136 米长的沉船躺在 24—50 米深的海底。

有趣的物种

尽管丘克潟湖被 280 公里长的珊瑚礁包围，珊瑚礁里栖息着丰富的鱼类（据 2007 年统计有 266 种）和无脊椎动物，但人们来这里主要是为了参观沉船。潟湖温热的海水是多种无脊椎动物、海葵、海绵、珊瑚、软珊瑚和柳珊瑚的孵化场所，它们把这些荒唐的战争机器改造成了一个美妙绝伦的海底花园。

不可错过的"藤川丸"沉船是一艘 133 米长的货船，曾用于在海岛之间运输战斗机。它竖直插入 34 米深的海底，甲板上结满了软珊瑚和隐藏着小丑鱼的小海葵。船上还有日军"零号"歼击机的机身和机翼。

150 米长的"神国丸"是最大的沉船之一。它的下部结构保存完好，上面装饰着五颜六色的软珊瑚。

"山鬼山丸"是有着最漂亮的结壳的沉船之一。它长 110 米，从水面下 3 米一直插入 25 米深的海底。

葬身于 30 多米深的海底的"日丰丸"很有趣，它的甲板上装载着保存完好的三门大炮和一辆坦克。

■ **我们的忠告**
这是一次非常激动人心的潜水，每艘沉船都在讲述自己的故事。这里是世界"沉船潜水"的必游之地。

图 3_ 客轮遗骸上的巨大螺旋桨
长 146 米的"里约热内卢"号运载着 1140 名乘客和 150 名船员。它长眠在水下 10—33 米深处。

图 4_ "云海丸"的幽灵
这艘直立在 40 米海底的货轮长 100 米，于 1911 年建造，是丘克最古老的沉船。

图 5_ "山鬼山丸"的武器装备
这艘葬身水下 27 米的 112 米长的货轮装备着机枪与弹药，都保存得很好。

图 6_ "贝蒂"号轰炸机
这架"三菱 G4M3 海军 1 型"飞机外号叫"飞翔的雪茄"，从 1940 年起投入批量生产。

冒险经历

长眠于水下70米的战舰

三十多年前，我跟随丘克当地的蓝色潟湖俱乐部一起探索了丘克潟湖和它的沉船。当时的俱乐部负责人基米奥（Kimio）告诉我，他的父亲格拉万·艾塞克（Gravin Aisek）于1986年3月1日发现了日本驱逐舰"追风丸"（Oité）的残骸（重1500吨、长100米），在那之前的搜索都一无所获。从它被发现之后，潜水者应该最多只探访过七八次。限制条件来自两方面：一是它位于水下约70米深处，二是很难确定它的位置。当时，人们只进行空气潜水，用岸边助航标志定位（没有GPS），同时借助两个固定点找齐地平线。1944年2月16日，"追风丸"在潟湖北部被美军击沉，远离其他沉船和陆地，因此很难定位。我成功说服了年轻的记者兼教练基米奥，我们应该用照片为这艘沉船留下永恒的影像。我们沿海底拖曳着船锚，最终靠近了"追风丸"。这是一个异乎寻常的时刻，因为两年来，没有一位潜水者在这里下潜过。经过一段漫长而难忘的下沉——有七条鲨鱼在我们周围盘旋——之后，首先映入我们眼帘的是甲板上一颗被子弹射穿的头骨，旁边是一挺机枪。当时450名船员中只有20人幸存。这是一个触目惊心的场面，因为这是我第一次在沉船上发现了人类遗骸。旁边这张照片征服了昂蒂布国际潜水摄影节，也激励我随后参加了许多摄影比赛。

利昂内尔·波佐利

印度洋-太平洋

适宜时期

丘克的赤道气候确保了 28℃的年平均气温和很大的湿度。这里经常骤降暴雨。1月至3月是最干燥的时期，降雨最多的时期在6月和9月之间。

全年都可以潜水，如果您想享受清澈的海水，最好避开夏季，因为强降雨有利于水中悬浮颗粒的出现。

实用信息

前往丘克国际机场的旅途可谓一次远征。从欧洲出发，首先到达关岛，中间途经韩国首尔，至少需要 18 小时。然后，您需要再乘坐将近两个小时的飞机。算上时差（夏季 8 小时，冬季 7 小时）的话，这就差不多需要两天的行程。您需要在您的路线规划中考虑到这一因素，计划一次为期两周的旅行，以便好好享受假期。

只要有一本有效的护照和一张返程机票，就可以进入密克罗尼西亚了。移民局会为欧洲来的游客颁发 30 天的居留许可。

这里使用的货币是美元。丘克群岛的宾馆和饭店接受大多数的国际信用卡。但是要想购买纪念品，尤其是面具和木雕或露兜树编织品，最好还是准备一些小面额的钞票。

几点建议

您最好带上您的所有潜水装备，因为现场租赁装备费用很高。不要忘记擦防晒霜，因为水面反光会很快晒伤皮肤。如果您有时间，可以将丘克的行程与帕劳的短暂停留结合在一起，以便更全面地了

图 1_ 定格成永恒的时刻
一门被日军用来防守韦诺岛的大炮似乎仍然随时准备射击。

图 2_ 无处不在的遗迹
在首府韦诺，"二战"时期的遗迹司空见惯，勾起您的回忆和尊重。

208

环球潜水攻略

解密克罗尼西亚潜水活动的丰富多彩。

登记的沉船潜水点有 70 处之多。其中 21 处位于水下 12—27 米深处，可供中级潜水者探访。14 处沉船遗骸长眠于 30—40 米深处。但是最美的沉船中有许多都位于水下 50 米左右，这就要求优秀的潜水技能和高度的谨慎。幸运的是，海水能见度在 15—30 米，而且沉船周围很少有强洋流。

一家专业潜水旅行社将为您建议一些"套餐"，它们通常比单独的旅行项目更加优惠。由于丘克的沉船深受美国游客追捧，谨慎起见，您最好提前几个月预订船宿潜水的行程。

实践指南	潜水等级 ★★★★ 潜水质量 ★★★★ 鱼类 ★	环境 ★★★★ 感觉 ★★★★ 生物多样性 ★★	摄影摄像 ★★★★ 旅游价值 ★★ 性价比 ★★★
一月 28℃	二月 28℃	三月 28℃	四月 29℃
五月 29℃	六月 30℃	七月 30℃	八月 30℃
九月 30℃	十月 29℃	十一月 29℃	十二月 28℃

水温：一月 27℃、二月 27℃、三月 27℃、四月 27℃、五月 28℃、六月 28℃、七月 28℃、八月 28℃、九月 28℃、十月 28℃、十一月 27℃、十二月 27℃

印度洋-太平洋

巴布亚新几内亚
PAPOUASIE-NOUVELLE-
GUINÉE

37

瓦林迪
海神尼普顿的花园

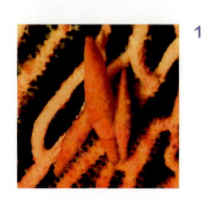

由于潜水点分布在约 190 公里的距离上，欣赏这些礁石上的生物丰富性的最佳方案就是船宿潜水。"费布丽娜"号是瓦林迪种植园度假村（Walindi Plantation Resort）的一艘 22 米长的机动游艇，于 2011 年接受了全面改造。它的空调舱室可容纳 12 位潜水者，并能提供高氧气体。游艇在环绕金贝湾的壮观的火山链中航行，穿过西北部的维图诸岛（îles Witu）和东北部以远洋鱼类丰富闻名的父亲礁（Fathers reefs）。最长的路线一直延伸到新不列颠岛北端的拉包尔（Rabaul）。

图 1_ 尖细枪梭螺
这种梭螺科的海螺以柳珊瑚上的珊瑚虫为食，就像这张照片中的海扇。这种腹足纲动物的外套与它的宿主颜色相同。

图 2_ 茂密的无脊椎动物丛
俾斯麦海中点缀着斑斓的色彩，因为这里有一种绽放红色"花朵"的海鸡冠和橙色骨架上点缀着白色珊瑚虫的柳珊瑚。

图 3_ 镶着活花边的扇子
海扇的角质骨骼通常是乳黄色，但是某些品种，比如照片中的这种，会呈现出美丽的猩红色。这种颜色来自完全覆盖了珊瑚的一种体外寄生的藻类。

巴布亚新几内亚是一个独立国家，主要由新几内亚岛的东部构成，而岛的西部——伊里安查亚（Irian Jaya）是印度尼西亚的一个省。巴布亚还包括位于它东北端的俾斯麦群岛（archipel Bismarck），其中的主要岛屿包括：马努斯岛（Manus）、新爱尔兰岛（Nouvelle-Irlande）、布干维尔岛（Bougainville）和新不列颠岛（Nouvelle-Bretagne），构成了几大行政区，而瓦林迪（Walindi）就在新不列颠岛上。

创建于 1983 年的瓦林迪种植园（Walindi Plantation）是家综合性旅馆，位于风光旖旎的金贝湾（baie de Kimbe）——新不列颠岛北侧的一片三角形的珊瑚礁。新不列颠岛由五座活火山构成，面积为 36520 平方公里。它形似一弯新月，长 600 公里，是拥有 40 万居民的俾斯麦群岛中最重要的岛屿。瓦林迪是一处优秀的潜水胜地，也是为期 7 晚、10 晚、12 晚或 15 晚的船宿潜水行程的出发地。从这里出发，可以到达这个海域最好的但往往距离遥远的那些礁石。

作为该地区唯一的综合性旅馆，瓦林迪种植园也拥有一家优秀的潜水中心。12 幢乡村风格的度假小屋分布在一片灰色沙滩的边缘。大部分的潜水点都有一个女性化名字，比如艾玛礁（Emma）、苏珊礁（Suzann）、安娜-苏菲礁（Anne-Sophie）、克里斯蒂娜礁（Christine）、玛丽-埃莱娜礁（Marie-Hélène）等。它们的名字都是度假村的主人马克斯·本杰明（Max Benjamin）为了纪念他最漂亮的女顾客们而起的……

奥托礁（Otto）是距离度假村最遥远的潜水点之一。因为有许多美丽的海绵，在那里潜水别有一番风味，而且当洋流有利时，舒鱼和双髻鲨会在那里游弋，还有金枪鱼和鲹鱼。

印度洋-太平洋

有趣的物种

在金贝湾海域，姿态万千的礁石形成了一座座错落有致的礁石花园。花园里布满了海绵、黑珊瑚、海鸡冠和柳珊瑚，它们伸展开来，仿佛五彩缤纷的华丽花束。水下能见度可达 45 米，让人感觉自己仿佛在汪洋大海中自由自在地潜水。

黄色、红色或橙色的海底柏柳珊瑚和柳珊瑚海扇——旧称海树——是最壮观的，某些种类直径长达 2 米。

借助一段又短又粗壮的干抓住礁石的这些最壮观的柳珊瑚主要出现在水下 20—40 米的区域内。构成它们的八放珊瑚虫在一种柔韧的材料中分泌出一个外骨骼——珊瑚质，在某些品种中，珊瑚质分叉成花边或者可能呈现手指的形状——如刺柳珊瑚——或鞭子的形状——如海扇珊瑚或灯芯柳珊瑚。

一群群暗鳍金梭鱼经常在很深的海底峭壁的边缘出没。它们从容地巡逻，在潜水者周围环绕出一个完美的圆圈。

图 1_ 海绵与海百合
海百合或海羽星是一种棘皮动物。它长在一块美丽的大孔橙扇海绵上。

图 2_ 马夫的鞭子
因背上的长鳍而被称作"马夫鱼"的黑白关刀正游过一丛红鞭软珊瑚。

图 1_ 桶状海绵
桶状海绵的俗名来自它特殊的形状和巨大的尺寸（最长 2 米）。它是印度洋 - 太平洋海域特有的品种，在瓦林迪很常见。

图 2_ 刀片鱼
刀片鱼游动时低着头。它躲在海胆的刺中保护自己，但以扇珊瑚中的珊瑚虫为食。

图 3_ 平线若鲹
平线若鲹游得很快，因为它是一种可怕的捕猎者。它以深海鱼为食，其中包括鲭鱼。

图 4_ 六带鲹
在洋流中一动不动的六带鲹白天在礁石外围成群地休息。通常，鲨鱼就在不远的地方。

冒险经历

要吝惜鳄鱼的眼泪……

当我第七次到瓦林迪旅行时，我有幸在那里见到了道格拉斯·赛弗特（Douglas Seifert），一位美国摄影师朋友。他告诉我他与马克斯·本杰明一起在附近的一座远离红树群落的小岛上发现了一条2米长的海鳄鱼。一条鳄鱼居然迷失在距离红树群落如此远的一座岛上，这让我感到很奇怪，但是的确曾经有人在澳大利亚距离陆地100多公里处见到过湾鳄！经过一小时的航行，在靠近水面处，它就在那里，趴在海底一动不动。然后，这条鳄鱼决定动弹一下。如果它当时表现出攻击性，我们只有几块木头防身……在它的陪伴下，我们度过了紧张的半小时，所有的感官都处于警觉状态。返回途中，我对这次如此罕见的奇遇意犹未尽，这时道格拉斯问我是否知道"租赁鳄鱼"。我瞬间明白了，这一次原来是我的朋友们在当地一家养鳄场租了一条鳄鱼！尽管如此，这条鳄鱼还是很美的，而且的确是我们所知的那种可怕的食肉动物。当它的主人来带它回家时，他手臂上的六条缝合的伤口足以证明这一点……

利昂内尔·波佐利

无所不知

十六世纪被西班牙航海家们发现的新几内亚两万多年来一直居住着巴布亚人。巴布亚在1884年至1914年之间归德国人所有，1921年被澳大利亚托管。自1975年9月16日成为独立国家之后，它以石油、矿产等自然资源为生，不久还会开发天然气。

适宜时期

离赤道很近的新不列颠岛属于典型的赤道气候，高温高湿，因此这里植被繁茂。突然而短暂的暴雨随时可能出现，尤其是在4月至11月的夜间，此时是潜水的理想时期。在这个季节，海水格外清澈，能见度可达40米。这也是一段风平浪静的时期。

相关信息

到巴布亚新几内亚旅行有些探险的意味，因为没有交通工具可以直达这里。从欧洲出发，需要先到新加坡、马尼拉、香港或悉尼。之后，新几内亚航空公司会把您送往巴布亚新几内亚的首都莫尔兹比港（Port Moresby）。然后，您还需要再飞90分钟才能在新不列颠岛上的霍斯金斯（Hoskins）着陆。此时您只剩下一小时的车程就可到达瓦林迪了。欢迎您！

潮湿的气候是蚊子的最爱，请务必准备一种防蚊药膏及杀虫剂。您还需要准备一种防疟疾药。

■ 我们的忠告

特别清澈的海水和特别丰富的动物会让您在瓦林迪度过极其欢乐的时光。在巴布亚潜水的确奇妙无比……但还是应该多留给它一些时间。

一千零一个处女地
俾斯麦海上分布着许多被宁静的潟湖包围的小珊瑚岛。您有机会在温暖而清澈的海水中游泳，欣赏梦幻般的景色。

几点建议

尽管因为数不胜数的海湾（船宿潜水时可以游览）形成的天然保护，这里很少有洋流，但我们还是建议，只有至少完成过 50 次海洋潜水的经验丰富的潜水者才能到俾斯麦海域潜水。因为，海底峭壁令人眩晕的深度可能引起初学者的不适。

注意，瓦林迪种植园度假村只能同时接待 30 多位游客。这个地方如今享誉全球，因此必须提前几个月预订。船宿潜水也是如此，尽管价格很高，仍然几乎永远爆满。

微距摄影爱好者们会喜欢从海滩下潜。距离岸边 100 米的一块大礁石周围聚集着虾、海蛞蝓和一些小鱼。在船宿潜水行程中，如果白天出海，在游船停靠的每个小岛附近也能看到这种景象。

实践指南	潜水等级 ★★ 潜水质量 ★★★★ 鱼类 ★★★	环境 ★★★ 感觉 ★★★ 生物多样性 ★★★★	摄影摄像 ★★★★ 旅游价值 ★★★★ 性价比 ★★★

一月	二月	三月	四月	五月	六月	七月	八月	九月	十月	十一月	十二月
28℃	28℃	28℃	30℃	30℃	30℃	29℃	29℃	29℃	28℃	28℃	28℃
27℃	27℃	27℃	28℃	28℃	28℃	28℃	28℃	28℃	28℃	28℃	27℃

印度洋-太平洋

巴布亚新几内亚
PAPOUASIE-NOUVELLE-
GUINÉE

38

米尔恩湾
很小很小的虾

塔瓦里度假村（Tawali Resort）位于阿洛陶（Alotau）近海的塔瓦里岛（île Tawali）上，游客可以完全放松，并探索壮丽的自然景观和一些仅游几分钟即可到达的潜水点。

但是，米尔恩湾海域面积 250 平方公里，包含 160 座已命名岛屿和 500 多座无名岛，只有一艘从阿洛陶出发的船宿游船可以带您探访米尔恩湾丰富的海底世界。

    位于新几内亚最东端，距离首都莫尔兹比港 250 公里的米尔恩湾（Milne Bay）是一个海上省份，包含 600 多座岛屿，濒临珊瑚海（mer de Corail）和所罗门海（mer des Salomon）。这两片海的交汇产生了有利于浮游生物繁殖的洋流，因此礁石上的微型动物群具有不可思议的丰富性。

    米尔恩湾的沿海地区是巴布亚新几内亚野生物种最丰富的地区，包括当特尔卡斯托群岛（d'Entrecasteaux）中那些雄伟壮丽的火山岛。潜水沿整个北部海岸进行，从东海角（East Cape）一直到伯拉马岛（Boirama Island）。您可以在一座岛上住宿，但理想方案当然是乘坐在这些海域中运营的几艘游船之一进行船宿潜水了。

    从 1997 年起在这片海域运营的"切尔坦"号（Chertan）是一艘 18 米长的机动游艇，能容纳 10 名乘客，舱室装有空调，但没有浴室（上层甲板上有两间）。

图1_ 巴布亚的胡里人
巴布亚新几内亚南部的这些居民直到1936年才被欧洲人发现。他们如今约有15万人。

图2_ 一个微缩世界
右上角的放大图中是这位女摄影师拍摄到的画面,一只岩虾生活在一只棘海鳃——又称"海扫帚"中。

图3_ 火焰虾
这只火焰虾长5厘米,通常成对生活。它对自己的领地严防死守,抗击一切潜在的入侵者。

图4_ 清洁虾
清洁虾长7厘米,能帮助鱼类清理身上的寄生虫。它结成小群,生活在礁石的坑洼处。

图5_ 帝王虾
拟态能力很强的帝王虾长2—3厘米,颜色与它的寄主相同,比如这张照片中的西班牙舞娘(学名血红六鳃海蛞蝓)。它有时也寄生在海参和海星上。

印度洋-太平洋

"金色黎明"号（Golden Dawn）长24米，能容纳12名乘客，3月、6月和10月在米尔恩湾海域经营船宿潜水，是巴布亚第一艘提供高氧气体或循环呼吸器潜水项目的船宿游船。它根据天气情况安排路线，高潮是在萨马拉群岛（archipel de Samara）中的戈那巴拉巴拉岛（Gona Bara Bara）的"居家巨人"（Giants at home）潜水点，一个非常有名的蝠鲼"服务站"。

还有另外一些难忘的潜水点：去詹森礁（Jason's reef）观吻鲉，去米歇尔礁（Michelle's reef）、海百合城（Crinoid city）、观察点（Observation point）和小中国（Little China）观虾并进行微距摄影。去塔尼亚斯礁（Tanias' reef）欣赏奇幻的海底氛围，去科布悬崖（Cobb's cliff）观深海鱼。

有趣的物种

米尔恩湾及其周边海域因礁石上聚集着罕见的物种而闻名，有些物种甚至在别处从未见过。必须有足够的生物学知识（或一名优秀的向导）才能发现这些拟态的奇迹。建议您花几小时"寻找小动物"，慢条斯理地探寻仅厘米见方的礁石。在许多次夜间潜水过程中，您会遇到这里的所有甲壳动物。

最令人惊奇的蟹和虾经常在米尔恩湾海域出没。为了找到它们，您需要探查海葵、海胆、海参，它们通常会庇护着这些共生伙伴。实际上，虾和蟹会与各种各样的无脊椎动物结盟。它们在宿主那里找到安身之处，作为交换，它们也帮助宿主清除身上的寄生虫，或者扮演诱饵，帮助宿主捕获猎物。所有这些物种都在夜间捕食或潜伏捕食，也是伪装专家。

图1_ 马骝虾

马骝虾（5—6厘米）是一种夜行虾，隐藏在礁石的洞穴中。每一只虾外壳的颜色和斑点都有细微的差别。它是纯正的食肉动物。

图2_ 海葵虾

透明的霍氏岩虾（2厘米）只能通过遍布在它身体上的蓝宝石般的蓝紫色斑点辨认出来。它在珊瑚、海葵上群居，甚至与钵形水母共生。

图3_ 大清洁虾

十分常见的樱花虾（6—9厘米）用它的长触须当诱饵来吸引猎物，并确保它准备清洁的鱼会接受它的服务。

图4_ 气泡珊瑚虾

气泡珊瑚虾（2厘米）与气泡珊瑚共生。这种透明的虾的脚就像一条条紫色的细线，以鱼身上的寄生虫为食。

图5_ 性感虾

主要与海葵共生的性感虾（2厘米）也会出现在珊瑚上。它们成对生活，雌虾的体长是雄虾（照片左下角）的两倍。

图6_ 科尔曼虾

科尔曼虾（1.5厘米）与火海胆共生，被火海胆的毒刺刺到会非常痛苦。这只甲壳动物在海胆的硬刺之间游来游去，以宿主的残羹剩饭为食。

图7_ 小丑虾

两只小丑虾正在瓜分一只海星，准备吃掉它。大的那只是雌虾，小的是雄虾。它们借助一只钳子端部的几根长刺向这个受害者喷出一种引起麻痹的毒素。

图8_ 海百合上的虾

长臂虾（2厘米）准确模拟它寄主的颜色，包括特殊的条纹，比如照片中的这株栉羽星。它以落入海百合陷阱中的浮游动物为食。

图9_ 鞭珊瑚虾

与鞭角珊瑚共生的鞭珊瑚虾（1.5厘米）很难察觉，因为它极擅拟态。人们通常在夜里看见它。雌虾的色彩没有雄虾鲜艳。

图10_ 跳舞虾

又名"尖嘴虾"或"骆驼虾"的机械虾（4厘米）结成小群生活在礁石坑洼处。它以有机残渣为食。

图11_ 海百合共生虾

共栖岩虾（2厘米）藏在一株海百合的触手里。这种甲壳动物进化到可以完全模拟寄主的颜色，利用寄主"浮游生物过滤器"的角色获取各种微生物为食。

图12_ 美丽异铠虾

美丽异铠虾（2厘米）模拟与之共生的海百合的颜色。这是一种近似蟹的甲壳动物，成对生活。

图13_ 海百合上的枪虾

病毒鼓虾（3厘米）是一种海百合共生虾，因为眼盲，它通过气味找到自己的寄主。

印度洋-太平洋

无所不知

米尔恩湾省由七个群岛构成：特罗布里恩群岛（Trobriand）、伍德拉克群岛（Woodlark）、罗夫兰群岛（Laughlan）、路易西亚德群岛（Louisiade）、康夫里克特群岛（Conflict Group）、萨马赖群岛（Samarai）和当特尔卡斯托群岛（d'Entrecasteaux）。其中某些群岛是以十七世纪至十八世纪发现它们的探险家的名字命名的。

巴布亚新几内亚还有其他许多传奇般的潜水胜地，尤其是新爱尔兰岛北面的卡维恩岛（Kavieng），它因不计其数的鲨鱼和令人眩晕的峭壁而不负盛名。从利塞农岛（Lissenung Island）出发，人们还可以在一艘韩国拖网渔船"德阳"号（Der Yang）的残骸上和几架"二战"时期的飞机残骸上潜水。奥罗省（Oro）的图菲（Tufi）位于莫尔兹比港东北 250 公里处，那里也有一些沉船潜水点，还有几个潜水点在非常清澈的海水中的珊瑚迷宫中。周围的风景和自然环境得天独厚，还有一些非常美丽的鸟儿。

适宜时期

气候稳定并不是巴布亚新几内亚的主要特点之一。从 1 月一直刮到 3 月的西北风为米尔恩湾海域带来了高温和平静的海水。这是进行潜水的最佳时期。5 月至 11 月的天气具有典型的赤道特征，闷热多雨。简而言之，我们可以说米尔恩湾的季节与瓦林迪相反，后者的最佳旅游时期是在 5 月至 11 月东南风盛行的时候。

相关信息

到达巴布亚新几内亚的首都莫尔兹比港（从欧洲出发至少需要 18 小时）之后，您需要乘坐 50 分钟飞机到达阿洛陶的格尼机场（Gurney airport），再坐 90 分钟汽车到达海滨。然后再乘 15 分钟船，才能最终到达塔瓦里岛。冬季时差为 9 小时，夏季为 10 小时！纳帕塔纳旅馆（Napatana Lodge）提供一些有趣的生态旅游项目，您可以看到米尔恩湾地区的大约 270 种本地鸟类，特别是多个品种的极乐鸟、虎皮鹦鹉和犀鸟。8 月和 9 月比较容易看到极乐鸟，因为那时雄鸟们正在为征服雌鸟而炫耀它们华丽的羽饰。

当地货币基那（kina）实际上在综合性旅馆和船宿游船上都不再使用了。多数情况下人们更愿意使用美元。记得带上一些小额纸币。

米尔恩湾省下属的大部分岛屿都是很难到达的荒岛。例如，在当特尔卡斯托群岛中的古德纳夫岛（Goodenough）上，奥伊马达瓦拉（Oi Mada Wara）保护区保护着这座小岛上特有的黑林

图 1_ 慷慨的大自然和荒凉的岛屿
装备了最现代化电子仪表的"MY 切尔坦"号（MY Chertan）游船可以毫无风险地到达最与世隔绝的海域。在那里，您有机会与这些海豚不期而遇，这在巴布亚海域中的确相当罕见。

小袋鼠。

如果您想要进行一次人种学"文化"潜水，那么您在巴布亚的潜水历险最好与参观特罗布里恩群岛的基里怀纳岛（Kiriwina Islands）结合在一起，那里的传统生活仍保持着原始状态。著名人类学家马林诺夫斯基（Bronislaw Kasper Malinowski，1884—1942）将它们描述成"天堂与爱之岛"。在7月薯蓣节（Milamala）期间，村民们的舞蹈带有性暗示色彩。

几点建议

您不一定要专注于微距摄影。米尔恩湾还有一些沉船残骸有待探访，特别是在第二次世界大战期间用作平底大驳船的"穆斯库塔"号（Muscoota）。它的结构非常壮观，周围的海底沙滩（水下24米）上栖息着一些地毯鲨和石鱼。那里的海水能见度很少很好。

实践指南	潜水等级 ★★ 潜水质量 ★★★★ 鱼类 ★★★	环境 ★★★★ 感觉 ★★★ 生物多样性 ★★★★	摄影摄像 ★★★★ 旅游价值 ★★★★ 性价比 ★★★
一月	二月	三月	四月	五月	六月	七月	八月	九月	十月	十一月	十二月
28℃	28℃	28℃	28℃	29℃	29℃	30℃	30℃	30℃	29℃	28℃	28℃
28℃	28℃	28℃	27℃	27℃	27℃	26℃	26℃	27℃	27℃	27℃	28℃

印度洋-太平洋

PACIFIQUE
太平洋

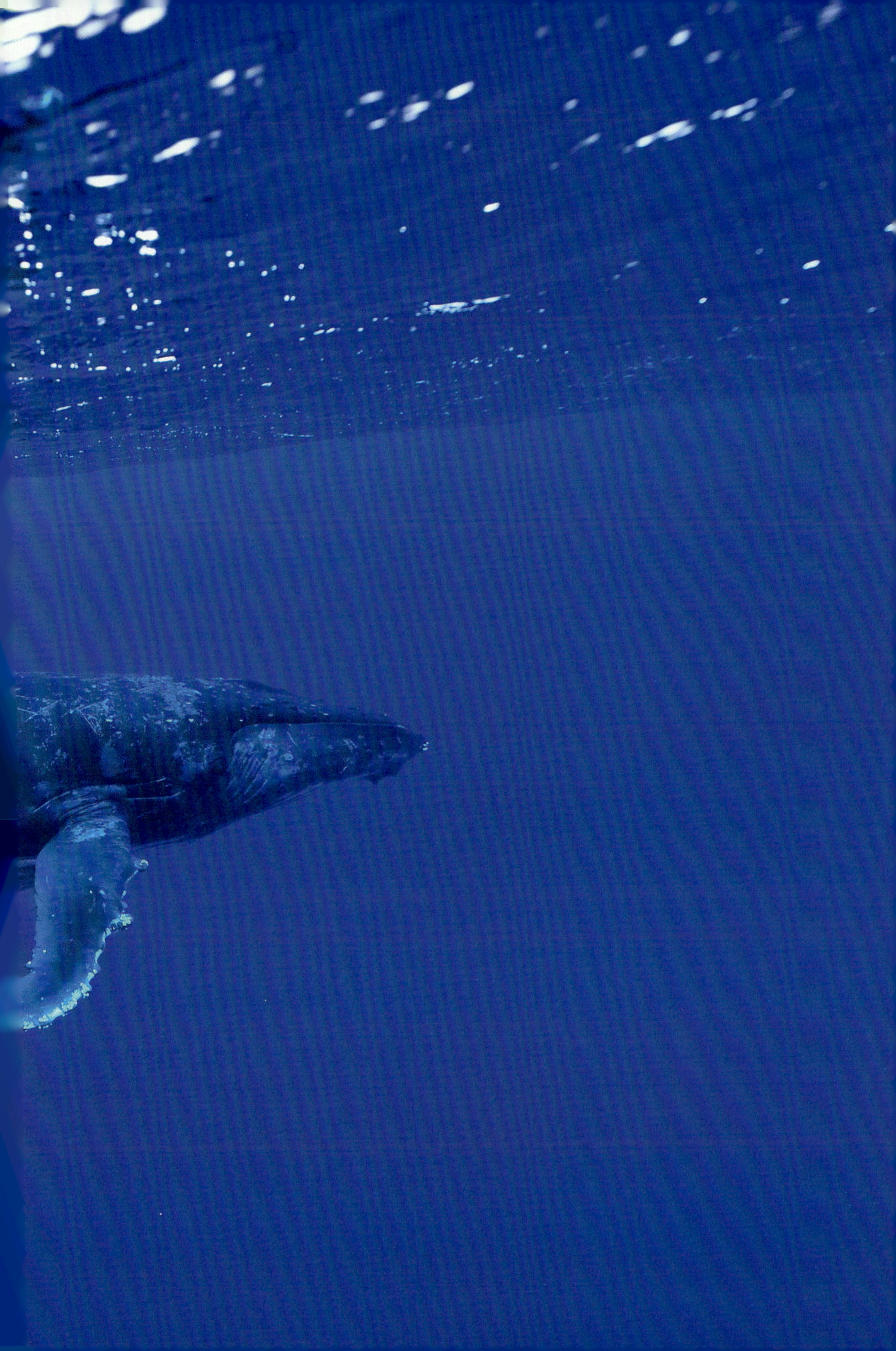

遥远的太平洋是我们这个星球上最大最深的大洋，它的面积为 1.662 亿平方公里，体积为 7.075 亿立方公里，大约占地球海洋总面积的一半。它以令人眩晕的深渊、被密集的海洋生物包围的峭壁和一串串热带岛屿为特点，是所有大洋中最深的，平均深度为 4282 米，还有一些惊人的海沟，比如，11034 米深的马里亚纳海沟（Mariannes）、10882 米深的汤加海沟（Tonga）和 10542 米深的千岛海沟（Kouriles）。大洋两岸之间的距离无比遥远，最宽处从菲律宾的棉兰老岛到巴拿马，相距 17500 公里。强大、无边、惊人、多变、有时可怕却又壮丽的太平洋令潜水者们赞叹不已，因为它蕴藏着地球上最庞大、最有吸引力的生物，只需要一次海底漫步就能与它们邂逅。

在南太平洋海域这片深沉、浓烈、无法复制的蓝色之中麇集着鲨鱼、蝠鲼、鲸、海豚和其他巨型石斑鱼。太平洋一定会让您领略到刺激的潜水和盛大的景象。这里的潜水条件往往难度很大，但是潜水体验总是异乎寻常，有接近于无限的壮阔感、无比纯净的海水和用美丽与多样征服您的纷繁的海洋生命。一些令人难忘的潜水胜地值得您去探访。

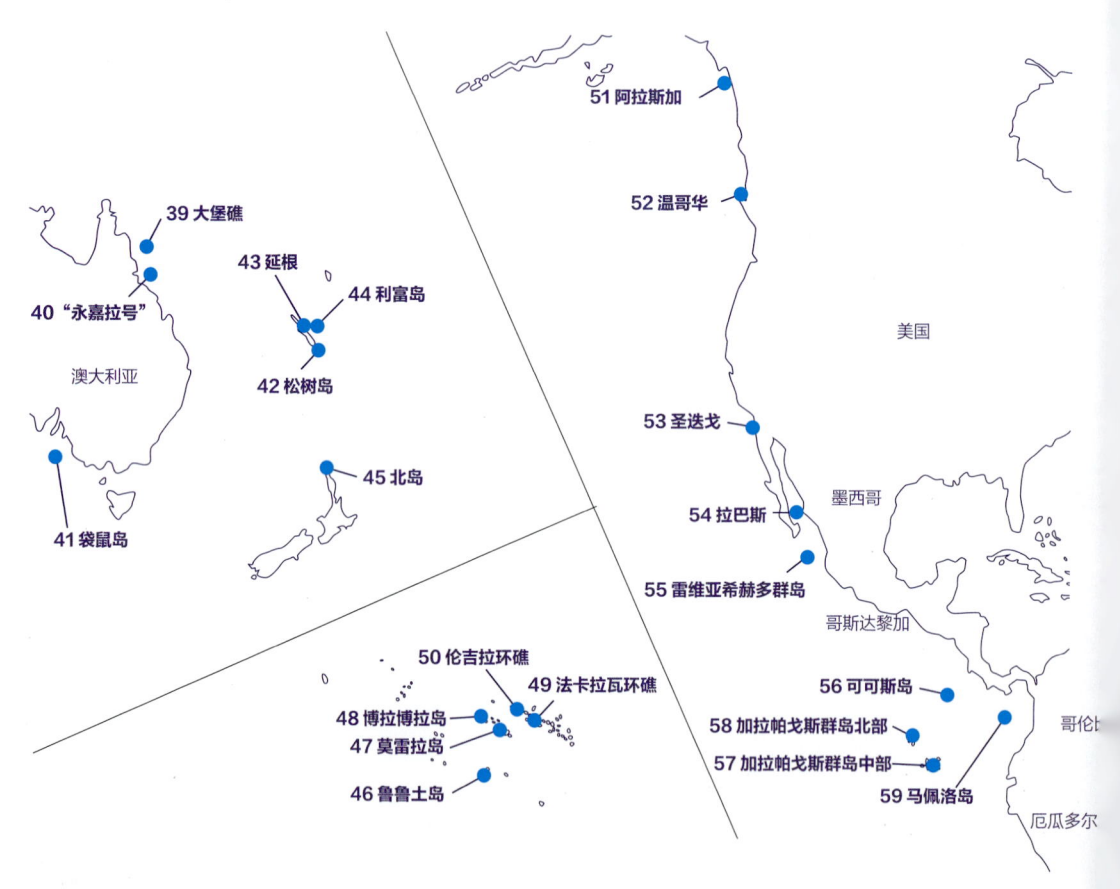

在新喀里多尼亚（Nouvelle-Calédonie），两条裂唇鱼清洁工正在给一条条纹胡椒鲷清理身上的寄生虫。这些小裂唇鱼毫不犹豫地钻进这条大鱼的嘴里，只要它们对它有用，它是不会吞掉它们的。

224

环球潜水攻略

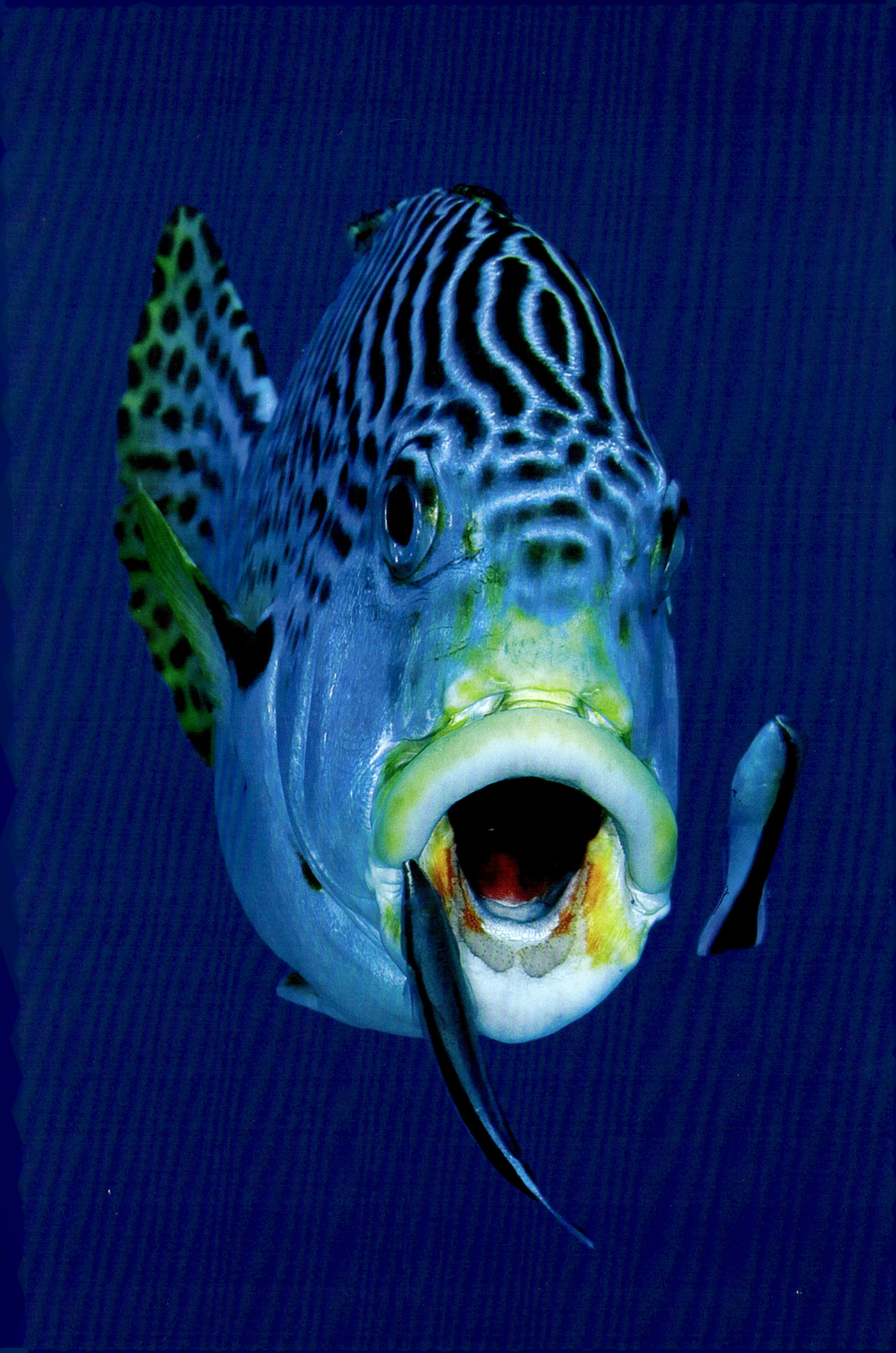

澳大利亚 AUSTRALIE

39

大堡礁
无边无际的海洋

大堡礁宽达 250 公里，各个潜水点的地形截然不同，深度也千差万别，由此决定了潜水过程中可能遇到的物种。

两座高档旅游岛也因其潜水点而闻名。最北端的蜥蜴岛是一个面积 1000 公顷的国家公园，可以从凯恩斯乘坐飞机到达。乘坐船宿游船去蜥蜴岛潜水也是不错的选择，而且那里通常是船宿游船的终点站。外围礁石距离蜥蜴岛 50 分钟航程。

图1_世界上独一无二的动物王国
作为西澳大利亚州唯一存活的奇特的有袋目动物，考拉（学名树袋熊）以桉树叶为食，而桉树叶是有毒的。这个大陆上现存83%的哺乳动物都是本地特有品种。

图2_大砗磲
澳大利亚海域以巨大的大砗磲闻名，它是最大的双壳类软体动物，直径可达1.40米，被IUCN列入"易危"物种。

　　沿澳大利亚东海岸绵延 2500 公里的大堡礁（Grande barrière）是有史以来由活着的生物建造的最大的建筑。它也是世界上最重要的珊瑚生态系统，有 400 种珊瑚、1500 种鱼类和 4000 种软体动物。由大约 600 座岛和将近 3000 块礁石组成的大堡礁面积为 34.8 万平方公里，形似一座峭壁与水道纵横交错的迷宫，暗藏着许多潜水点。
　　位于凯恩斯（Cairns）以北 150 海里（约 278 公里）、紧邻建有澳大利亚最豪华的综合性旅馆之一的蜥蜴岛（Lizard Island）的鳕鱼洞（Cod hole）水道，又名"10 号礁石"（Reef No.10），是大堡礁北部海域最有名的潜水地。这个潜水点位于呈窄带形延伸约 100 公里的著名带状礁（Ribbon reef）上。从道格拉斯港（Port-Douglas）出发，乘船 12 小时才能到达鳕鱼洞。因此，在这里潜水的基本都是蜥蜴岛的居民或船宿潜水者，而被誉为大堡礁最佳潜水地的北昆士兰州（nord Queensland）就有许多船宿游船。

图3_仙境般的美景
在大堡礁的礁石上,一切都是巨大的,这里的海扇直径可达3米。

图4_黄雀鲷
形似一小块金子的黄雀鲷正游向一束软珊瑚。

图5_鳕鱼洞的巨型石斑鱼
在大堡礁数不胜数的潜水点中,鳕鱼洞是最有名的潜水点之一。在最北端的蜥蜴岛近海,人们可以与十分常见的约100公斤重的鞍带石斑鱼并肩游泳。

在南部海面上,距离格拉德斯通(Gladstone)72公里的赫伦岛(Heron Island)是一座大型豪华旅游岛,建在一片著名的海龟营巢栖息区上。那里有二十多个绝佳的潜水点,很容易潜水,且只需不到15分钟即可到达。

与赫伦岛在同一海域的伊利特女士岛(Lady Elliott Island)可以从布里斯班(Brisbane)乘飞机到达,因有大量不同种的鸟类聚居而闻名。那里的潜水形式多样,适合各个等级的潜水者。

太平洋　　　　　　　　　　　　　　　　227

船宿游船从凯恩斯或道格拉斯港出发。迈克博公司（Mike Ball）是唯一拥有观赏小鳁鲸许可证的公司。它的豪华双体船享有盛名，尤其是能容纳 25 名潜水者的 30 米长的"扫兴者"号（Spoilsport）。该公司提供 3 天、4 天或 7 天的船潜行程和探寻鹦鹉螺（9 月、11 月、12 月）或北面最遥远的礁石的"特殊探险"之旅。只有像"自由精神"号（Spirit of Freedom）——37 米长的游艇，能容纳 26 名潜水者，可续航 6000 海里——这样的大船才能到达最有趣的那些潜水点。

有趣的物种

在大堡礁的礁石上，所有的邂逅都是可能的，例外变成了日常。但人们中意的主要是大海的广阔和礁石的深度，这些时常有深海鱼类出没的礁石构成了壮丽的景象。

无所不知

尽管大堡礁的现有外形"仅"成形于 8000—6000 年前，其实早在 2500 万年前它的珊瑚礁已经形成，但在冰川作用下多次被摧毁。如今，这片广袤的自然构造沿澳大利亚西北侧三分之二的海岸延伸，南到班德堡（Bundaberg），北至约克角（Cap York）的顶点。尽管面积宽广（3480 万公顷），拥有地球上珊瑚礁总量 10% 的大堡礁仍然是一个脆弱的生态系统。1975 年，它成为海洋公园，1981 年，被联合国教科文组织评为世界遗产。我们必须保护和尊重这个珍贵的自然空间，不要触碰任何生物，更不要带走它们。政府部门已经加强了保护等级，如今，"基本保护区"包含 11.5 万平方公里，禁止捕鱼甚至禁止入内。

与小鳁鲸一起游泳

三十多种鲸目动物、鲸和海豚在大堡礁频繁出没。这几乎是世界上唯一能让潜水者在温水中遇见小鳁鲸的地方。因为这种鲸——又名小须鲸或尖嘴鲸——偏爱冷水海域，很少在靠近海岸处冒险。与许多其他种类的鲸相反，平均长度为 6—8 米（最长 10 米）的小鳁鲸没有被视为真正濒危的物种，尽管它们在挪威和日本遭到捕杀。

时常独来独往的小鳁鲸是一种相当好奇的动物，会毫不犹豫地靠近船只。3 月到 10 月间，人们可以在大堡礁北部海域见到它们，但 90% 的邂逅发生在 6 月和 7 月。位于阿金考特礁（Agincourt reef）和带状礁之间的区域是最有名的观鲸区。

图1_爬行动物的爱情
莱纳岛（Raine Island）是世界上最大的绿蠵龟繁殖区，这些绿蠵龟每年在这里产下两万个卵。

图2_大型捕食者的王国
除了常见的鲨鱼和鲂鱼，人们可以在大海里看见体长1—2米的沙氏刺鲅。

图3_隆头鹦嘴鱼
隆头鹦嘴鱼是大堡礁的首选客人。这种深海鱼体长可超过1米，重达100公斤。

■ **我们的忠告**

被自然学家们奉为神话的大堡礁不负盛名，这里的生物样本往往比其他地方的更大。

适宜时期

潜水的最佳季节是 9 月至来年 2 月之间，此时是夏季，气温可超过 40℃，水温在 28℃ 左右。冬季（7 月至 8 月）的海水明显变凉。

相关信息

海水能见度平均 30 米，9 月至 12 月间可达 60 米，从而使大堡礁北部海域成为得天独厚的潜水摄影胜地。人们在澳大利亚进行"美式"潜水，即非常舒适的、在限定范围内、严格遵守指令的潜水。鉴于船上潜水者人数众多，潜水探险缺少了一点刺激性。

从欧洲出发，没有直达凯恩斯的航班。最简单的方案是途经香港、东京或悉尼，转机前往凯恩斯。整个旅程平均需要 28—32 小时。电子签证可在澳大利亚移民局网站上免费获得。凭此签证可以在 12 个月内随意进出澳大利亚，每次停留时间不得超过 3 个月。

几点建议

如果您有足够的经费,可以选择 8 天至 12 天的海上旅游,以便最大限度地发现大堡礁的奇观。旅行社最常建议的 1 晚、2 晚或 3 晚的套餐有点儿欺骗游客的意思。

最完美的船宿潜水行程肯定是迈克博潜水探险公司建议的"探索之旅",它一共安排 38 次潜水,其中 4 天在鳕鱼洞,7 天在珊瑚海——弗林德斯暗礁(Flinders reef)。尽管在大堡礁的一座旅游岛上稍做停留、放松片刻是非常吸引人的,但是要知道这些岛上的服务价格是极高的。最后,从凯恩斯乘坐直升机绕大堡礁一小圈,也可以了解到这片礁石群的辽阔,并拍摄到一幅幅摄人心魄的画面。

图1_复杂的礁石群
从空中俯瞰,大堡礁就像一条由露出水面的区域组成的绶带饰,这些区域形成了一些潟湖和插入深海的礁石。

图2_数不尽的绝世小岛
据统计,大堡礁有2500处独立的礁石,礁石上点缀着小型沙质平原,形成了椰树成荫的海滩。

实践指南	潜水等级 ★★ 潜水质量 ★★★★ 鱼类 ★★★★	环境 ★★★ 感觉 ★★★ 生物多样性 ★★★★	摄影摄像 ★★★★ 旅游价值 ★★★ 性价比 ★★★

一月	二月	三月	四月	五月	六月	七月	八月	九月	十月	十一月	十二月
26℃	26℃	27℃	27℃	28℃	28℃	29℃	29℃	29℃	28℃	27℃	26℃
28℃	27℃	26℃	26℃	26℃	25℃	24℃	23℃	26℃	28℃	28℃	28℃

1903年4月29日首航的豪华客轮"永嘉拉"号（Yongala）于同年10月9日离开南安普敦（Southampton），12月6日抵达悉尼。1911年3月23日，狂暴的龙卷风使"永嘉拉"号在距离鲍灵格林角（Cape Bowling Green）海岸12海里、汤斯维尔（Townsville）西南48海里处沉没。

船上的122人（49名旅客、73名船员）全部在这次海难中丧生，说明这是一场突如其来的迅疾的悲剧。尽管进行了密集的搜寻，人们还是没有找到"永嘉拉"号的任何痕迹。直到半个多世纪后的1958年，渔民比尔·柯克帕特里克（Bill Kirkpatrick）才发现了这艘沉船，并请一些潜水员证实了它的真实性。

澳大利亚的潜水者们常说，探访一次"永嘉拉"号看到的鱼类比在礁石上潜水十次看到的还要多。的确，在这艘沉船周围500米范围内是全面禁渔的。

"永嘉拉"号周围的洋流通常比较弱，因此初学者也可以在此潜水。然而，这里没有避风的锚地，最好选择风平浪静的白天前往。

有趣的物种

尽管沉船本身保存完好而且其下部结构非常适合拍摄极美的照片，但人们来"永嘉拉"号潜水主要还是为了看鱼。昆士兰的巨型石斑鱼（鞍带石斑鱼）没有鳕鱼洞的那些那么常见，但在这里永远能见到大群的深海鱼。人们能见到舒鱼，这是自然，但主要还是大头的浪人鲹、大眼的六带鲹，还有也属于鲹科的大口逆沟鲹——贪吃的大型深海鱼，当地人称之为"塔兰康氏似鲹"。体长可超过1米，这种鱼的背鳍正前方有能分泌毒液的背鳍棘。人们还能见到军曹鱼，这是一种1.50米长的独来独往的鱼，在海底附近巡逻，搜索蟹类。

澳大利亚 AUSTRALIE

40

"永嘉拉"号
壮观的百年沉船

如今，109米长的沉船侧躺在水下30米处。下部结构最高处位于水下16米，而理想的潜水深度为24米。"永嘉拉"号作为澳大利亚最大、保存最好的历史沉船被视为该国最佳潜水地之一确实实至名归，因为这艘沉船的内部和周围聚集着丰富的海洋生命。

被吞没了一个多世纪的"永嘉拉"号已经变成了结满无脊椎动物的壮丽礁石。它也被数不清的鱼类（据统计有122种）作为庇护所和捕食区。

图1_黄斑海蛇
"永嘉拉"号沉船因黄斑海蛇而闻名。它与眼镜蛇同属眼镜蛇科，是一种毒性很强的海蛇。

图1_鱼的漩涡
完全被海绵和珊瑚覆盖的"永嘉拉"号沉船周围永远环绕着一团鱼云,比如照片中的这些奇新雀鲷。

图2_奇特的叶须鲨
被当地人称为"wobbegong"的叶须鲨与沙质海底混为一体。"永嘉拉"号沉船中生活着多条叶须鲨。

图3_圆眼燕鱼
在"永嘉拉"号周围水里定居着一群圆眼燕鱼。这张照片中,这些身体扁平的鱼身旁伴随着一些常被渔民捕捞的银石鲈。

图4_画眉笛鲷
一群画眉笛鲷正从"永嘉拉"号幽灵般的下部结构前方路过。前景中有一丛鞭角珊瑚。

图5_埃氏笛鲷
埃氏笛鲷成群游动,随后在"永嘉拉"号甲板上结壳的竖琴珊瑚丛中分散开来。

图6_难忘的时刻
在"永嘉拉"号沉船上,一只玳瑁、一条纳氏鹦鲻和几条鲹一起证明了这个潜水点非比寻常的物种密度。

太平洋　　233

黄斑海蛇长达2米，数目众多。它是海蛇中最大的品种，黄褐色的身体在四分之三长度上都是扁平的。它的平均屏气能力为15分钟，夜间捕食在礁石坑中睡觉的鱼。不具有攻击性但非常好奇的它会被潜水设备上镀铬部件闪亮的反光吸引，迎面游向潜水者。

从6月至12月，蝠鲼会经常出没。人们还在这里登记了其他种类的鲨鱼，包括鼬鲛，但最常见的是善于拟态的叶须鲨和牛鲨——需要当心的一种好奇的鲨鱼。

无所不知

在澳大利亚土语中，"永嘉拉"意为"大水域"。这也是澳大利亚南部城市的名字。

当时，"永嘉拉"号是唯一一艘能在西澳大利亚州弗里曼特尔（Fremantle）和昆士兰州首府布里斯班之间直航的船，海上航程5000公里。

这个潜水点受到1976年颁布的《历史沉船法》（Historic shipwrecks act）的保护。该法规定必须获得许可才能进入这个潜水点，而且在参观过程中不得触碰任何东西，也不得进入沉船内部。

适宜时期

人们全年都可在"永嘉拉"号上潜水。7月和8月是最凉爽（夜间温度可能下降到15℃）也最干燥的时期。该地区是热带气候，炎热潮湿（平均湿度为70%）。1月和3月之间雨量最大，天气闷热。从7月中旬至12月底，海水非常清澈，各种条件最适合潜水。

实用信息

从位于艾尔市（Ayr）以东16公里处的鲍灵格林角的阿尔瓦海滩（Alva Beach）出发，乘坐由2台200马力的发动机驱动的一艘半刚性船，半小时即可到达"永嘉拉"号。还有些更大的机动游艇从汤斯维尔出发（需3小时航程）。游览持续一整天，船上中午提供一顿快餐。

在两次潜水之间，可以见到浮上水面来呼吸的海龟或海蛇。从6月至9月，人们在横渡过程中时常能见到几只座头鲸。

某些旅行社建议从汤斯维尔出发为期3天3夜的船宿潜水，包括参观"永嘉拉"号以及基珀礁（Keeper reef）和惠勒礁（Wheeler reef），后两处也很有名，海底峡谷在非常清澈的海水中创造出壮丽的景象。

图1_短尾虹
经常在"永嘉拉"号周围见到的短尾虹是澳大利亚最大的虹鱼。它的身体周长可达2米，端部有一条较短的尾巴。它的体重可达350公斤。

几点建议

  强烈建议容易晕船的人不要在白天出海（尤其是乘坐半刚性船）。因为，船潜所用的大橡皮艇会一直停在毫不避风的地方，因此艇上有时会有些摇晃。如果天气不适合游览沉船，可以在阿尔瓦海滩的永嘉拉潜水者旅馆（Yongala Divers Lodge）住宿。这是一家简朴甚至有点艰苦的小旅馆，房间装有上下铺，简直跟宿舍差不多。这个价格很实惠的旅馆归几位潜水者所有，且只有一些潜水者经常光顾，因此可以保证您度过几个美好的夜晚。

实践指南	潜水等级 ★★★ 潜水质量 ★★★★ 鱼类 ★★★★	环境 ★★★★ 感觉 ★★★★ 生物多样性 ★★★★	摄影摄像 ★★★★ 旅游价值 ★ 性价比 ★★★

一月	二月	三月	四月	五月	六月	七月	八月	九月	十月	十一月	十二月
31℃	31℃	31℃	29℃	28℃	26℃	25℃	25℃	27℃	28℃	30℃	31℃
28℃	28℃	28℃	27℃	26℃	24℃	23℃	24℃	26℃	27℃	27℃	28℃

澳大利亚 AUSTRALIE

41

袋鼠岛
海龙的家乡

潜水主要在北侧海岸一些被悬崖峭壁包围的区域进行，其中某些悬崖高度超过250米。堆着崩塌礁石的海底散布着一些珊瑚、海绵和柳珊瑚。海狮几乎总会出现，而每两次潜水中至少有一次能遇见海豚。岛的周围还有许多搁浅的沉船可以参观。

长 155 公里、宽 60 公里、拥有 500 多公里海岸线的袋鼠岛（Kangaroo Island）是澳大利亚面积第三大的岛屿，仅次于塔斯马尼亚岛（Tasmanie）和梅尔维尔岛（Melville）。它享有该国野生动物最佳观察地的美誉：袋鼠和小袋鼠自然少不了，还有考拉、针鼹、白鹦和黑天鹅。这是一座美轮美奂的岛，边缘镶嵌着美丽的海滩，海岸上散布着嶙峋的礁石，迎接着大量毛皮海狮和侏儒企鹅来这里做客。

这里的潜水经历是独一无二的，因为可以遇到不常见的物种，比如海龙，以及其他选择在这里定居的自然奇珍。袋鼠岛周围海域庇护着 270 种鱼，其中某些在别处已经看不见了。

有趣的物种

在袋鼠岛的海域中遇到的 80% 以上的动物都是南澳大利亚州特有的品种。

此地毫无争议的明星体长不超过 30 厘米，然而成百上千的潜水者从世界各地赶来观赏它。它就是叶形海龙，海马的表亲，但它的尾巴没有握执力。它的身体上覆盖着扁平的附属物，使它在茂密的巨藻和此地最常见的海藻——浮丝海藻、马尾藻、刺松藻、异形褐藻等中间不易被发现。

图1_大肚子海马
作为南澳大利亚州特有的品种，布氏海马体长可达35厘米。它的特点是身体上有斑点，体色也可能是黄色。

图2_草海龙
在塔斯马尼亚岛海域常见的草海龙体长超过40厘米。它靠摆动背鳍缓慢地游动。

图3_叶形海龙
在澳大利亚属于受保护物种的叶形海龙是南部海岸特有的品种。这是一种很善于拟态的海马，隐藏在海藻中。

图4_地毯鲨
体长可达3米的斑纹须鲨是一种性情温和的动物，它常常停在沙质或石质海底，很擅长拟态。

图5_澳大利亚虎鲨
澳大利亚虎鲨又被称为公牛睡鲨，是澳大利亚南部海域中的典型品种，体长1.5米。

图6_管状长吻
在新西兰也能看见的草海龙以微型甲壳动物为食，它的长吻具有很强的吮吸效果。

图7_卵胎生繁殖
雄性草海龙的尾巴下面带着250—300个受精卵，它会一直保护着这些卵，直至孵化出小海龙。

人们在这些海域还能见到草海龙，它的外表虽没有叶形海龙那么艳丽，但也是橘红色带着紫色斑点。寿命为 5—7 年的海龙在两岁时达到性成熟。尽管最大的海龙体长可达 40 厘米，但是在海洋群落生活环境中，如果不借助专业向导经验丰富的眼睛是察觉不到它们的。

无所不知

袋鼠岛在大约一万年前就因海平面上升而与大陆分离了。如今它位于 18 公里远的海上。人们在那里观察到古老得多的地质层，据估计，崩塌的巨大花岗岩堆——神奇岩石（Remarkable Rocks）距今已有五亿年的历史了。

金斯科特（Kingscote）——袋鼠岛的主要城市，曾是南澳大利亚的第一个欧洲殖民地。

适宜时期

袋鼠岛的潜水季节从 10 月延续至来年 5 月，此时的海水最舒适。在南半球的冬季（6 月至 9 月），夜晚气温可能降至 10℃。最佳旅游时期是从 12 月至来年 3 月，白天高温晴朗（最高 32℃）。

请注意，3 月是在潜水时能见到最多海狮的时期。

相关信息

从南澳大利亚州首府阿德莱德（Adélaïde）——距离悉尼 1165 公里、飞行距离 1 小时 50 分钟的大城市——出发，乘飞机只需半小时即可到达袋鼠岛。

如果您驾车出行，可从阿德莱德附近的格莱内尔格（Glenelg）乘轮渡，航行 2 小时 30 分钟到达金斯科特。从位于阿德莱德以南 1 小时 30 分钟车程的贾维斯角（Cape Jarvis）出发，航程更短。

岛上有许多汽车旅馆、农场旅馆、小旅馆和住宿加早餐客栈或度假营，人们很容易找到住处。

以金斯科特为基地的袋鼠岛潜水探险中心（Kangaroo Island Dive & Adventures）提供在岛西北部的一日游（两次潜水）行程，该中心有一艘 16 米长的很漂亮的双体船，能容纳 6 名旅客，非常舒适。

该中心保证能在只有两天的潜水行程中遇到叶形海龙（否则，会为您多安排两个白天的行程）。它还组织观看海狮和海豚的潜水项目。由于海水相对凉爽，您最好预备一套至少 5 毫米厚的潜水服，以便最大限度地享受这几次长时间的潜水，因为下潜深度都很小。沿犬牙交错的海岸线分布、庇护着海狮的弗林德斯蔡斯国家公园（Flinders Chase National Park）覆盖着袋鼠岛西部 7.3 万公顷的面积。

这是一条鱼，找找它的眼睛！

这团"怒发冲冠"的毛球看上去像一种藻类的混合体，但实际上是罕见的毛躄鱼的头部，它是海底拟态界最奇特的典范之一。它的体毛的形状、数目和颜色因品种不同而变化，专门用于隐藏这个可怕的捕食者，使它与周围环境完全融为一体。这种伪装在袋鼠岛海域富含藻类的海水中似乎非常有效。这种躄鱼最长可达 20 厘米，大部分时间一动不动，潜伏捕食，能突然咬住经过它突出的下颌附近的任何猎物。

■ 我们的忠告

在袋鼠岛潜水就是为了探索另一个世界和独一无二的氛围。喜欢强烈感官刺激的潜水者们可能会失望，但是与海狮嬉戏一定会给您留下难忘的记忆。

被一片桉树林占据的这个区域是袋鼠、小袋鼠、负鼠、针鼹和考拉的领地。

还有一项附加活动是钓南方黑鲔，这种鱼体长可达 2 米，重 200 多公斤。

几点建议

建议您在袋鼠岛至少停留三晚，两天时间用来潜水，一个白天用来驾驶越野车探寻当地的动物群落，您几乎肯定能遇见袋鼠和海狮。袋鼠岛总面积的 30% 以上是由国家公园或自然保护区构成的，游客必须始终抱着一种"生态正确"的态度，尤其是永远不要从大自然中拿走任何东西，也不要往地上丢弃任何东西。

图1_弗林德斯蔡斯国家公园
这个位于袋鼠岛西部的国家公园以平衡矗立的巨型岩石和大自然鬼斧神工的拱洞而闻名。岛上还有异常丰富的植物群落。

实践指南	潜水等级★★★ 潜水质量★★★ 鱼类★★★	环境★★★ 感觉★★★ 生物多样性★★★	摄影摄像★★★ 旅游价值★★★★ 性价比★★★

一月	二月	三月	四月	五月	六月	七月	八月	九月	十月	十一月	十二月
27℃	28℃	28℃	27℃	26℃	25℃	23℃	23℃	24℃	25℃	25℃	26℃
20℃	20℃	21℃	20℃	19℃	19℃	18℃	18℃	18℃	17℃	17℃	18℃

太平洋

新喀里多尼亚
NOUVELLE-CALÉDONIE

42

松树岛
美丽的贝壳收藏

松树岛只有一个潜水中心，即1974年成立的库尼水肺潜水中心（Kunie Scuba Center）。它同时接待初学者和经验丰富的潜水者，带他们去探访珊瑚海的礁石和它们那聚集着大量海洋生命的洞穴、峭壁和水道。

库尼水肺潜水中心坐落在松树岛西北部，靠近瓦梅奥湾（baie de Ouaméo）的科爵宾馆（Hôtel Kodjeue），位于加吉部落（tribu de Gadji）中心。这是一个非常有利于潜水的地方，能很快进入加吉湾的潟湖和极美的礁石，里面汇聚了松树岛最好的潜水点。

图1_圣诞树般的多毛虫
石珊瑚目的蔷薇珊瑚和滨珊瑚庇护着旋鳃虫，它们的螺旋形触手颜色鲜艳而多变。它们保护珊瑚虫不受捕食者的侵犯。

图2_迷人的洞穴
浸没在澄澈温暖的海水中的钟乳石和石笋使得松树岛的洞穴潜水时刻充满奇幻色彩。

图3_一种非常珍贵的软体动物
大法螺是棘冠海星的唯一捕食者，这种海星吞食珊瑚虫，因而毁坏珊瑚礁。

1774年，在距离新喀里多尼亚主岛东南50公里处，一片252平方公里的黏土高原被英国航海家詹姆斯·库克（James Cook，1728—1779）命名为"松树岛"（Isle of Pines）。作为第一个在新喀里多尼亚靠岸的欧洲人，库克船长在他前往新西兰的探险航行中发现了松树岛。但可以肯定的是，中国人此前很早就已经在岛上采伐檀香木了。

尽管"松树岛"是官方名称，但生活在这里的大约2000个美拉尼西亚人称这座岛为"库尼岛"（Kunie）。松树岛属于新喀里多尼亚（法国海外属地），距离首都努美阿（Nouméa）100多公里。

这是一个仍然受到保护的旅游区，它的风景、海湾、沙滩，尤其是它的海底世界，都值得一游。

在潜水者的小圈子里，松树岛之所以出名，是因为潜水者有机会到一个美丽的淡水洞穴中去探险。这是世界上非常罕见的蕴藏着水下钟乳石和石笋的洞穴之一。

人们称之为"第三洞穴"（grotte de La Troisième），这个名字来自二十世纪初用过这个洞穴的第三劳改团。这个洞穴的一部分浸没在淡水中，当地语言称之为"Liga Onui"。

在这里潜水仿佛进入了另一个世界，环境不同寻常，水是完全透明的，但周围一片黑暗，因此不常被推荐。实际上，这个洞穴位于瓦梅奥湾附近的热带森林中，隐藏在茂密的热带丛林中的洞穴入口只有在滑下一段陡峭的山坡后才能到达。

下到一个天然泳池中之后，潜水者先经过一条约 15 米长的狭窄通道，它通往两个大穴室。较大的那个穴室完全浸没在水中，被形象地称为"大教堂"（la Cathédrale），直径 50 米，深 12 米。另一个穴室装饰着钟乳石的开口射进一束光线。潜水深度永远不超过 20 米；水温在 20—27℃之间变化。

库尼水肺潜水中心拥有两艘半刚性船：一艘长 6.50 米，可容纳 14 名潜水者；另一艘长 9 米，可容纳 16 名潜水者。它们可以带您去不同的潜水点。

人们主要在松树岛最北端的加吉湾近海的小岛附近的礁石周围潜水。某些小岛的名字富有诗意：珊瑚谷（vallée des Gorgones）、伊甸园（jardin d'Éden）、普阿特墙（Mur aux Pouattes）——当地人称千年笛鲷（Lutjanus sebae）为"Pouatte"、大峡谷（Grand Canyon）、加吉洞穴（grottes de Gadgi）等。距离该潜水中心不到半小时航程的范围内总共登记了约 15 个优质潜水点。

有趣的物种

　　在松树岛庇护下的礁石非常适合夜间潜水。人们在这里能见到大量移动的贝类，珊瑚发出的荧光营造了一种奇特的氛围。这一特点要归功于与珊瑚共生的一些藻类，如分泌荧光蛋白质的虫黄藻。据说荧光蛋白质有一种抗氧化效果，能保护珊瑚不受导致氧化压力——通常称为"珊瑚白化"——的自由基影响。海蛇也是在松树岛潜水时常见的物种。全世界已知的扁尾海蛇属的八个种中，新喀里多尼亚就有三种：黄纹扁尾海蛇、蓝纹扁尾海蛇和体形更小（70厘米）的扁尾海蛇，最后这种在松树岛较少见，但在瓦努阿图（Vanuatu）很常见。

图1_钻凤螺
这种海螺体长不超过5厘米，隐藏在沙中。人们只有在夜间潜水时才能见到它。它的眼睛可伸缩，非常奇特。

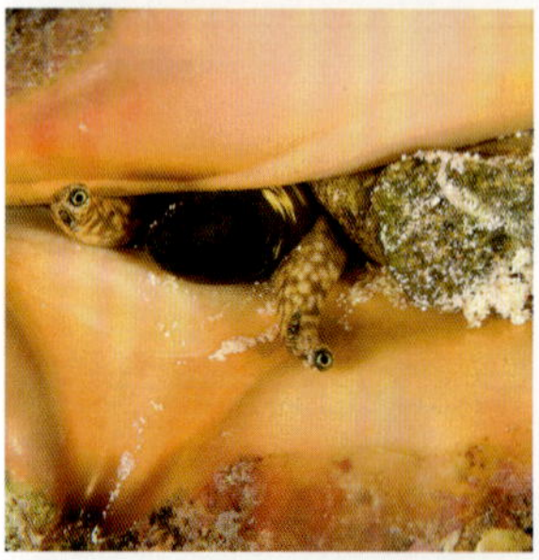

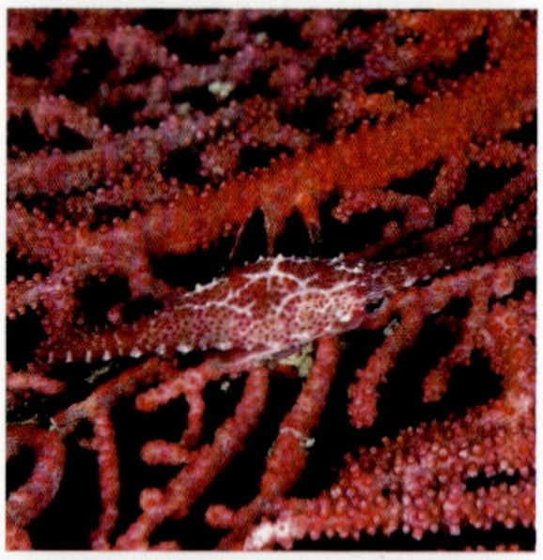

图2_大杨桃螺
太平洋西部特有的大杨桃螺的螺壳直径为8—10厘米，上有一道道平行的凸肋。它是收藏家们追捧的品种。

图3_凤凰螺的眼睛
被潜水者惊扰的润唇凤凰螺害羞地将它的可伸缩眼睛伸出直径20厘米的螺壳。这种海螺在海底沙地上频繁移动。

图4_泡螺的外套膜
泡螺直径4厘米的条纹螺壳并不引人注目。相反，它的身体色彩鲜艳，容易与裸鳃类动物混淆。

图5_疣织纹螺
不太常见的疣织纹螺是一种4—5厘米长的海螺，生活在较深的海底沙滩上。它以各种有机垃圾为食。

图6_黑星宝螺
黑星宝螺在夜里展开闪闪发光的外套膜以过滤浮游生物。它的螺壳超过10厘米长，十分漂亮。这是一种很常见的海螺，生活在珊瑚礁的凹坑里。

图7_柳珊瑚上的一粒卵
玫瑰菱角螺以柳珊瑚和软珊瑚的珊瑚虫为食，在夜里吃掉它们。它的螺壳长2—5厘米，外套膜与宿主同色。

图8_致命的一蜇
地纹芋螺的螺壳超过15厘米长，是收藏家们追捧的品种。它捕食软体动物和鱼，有一根毒蜇针，分泌的毒素可引起呼吸系统麻痹，目前尚无有效的解毒药。

环球潜水攻略

无所不知

　　松树岛的首府是瓦奥（Vao），该岛因被错称为"柱状松树"的柱状南洋杉（Araucaria columnaris）而得名。岛上的居民分成八个部落：科马格纳（Comagna）、加吉（Gadji）、克雷（Kéré）、瓦齐亚（Ouatchia）、图艾特（Touété）、瓦奥（Vao）、瓦潘（Wapan）和尤瓦提（Youwaty）。每个部落受一位"小首领"管辖，所有八个部落由一位大酋长领导。

　　新喀里多尼亚南部和松树岛上都生长着一种当地特有的檀香木——新喀里多尼亚檀香，它是乳香的主要成分之一。檀香是一种半寄生植物（有点类似槲寄生），必须与另一种植物共生。培育檀香木所用的寄主树种是螺旋金合欢。

图1_发出荧光的珊瑚虫
角孔珊瑚的珊瑚虫长有24条能引起刺痒的触手，这些触手在珊瑚虫活动时分泌一种荧光蛋白质。

图2_长着鸟嘴的海蛇
能分泌很强的毒液的澳大利亚海蛇在澳大利亚和新喀里多尼亚的珊瑚礁中捕食鱼类。它非常活跃，具有攻击性。

图3_发出荧光的甜甜圈珊瑚
形似一个甜甜圈的水晶脑珊瑚从前被称为"富士脑"。

图4_蓝色条纹毛衣
扁尾海蛇又被称作"暗唇海蛇"。它是两栖动物，人们可能会在岛上遇见它。

图5_美丽的荧光
蜂巢珊瑚属的珊瑚，尤其是蜂巢珊瑚，与能发出荧光的虫黄藻共生。

图6_黄色条纹毛衣
新喀里多尼亚特有的扁尾海蛇又称作"黄唇扁尾海蛇"，是此地最常见的海蛇。

太平洋

冒险经历

抹香鲸、虎鲨与潜水者

大约 15 年前，当我跟随法国电视三台（FR3）的一个团队在松树岛进行报道时，一条抹香鲸搁浅在礁石上，被几条大鲨鱼包围着。当我们与当地潜水俱乐部到达现场时，这群鲨鱼已经饱餐了一顿。一条大虎鲨咬断了抹香鲸的尸体，在它的肋部留下了完整的牙印，就像一条规则的花边。当一名保护我的教练正在船上穿戴装备时，我带着相机偷偷地潜入了水中。就在我离它们不到 5 米时，几声大喊使我顿感不安。这条虎鲨直冲着我游过来。这个怪物像一个大酒桶那么大，下定决心不与我分享它的口粮。我一生中从未游得这么快……当我爬到绳梯顶端时，我刚好瞥见它那可怕的大嘴。几天后我得知，有人亲眼看见这条虎鲨为了捍卫它的猎物而撕下了另一条鲨鱼的头。喜欢寻求刺激的潜水者们应引以为戒。

利昂内尔·波佐利

适宜时期

松树岛全年气候舒适，环境湿度大，有利于植被茂密地生长。全年最适宜的时期是 3 月底至 5 月中旬以及 10 月和 11 月。

11 月至来年 3 月（炎热季节），气温在 22℃至 31℃之间变化。

4 月至 10 月底（凉爽季节），气温在 15℃至 26℃之间摇摆。

12 月至来年 4 月，风大浪急，某些情况下还可能形成龙卷风。

■ **我们的忠告**

松树岛本身就是一个秀丽宁静的地方，仿佛世外桃源。这里也是能提供新奇而优质的潜水体验的目的地。遗憾的是新喀里多尼亚实在是太远了！

实用信息

从巴黎（距离努美阿 16758 公里）出发需要飞行一整天（23—35 小时）才能到达新喀里多尼亚的首都努美阿。从努美阿出发，乘飞机（喀里多尼亚航空）不到 20 分钟即可到达松树岛，乘快船约需 2 小时 15 分钟。

子午线宾馆（hôtel Méridien）受到美拉尼西亚建筑风格的启发，建在奥罗湾（baie d'Oro）旁边。这是一家综合性豪华旅馆，掩映在热带植被中，价格也很高。相比之下，卡努梅拉湾（baie de Kanumera）的乌尔塔拉海滩度假酒店（Oure Tara Beach Resort）那些更具乡村风格但很舒适的度假小屋，或者库托湾（baie de Kuto）的库布尼酒店（hôtel Kou-Bugny）和它非同寻常的海滩，就更加经济实惠了。

美拉尼西亚人的各种民宿也能提供质优价廉的住宿条件，比如卡努梅拉湾的纳泰沃齐旅舍（Nataiwatch），它还能接待露营游客。

新喀里多尼亚的货币为太平洋法郎（CFP）。

图1_柱状松树之岛

这不是一些松树,这里没有松树,这是另一种针叶树——柱状南洋杉,正是它使得詹姆斯·库克把这个岛命名为松树岛。

图2_奥罗湾

除了潜水之外,一片片宽阔的沙滩——在库托湾也能见到——为松树岛赢得了旅游胜地的美誉。

几点建议

建议您准备好保护级别最高的防晒霜,因为就像某些居民所说的:在新喀里多尼亚,人们不会晒成古铜色,而是会晒伤!

要想去第三洞穴探险,必须有很好的身体素质,尤其不能有幽闭恐惧症。在专业人士的陪伴下潜水是没有危险的,但是潜水的氛围会给人留下强烈的印象。当您潜入巨型方解石柱之间的一条狭窄的羊肠小道时,不可避免地会有一种受到压迫的感觉。

实践指南

潜水等级 ★★
潜水质量 ★★★
鱼类 ★★★

环境 ★★★
感觉 ★★
生物多样性 ★★★

摄影摄像 ★★★
旅游价值 ★★★★
性价比 ★★★

一月	二月	三月	四月	五月	六月	七月	八月	九月	十月	十一月	十二月
28℃	29℃	30℃	28℃	27℃	26℃	24℃	23℃	24℃	25℃	27℃	27℃
28℃	28℃	28℃	28℃	27℃	26℃	26℃	25℃	24℃	24℃	26℃	27℃

新喀里多尼亚
NOUVELLE-CALÉDONIE

43

延根
尚未探索的壮观礁石

潜水者们在沿海的巴布营地（camping Babou）聚会，该营地于2000年8月建在库尔努埃（Koulnoué）部落中，距离林德拉里克潟湖（lagune de Lindéralique）的湖口仅两步之遥。它相当于延根的旅游中心，人们可以在这里租赁皮艇和山地自行车，或者乘船去游览红树群落。

图1_微型气球鱼
体长不到10厘米的瓦氏尖鼻鲀能在遇到威胁时用水将身体膨胀成两倍大。它也会分泌毒素。

图2_绚丽多彩的活珊瑚丛
因壮丽的柳珊瑚而享有盛誉的延根海域中聚居着五彩斑斓的物种，比如照片中的海底柏柳珊瑚。

　　北省（Province Nord）面积为9578平方公里，超过新喀里多尼亚总面积的一半，创建于1969年1月3日的延根（Hienghène）是一个海滨村镇，约有居民2700人，绝大多数是卡纳克人。占据了1069平方公里壮美山林的延根镇是新喀里多尼亚境内最大的城镇之一。自2004年起建成一个游船港口后，这里成为越来越受赏识的旅游目的地，当然也是一个潜水胜地。

　　人们来到这里，在非常原生态的部落环境中享受片刻的宁静。"部落"是当地人对始终尊重习俗的那些小村庄的称呼。人们从海滩出发，登上两艘铝制"日间游艇"（Day Cruiser）中的一艘去潜水，每艘游艇能容纳8名潜水者。在水下20米的区域内有15处潜水点，连一级潜水员也很容易进入。

　　延根的潜水项目以壮观的海底峡谷闻名，尤其是大教堂（Cathédrale）和抹香鲸岬角（pointe aux Cachalots）。人们也会在鲸鱼湾（anse aux Baleines）、阿拉丁礁（récif d'Aladin）、蝴蝶峭壁（tombant aux Papillons）和超级市场（Supermarché）潜水，这里有丰富多彩的鱼类。延加巴特小岛（Hiengabat）适合初次潜水，也以夜间潜水而闻名。

图3_这是一个非凡的花园
人们惊讶于能够在新喀里多尼亚北部海域很浅的水中欣赏到海扇构成的美景,这种景象通常在超过30米深的海里才能见到。

图4_新喀里多尼亚特有的美
这种银色珊瑚虫形成的红宝石色的新喀里多尼亚海底柏柳珊瑚是新喀里多尼亚特有的物种之一。

图5_装饰华丽的洞穴
礁石凹陷处适合海底柏柳珊瑚的生长,它们的珊瑚虫是海兔螺科的桶形前凹螺的食物。

太平洋

有趣的物种

在这片海域中，柳珊瑚的确令人惊讶，更往南的普安迪米耶（Poindimié）也是如此。尽管这里的潜水以非同寻常的生物多样性为特点，但这里被侵蚀成拱洞、断层、隧道和峡谷的岩石也仿佛一座座富丽堂皇的建筑。

在北部海域潜水与在南部和西南部的潟湖中潜水截然不同，因为这里几乎完全没有珊瑚小岛。人们主要是在礁屿屏障的内部潜水，这些礁屿离岸很远（约 20 海里，37 公里）而且很深。

人们在延根进行安静的旅游潜水。为了体验令人震撼的景象，需要在努美阿租用一艘装备合适设备的船只。在主岛最北端的库克礁（récif de Cook）、法国人礁（récif des Français）和盟军拱门（Arche d'alliance）可以见到非常密集的鱼群。

隆头鱼、石斑鱼、鲨鱼、笛鲷、鲹鱼、胡椒鲷、舒鱼和隆头鹦嘴鱼都是潜水时肯定能遇见的最引人注目的鱼种。

北部潟湖里还住着一群座头鲸，7 月至 9 月之间在潟湖里航行时经常可以看见它们。

无所不知

在当地语言中，延根意为"边走边哭"，可能是因为山区要费很多力气才能徒步翻越。在此小住期间，一定要去游览陶瀑布（cascade de Tao）和帕涅山（mont Panié）（海拔 1629 米）的植物保护区。横渡没有桥的滨海乌埃姆河（fleuve Ouaieme）的渡轮也能满足游客的好奇心。

人们还会在位于延根以南 85 公里处的普安迪米耶潜水。提蒂潜水中心（Tieti Diving）拥有两艘 6.5 米长（175 马力）的半刚性游船，每艘能运载 10 名潜水者。它设在提蒂特拉宾馆（hôtel Tieti Tera）旁边。这里登记了 20 多个潜水点，包括以夜间潜水闻名的提巴拉马岛（îlot de Tibarama）。

面积超过 2.34 万平方公里的新喀里多尼亚礁是世界第二大珊瑚屏障，仅次于澳大利亚的珊瑚屏障。覆盖六个潜水点的 1.5 万平方公里如今已被列入《世界遗产名录》。已识别出 9372 个物种的这座群岛的海洋生物多样性非同寻常，这还没算上那些具有象征性的濒危物种——各种儒艮、海龟、座头鲸、海鸟等——的繁殖区。

1

图1_肉质软珊瑚
属于海鸡冠纲的肉质软珊瑚发育成一些很大的珊瑚群，甚至在浅水中也能看见。

图2_神奇的光影世界
延根的海底比新喀里多尼亚其他潜水区域有更多的礁石和许多较浅的断层，很容易使人感受到仙境般的氛围。

太平洋

冒险经历

蒙加利亚的带发头皮舞

在图奥（Touho）与延根之间，有一条长长的礁石屏障伸展开来，形似朝向主岛的一弯新月，最宽处距离图奥约25海里。1987年10月底，我们在那里为本书拍摄潜水照片。在我妻子妮科尔（Nicole）和朋友皮埃尔·绍洛伊（Pierre Szalay）的陪伴下，我们已经在努美阿周围和松树岛进行了十几天的潜水。但是没有一条鲨鱼朝我们露出牙齿。就在此时，我们有机会结识了一群在东海岸探索礁石的当地潜水者。我们在一片非常平静的海域下了锚，正在我们穿戴装备时，几条白边真鲨令人不安的鱼雷形轮廓清晰地映入眼帘。一下水，我们就有幸看见十几条至少2.5米长的漂亮的大肚子幼鲨正在跳"带发头皮舞"。当它们游得越来越快而且包围圈变得过窄时，我们本能地意识到这场舞会结束了，于是我们小心翼翼地上升，与在15米深处放下我们的一支护卫队一起返回了水面。

帕特里克·米马拉纳

■ **我们的忠告**

如果您有可能航行至礁屿屏障之外，您肯定会激动不已。如果不能，那么新喀里多尼亚东北海域对于想要入门或提高潜水技能的人来说也是理想的潜水之地。海底景色的多样性会吸引最麻木的潜水者，海底的氛围也会使摄影师欣喜若狂。

适宜时期

新喀里多尼亚的北部比岛上其他地方更炎热、更干燥。夏天从12月持续到3月，1月和2月经常有大雨，最高气温在28℃至33℃之间变化。冬季，从6月至9月，平均气温在20℃至23℃之间变化，夜晚比较凉爽。

10月和11月以及来年的4月和5月是干燥而宁静的旅游淡季，最有利于潜水活动。在不同的潜水时期和地点，水温在21℃至28℃之间浮动。

实用信息

位于努美阿以北398公里的延根可从公路直接到达（至少5小时车程）。人们也可以乘飞机到图奥（延根以南40公里）。注意，每周只有两个航班！

北省的四家三星级宾馆中的一家建在一片非常美丽的椰林里，现已属于地中海俱乐部（Club Med）。它离著名的景点——抱窝鸡（Poule Couveuse）不远，距延根10公里，拥有"绿钥匙"环境标志。游客也可以在乡村旅店或被当地人称为"部落"的村镇里的居民家中住宿。

在北省的西海岸、延根的对面，有两个区域也是著名的潜水点：库马克（Koumac）和布姆（Poum）。库马克的喀里多尼亚蓝梦潜水中心（Rêve bleu Calédonie）最近也在55公里外的布姆的马拉布海滩旅馆（Malabou Beach）开设了一个基地，经营一艘8米长、最多容纳14名潜水者的游船。在库马克附近，您可以在肯德克水道（passe de Kendec）潜水；在布姆海域，您可以在瞪羚水道

图1_好像一只复活节的母鸡
与延根周围的林德拉里克的岩石一样，"抱窝鸡"庄严地坐在海湾里，成为整个地区的绝对象征。

图2_人类的潟湖
自2008年7月以来，新喀里多尼亚六个地区的潟湖，包括北部潟湖，已经都被列入《世界遗产名录》。

（passe de La Gazelle）和布姆水道（passe de Poum）潜水。

在远海中潜水时，您肯定能看见鲨鱼和纳氏鹦鲷，还有几条壮观的峡谷和一架飞机残骸。

几点建议

在延根地区没有汽车租赁公司。因此从图奥机场出来时，您应搭乘辆出租车（35—40分钟车程）或要求宾馆安排接机。在延根，人们都是步行、划皮艇、骑山地车或骑马出行！由于汽车是去帕涅山和科内特瀑布（chutes de Colnett）游览或者参观内陆的部落必不可少的交通工具，您需要在努美阿租一辆汽车。

不要忘记在旅馆点上一道"Bougna"——当地的宴会菜肴。这是一种炖菜，在用香蕉树叶烧得滚烫的石头上用薯蓣与鱼肉或鸡肉一起烹制。

实践指南	潜水等级 ★ 潜水质量 ★★★ 鱼类 ★★	环境 ★★★ 感觉 ★★★ 生物多样性 ★★★	摄影摄像 ★★★ 旅游价值 ★★★ 性价比 ★★

一月	二月	三月	四月	五月	六月	七月	八月	九月	十月	十一月	十二月
30℃	30℃	28℃	26℃	26℃	23℃	22℃	20℃	23℃	25℃	27℃	28℃
28℃	27℃	27℃	26℃	26℃	24℃	23℃	23℃	25℃	26℃	27℃	28℃

新喀里多尼亚
NOUVELLE-CALÉDONIE

44

利富岛
史前环境中的夜间潜水

利富岛上只有一家潜水中心。设在海滩边的伯努瓦家旅馆（Chez Benoît）内的潟湖游猎（Lagoon safaris）中心，即"维特潜水中心"（Wetr Diving）距离瓦纳哈姆机场（aéroport de Wanaham）仅15分钟车程。

　　利富岛（Lifou）、马雷岛（Maré）、蒂加岛（Tiga）和乌韦阿岛（Ouvéa）一起构成了洛亚蒂群岛（Loyauté）——新喀里多尼亚的一个省。利富岛面积为1150平方公里，仅略大于马提尼克岛（Martinique），距离努美阿160公里，是洛亚蒂群岛中最大的岛。因自然风光多样性而受到喜爱的利富岛被一条美丽的海岸线环绕，点缀着凹陷的深水海湾，还镶嵌着长长的白色沙滩。岛的内部是一个被浓密的热带森林覆盖的平原（从前是潟湖）。

　　洛亚蒂群岛的省会威市（We）地理位置优越，位于东海岸的夏多布里昂湾（baie de Chateaubriand）岸边，是利富岛的行政和经济中心。

　　潟湖游猎中心拥有一艘9.6米长的半刚性游船，由两台200马力的外挂发动机驱动。游览需要半天时间，在相距1小时航程的两个地点进行潜水。该中心还提供入门潜水、夜间潜水和PADI潜水员培训。

　　在利富岛潜水的特点是清澈的海水和令人惊艳的丰富多彩的珊瑚。潜水主要在檀香湾（baie de Santal）进行，从伊索浮桥（ponton d'Easo）刚一下水就能看见海龟。

图1_深渊里的罕见贝类
利富岛以大脐鹦鹉螺闻名,这是新喀里多尼亚特有的品种,通常在夜间能见到它。

图2_绚丽多彩的礁石
利富岛最令人惊讶的就是几乎露出海面的繁茂的珊瑚丛。这里的珊瑚品种格外多样。

图3_格外清澈的海水
能见度通常超过20米,这使得潜水,甚至是屏气潜水,都变得非常惬意。照片中,一群成熟的强壮轴孔珊瑚组成了一个直径约2米的球。

图4_隐居吻鲉
被视为罕见品种的隐居吻鲉是鲉鱼的远亲,很少移动。它在看不见的拟态外衣掩护下潜伏捕食小鱼。

图5_在一个珊瑚花园中
通过浮潜可以欣赏利富岛的生物多样性。照片中的方格轴孔珊瑚与火珊瑚并排着,后者的名字源于它能引起刺痒的特点。

太平洋

大部分潜水是沿着礁石进行放流潜水，而洋流通常不会妨碍潜水。勒费夫尔角（Cap Lefevre）、白十字（la Croix Blanche）、柳珊瑚礁（Gorgone reef）、谢尔特礁（Shelter reef）、绍基礁（Shoji reef）和托莫科角（Tomoko Point）是最受欢迎的潜水点。

很好避开主要风向的柳珊瑚礁的特色是长在沙质海底的大块珊瑚，它们与被巨大的柳珊瑚覆盖的拱门相连。金枪鱼、鲨鱼、海龟、隆头鱼、鲟鱼经常在此出没，还有罕见的叶鱼和吻鲉。谢尔特礁与它很相似，但是更深（40米）。

绍基礁可以比作一片柳珊瑚和软珊瑚的森林，有许多深海鱼在其中穿梭。这个潜水点因为有很多接近2米长的巨型鞍带石斑鱼而闻名。托莫科角是一个由峡谷、洞穴、隧道构成的迷宫，阳光穿过隧道，照亮了被无数鱼儿包围着的华丽的橙色海底柏柳珊瑚。

有趣的物种

所有的礁石鱼和成群的深海鱼：白边真鲨、黑尾真鲨、裸狐鲣、暗鳍金梭鱼和各种鲹鱼都是利富岛海域常见的鱼类。

但是行家来这里主要是想见到新喀里多尼亚特有的鹦鹉螺——大脐鹦鹉螺。这种头足纲动物很有特点，螺旋形螺壳中心凹陷，里面经常藏着寄生的甲壳动物。另外从词源学上看，它的种名意为"大肚脐"。

图1_钟形海胆
直径最大10厘米的钟形角孔海胆可以通过橙白相间的环节刺辨认出来。在洛亚蒂群岛250米深的海里最有可能见到它。

图2_石笔海胆
很容易通过栗色粗刺辨认的石笔海胆生活在不到10米深的海中，喜欢礁石上部富氧的海水。

图3_形似教士帽的海胆
十分常见（包括在印度洋）的白棘三列海胆喜欢在夜间活动，白天隐藏在海藻根部下面。

图4_筐蛇尾——美杜莎的头
作为海胆的远亲，筐蛇尾在夜晚伸展它的触手，可以达到1米长。它钩在受洋流冲击的柳珊瑚上生活。

致命的危险，不要碰它！

从阿拉伯湾直到日本都能见到的喇叭毒棘海胆具有迷惑人的优雅外表。这种棘皮动物很少进入15米以下水域，生活在以礁石为底的潟湖中。它经常部分被海藻或碎珊瑚覆盖，很容易通过它的叉棘分辨出来。这些有握执力的钳形小附件是它的防御器官，端部有一个镶着白边的粉紫色花瓣。在这身诱惑人的外衣下隐藏着最具毒性的海洋动物之一。因为它的叉棘上的三个齿连着一个包裹着极强的神经毒素的囊。万幸的是，中毒事故极少发生，因为它的叉棘上的微型钳子很难刺破皮肤。

然而，有记录的罕见的几起毒液中毒事件都表现为很快出现头晕、呼吸困难和面部肌肉麻痹的症状。分析显示它的毒素对人类可能是致命的。因此，诱惑魔鬼没有好处，不要打扰喇叭毒棘海胆！另外，尊重在潜水中遇到的所有生物也是限制我们这些不速之客对海底世界的影响的最好方式。

螺壳平均直径15厘米的大脐鹦鹉螺是已登记的六种鹦鹉螺中最小的一种。白天不可能遇见它，因为它待在礁石外围200—600米深的海里。然而，它有时会升到海面来捕食礁石上的甲壳动物。在没有月亮的夜晚和海水最凉的七八月份，人们有更多机会见到它。在离檀香湾不远处有一些大海沟，所以利富岛因鹦鹉螺而享有盛名，人们常常能在海滩上找到被海浪打上来的螺壳。

夜间潜水很有可能见到许多白天很少能见到的其他物种，尤其像本页插图中的这些棘皮动物。

无所不知

利富岛是在1827年由法国航海探险家朱尔·塞巴斯蒂安·塞萨尔·迪蒙·迪威尔（1790—1842）在他驾驶"星盘"号（Astrolabe）进行第二次环球航行时正式发现的。1840年，在一次新的航行之后，迪威尔在地图上标出了利富岛。

这座岛分成三个族区——维特尔（Wetr）、洛斯（Lösi）和盖卡（Gaïca），完全保留了原生态的生活方式。无论是在大型传统节日里，还是在日常生活的方方面面，比如农业耕作或茅屋建造，都能感受到鲜明的传统与习俗。

2011年，在利富岛陆地内部发现了一个含有鹦鹉螺壳化石的地层，位于淹没在水下40米深的库埃莫（Kuemo）洞穴中。这个洞穴是一副不可分割的"隐形眼镜"（即确保岛上淡水来源的含水层）中的一只。利富岛由于多孔的钙质下部地层（整个岛都是珊瑚礁）而没有河流。

下雨时，淡水经下层土流向大海。然而，海水会进入岛的下方，在洋流和潮水的压力下渗入多孔的下层土。由于盐水密度更大，淡水就"浮"到了海水之上，在海水层和淡水层之间还夹着一个咸水层。

适宜时期

洛亚蒂群岛的气候全年比较均匀，对于一个热带地区来说，气温非常温和。从12月底至来年3月底，常有狂风暴雨，但是这个地区不像主岛那样经常受到龙卷风的侵袭。6月至11月期间最适合潜水。

实用信息

从努美阿出发，喀里多尼亚航空每天有四个航班抵达位于利富岛东北部的瓦纳哈姆机场，飞行时间40分钟。

公路基础设施仅限于21公里长的RT2号地方公路，连接威市机场和RP1号省道（9.55公里）。该省道以RT2号公路的库莫（Kumo）转盘（靠近机场）为起点，直至岛西北部的克西皮尼码头（wharf de Xepenehe）。

威市的港口有一条堤坝和一个码头，通过"贝提科"2号（Betico II）双体渡轮与外界联系，它能承载350名旅客和15吨货物，包括汽车，每周开行一班到两班（班次随机）。这艘渡轮的航速为30节，航程持续4小时30分钟到4小时45分钟。

在岛的西北部坐落在风景秀丽的檀香湾里的伊索镇，在设有潜水中心的伯努瓦家旅馆里，您可以完全放松地体验传统美拉尼西亚风格的住宿条件。

利富岛唯一的三星级宾馆——德乌乡村旅馆（Dehu village hôtel）是一家位置绝佳的舒适型宾馆，它的28栋度假小屋都建在夏多布里昂湾的沙滩上。

■ 我们的忠告

利富岛有一种"世外桃源"的魅力，岛上的方方面面都吸引着希望回归自然的游客。在这里，人们感觉时间不再流逝。潜水方面也是如此，尤其是当人们见到历经四亿年却几乎没有变化的鹦鹉螺时。

图1_无边无际的珊瑚
利富岛的珊瑚礁位于一些大型捕鱼区外围，很少有人潜水，而且很少受到飓风侵袭，庇护着数百种硬珊瑚和软珊瑚。

图2_海底漫步
您也可以通过屏气潜水的方式去探索利富岛的珊瑚礁，在水晶般清澈的海水中体验自由自在的感觉。

  基亚穆绿洲宾馆（Oasis de Kiamu）坐落在约齐普悬崖（la falaise de Jozip）脚下的一片椰林中，面向一片镶着白色沙滩的小海湾。这是一家简朴整洁的旅馆，提供 27 个各种类型的房间（客房、单间公寓、两家套房、三家套房……）。

  还有许多部落提供茅屋形式的民宿。这是一些乡村风格的住处，非常原生态，也很便宜。

几点建议

  对于一个热带国家而言，这里的海水可能比较凉，因此建议您准备 5 毫米厚的潜水服。

  不要错过享有"新喀里多尼亚最美海滩"美誉的吕昂戈尼海滩（plage de Luengoni）。您也可以游览距离约金崖（falaises de Jokin）不远的香草种植园。为了更好地了解利富岛的居民，您需要入乡随俗，参加一个仪式，送给酋长一份象征性的礼物，比如一块布、一些烟叶或一点儿钱。

实践指南	潜水等级 ★ 潜水质量 ★★★ 鱼类 ★★	环境 ★★★ 感觉 ★★★ 生物多样性 ★★★	摄影摄像 ★★★ 旅游价值 ★★★ 性价比 ★★

一月	二月	三月	四月	五月	六月	七月	八月	九月	十月	十一月	十二月
26℃	28℃	27℃	26℃	24℃	22℃	20℃	18℃	20℃	22℃	24℃	25℃
25℃	25℃	25℃	25℃	24℃	24℃	23℃	22℃	22℃	23℃	23℃	24℃

太平洋

新西兰
NOUVELLE-ZÉLANDE

45

北岛
不同凡响的邂逅

1

潜水主要在新西兰最北端的北部半岛周围进行。几处有趣的潜水点分布在旅游业兴旺的科罗曼德半岛（Coromandel）周围，尤其是哈黑海滩（Hahei Beach）近海，距离奥克兰东南一个半小时车程。人们在物种丰富的蒂旺格努伊阿黑海洋保护区（réserve marine Te Whanganui-a-hei）潜水。从 1992 年被列为保护区开始，这个区域里就没有任何捕鱼活动了。

2

图1_ 新西兰的象征性动物
几维鸟有五个品种，是新西兰当地特有的鸟，也是该国的象征。在北部，生活着北岛褐几维鸟，它是几维鸟中濒危性最低的品种。

图2_ 最强大的捕食者
除了体形比它大但只吃头足纲动物的抹香鲸之外，虎鲸是动物王国最惊人的猎捕者，它们体长可达5—9米，重8吨。

　　新西兰由北岛（Nord）和南岛（Sud）两座主岛以及安蒂波迪斯（Antipodes）、奥克兰（Auckland）、邦蒂（Bounty）、坎贝尔（Campbell）、查塔姆（Chattham）、克马德克（Kermadec）、斯图尔特（Stewart）、亚南极（Subantarctiques）等几个群岛组成，面积为 268680 平方公里，相当于法国面积的一半，隔塔斯曼海（mer de Tasman）与北澳大利亚州相望，距离约 2000 公里。

　　新西兰约在 2500 万年前与其他大陆分离，这种与世隔绝的位置有利于当地特有的动植物群落的生长。其中包括贝壳杉是一种 50 米高、树龄 2000 年的针叶树，银蕨是一种 10 米高的乔木状蕨类，它与几维鸟和玛氏巨沙螽——类似蚱蜢，仅躯干长度就可超过 10 厘米——都是新西兰的象征。

图3_一对正在捕食的虎鲸
雌性与雄性虎鲸的区别在于雌性的背鳍更短、凹陷,像一把镰刀,而雄性的背鳍呈三角形,最长可达2米。

图4_无根据的恶名
人们给虎鲸取的绰号是"杀人鲸",这或许是因为它的食物范围包含了所有海洋哺乳动物。这个并不攻击人类的超级捕食者有60颗牙齿,每颗长4—8厘米!

拥有1.5万公里海岸线的新西兰蕴藏着巨大的海底探险潜力。潜水通常在北岛进行，因为南岛的气候太冷（年平均气温为8℃，而北岛为16℃）。

在科罗曼德以北350公里处，图图卡卡海岸（marina de Tutukaka）是通往13海里（约24公里）外的穷骑士群岛（Poor Knights Islands）的门户。库斯托船长把它归入全球十个最佳潜水胜地！这些在连续火山喷发后矗立了1000万年的岛屿在海水的侵蚀下形成了壮观的悬崖峭壁。自1981年起，这个群岛周围方圆800米的区域成为海洋保护区，延伸至水下100米。这里登记了50多处潜水点和100多种鱼。

过了北岛首府旺格雷（Whangarei）再往北60公里，我们就到达了岛屿湾（Bay of Islands），这里以海滩、小湾和144座岛而闻名。人们从派希亚镇（Paihia）或凯利凯利镇（Kerikeri）出发去潜水，主要参观沉船、崩塌的岩石和壮观的峡谷。

再往北100多公里，人们在放心湾（Doubtless Bay）和凯利凯利半岛周围潜水。马太湾尖峰（Matai Bay Pinnacle）被认为是新西兰最佳潜水点之一。60米高的峭壁上镶嵌着十分漂亮的无脊椎动物。

在新西兰的最北端、雷恩加角（cap Reinga）西北55公里处的三王群岛（Three Kings Islands），我们见到了虎鲸。这里是太平洋和塔斯曼海的交汇处。这个不到5平方公里的区域是一个海台，一条8公里宽、200—300米深的海沟将其与大岛（Grande Île）分隔开，因此在这里能看见大型深海捕食动物。

有趣的物种

在东北海岸潜水的独特性要归功于来自澳大利亚珊瑚海温暖洋流的影响。这里的水温往往比陆地上的环境温度更高。因此出现了大量定居或路过的热带动物，比如可以在夏季见到的蝠鲼，有时甚至能看见海龟。它们与温水中特有的动物群落相处融洽。

穷骑士群岛的最佳潜水点是面包山（Sugarloaf），这块岩石周围经常有鲸和大群的黄尾鲕出没，黄尾鲕是鲹鱼的远亲，体长可超过1.5米。

在水下15米深处的一个名为魔鬼鱼城（Stingray city）的断层裂缝中，人们在夏季能见到几十条澳大利亚鲼聚集在一起进行交配。它们为了躲避虎鲸而靠近岩石区，但是对潜水者不会表现出丝毫畏惧。

与虎鲸的邂逅绝对不同寻常。原因是这个海域中有一些定居鱼

图1_伪虎鲸，真海豚
我们有很大的机会在新西兰海域中与伪虎鲸——另一种体长5—6米、重达2吨的捕食动物同行。这种鲸类动物出现在所有海洋中，但在水下很少见到它的群落，因为它通常不靠近海岸。

图2_澳大利亚鲼
尽管它名叫"澳大利亚鲼"，但我们是在新西兰最北端的三王群岛见到它的。这种长着一对三角翼的鲼翼展可达1.5米，重80公斤。

群。但是从1992年起开始研究这些鲸类的虎鲸研究基金会（Orca Research Trust）的科学家们估计新西兰的虎鲸总数不超过200头。

在值得一看的独特鱼类中，长鳍菱牙䲠是这个地区特有的鲭科品种。这种平易近人的鱼可以通过粉红的体色辨认出来。

无所不知

在被英国统治多年后，新西兰于1947年完全独立，加入英联邦。

穷骑士群岛的名字来自詹姆斯·库克船长，他于1769年11月25日驾船经过这个群岛时，把它比作英国早餐中一道大众甜点——"穷骑士布丁"（poor knight pudding）。这几座岛于1929年被宣布为"自然保护地"。自1975年起，它们享受保护区地位，这是新西兰的最高保护等级。只有执行科研任务的人才能进入这些岛屿。

人们到这个海域来主要是为了在"彩虹战士"号（Rainbow Warrior）沉船上潜水。这艘隶属于绿色和平组织的船于1985年7月10日在奥克兰港被法国秘密特工破坏。脱浅后，它于1987年12月2日再次沉没（这次是自动沉没），沉入卡瓦利群岛（îles Cavalli）附近27米深的海底，距离玛陶里湾（Matauri Bay）5公里。人们从旺格罗瓦港（port de Whangaroa）出发，乘船30—40分钟到达这里，途经水域常有许多海豚出没。

适宜时期

北部半岛得益于全年湿润但舒适的亚热带气候。实际上没有不适合潜水的时期。

夏季，11月至来年2月是最舒适的潜水时期，因为水温最高且能见度平均达到20米。12月至来年2月也是鳐鱼交配的时节。

冒险经历

与"海洋史诗"共处的神奇时刻……

5年来，我作为摄影负责人，有幸而且十分欣喜地参与了雅克·佩兰（Jacques Perrin）和雅克·克吕佐（Jacques Cluzaud）合拍的很棒的纪录片《海洋》（Océans）的拍摄工作。因此，我得以在世界各地潜水并为所有狂热潜水者梦想中的动物们留影：独角鲸、海象、抹香鲸、大白鲨、座头鲸、儒艮，甚至逆戟鲸……这是一场非凡的、伟大的、不可思议的历险！

从库斯托船长的"卡吕普索"号历记之后，没有任何一部片子的拍摄采用了如此多的方法，付出了如此多的努力，以向公众展现海底世界的丰富性、多样性，尤其是脆弱性！虎鲸就是如此……据我所知，这些体形惊人的捕食者从未攻击过人类（被囚禁时除外，但那是另一回事……）。在大自然中，虎鲸是如此胆小，以至于我们在新西兰北部海域花了三周时间，顶着恶劣的天气，才拍下了30秒的影片和10张照片！我们每天从橡皮艇下潜50次，试图跟踪虎鲸群。尽管背着35公斤重的循环呼吸器设备和三四公斤重的摄影装备及其密封箱，但是这对我而言仍然是一些终生难忘的时刻！

帕斯卡·科贝

5月至9月，水温下降，但能见度提高，风平浪静的时候，能见度可达40米。

10月至12月，水温回升，开启了浮游生物的"开花期"和鱼类的产卵期。在这个时期，峭壁上的无脊椎动物的多样性达到了顶峰。作为交换，海水能见度下降到10米左右，不会更高。

虎鲸全年在这个海域出没。有人曾经在11月看见它们在桑迪湾（Sandy Bay）迎着大潮冲浪。

实用信息

飞行到奥克兰可能需要30多个小时，中途停靠一两次。这意味着您需要计划至少两周的旅程才能好好享受潜水的乐趣。图图卡卡距奥克兰机场两个半小时的车程，距北岛最大城市旺格雷25分钟车程。还有一些旅游客车连接这两个城市。

14米长的船宿游船"玛祖卡"号（Mazurka）能容纳六名潜水者，提供去穷骑士群岛的2—4天潜水行程，船上还备有高氧气体，可供每天三次潜水，优化探险品质。

新西兰最北端的潜水中心是A到Z潜水中心（A to Z Diving），设在凯利凯利半岛的瓦图维维海滩（plage de Whatuwhiwhi）上。这里是海豚和小蓝企鹅经常出没的地方。

几点建议

始终受海洋影响的北部半岛年降水量约1300毫米，天气多变，因此游客会面临气候的不确定性，这可能增大潜水的难度，甚至导致无法潜水。夏季在新西兰潜水，穿5毫米厚的潜水服就足够了。相反，冬季最好穿7毫米的带风帽和手套的潜水服。

当我们遇到虎鲸时，我们使用了循环呼吸器，这是让这些动物允许我们靠近的唯一方法。

图1_岛屿湾
宽16公里的岛屿湾因其美丽的海滩和陈列着多艘沉船的海底而成为一个人气很高的旅游区。

图2_三个穷骑士
作为完全自然保护区的穷骑士群岛提供了新西兰最好的几个潜水点。

实践指南

潜水等级 ★★★
潜水质量 ★★★
鱼类 ★★

环境 ★★★★
感觉 ★★★★
生物多样性 ★★

摄影摄像 ★★★★
旅游价值 ★★★
性价比 ★★

一月	二月	三月	四月	五月	六月	七月	八月	九月	十月	十一月	十二月
22℃	23℃	21℃	19℃	17℃	16℃	15℃	14℃	16℃	18℃	18℃	20℃
20℃	21℃	22℃	23℃	20℃	18℃	17℃	16℃	15℃	17℃	19℃	20℃

太平洋

法属波利尼西亚
POLYNÉSIE FRANÇAISE

46

鲁鲁土岛
与座头鲸共舞

1

靠近座头鲸需要屏气，观察它们必须严格服从指挥。只有蝠鲼俱乐部（Raie Manta Club）拥有海事局授予的开发鲸类相关旅游活动的资质。另外，该俱乐部的活动仅限于鲸类频繁活动的季节。观鲸游从阿韦拉港出发，在一个受到严格保护的海域内进行。长8米、配备了200马力发动机的游船可容纳7人，出海两个半小时，可以观赏到雄鲸跃出海面的景象。

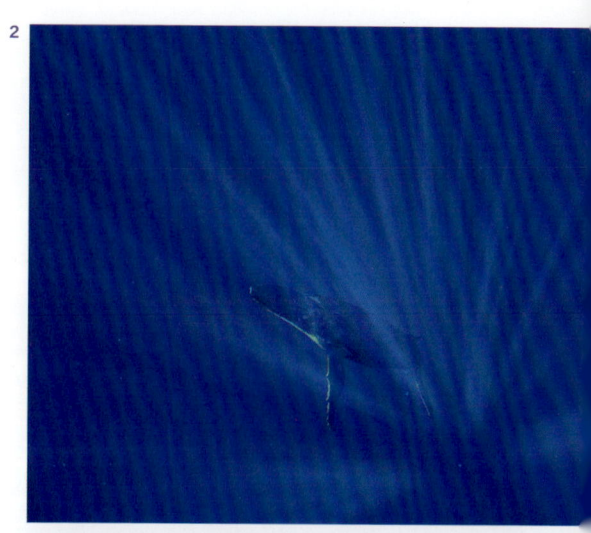

2

3

　　作为南方群岛（archipel des Australes）最北端的岛，在塔希提岛（Tahiti）以南570公里处，遗失在浩瀚的太平洋中的鲁鲁土岛（Rurutu）是一个长10公里、宽5公里的郁郁葱葱的小天堂。它的名字在波利尼西亚语中意为"喷射的岛屿"，暗示它源于大约1200万年前的火山喷发。

　　鲁鲁土岛有一座玄武岩结构的中央山丘和一条石灰岩带，因此在一片片白沙滩之间点缀着峭壁耸立的海岸和多个装饰着钟乳石的岩洞。

　　得益于比塔希提岛更凉爽的气候，鲁鲁土岛居住着2400多名居民。他们在岛上种植水果和蔬菜（主要是芋头），还有特别有名的菠萝和荔枝。这里还出产咖啡和香草。

　　从21世纪初开始，这座只有33平方公里的小岛就成为世界最佳观鲸点之一。从7月至10月，与波利尼西亚大多数岛屿相反，这里的海域没有礁石的保护，因此变成了座头鲸的巨大育婴中心。

4

图1_热情的美拉尼西亚人
从八世纪开始,南方群岛就居住着美拉尼西亚人,他们因热情好客和擅长木雕而受到游客喜爱。

图2—3_海洋之主的威严
除了人类,成年鲸因为体形巨大而不畏惧任何捕食动物。在汪洋大海中,这种强大的动物给人留下从容而优美的印象。

图4_屏气高手的专享福利
正如所有或几乎所有海洋哺乳动物一样,鲁鲁土岛的座头鲸会被减压阀发出的水泡声打扰。然而,它们不害怕与懂得温柔地靠近它们的屏气潜水者同行。

　　鲸妈妈到离海岸很近的水中产崽。利用平静而清澈的海水,它们用几周的时间指导幼鲸完成最初的水下动作,同时对人类表现出令人惊讶的温和态度。

　　经历与这些庞大的哺乳动物互动的伟大时刻需要耐心和运气,因为它们往往表现得非常害羞。最佳时刻是平静的白天,此时这个季节常见的猛烈的南风开始平静下来。

　　最不同寻常的邂逅发生在大约15米深的沙质海底。当座头鲸待在海底一动不动、仿佛在休息时,潜水者潜入水下。千万不要试图打扰它,而只是在海面等待,等到它升上来呼吸。

　　鲁鲁土岛的明星是座头鲸。这种哺乳动物属于鲸目、须鲸亚目,与抹香鲸等齿鲸亚目不同。座头鲸随着7月的洋流而来,在9月初产崽,10月底前再次离开。

　　这是一种体形惊人的动物,成年鲸长12—15米,重25—30吨。座头鲸的尾巴可能超过3.5米宽!幼鲸长1—5米,根据年龄,重量在1—2吨。

太平洋

座头鲸的名字源于它头顶的多毛隆起。它有 330 对鲸须，每条长约 1 米，宽约 30 厘米。这些鲸须一次能过滤约 2 吨重的浮游生物、磷虾和小鱼，这是它在南极的冷水中生活时每天吃掉的食物。但是它一年只进食 4 个月，在鲁鲁土岛停留时处于禁食期。

跃出水面的惊人之举是座头鲸的行为特点，是摄影爱好者之福。在鲁鲁土岛很容易观察到这一幕。尽管体重惊人，但这些哺乳动物能够整个身体跃出水面，然后再以背卧式落入水中，激起巨大的水花。

无所不知

得益于受保护物种的地位，座头鲸群体数量逐渐恢复，全世界座头鲸总数有所增长，超过了 3.5 万只。但是，这些寿命在 40—50 岁的动物在二十世纪因为大量被捕杀而差点消失。我们可以认为，基于观赏座头鲸的生态旅游使得全世界意识到了它们代表的生态丰富性，并对它们的保护做出了巨大贡献。

座头鲸属于动物世界中嗓门最大的物种，但也是在歌唱方面最具创造性的物种之一。只有雄鲸能发出的"歌声"在 20—9000 赫兹的频率范围内变化。唱歌时的座头鲸在水下 20—30 米处静止不动，身体倾斜，头向下低 45℃。

这种动物能在 15—30 分钟内持续发出非常清晰的声音，并有规律地重复。这些发声表演只在温水中进行，可能是为了向雌鲸求爱。在冷水中，座头鲸只是沉闷地低哼，目的是借助它们极为灵敏的回声定位系统来确定磷虾群的位置。

图1_6000公里的迁徙
这是座头鲸从南极海域开始的历时约1个月的迁徙中游过的距离。鲸妈妈在较温暖的水域产崽，并用3—4个月的时间抚育幼鲸。

■ **我们的忠告**

必须有耐心、毅力、强壮的身体素质和屏气能力而且不晕船，才能带着与座头鲸近距离接触的绝妙体验从鲁鲁土岛凯旋。尽管这种邂逅有时是短暂而遥远的，但它仍然给人留下不可磨灭的记忆，尤其是无法弥补的谦虚的教训。面对这些具有引起幻觉的力量的庞然大物，潜水者会心潮澎湃，想要全身心地投入去保护这些温和的巨兽。

适宜时期

　　鲸类只在南半球的冬季出现，9月和10月是高峰期，因为雌鲸都是在这个时期生育的。蝠鲼俱乐部鲁鲁土岛基地由埃里克·莱沃尔涅领导，他是鲸类方面的专家。这个基地只在7月至10月之间开放。7月和8月，常见的南风会使大海变得比较汹涌。

实用信息

　　从塔希提岛的帕皮提（Papeete）出发，飞行一个半小时就可到达鲁鲁土岛。机场位于莫雷村（Moerai）以西5公里处。南方群岛的另外两座重要岛屿——土布艾岛（Tubuai）和拉瓦瓦岛（Ravavae）也各有一个机场。鲸群也时常光顾这两座岛，但是它们没有观鲸所需的旅游基础设施。

　　在鲁鲁土岛，最后一次捕鲸发生在1957年。从那以后，这种巨大的哺乳动物在这里就受到了全面保护，这也解释了它们为什么会那么信任人类。

太平洋

冒险经历

水中嬉戏的"图福"——一只与众不同的快乐幼鲸

应我的朋友伊夫·勒菲弗（Yves Lefèvre）的邀请，我与他一起来鲁鲁土岛探索一个能在清澈的水中靠近座头鲸的特殊地方，而这次旅行因为一只幼鲸不同寻常的态度而变得更加特别。其他幼鲸每隔10分钟就胆怯地升至海面呼吸，并且它们的妈妈守在20米区域内监护它们，而有一只外形明显与众不同的幼鲸却以向游泳者猛冲的方式来消遣。它会在最后时刻避开游泳者，就像受过训练的海豚那样嬉戏。由于它的这种行为，我们给它起名为"图福"（Toufou）。每次下水时，它都好像在等着我们，越来越勇敢，毫不犹豫地在游泳者面前跳跃。我后来从当地负责人埃里克·莱沃尔涅（Éric Leborgne）那里得知，我离开一周后，一个不自觉的日本人企图抓住这只幼鲸几吨重的鳍。作为反击，他被这只幼鲸扯下了短裤！迈克尔·普尔（Michael Poole）博士——波利尼西亚的鲸类专家，我在莫雷拉岛（Moorea）多次与他接触——几年后告诉我，通过分析照片，他确信这只幼鲸的父亲是一只蓝鲸。因此图福是一种杂交品种！这就解释了它的外形、它腹部与众不同的条纹数目，或许还有它不同寻常的行为。

利昂内尔·波佐利

除了建在海滩边上、绿树掩映、环境优美的鲁鲁土旅馆（Rurutu Lodge，二星级）之外，鲁鲁土岛上再没有其他旅馆了，但是有一些膳宿公寓和民宿，虽然舒适度一般，但非常整洁、原生态而且热情好客。

由于旅馆数量有限而且此地日益受到游客青睐，请您务必提前几个月预订房间。

几点建议

建议您在前往鲁鲁土岛旅游的前一年好好练习穿着脚蹼踩水和屏气。因为要想成功地与座头鲸友好地接触，必须有非常好的身体素质。

这些动物是如此强大，即使它们看上去懒洋洋的，与它们一起游泳也好像一场真正的高速追逐！对游泳者最好奇的是幼鲸们，它们会主动靠近游泳者。实际上根据官方规定是不允许屏气的，但这是享受与座头鲸真正接触的唯一方式，重要的是不要打扰它们。

被当地人称为"鲸树"的刺桐在初冬绽放美丽的橙色花朵，预示着座头鲸的到来。

图1_图普迈洞穴（grotte de Tupumai）
大约12万年前被海水侵蚀而成的这个洞穴位于岛北部的峭壁中，正对着机场，完全被贝壳化石覆盖着。

图2_巨兽的求爱表演
当雌鲸在海岸附近照顾幼鲸时，待在海里的雄鲸试图用壮观的跳跃和刺耳的鸣叫来诱惑它们。

图3_异常清澈的海水
海水清澈透明，人们能够从海面上观察海洋生命和珊瑚，周围是峭壁嶙峋的壮丽景象。

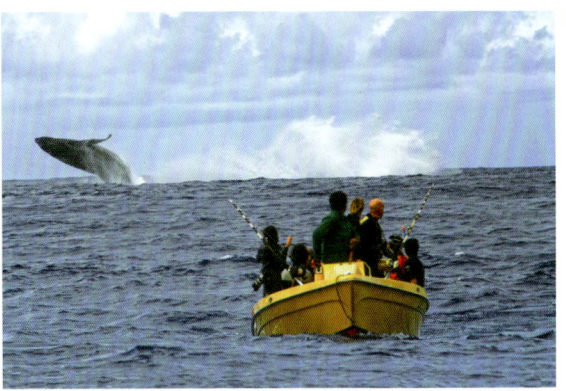

实践指南	潜水等级 ★ 潜水质量 ★★ 鱼类 ★	环境 ★★★★ 感觉 ★★★★★ 生物多样性 ★	摄影摄像 ★★★★ 旅游价值 ★★★ 性价比 ★★

一月	二月	三月	四月	五月	六月	七月	八月	九月	十月	十一月	十二月
27℃	27℃	28℃	28℃	26℃	26℃	25℃	25℃	25℃	26℃	26℃	26℃
27℃	27℃	28℃	28℃	26℃	26℃	25℃	25℃	25℃	26℃	26℃	26℃

太平洋

法属波利尼西亚
POLYNÉSIE FRANÇAISE

47

莫雷拉岛
柠檬榨汁般压力下的潜水

能使肾上腺素飙升的潜水在水道中进行，但是由于潟湖避开了洋流，水下运动要比波利尼西亚其他地方都更容易。因此这里也适合初学者。入门和初次潜水在能见到海鳝的陶托伊（Taotoï）或者因常有鳐鱼光顾而得名的鳐鱼走廊（couloir des raies）进行。

图1_花，波利尼西亚的象征
塔希提栀子是一种小灌木，常年开花，芬芳似茉莉。它们被用来装饰著名的迎客花冠。栀子花与椰丝都是莫诺依香精的成分。

图2_犁鳍柠檬鲨
体长超过3米的犁鳍柠檬鲨因为有点发黄的体色和弧形的背鳍而得名。这种鲨鱼被IUCN列为"易危"物种。

图3_乌翅真鲨
在莫雷拉岛潜水时总能见到的乌翅真鲨在浅水处（通常不到10米深）的礁石上巡逻。

图4_不可胜数的鱼
一位潜水者被欢迎他的四带笛鲷和隆背笛鲷组成的漩涡包围，周围有几条纺锤鲕在监视，远处还有一条乌翅真鲨在警戒。

　　如果有一个地方被称作"梦之岛"并非浪得虚名的话，这个地方就是莫雷拉岛（Moorea）。从塔希提岛乘飞机仅需10分钟、从帕皮提港（西北17公里）乘船仅需1小时的莫雷拉岛是波利尼西亚最美丽的珍宝之一。莫雷拉岛上有8座山坡陡峭、植被茂密的高山，完全是一个热带小天堂。人们在岛上种植甜蜜的柚子和成千上万的菠萝。

　　被看作塔希提岛"妹妹"的莫雷拉岛外形更加秀丽，它的潟湖边缘镶嵌着岸礁，像一圈珊瑚屏障围绕着整个岛。从飞机上向下俯瞰，青葱翠绿的山峦和蓝青色玉石般的海洋相映成趣，摄人心魄。

太平洋

莫雷拉岛 133 平方公里的土地上住着大约 2 万居民，将大部分土地让位于自然。村庄主要分布在环绕整座岛的海岸边，而众多旅游设施则大部分集中在岛东部（索菲特酒店在西部），最好的几个潜水点沿北礁分布。

在好几个潜水点都能遇见柠檬鲨，最有名的要数提基（Tiki），还有鲨鱼餐厅（Shark Dining-room），人们在那里用诱饵引诱柠檬鲨，以及因美轮美奂的蔷薇珊瑚而得名的蔷薇花园（le jardin des roses）。

莫雷拉岛顶级潜水俱乐部（Topdive Moorea）在岛上拥有两家潜水中心，分别设在洲际酒店和希尔顿酒店。潜水点分布在 3—10 分钟航程内、10—30 米深的区域，那里的海水通常十分清澈，极少受到洋流干扰。

俱乐部拥有几艘 10 米长的铝制游船，每天安排出海两次，可以携带高氧气瓶潜水。也可以安排在平静的水域进行夜间潜水。

有趣的物种

波利尼西亚因鲨鱼而闻名，而莫雷拉岛也不会让人失望，因为每次潜水都能见到鲨鱼。最常见的鲨鱼是乌翅真鲨。这是一种身体呈优美流线型的小型鲨鱼，平均体长 1.5 米。我们可以从它的两条背鳍顶端的黑点辨认出这种性情温和的鲨鱼。您可以一次与几十条乌翅真鲨并排游泳，但羞涩（或谨慎）的它们极少主动靠近潜水者。

此地的主人无疑是犁鳍柠檬鲨，可以从它发黄的体色和两只大小几乎相同的背鳍分辨出来。这是一种大型深海鱼，体长通常超过 2.5 米。非常大胆的犁鳍柠檬鲨（当地人称之为"ma'o arava"）在波利尼西亚似乎比在世界其他地方更具攻击性。在面对面遇见它时，请务必尊重它。

请注意，人们在加勒比海见到的柠檬鲨属于另一个品种——短吻柠檬鲨，与这里的柠檬鲨外表相近但更加温和。

东北岬角的潜水点提基因同时存在四种不同的鲨鱼——灰礁鲨、白鳍鲨、乌翅真鲨和柠檬鲨而闻名，我们正是在这里获得了最佳体验。投放诱饵后，您需要在 30 米深处的岩滩上保持静止不动，几条庞大的柠檬鲨最终会在距离您不到一米处与您擦肩而过。您肯定会浑身战栗！

图1_海鳝与蝴蝶鱼
海鳝在莫雷拉岛繁殖并且十分常见，因为它们已经习惯了被喂食。照片中这条巨型海鳗在一大群丝蝴蝶鱼中与潜水者相遇。

图2_蔷薇珊瑚
在莫雷拉岛周围的深水礁石上可以看见被当地人称为"蔷薇珊瑚"的叶型盘珊瑚的巨大群落。珊瑚虫只在一侧发育它们的钙质外骨骼。它们用几个世纪的时间形成了层层叠叠的厚实的花盘。

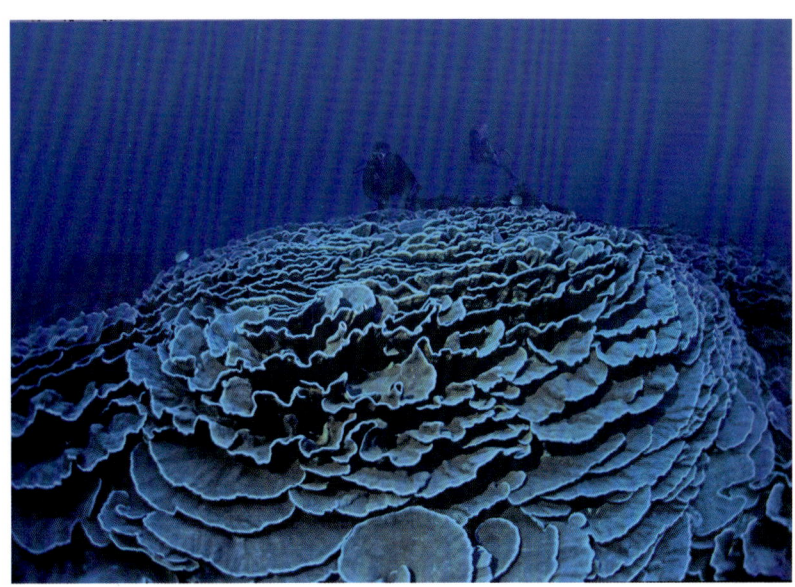

冒险经历

我一直醉心于鲨鱼，而且自从我有幸在马尔代夫拍下一条黑尾真鲨一口吞下一大块珊瑚之后，我就很尊重它们。然而我发现它们的行为会在一瞬间发生变化……而与这些骄傲的捕食者的相遇始终是不可预见的，况且从来不是没有风险的。这是我在莫雷拉岛吸取的教训……我与这个"梦之岛"上的潜水先锋之一菲利普·莫勒（Philippe Molle）一起用大块的金枪鱼肉诱惑犁鳍柠檬鲨。然而，一天，因为不想让一条50米长的大鲨鱼一口吞掉我的金枪鱼，所以当它只咬住一部分诱饵时，我就缩回了手。瞬间，这条鲨鱼"大发雷霆"，开始攻击我。它转过身，仍然杀气腾腾，我不得不迅速撤退，从水里出来，忍痛爬上礁石。但是这条鲨鱼还不放弃，它咬住我的脚蹼，继续从水下几厘米处攻击我，它自己也受伤严重。我逃脱了因犯错而应受的惩罚，而我的朋友帕特里克可没这么幸运，下面让他来说说……

与雷蒙一样，我也喜欢鲨鱼。我从来不害怕它们，因为它们完美的外形使我着迷。一次与伊夫·勒菲弗一起在伦吉拉环礁（Rangiroa）潜水时，在我们的《环球潜水攻略》第一版中提到的三百鲨鱼水道（Passe aux 300 requins）中，我发现自己独自在洞穴外面，而一条黑尾真鲨正在"品尝"我的手。发现我的手一点也不好吃之后，它立即弃我而去，留下我独自品尝悲惨的命运。结果：缝了27针……管他呢！

雷蒙·萨凯，帕特里克·米乌拉纳

戏弄鲨鱼
必食恶果

太平洋

无所不知

尽管莫雷拉岛如今是法属波利尼西亚的一部分，但历史最终采用了它的发现者英国人詹姆斯·库克（1728—1779）给它取的名字。库克船长于1777年驾驶他的"奋力"号（Endeavour）环游世界途中在这座岛登陆。也是他给整个群岛起名为"社会群岛"（îles de la Société）。

适宜时期

莫雷拉岛全年或几乎全年天气晴朗，尽管天空时常被云层遮盖。构成美景的白云被岛中央的山峦留住，使海边沐浴着灿烂的阳光。

2月至5月以及9月至11月是探索莫雷拉岛海底世界的最佳时期。7月和8月，天空时常乌云密布，局部阵雨使空气变得清新。在这个时期，大海变得波涛汹涌，但水温始终很舒服（最低25℃）。

1月和2月可能会受到强龙卷风的袭扰。万幸的是，它们极少出现在波利尼西亚，如果遇到热带低气压，自然是不可能潜水了。

相关信息

莫雷拉航空每20分钟就有一班从塔希提岛法阿（Faaa）机场到莫雷拉岛的航班。阿莱米蒂轮渡公司（Aremiti）每天至少开行十几班船，往返于帕皮提岛（Papeete）和莫雷拉岛之间，包括一艘快船（仅运输旅客）和一艘渡轮（运输旅客和汽车）。

尽管没有像博拉博拉（Bora Bora）上那种超级豪华的高档宾馆，但莫雷拉岛提供了极好的住宿选择。多数大酒店（希尔顿酒店、洲际酒店、明珠度假酒店、索菲特酒店）都采用了塔希提的传统建筑风格，丝毫没有破坏当地的风景。

电报和电话线都铺设在地下，保留了岛上的自然风光，数千株木槿绽放着鲜花。到处都十分干净，包括道路两旁人行道上的灌木丛，总像刚刚被修剪过一样整齐。

图1_塔希提的姊妹岛
距离塔希提只有17公里的莫雷拉岛以郁郁葱葱的山峦景色为特色。该岛的最高点托西亚峰海拔1209米。

图2_库克湾
被当地人称作"泡泡湾"（baie de Pao-Pao）的库克湾绝对是世界上最美的风景之一。它连通着提瓦罗阿水道（passe Teavaroa），这是一条很长的水道，水下的光影效果美轮美奂。

■ 我们的忠告

毋庸置疑，莫雷拉岛会使游客体会到与最美明信片一样的天堂的滋味。在这里，面对传奇般的景色，人们会心潮澎湃。关于波利尼西亚的所有伟大的历史影片都是在这里拍摄的，特别是1962年马龙·白兰度（Marlon Brando）主演的《叛舰喋血记》（Révoltés du Bounty）。莫雷拉岛值得您花一周的时间在这里休闲、游览和潜水。

几点建议

建议您参观提基村,在那里您可以学习编织花冠、制作干椰肉、用棕榈叶编织手工艺品,尤其是跳著名的塔希提草裙舞。

最精华的体验是与村民一起去捕鱼,在吉他声中迎接划着独木舟满载而归的渔民。他们会在地上挖出一个大炉坑(tamara),在里面烤面包果、小乳猪、蔬菜、水果和鱼。真是乐事一桩!

实践指南	潜水等级 ★★ 潜水质量 ★★★★ 鱼类 ★★★★	环境 ★★★ 感觉 ★★★★ 生物多样性 ★★★	摄影摄像 ★★★ 旅游价值 ★★★★ 性价比 ★★★

一月	二月	三月	四月	五月	六月	七月	八月	九月	十月	十一月	十二月
30℃	30℃	28℃	28℃	28℃	28℃	27℃	27℃	27℃	28℃	28℃	30℃
27℃	27℃	28℃	28℃	28℃	28℃	28℃	28℃	27℃	27℃	27℃	27℃

太平洋

法属波利尼西亚
POLYNÉSIE FRANÇAISE

48

博拉博拉岛
魟鱼的舞技

在博拉博拉，有适合各个等级的优质潜水项目。最美丽的邂逅往往发生在潟湖中，这里不受洋流干扰，海水清澈而温暖，耀眼的阳光使海面波光粼粼，五彩斑斓。

在珊瑚屏障的外围有一片令人眩晕的峭壁，聚集着许多鱼类，需要航行20—30 分钟才能到达。像波利尼西亚其他地方一样，这片海域也有数目众多的各种鲨鱼。

有"世界最美潟湖"之称的博拉博拉岛（Bora Bora）也被誉为"太平洋上的明珠"，这绝对名副其实。在曾经名为"瓦沃"（Vavau）的这座岛周围，水晶般清澈的温暖海水就像一幅由蓝宝石色、碧玉色和绿松石色构成的单彩画。位于塔希提岛西北 260 公里处的背风群岛（Sous-le-Vent）中的博拉博拉岛的面积只有 38 平方公里，最长处 8 公里，宽 5 公里。

被三座死火山——奥特马努山（Oremanu，727 米）、帕希亚山（Pahia，661 米）和胡山（Hue，619 米）占据的博拉博拉岛在大约 1300 万年前经历了剧烈的火山喷发后浮出海面。后来这些火山逐渐崩塌，形成了今天宽阔的潟湖，上面点缀着无数小荒岛。博拉博拉岛被三个大海湾包围着：西面的法努伊湾（Faanui）和图拉普奥湾（Tuuraapuo）以及西北面的希提亚湾（Hitiaa）。

岛的西面，正对着瓦伊塔佩村（Vaitape）的特阿瓦努伊水道（Te Ava Nui）是该岛的唯一水道，可以从这里出海。博拉博拉岛是波利尼西亚最具旅游价值的岛，潜水俱乐部少不了。顶级潜水俱乐部

图1_美丽、温柔而芬芳
博拉博拉岛的形象也与头戴散发着茉莉香气的编织花冠的土著妇女的形象联系在一起，这是南半球海洋的象征。

图2_费氏窄尾𫚉的芭蕾
在潟湖最浅处的沙质海底生活着许多费氏窄尾𫚉（Himantura fai），最重可达18公斤。

图3_潟湖中的海洋魔鬼
在非常有名的阿诺潜水点，双吻前口蝠鲼（Manta birostris）有时会来到不到10米深的水中找小鱼为它清洁身体。必看！

太平洋　　　　　　　　　　　　　　277

（Topdive）在岛上设有三个点，而博拉潜水中心（Bora Diving Center）有两个点。另外还有巴蒂斯潜水中心（Bathys Diving）、轻松潜水中心（Diveasy）和蓝色努伊潜水中心（Blue Nui）。

在博拉博拉岛通常建议的 15 处潜水点中，我们特别喜欢特阿瓦努伊水道。这是一处大峭壁，聚集着非常多的鱼，还有几处海台（最深 30 米），定居的蝠鲼在上面游来游去。

图皮蒂皮蒂（Tupitipiti）是一面 40 米宽的珊瑚墙，里面钻出一些洞穴，这是该岛唯一一处生长着软珊瑚和柳珊瑚的地方。

在岛的北面，姆里姆里（Muri Muri）——又名"白色谷地"（White Valley）——因定居的黑尾真鲨、舒鱼、金枪鱼和鲹鱼而闻名。人们经常在那里见到海豚经过。

在潟湖内部，阿诺（Anau）——又名"法法皮蒂"（Fafapiti）——常常接待来清洁身体的巨型蝠鲼。

塔普（Tapu）是一处崩塌的岩石，时常有柠檬鲨来光顾。

有趣的物种

博拉博拉岛是鳐鱼的天堂。全年都有蝠鲼在这里出没，与这些"海洋魔鬼"一起潜水的最佳时机通常在早晨。而仅潟湖中费氏窄尾虹独特的芭蕾表演这一项就值得一看。这种鱼扁平的圆形身体的直径极少超过 1 米，给人一种在飞翔的感觉。喜欢小块海底的鳐鱼在白天结束时随着返回的洋流进入潟湖。它们夜间在沙中捕食贝类，早晨吃饱了休息，好像在等着与潜水者们嬉戏。

费氏窄尾虹是波利尼西亚水域中特有的品种，但是在整个印度洋-太平洋海域也能遇见它。它那独特的宽大的逐渐变得细长的尾巴在完好无损时可以达到躯干长度的三倍，它没有背鳍，但有毒刺，这是所有虹科共有的器官，而它的毒刺长在身体前部。

波利尼西亚的鳐鱼的特点是身体前端较尖，好像长了一个鼻子。这是一个爱群居的品种，这在虹鱼中相当罕见。

博拉博拉岛的其他明星鱼类包括在深海中出没的大洋疣鳞鲀、蓝鳍鲹、总是在寻找猎物的大鳞魣，当然还有随处可见的乌翅真鲨。

无所不知

博拉博拉岛原名"Mai Te Pora"，意为"神创造的"。詹姆斯·库克1769年在这里靠岸时给它起名为"波拉波拉"（Pora Pora）。现在的叫法只是发音的演变。这座岛在公元前九世纪左右就居住着可能来自汤加（Tonga）的一群人了。

博拉博拉岛是1722年被荷兰航海家雅各布·罗赫芬（Jacob Roggeveen，1659—1729）发现的。1888年，该岛被法国占领。

适宜时期

人们全年在博拉博拉岛潜水，然而5月中旬至9月初这段时间，在来自南方的冷风影响下，潜水舒适度会降低。

8月至11月，博拉博拉岛位于座头鲸向南极洲迁徙的路线上。

实用信息

在博拉博拉岛上能找到所有档次的宾馆，从简朴的民宿到建在梦幻般美丽小岛上的豪华度假村，应有尽有。所有建筑都遵循波利尼西亚风格，很好地融入周围的环境，与美丽的吊脚屋相映成趣。

博拉博拉岛上大型旅游活动之一是给乌翅真鲨和魟鱼喂食。如果想寻找更安静的地方，您可以向潜水中心租一条私人游艇出海，去享受那些激动人心的时刻。您可以乘坐塔希提航空的班机，从帕皮提出发，飞行50分钟到达博拉博拉岛。每天平均有5个航班。也可以乘坐游船前往博拉博拉岛。

海岛风光旖旎，我们强烈建议您乘船做一次环岛游，以领略独一无二的美景，也不要忘记欣赏美不胜收的落日。

几点建议

由于水下日光反射强烈，建议您进行浮潜时穿一件T恤衫，以免被晒伤。建议您在博拉博拉岛游玩后，再到土阿莫土群岛（Tuamotu）住一周，那里的潜水体验截然不同。

图1_游弋的捕食者
由于猎物丰富而吃饱的这些乌翅真鲨正在游弋，无意追逐猎物。

图2_贪食之罪
博拉博拉岛的许多宾馆都投喂费氏窄尾魟。在这些贪婪、有潜在危险但性情温和的魟鱼中间游泳是一种紧张刺激的体验。

图1_背风的小岛
由于北面被一片巨大的V形礁石严密保护着,博拉博拉岛壮丽的潟湖中的水特别平静和清澈。

图2_在天堂度假
博拉博拉岛被誉为梦想中的蜜月游目的地之一,的确是实至名归。大海、亲密与阳光,当然还有潜水。

实践指南	潜水等级 ★★ 潜水质量 ★★★★ 鱼类 ★★★	环境 ★★★ 感觉 ★★★ 生物多样性 ★★★	摄影摄像 ★★★ 旅游价值 ★★★★ 性价比 ★★

一月	二月	三月	四月	五月	六月	七月	八月	九月	十月	十一月	十二月
30℃	30℃	28℃	28℃	28℃	28℃	27℃	27℃	27℃	27℃	28℃	30℃
27℃	27℃	28℃	28℃	28℃	28℃	28℃	28℃	28℃	27℃	27℃	27℃

距离塔希提岛 450 公里的法卡拉瓦环礁是土阿莫土群岛最大的环礁之一（长 60 公里，宽 21 公里）。岛屿的陆地呈椭圆形，面积 16 平方公里，种着许多椰子树。岛上居民一千多人，几乎都聚居在靠近北部水道的罗托阿瓦村（Rotoava）。环礁的面积超过 1100 平方公里，周围的礁石是波利尼西亚最好的潜水点之一。

从前，椰树种植、干椰肉制作和捕鱼是当地的全部收入来源。如今，旅游业和水平很低的黑珍珠生产使法卡拉瓦的经济得到发展，同时又保留了它的本真、宁静和慢节奏的生活。

潜水在水道中进行，人们在这里可以遇见大群的鱼。对潜水者最友好的要数隆头鱼了，它们会在整个潜水过程中陪伴着您，用它们的圆眼睛好奇地打量您。

同时，由于存在大量多样性的珊瑚和总体上未受到破坏的自然环境，法卡拉瓦环礁和临近岛屿——阿拉蒂卡岛（Aratika）、科伊岛（Koehi）、尼奥岛（Niau）、拉拉卡岛（Raraka）、塔亚罗岛（Taiaro）和托奥岛（Toau），都属于塔亚罗环礁（atoll de Taiaro）——于 1977 年被联合国教科文组织认定为"土阿莫土群岛生物圈完整保护区"。

峭壁上每年都有几天会出现世界上独一无二的现象——成千上万条石斑鱼聚集在一起产卵。它们是小牙石斑鱼，当地人称之为"hapuu"。这是一个不可错过的景象！

有趣的物种

如果待在避开强洋流的水中，潜水者会遇见一条或多条隆头鱼——波纹唇鱼，它们笨拙的外形和难以抑制的好奇心令人惊讶。这些鱼性情温和，但体形巨大，体长可超过 2 米。它们平易近人的行为要归功于潜水者长期以来一直用熟鸡蛋和面包给它们喂食，这是它们最喜欢的小点心。

法属波利尼西亚
POLYNÉSIE FRANÇAISE

49

法卡拉瓦环礁
与隆头鱼一起潜水的至尊体验

这片海域的鱼明显比群岛其他海域更多，因为传统的捕捞方式保护了动物群落的平衡。居民们在水道对面开辟了一些渔场。这些被栅栏围起来的漏斗形通道逮住了那些钻进来的冒失鬼，让它们逃不出去。

图1_著名的波利尼西亚黑珍珠
法卡拉瓦环礁有多个珍珠养殖场。这种珍贵的珍珠质结核是由黑蝶贝产出的。

1

如今，人们不再给这些鱼喂食了，因为意识到它们的行为可能会变得有攻击性，尤其是当食物不合胃口时。但这些隆头鱼继续陪伴潜水者潜水，有时甚至上升至离水面很近的地方。

与唇鱼同属但背鳍没有硬棘的隆头鱼是一种无害的鱼，尽管它们看上去有些惊人。

被波利尼西亚人称作"mara"的隆头鱼属于经常被捕捞的品种，因为幼鱼的鱼肉无毒。然而，法卡拉瓦环礁的隆头鱼很少受到威胁，因为它们生活在一片鲨鱼横行的海域中，几乎不可能从水里捞出一条完好无损的鱼。

石斑鱼的大聚会是7月不可错过的一幕，这一现象极其罕见，因为石斑鱼通常喜欢独来独往。数千条石斑鱼组成的鱼群展现出一幅奇特的景象，它们好像是同一个模子里印出来的。它们不仅外表相同，大小也一样。

波利尼西亚的鲨鱼也是数量巨大……数十条身体呈完美流线型的黑尾真鲨在水道中巡逻，尤其是伽汝阿水道（passe de Garuae），人们在那里也经常会见到白边真鲨（当地人称之为"tapetes"）的白鳍。在岛的南面，塔马科瓦水道（passe de Tamakohua）以聚集着数百条定居的黑尾真鲨而闻名。

图1_舒鱼的漩涡
在被联合国教科文组织列为"生物圈保护区"的法卡拉瓦环礁中，聚集着成群的食肉鱼类，在这里潜水会有不同寻常的体验。

图2_服苦役的刺尾鲷
刺尾鲷不是很常见的品种，但是落潮时珊瑚滩上会聚集大群的刺尾鲷。

图3_人类垃圾的威胁
绿蠵龟以水母为食。如果它把一块塑料垃圾当成猎物吃进去，会窒息而死。

图4_饱餐后的食肉动物
我们刚一从法卡拉瓦环礁的水道中出来，就看见许多黑尾真鲨的流线型轮廓出现在蓝色的大海中，它们的巡逻队既壮观又令人生畏。

图5_最大的隆头鱼
体重可达80公斤的隆头鱼（波纹唇鱼）是一种独居的鱼，幼年时是雌性，成熟后会变性。这种鱼被IUCN列为"濒危"物种。

图6_规规矩矩的清洁工
与所有大型鱼类一样，隆头鱼也平静地接受清洁工裂唇鱼为它清理寄生虫。

法卡拉瓦环礁也因为海龟而闻名（主要是绿蠵龟），它们在周围的许多小荒岛上找到了方便又安静的营巢地。

无所不知

在这绝世独立之地，人们才能意识到什么叫无边无际，因为土阿莫土群岛的岛屿散布在 80 万平方公里的汪洋中，相当于欧洲的面积！宽 1.6 公里的伽汝阿水道是波利尼西亚最大的水道。

与土阿莫土群岛最有名的黑蝶贝产地马尼希环礁（Manihi）一样，法卡拉瓦环礁也出产著名的塔希提黑珍珠。人们可以在挂着这些大贝壳（直径 20—25 厘米）的养殖网中间潜水。当地人将一粒来自密西西比的淡水珍珠蚌（Margaritifera sp.）的球形珍珠质结核"移植"到黑蝶贝的外套膜上，黑蝶贝分泌一种物质包围住这个"入侵者"，就形成了珍珠。

黑珍珠养殖是波利尼西亚继旅游业之后的第二大经济活动。

适宜时期

全年天气晴朗，但是 7 月至 8 月间会有强烈的南风肆虐。5 月、6 月、9 月至 11 月是最适合潜水的时期，此时的海水能见度可超过 40 米。

在干季，游客在无人居住的区域可能会较少受到蚊虫的袭扰。

实用信息

法卡拉瓦环礁被十几座天堂般的无人小岛包围着，您可以乘船去这些岛上体验一天鲁滨孙生活。

顶级潜水俱乐部设在环礁北面的罗托阿瓦村和南面的塔马科瓦水道旁边。这个非常专业的俱乐部在环礁北面有五艘船，南面有一艘船，每天出海两次，也可根据需求组织夜间潜水。

因为可能遇到强洋流，整个潜水过程必须从海面监控并由一名经验丰富的向导陪同。

坐落在岛东北部风景秀丽的海滩上的马泰之梦宾馆（hôtel Matai Dream）提供最舒适的住宿条件，有 30 栋露台正对潟湖的木质度假小屋。

白沙滩宾馆（White Sand Beach）档次稍低，但非常温馨，类似的民宿包括：哈瓦基明珠旅舍（Hawaiki Pearl）、托克劳旅舍（Pension Tokerau）、帕拉拉拉旅舍（Pension Pararara）、玛拉玛驿站（Relais Marama）等。

图1_明信片上的风光
深蓝色的天空，反射着绿松石和蓝宝石般光彩的平静的海面，翎饰般的椰子树，法卡拉瓦环礁的一切带给游客一些难忘的时光。

图2_鲁滨孙的小岛
法卡拉瓦环礁周围的许多小岛都适合与世隔绝的悠闲生活。人们会感觉到自己远离俗世，如此之远……

在南部，特塔马努村和它的小茅舍主要由潜水者们光顾。这个地方以它的水上餐厅闻名，人们可以边吃饭边欣赏水道中游来游去的鱼儿。

几点建议

注意，贝氏库蠓——叮咬并吸血的小飞虫——在夜幕降临、天气闷热时会变得兴高采烈。杀虫剂必不可少！

在南面潜水时，鉴于位置的偏远和塔马科瓦水道中的潜水条件，建议您使用高氧气瓶。有限的氮饱和度可以让您在这个独特的地方安全地进行连续潜水。

实践指南	潜水等级 ★★★★ 潜水质量 ★★★★★ 鱼类 ★★★★	环境 ★★★★ 感觉 ★★★★ 生物多样性 ★★★	摄影摄像 ★★★ 旅游价值 ★★★ 性价比 ★★

一月	二月	三月	四月	五月	六月	七月	八月	九月	十月	十一月	十二月
30℃	30℃	28℃	28℃	28℃	28℃	27℃	27℃	27℃	27℃	28℃	30℃
27℃	27℃	28℃	28℃	28℃	28℃	28℃	28℃	28℃	27℃	27℃	27℃

法属波利尼西亚
POLYNÉSIE FRANÇAISE

50

伦吉拉环礁
肾上腺素飙升至顶点

伦吉拉环礁举世闻名，因为它的海底迅速俯冲至几百米深处，海水呈现出浓烈的蓝色，各种鲨鱼聚集其中。人们在每次潜水时都能遇见几条鲨鱼，而在出海时，尤其是在水道的出口，可以遇见深海鱼类。

但是人们来伦吉拉环礁主要是去著名的鲨鱼洞（grotte aux requins）潜水。这个潜点是1985年被伊夫·勒菲弗发现，他是伦吉拉环礁潜水的开拓者和蝠鲼俱乐部的创建者，这个俱乐部始终是该岛的标杆潜水中心。

从刺激性方面看，这里是世界上最好的潜水点之一。这里聚集了如此多的鲨鱼，以至于我们在本书第一版中称之为"三百鲨鱼水道"。从它的深度（35米）和"特产"来看，这显然是为经验丰富的潜水者准备的一场冒险。

图1_玳瑁
玳瑁在伦吉拉环礁的水中很常见。这种海龟从前因龟壳珍贵而遭到长期捕杀，如今受到了保护。

图2_当心，当心
远洋白鳍鲨的恶名在这里无数次得到了印证。尽管很罕见，但遇见它时要敬而远之。

图3_既可怕又害羞
被当地人称为"tapetes"的白边真鲨的体形比黑尾真鲨更大。它通常待在离岸较远的海里。

图4_黑尾真鲨的骚乱
伦吉拉环礁或许是人们能够在一次潜水中见到最多黑尾真鲨的地方。

尽管从面积上看，伦吉拉环礁（Rangiroa）是继新喀里多尼亚之后世界第二大环礁（约 1500 平方公里，长 80 公里，宽 32 公里），但主要居民区仅限于两座小珊瑚岛，居住着约 3500 人：长 12 公里、宽 500 米的阿瓦托鲁岛（Avatoru），长 4 公里、宽 300 米的提普塔岛（Tiputa）。同名的两个村庄坐落在这两座岛的两端，中间只有一条 6 米宽、边上种着椰子树的道路连接。这条路的中点是一座机场，于 1965 年开放，每天有航班连接伦吉拉环礁（常被简称为"伦吉"）和帕皮提，飞行时间一小时（355 公里）。

每个村庄都对应着一条水道：阿瓦托鲁入口处的胡图阿拉水道（Hutuaara）和提普塔附近的希里亚水道（Hiria）。这些从礁石中天然开辟的通道沟通着潟湖与大海。随着潮涨潮落，数百万立方米的海水通过这两条水道流进流出，形成了"地狱之流"。伦吉拉环礁由 415 座珊瑚岛组成，多数无人居住，可以在那里度过几个小时的休闲时光，做一回"迷失在太平洋中"的鲁滨孙。

从蝠鲼俱乐部乘船航行几分钟就能到达鲨鱼洞。只有橡皮艇足够灵活，能够通过水道中形成的起伏的浪涌。一下水，就应垂直下降至海里，然后到达 35 米深处的岩壁。所谓的"洞"只不过是礁石中一处新月形的凹陷。即使在"不走运的日子"，我们也能观察到三十多条鲨鱼在这个区域穿梭。但通常都会遇见一百多条！

如果一直在提普塔水道中进行被称作"行走"的潜水，可以远远看见一条由数百条黑尾真鲨组成的真正的"鲨鱼毯"。也是在那里，12 月至来年 3 月，人们最有可能看见大型的双髻鲨。

1

有趣的物种

  伦吉拉环礁因常出现黑尾真鲨（当地称为"raira"）的漩涡而闻名。这些鲨鱼平均体长 1.5 米，最长不到 2 米。这些速度惊人的鲨鱼完全像是滑入水中，给人的感觉好像毫不费力。这些"肌肉鱼雷"具有惊人的加速能力，为了咬住一个猎物，能在不到一秒钟内达到 70 公里的速度。

  在伦吉拉环礁，黑尾真鲨采用了群居方式。一群黑尾真鲨——根据年份和季节不同，数目在 300—500 条之间变化——定居在提普塔水道轴线上的峭壁附近。它们驻扎在水下 50—70 米深处，组成密集的鱼群，随着洋流起伏，形成了一条令人惊奇的活地毯。

  也正是在礁石的这个部分，我们有幸惊喜地看见一条大锤头鲨——无沟双髻鲨庞大的身形突然出现在深海浓烈的蓝色中。这种独来独往的鲨鱼体长 4—5 米，通过庞大的体形、超大的背鳍和又长又细的尾鳍上部与其他种类的鲨鱼区分开来。在礁石附近的深海中潜水只适合最有经验的潜水者。他们的目的是遇见平滑白眼鲛。它们的流线型身体比大多数其他种类的鲨鱼更纤细。这些鱼体长通常为 3 米，行为相当令人不安，尤其是在开阔的水域。它们围着潜水者绕圈，好像始终在盯着您，而且每绕一圈都会缩小包围圈的直径。

  平滑白眼鲛的身旁往往伴有腹部大得多的白边真鲨。对自己的力量十分自信的这些大鲨鱼在这里不会表现出报复性行为。最罕见且不太好相处的远洋白鳍鲨就不是这样了，这是一种通常在海面附近出现的深海鱼。观察它时应保持谨慎，因为它会突然采取攻击行为。这种鲨鱼可以从上部有一个白色斑点的圆形大背鳍辨认出来。

无所不知

  伦吉拉环礁属于土阿莫土群岛——"近海群岛"，位于塔希提岛东北面。它由 76 个珊瑚岛组成，包括马尼希环礁（Manihi）、法卡拉瓦环礁（Fakarava）和提克豪环礁（Tikehau）。土阿莫土群岛可

图1_鱼的威仪
伦吉拉环礁中的蝠鲼——双吻前口蝠鲼的确体形巨大。突然从深渊中出现的这条翼展5米的蝠鲼紧贴着大吃一惊的潜水者们的头顶优雅地飞过。

图2_捕食者的天堂
伦吉拉环礁的水道聚集着如此多的鱼,以至于几乎整条食物链都在这里出现了。照片中一条黑尾真鲨正在追击一大群六带鲹。

图3_锤头与砧板
无沟双髻鲨那形似大砧板的吻很有特点。在这里,我们遇见了几条独自巡逻的大家伙。

能是由葡萄牙航海家费尔南·马热兰(Fernand Magellan,1480—1521)在十六世纪发现的,曾经被称为"Pomotu"(附属群岛),自1880年起成为法属领地。阿瓦托鲁水道距蝠鲼俱乐部半个小时航程,以常在礁石周围浅水区域活动的大蝠鲼而闻名。人们在这里也能遇到成群的纳氏鹞鲼、非常密集的舒鱼群,甚至经常在开阔的水域见到海豚。人们通常是在船宿潜水过程中遇见最惊人的深海大鲨鱼的。波利尼西亚有许多双体船(当然配有船长)可供租赁,您可以乘坐这些船去与世隔绝的荒岛和遥远的礁石附近潜水。

适宜时期

伦吉拉环礁的任何潜水点都不避风,因此最好选择风平浪静的天气去潜水,否则潜水会变得很"摇滚"。最适宜的月份是4月、5月、6月、9月和10月。应在平潮或回流时潜水,因为涌潮的力量是惊人的。7月和8月间,刮南风时,潮水逆流充满潟湖,这使洋流变得汹涌,如果没有经验丰富的向导陪伴,潜水会变得相当危险。

■ 我们的忠告

伦吉拉环礁邀请我们体验令人"浑身颤抖"的潜水。鲨鱼不停歇地舞动,有时会突然陷入一阵狂热,瞬间撕碎猎物,这些都将在记忆中刻下不可磨灭的印象。在"鲨鱼洞"要非常谨慎,因为鲨鱼数量众多,很难看顾所有的鲨鱼——有的鲨鱼至少是非常大胆的。洋流惊人的力量是在这里潜水的乐趣之一。某些出口还没等踩一下水就被冲过去了,就像是加速推移的镜头,令人终生难忘!

冒险经历

在大海中迷路，被一群妖怪包围

我和我的朋友伊夫·勒菲弗一起在伦吉拉环礁的水道里探险，目的是定位几个潜水点，这些潜水点后来都成为蝠鲼俱乐部的正式推荐潜水点。在阿瓦托鲁水道中，在启用了我的储备氧气之后，我本该迅速返回水面，因为洋流开始向外流了。正在这时，在我下方不远处，四十多条小白边真鲨开始表演。我忍不住重新下潜去拍摄它们。在洋流中，我很快就用光了气瓶中的氧气，此时必须立即返回水面了。可是我发现自己被洋流带走了。伊夫和他的女友布丽吉特（Brigitte）没有丢下我不管，仅仅几分钟的时间，我们就被带到了离岸很远的海里。伊夫游泳去寻求救援……在我们漂流的这几公里距离上，十几条气势汹汹的平滑白眼鲛始终没有离开我们。我们和这些越来越紧张的"伙伴"一起等了足足两个多小时，救援队才找到我们。如果您愿意相信我的话，这是我人生中第一次也是最后一次带着全副装备只踩了一下水就跃上了橡皮艇！总之，永远不要违反最基本的安全指令。我们永远不知道会发生什么……

雷蒙·萨凯

实用信息

塔希提航空每天有三个航班连接帕皮提和伦吉拉（飞行时间1小时45分钟）。人们也可以从伦吉拉环礁出发，乘船去博拉博拉岛、法卡拉瓦环礁、马尼希环礁和提克豪环礁。

伦吉拉环礁提供各种住处，有朴素的乡村式膳宿公寓，如邦蒂（Bounty）、塞西尔（Cécile）、格罗琳娜（Glorine）或泰纳与玛丽（Teina et Marie），有超豪华酒店基亚奥拉酒店（Kia Ora）和它迷人的基亚奥拉荒岛度假屋，还有高档的原生态民宿，如迈泰旅舍（Maitai）、莱拉潟湖旅舍（Raira Lagon）和约瑟芬驿站（Relais de Joséphine）。

要去鲨鱼洞潜水，必须有三级潜水员证和此前在鲨鱼出没海域的潜水经验，因为在这个特别的潜水点探险要求很高的自控能力。由于这里洋流汹涌，潜水者还应具备良好的身体素质。

几点建议

伦吉拉环礁有六家潜水中心，但它们提供的服务水平和潜水环境各不相同。建议您去网络论坛看看……

伦吉拉环礁的潜水条件有时运动性很强，在挑战它们之前，建议您先去提克豪环礁适应一下。

建议您带一台潜水电脑。水的清澈度会使定位标志扭曲，而且海底可能达到令人眩晕的深度。

伦吉拉环礁潜水中心的教练平日常与鲨鱼共游，很了解它们的习性。他们是唯一有能力决定什么时候需要中断潜水的人。为了您的安全，请您一丝不苟地遵从他们的指令。

图1_无边的天空
"伦吉拉"（Rangiroa）这个词用土阿莫土群岛的传统语言博莫图语翻译过来就是"无边的天空"。当您从这片长80公里的壮丽的环礁上空飞过时，很容易理解它为什么叫这个名字。

图2_在潟湖中浮潜
在伦吉拉环礁，珊瑚和其他无脊椎动物的群落在这里繁殖，即使在水下不到1米处，也有许多奇观有待发现。

实践指南	潜水等级 ★★★★ 潜水质量 ★★★★★ 鱼类 ★★★★★	环境 ★★★ 感觉 ★★★★★ 生物多样性 ★★★★	摄影摄像 ★★★★ 旅游价值 ★★★ 性价比 ★★★

一月	二月	三月	四月	五月	六月	七月	八月	九月	十月	十一月	十二月
30℃	30℃	28℃	28℃	28℃	28℃	27℃	27℃	27℃	27℃	28℃	30℃
27℃	27℃	28℃	28℃	28℃	28℃	28℃	28℃	28℃	27℃	27℃	27℃

美国 ÉTATS-UNIS

51

阿拉斯加
适合所有最高级形容词的群岛

在这里，我们身处在一个比以往的探险之地更大、更冷、更蛮荒、更刺激的世界。位于阿拉斯加西南部、该州首府朱诺市（Juneau）近海的亚历山大群岛（archipel Alexandre）由1000多座岛组成。阿拉斯加鲨鱼潜水探险俱乐部（Alaska Sharks Dive Expeditions）在5月至7月间组织包括浮潜和探索太平洋鼠鲨和冷水动物群落的潜水在内的五日游。

"最后的国界"与"极昼之地"是阿拉斯加（Alaska）的两个别称，阿拉斯加自1959年1月3日起成为美国的第49个州。1867年，美国从俄国手中买下了这片领土。隔着加拿大与美国其他部分相望的阿拉斯加是美国的域外领土（与夏威夷相同）。这是一片广袤的领土，是美国最大的州（超过法国面积的三倍，接近美国总面积的19%）。

阿拉斯加由一些辽阔的荒原构成，人口少于80万，即每平方公里不到两个人！阿拉斯加北邻北冰洋，西接白令海，南面860公里的整条海岸线濒临太平洋。这是一个非常靠北的地区，因为该州最北的小镇巴罗（Barrow）位于北极圈以北550公里处。

犬牙交错的海岸形成了一些复杂的小海湾，人们可以避开汹涌的海浪在其间航行。由于气候条件（12月至来年3月，该州北部的平均气温为–30℃），无论是水下还是水面的自然环境都是荒凉而严酷的，同时也是壮丽的、几乎未被破坏的。

图1_北海狮
阿拉斯加湾是北海狮的重要繁殖地。怀孕近一年后，雌海狮在礁石中产崽，每只雌海狮只产一只幼崽，重20公斤。

图2_太平洋鼠鲨
形似大白鲨但不超过3米长的太平洋鼠鲨是一种不怕冷水的鱼类捕食者。

图3_迅捷的猎食者
主要以鱼类和头足纲动物为食的北海狮能一口咬住它的猎物。它已被IUCN列为"濒危"物种。

图4_水下欢庆
被这许多漂亮的哺乳动物环绕着的感觉是奇妙的。在这张照片中，我们数出了24只海狮！独一无二的体验！

　　从安克拉治（Anchorage）出发飞行45分钟即可到达阿拉斯加西南海岸上的瓦尔迪兹（Valdez），然后需要从这里乘船去拉文克罗夫特旅馆（Ravencroft Lodge），因为没有任何公路通往这个地方。坐落在阿拉斯加湾中央的威廉王子湾（baie du Prince William）优美的自然环境中的这家旅馆有简朴而舒适的乡村式客房，可以接待12人。旅馆周围是茂密的森林，以北美云杉（Picea sitchensis）为主，它是一种可超过70米高的针叶树。

　　2004年建成的拉文克罗夫特旅馆是世界上唯一几乎确定能让您在水里遇见一条太平洋鼠鲨的地方。与这种鲨鱼打了十多年交道的布恩（Boone）和吉娜·霍金（Gina Hodgin）已经成为这方面的专家，他们确保游客能够（屏气）与这种看似小型白鲨的动物友好互动。

　　32英尺（约9.8米）长的铝制双体船"维京人"号（Viking）装备了两台150马力的发动机。它有一间采暖舱室，能运载7名潜水者，条件非常舒适。

太平洋

有趣的物种

人们通常在海面上见到太平洋鼠鲨。船员用诱饵吸引它们，潜水者不需要游得太远，就能看见这些动作迅捷的捕食者，因为它们会靠得很近。海水能见度在 10—15 米。

建议您进行一次夜间潜水（在保护笼中），以便观赏太平洋睡鲨。这是一种很大的鲨鱼（平均体长 2—3 米，某些超过 4 米，重约 900 公斤），通常生活在深海中（最深可到水下 2000 米）。这种鲨鱼因为长着一张巨嘴而给人留下深刻印象。这是世界上唯一有可能在太平洋睡鲨栖息地见到它的地方。

除了阿拉斯加的风光和巨型海狮带来的诱惑之外，人们来这里还想看到在海面上游泳的座头鲸、虎鲸、海獭和北海狮。它们一大群一大群地在参差不齐的岩石堆上产崽。这些"托儿所"在当地被称为"群栖地"，场面震撼人心。

请务必带上双筒望远镜，因为这里的法律禁止靠近群栖地 100 码（约 91.4 米）之内。本页的照片是在特别许可下拍摄的。然而，我们向您保证，在不列颠哥伦比亚省的库特奈（温哥华岛的东部），在太平洋职业潜水与海洋冒险俱乐部（Pacific Pro Dive & Marine Adventures）的组织下，您总能与这些迷人的动物们一起游泳。

8月，成百上千条鲑鱼回到河口。它们溯流（常常是激流）而上，在它们自己曾经出生的水源附近产卵。最具象征性的品种是弓背大麻哈鱼，又名粉红鲑，雄性有很长的下颌，背部隆起。您也可能遇见体色更鲜艳的大麻哈鱼和溯河产卵的花羔红点鲑——体长 60—80 厘米，繁殖习性与鲑鱼类似。

无所不知

阿拉斯加是一个水体众多的地区，有 300 多万个湖泊和大约 3000 条河流，其中主要的育空河（Yukon）蜿蜒 2000 公里，长度相当于卢瓦尔河（Loire）的两倍。阿拉斯加的最高点麦金利峰（Mont McKinley，海拔 6194 米）是北美洲的最高峰。阿拉斯加有 40 多座活火山，其中某些海拔超过 3000 米，如堡垒火山（Mont Redoubt）、斯普尔火山（Mont Spurr），5000 条冰川覆盖着 41000 多平方公里，阿拉斯加受到地震活动的影响，被视为地球上地震烈度最大的地区之一。

1

图1_弓背大麻哈鱼
弓背大麻哈鱼重约2公斤，在海里生活时体表为银色，产卵期体表变成灰色，腹部为白色。

图2_巨型水母
狮鬃水母是一种体形巨大的刺胞动物，它的伞膜直径通常为2米。请避免接触它的触手，被它蜇到的感觉与被蜜蜂蜇到一样。

■ **我们的忠告**

在这个特别的地方，潜水经历也是特别的。在一片寒冷、阴暗但很清澈的水中，一个不为欧洲潜水者所知的神秘动物群落展现出它全部的独特性，而与鲨鱼的接触则会给他们留下不可磨灭的记忆。在每次潜水时，人们都会经历一次小小的个人冒险，留待晚上在旅馆一边欣赏风景一边与朋友分享。

海月水母每年夏季沿阿拉斯加海岸繁殖。在威廉王子湾里的菲达尔戈港（Port Fidalgo），人们可以欣赏聚集成群的成千上万只无害的水母。人们还能见到狮鬃水母——直径达 2.5 米、触手长 40 米的巨型水母！它的刺丝囊具有很强的致敏性。

适宜时期

毫无疑问，阿拉斯加很冷。在位于太平洋边上、阿拉斯加湾南面的该州首府朱诺市，10 月底至来年 3 月底之间的平均气温低于 0℃。6 月、7 月、8 月甚至 9 月的气温比较容易忍受（但很少高于 15℃）。注意：阿拉斯加的太平洋一侧降水很多（年降水量约 1200 毫米）。

卡特迈的熊，鲑鱼钓手

如果说世界各地的钓鱼爱好者来到阿拉斯加是为了"逗弄"鲑鱼，那么这个地区的另一种著名的野生动物也会做同样的事。它就是科迪亚克岛棕熊，灰熊的一个亚种，生活在安克拉治以南约 400 公里处的科迪亚克群岛（archipel Kodiak）上。这是一种体形特别大的动物，雄性站立时身高可超过 2.5 米，重达 700 公斤！人们可以在 1941 年创建的动物保护区——科迪亚克国家野生动物保护区（Kodiak Wildlife National Refuge）里和卡特迈国家公园（Katmai National Park）的布鲁克瀑布（Brook falls）中见到它。

科迪亚克岛（île Kodiak）面积约 9000 平方公里，是阿拉斯加最大的岛。科迪亚克群岛有大约 3500 只熊。它们构成了一个越来越受欢迎但严格控制的旅游景点。

需要指出的是，在国家公园区域之外，熊是不受保护的，甚至遭到猎杀！

在海德（Hyder）附近的鱼溪（Fish Creek）设立了观察站。人们在那里还能见到美国黑熊和许多种类的鸟，包括作为美国国鸟的著名的白头海雕。

实用信息

想从欧洲前往阿拉斯加南部，首先要横跨大西洋飞往西雅图（Seattle），然后乘坐阿拉斯加航空（Alaska Airlines）的飞机从西雅图到朱诺，再从朱诺到锡特卡（Sitka）。位于亚历山大群岛的巴拉诺夫岛（île Baranof）上的小城市锡特卡的名字被用来命名这个地区高大的针叶树——北美云杉。游览阿拉斯加需要花些时间，不仅因为这个地方广袤无垠，而且这里几乎没有任何公路基础设施。还应考虑到变幻莫测的天气可能导致一两天内无法出行，甚至在夏季也是如此。建议您根据选择的时期计划您的行程，因为当地的"特产"会随着季节变化。例如，5月是观熊的最佳季节。

几点建议

在盛夏，室外气温在10—15℃之间变化。您需要为陆上远足准备保暖的衣服，那里有风、潮湿，可能相对寒冷刺骨。注意，拉文克罗夫特旅馆只能接待12位客人，需要提前很长时间预订房间。

建议您穿密封潜水服潜水（可直接在旅馆租赁），7毫米厚的水性潜水服足够用来观察鲨鱼或鲑鱼了。

来自座头鲸的致意
被北美云杉覆盖的群岛云雾笼罩，一只座头鲸正探入阿拉斯加湾寒冷的水中。

实践指南

潜水等级 ★★★★	环境 ★★★★★	摄影摄像 ★★★★★
潜水质量 ★★★★	感觉 ★★★★★	旅游价值 ★★★★★
鱼类 ★★★★	生物多样性 ★★★★	性价比 ★★★

一月	二月	三月	四月	五月	六月	七月	八月	九月	十月	十一月	十二月
-5℃	-2℃	0℃	4℃	8℃	11℃	13℃	14℃	10℃	6℃	0℃	-3℃
7℃	7℃	7℃	7℃	9℃	11℃	13℃	14℃	13℃	11℃	10℃	8℃

作为加拿大仅次于多伦多（Toronto）和蒙特利尔（Montréal）的第三大城市，温哥华是一个重要的港口城市，也是不列颠哥伦比亚省——加拿大的一个省，首府是维多利亚市（Victoria）——的经济中心。在温哥华的近海可以体验优质的潜水项目，尤其是在马蹄湾（Horseshoe Bay）、宝云岛（Bowen Island）和冒险岛（Gamble Island）。但是提起不列颠哥伦比亚省的水下活动，最吸引眼球的还是温哥华岛（île de Vancouver）。面积达32134平方公里的温哥华岛是一片广阔的自然区域，略大于比利时（长460公里，最宽处80公里），海岸线非常曲折。潜水点众多，包括二十多艘沉船。

纳奈莫有"世界上最大的人工暗礁"，它是由潜水者故意凿沉的三艘大船构成的。"萨斯喀彻温"号（Saskatchewan）是一艘111米长的驱逐舰，自1997年6月14日起就躺在40米的海底。"布列塔尼角"号（Cape Breton）是一艘长134米的轮船，于2001年10月10日被凿沉在42米深的海底。"里夫·托莱昂"号（Rivtow Lion）是一艘47米长的拖轮，自2005年2月6日起竖直插入24米深的海底。

也可以在三十多公里长的萨尼治半岛（péninsule de Saanich）周围进行海底探险。这一侧的海水比太平洋一侧平静得多。再往北，尤尼参湾（Union Bay）和奎德拉岛（Quadra Island）周围相当清澈的水中也聚集了一些非常美丽的潜水点。

当然，人们可以在太平洋一侧潜水，在托菲诺（Tofino）选择海洋星球冒险俱乐部（Ocean Planet Adventures）或者在阿尔贝米港（Port Albemi）的巴克利湾（Barkley Sound）选择潜水冒险俱乐部（Dive Adventures），去非同寻常的自然环境中潜水。

有趣的物种

在不列颠哥伦比亚省潜水能完全体会到寒冰水域的特点。无可争议的明星是北太平洋巨型章鱼，人们可以在水下30米区域遇见它，这是相当罕见的，因为这种头足纲动物通常更喜欢50—75米深的较难到达的海底。

尽管海底的微型动物因为品种特别而令人十分惊讶，但是潜水者在北太平洋寻找的主要是眼斑鳗狼鱼。这种蛇形鱼体长可达2米，体形惊人，长着一张死气沉沉的脸和可怕的牙齿，但在未受到挑衅时是一种无害的动物。

加拿大 CANADA

52

温哥华
仙境中的潜水者

1

大部分潜水点集中在分隔温哥华岛与美洲大陆的乔治海峡（détroit de Géorgie）中。它们散布在88公里长的沿海，从岛南端的主要城市维多利亚（Victoria）到纳奈莫（Nanaimo）。

图1_背平鲉
生活在礁石中的背平鲉重量可达3公斤。这是一种因肉质鲜美而深受喜爱的鱼。

图1_须毛高龄细指海葵
此地很常见的须毛高龄细指海葵高度在50厘米到1米之间。照片前景中是一只皮革海星。

图2_科氏兔银鲛
停在一块布满各种海葵的礁石上的科氏兔银鲛体长可达1米。受到惊扰的它竖起了背上的毒棘。

图3_延长天鹅绒螺（Velutina prolongata）
这种腹足纲动物在当地被称作"天鹅绒螺"，体长不到3厘米，以被囊类动物为食。

图4_太平洋章鱼
作为温哥华海域中的大明星，北太平洋巨型章鱼最重70公斤（平均30公斤），触手长2—3米。

图5_红海胆
北太平洋水域中特有的巨紫球海胆生活在被海浪击打的礁石上。

图6_太平洋红蛸
太平洋红蛸是一种谨慎的小型头足纲动物，体长30—40厘米。它只生活在太平洋的东海岸。

图7_眼斑鳗狼鱼
眼斑鳗狼鱼是温哥华海域最奇特的客人之一。它以海胆为食，丝毫不介意它们的刺。

图8_北方拟冰杜父鱼
只有10厘米长的北方拟冰杜父鱼是这个地区特有的小型鲉鱼。它生活在沙质海底,以虾为食。

图9_腹斑杂鳞杜父鱼
类似蝎子鱼的腹斑杂鳞杜父鱼,体长不到50厘米。它生活在礁石的凹坑中。

图10_双线鲽
具有拟态外表的双线鲽趴在沙子上。这种体长40—60厘米的扁平鱼以小甲壳动物为食。

图11_褐杂鳞杜父鱼
长着蜥蜴头的褐杂鳞杜父鱼捕食经过它势力范围的所有猎物。体长不到30厘米的它背上有11根硬棘。

图12_钩吻杜父鱼
非常谨慎的钩吻杜父鱼体长不到10厘米。它生活在海底,借助有硬棘的胸鳍移动。

图13_布法罗强棘杜父鱼
作为可怕的隐藏捕食者,布法罗强棘杜父鱼从不放松它的猎物,照片中它的猎物是一条体形较小的同类。

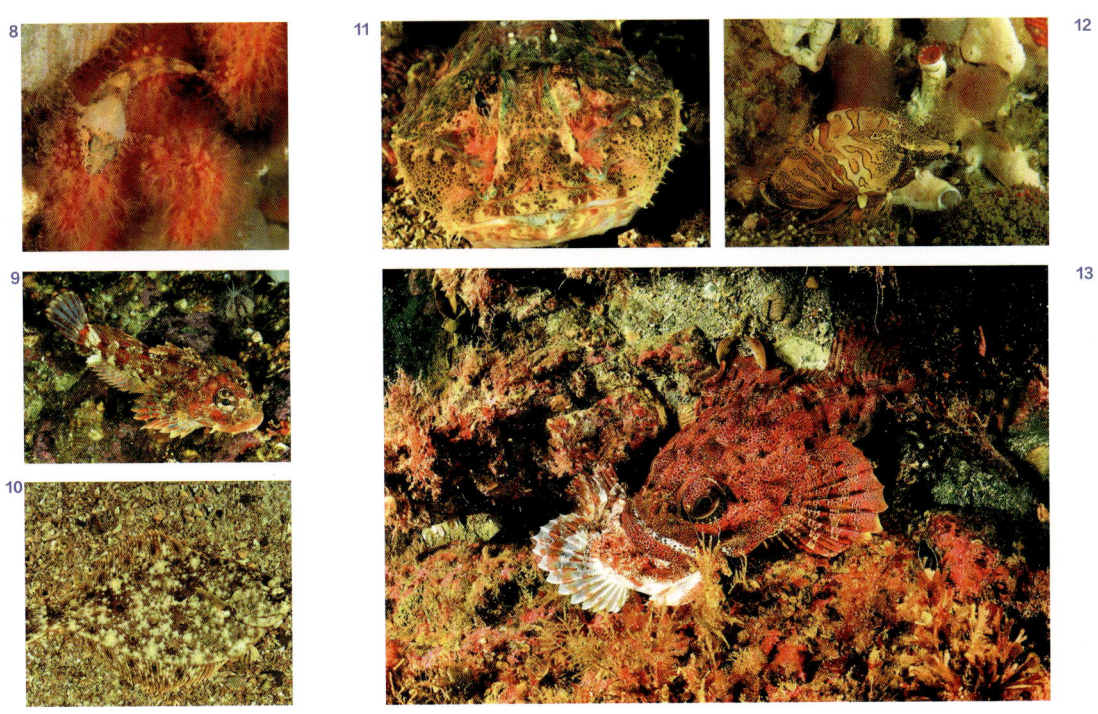

太平洋

海月水母的仪仗队

海月水母沿北太平洋的东海岸生活，从圣迭戈直到阿拉斯加，但是人们也会在日本遇见它。尽管它能忍受很冷的海水（甚至低于 0℃ 的水温），但是这种水母通常在水面漂浮，在靠近海滩或港口的近海中寻找一点温暖。

海月水母的触手又短又细，形似一个直径 10—45 厘米很圆的半透明圆盖，它的名字也由此而来。尽管海月水母有刺丝囊（带毒刺的细胞），专门用来捕获浮游生物中的猎物，但它的这些武器太小了，以至于无法穿透人类的皮肤。因此如果您夏季在不列颠哥伦比亚省潜水时遇见一大群又一大群的海月水母，大可不必害怕。

尽管这种水母喜欢群居，但是夏季密度较大的聚集似乎与这些刺胞动物的繁殖周期相关。没有观赏海月水母的特定潜水点，因为它们随着洋流漂移。这些原始生物使人联想到一些飞碟占领了温哥华岛暗绿色的水域。一次第三类接触！

无所不知

面积约为 100 万平方公里的不列颠哥伦比亚省只有不到 500 万居民，以广阔的未开发的自然空间为特点。

温哥华东北面的约翰斯通海峡（détroit de Johnstone）是世界上观赏虎鲸的最佳地方之一，从 5 月至 10 月，约 150 只虎鲸会在此定居。

适宜时期

受到亚地中海气候的影响，温哥华地区全年气候宜人，维多利亚市被誉为加拿大最温暖的城市。这里鲜花盛开，气候湿润，尽管维多利亚的降水量比它的邻居温哥华和西雅图少一半。据统计，这里每年平均日照 2183 小时，8 个月不结冰。潜水主要在 6 月至 9 月间进行，但是当地人也喜欢在冬季潜水，因为那时的水格外清澈。

实用信息

越洋航空公司（Air Transat）提供从巴黎到温哥华的直达航班，飞行时间 10 个多小时。

来自欧盟的游客仅凭有效护照即可获得加拿大当局的许可，入境并停留六个月以内。

纳奈莫北面的坎贝尔河（Campbell River）是世界鲑鱼之都之一。7 月和 8 月间，人们穿着合适的潜水服（水很清澈，但也很凉），顺流而下，欣赏来产卵的鲑鱼。

图1_宁静的天然海湾
不列颠哥伦比亚省的海岸风光让人想起了阿拉斯加，但这里的气候更温暖，海水平静而深沉。

图2_定居的虎鲸
温哥华岛的整个海域都有虎鲸出没，其中某些是在此定居的。夏季，人们可以在皮划艇旁边与它们共游。

要想获得更强烈的自然感受，温哥华岛西海岸上的托菲诺村及其周边地区风景迷人，群山环绕，白色沙滩绵延几公里。

如果您想探索较少人光顾的潜水点，建议您乘坐"马姆罗"号（Mamro）进行一次船宿潜水。这艘船能接待六名潜水者，带着他们参观哈迪港（Port Hardy）近海的布朗宁水道隐蔽处（Browning Pass Hideaway），它被认为是世界最佳冷水潜水点。

几点建议

注意，当地的电流为110V，这可能带来一些问题。插座也与欧洲的不同。

正如北美洲其他地方一样，潜水中心对于潜水者等级证书的要求都很苛刻（PADI证书是最受认可的）。您必须证明自己拥有穿着密封潜水服潜水的资质。否则，他们会要求您从当地机构获得一份证书（当然是收费的）。

实践指南	潜水等级 ★★★★ 潜水质量 ★★★★ 鱼类 ★★★★	环境 ★★★★★ 感觉 ★★★★★ 生物多样性 ★★★★	摄影摄像 ★★★★★ 旅游价值 ★★★★★ 性价比 ★★★

一月	二月	三月	四月	五月	六月	七月	八月	九月	十月	十一月	十二月
5℃	8℃	9℃	11℃	14℃	17℃	19℃	20℃	18℃	13℃	8℃	6℃
7℃	7℃	8℃	9℃	10℃	12℃	14℃	14℃	13℃	12℃	10℃	8℃

美国 ÉTATS-UNIS
53
圣迭戈
在巨型海藻中捉迷藏

长 34 公里的圣克莱门特岛有广阔的海底世界待探索。由于它的位置最靠南，与其他岛相比，海水更加清澈，更加温暖舒适。

这里的潜水特色是大海藻林，即太平洋巨藻形成的森林，这种海藻可能长到 40 多米长！金字塔湾（Pyramid Cove）——岛东面的避风的小海湾——可供初学者在这种"花园"里安全地进行潜水。

图1_大青鲨
大青鲨长期以来一直是圣迭戈海域无争议的明星。几年前遭到大量屠杀之后，这些漂亮的流线型鲨鱼正在慢慢回归。

图2_超常的灵活性
雌性加利福尼亚海狮重100多公斤。在水中，它们灵活而迅捷，看似能毫不费力地绕出复杂的回旋。体形三倍大的成年雄海狮小心戒备地看护着它们"后宫"二十多个"妻妾"。人们在潜水过程中很少见到它们。

图3_图片上有几只海狮？
圣克莱门特岛的许多小湾都聚集着大量的加利福尼亚海狮，它们在潜水者周围旋转着，形成一个狂乱的漩涡。

图4_受污染威胁的环境
自1972年起在美国受到完全保护的加利福尼亚海狮的数目约以5%的速率逐年增长（现在约有20万只）。但是这些食肉动物正受到在它们猎物肉里越积越多的污染物侵害。

作为加利福尼亚州南部最靠近墨西哥边境的大城市（150 万居民），圣迭戈（San Diego）是一个很受欢迎的度假胜地。这座城市有 57 平方公里的海湾面向太平洋，实际上是世界最大的天然港之一。作为具有战略重要性的海军基地，圣迭戈也是美国西海岸最活跃的渔港之一。

人们从圣迭戈出发，在圣卡塔利娜岛（San Catalina）和圣克莱门特岛（San Clemente）周围潜水，这两座岛与圣尼古拉斯岛（San Nicolas）和圣巴巴拉岛（Santa Barbara）一起构成海峡群岛（Channel Islands）的南部。

由 8 座岛组成的海峡群岛绵延 250 多公里，北部诸岛——阿纳卡帕（Anacapa）、圣克鲁兹（Santa Cruz）、圣罗莎（Santa Rosa）和圣米格尔（San Miguel）位于凡吐拉市（Ventura）近海，在洛杉矶以北 100 多公里处。

从 1980 年 3 月 5 日起，北部诸岛构成了海峡群岛国家公园（Channel Islands National Park），

太平洋

保护着 2000 多种野生动植物，其中包含 145 个当地特有物种。海洋公园每座岛周围 6 海里范围均被视为海洋保护区。

出海去圣卡塔利娜岛和圣克莱门特岛需要一艘船宿游船，因为它们距离圣迭戈大约 70 海里。圣卡塔利娜岛是该群岛唯一一座有永久居民的岛屿（圣克莱门特岛是海军基地）。

西北港（Northwest Habor）以沉船闻名。您可以参观"USS 巴特勒"号（USS Butler）——躺在 25 米深的沙质海底上的一艘驱逐舰——和 47 米长的拖轮"科卡"号（Koka）。您也可以在常受到强洋流影响的大峭壁上潜水。您在这里能见到大量鱼类，包括被本地人称作"铁匠鱼"的斑鳍光鳃鱼，还能时常见到鲟鱼和鲹鱼。

这几页插图上加利福尼亚海狮的照片都是在圣克莱门特岛拍摄的，然而以大量定居的鳍脚类动物闻名的却是海峡群岛最小的岛——圣巴巴拉岛（2.6 平方公里）。乘船宿游船可以更方便地到达位于圣卡塔利娜岛近海的这座小岛，当然您也可以白天从洛杉矶的圣佩特罗港（San Pedro）出发去那里。您可以在海岸附近清澈的浅水中的"群栖地"上潜水。

您也可以沿着圣迭戈海岸潜水，最佳潜水点主要集中在再往北几公里的拉荷亚（La Jolla）海滨浴场周围。

有趣的物种

大部分潜水点都有令人惊异的巨藻林，给人感觉它们是塑料做成的。这种巨藻的垂向生长非常特别，尽管某些很像我们大西洋海岸的海带。

在巨藻林中漫步可能给人一种压迫感。但是这些海藻非常强大的攀缘茎为密集的海洋生命提供了庇护所。

据估计，巨藻生态系统中有 800 多种生物。大部分是无脊椎动物：裸鳃类、海胆、海葵、海星……但是人们还能在这里见到许多正在休息或潜伏捕食的鱼类。

只在富含营养的凉水区域中生长的巨藻表现出惊人的生长速度，最多每天长 30 厘米。在植物界，只有竹子比它长得更快。

尽管这种植物生命力很强，但每片巨藻叶只能活几个月，因此总是有叶片落下。这种很妨碍潜水者的"巨藻雨"在春季和夏季更多。巨藻的再生能力维持着海洋生命，它周围的所有生物都会立刻吃掉这些脱落的叶片。

曾经因为鱼翅而遭到屠杀的大青鲨开始回到圣迭戈水域中。几家专门机构，如 SD 探险俱乐部（SD Expeditions）或加利福尼亚鲨鱼潜水俱乐部（California Shark diving），建议通过屏气潜水

图1_一群"铁匠"
斑鳍光鳃鱼是太平洋的特有物种，可以通过它深暗的体色辨认出来。

图2_巨藻林
像所有海藻一样，巨型海藻没有根茎叶，只有被称作叶状体的原始植物器官。这些高达数十米的植物庇护着这片海域中的800种鱼。

图3_鲜亮的雀鲷
作为巨藻林的特有客人，高欢雀鲷可以通过它橙红色的外表辨认出来。它独居或组成小团体，通常在距离海面不远的地方生活。体长20—30厘米的高欢雀鲷以各种无脊椎动物为食。

观赏这种深海鱼。生活在圣迭戈水域的这种鱼平均体长 1.5—1.8 米,但是最大的大青鲨体长可超过 3.5 米。这些身体很细长的鲨鱼游得很快。谨慎而好奇的它们被视为对人类有危险的动物。

夏季的"观鲨游"中,也能遇见尖吻鲭鲨,一种非常濒危的品种,体长可达 4 米。人们会把它当成体形较小的大白鲨。

圣迭戈地区的太平洋海岸位于体长可达 15 米的加利福尼亚灰鲸的迁徙路线上。12 月底至来年 3 月中旬,人们可以乘坐宽敞、快速和非常舒适的游船出海三四个小时。

冒险经历

海獭的轻松午餐

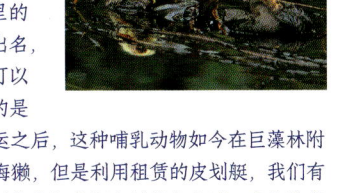

自然主义者有一千个理由喜欢加利福尼亚的太平洋海岸,我与妻子妮科尔有幸多次游览这个地区,游遍了整个海岸(从旧金山到圣迭戈)。最触动我们的一次邂逅不是在圣迭戈,而是在其北方 600 公里的蒙特利(Monterey)。这个海滨浴场城市之所以出名,不仅因为它有一个特别的水族馆,还因为有一种可以沿着海岸悠闲地观察的可爱而滑稽的动物。我说的是海獭。在二十世纪七十年代躲过了差点灭绝的命运之后,这种哺乳动物如今在巨藻林附近的海面上越聚越多。在潜水时很少能遇见一只海獭,但是利用租赁的皮划艇,我们有机会靠近这种爱仰泳的漂亮的动物。在停下一切动作并把桨搁在舷缘上之后,我们惊喜地看见一只 1 米长的可爱的海獭把它的头靠在桨叶上。然后这只海獭开始认真地敲打它放在胸口的一块平石板上的螃蟹。敲碎猎物的壳之后,海獭非常安静地品尝它,毫不顾忌我们的存在。太神奇了!

帕特里克·米乌拉那

适宜时期

加利福尼亚全年气候温暖。然而，相当强烈的海风使春天和冬天的空气变得凉爽。

尽管加利福尼亚靠近墨西哥，但平均水温在冬季为 11℃，在夏季为 21℃。因此应预备一套 7 毫米厚的氯丁橡胶潜水服，在冬季甚至需要一套密封潜水服。

实用信息

加利福尼亚提供了一切最好的条件来接待游客。酒店和汽车旅馆比较便宜，而且舒适度很高。

在潜水方面，加利福尼亚不缺专业潜水中心，总共有大约 200 家！注意，我们在做潜水生意的国家，服务质量往往取决于价格。与美国人在一起，永远不会有惊喜。报价的全部内容都仔细地描述在您签订的合同中。全部，但很少会有额外服务……

根据季节，巨藻林中的能见度为 5—20 米，在海狮经常出没的礁石区，能见度有时更高一些。观鲨通常在近海进行，海水的透明度有保证。

■ 我们的忠告

当大海不太动荡且海水清澈时，在加利福尼亚的潜水经历会充满令人惊奇的发现。您需要一位有经验的向导，才能在这种令人不安的环境中观赏到极其丰富的奇观。

图1_生物丰富多样的群岛
海峡群岛，比如这张照片中的圣克莱门特岛，有几个重要的自然保护区，庇护着罕见的当地特有植物群。

图2_加利福尼亚海岸
太平洋海岸犬牙交错，春季，陡峭的悬崖上开满鲜花，是加利福尼亚的珍宝之一。

建议您从圣佩特罗港出发进行 3—5 日的船宿潜水。游船一路向西，第一晚在圣克莱门特岛锚泊，然后游览圣巴巴拉岛和圣卡塔利娜岛。通常的潜水节奏是每天三次。地平线租船公司（Horizon Charters）、岛民租船公司（Islander Charters）、海胆俱乐部（Sand Dollar）和真实水上运动俱乐部（Truth Aquatics）是最有名的运营商。

几点建议

在加利福尼亚潜水时要始终戴着手套，因为海底几乎到处都有海胆。请您注意，如果要穿密封潜水服潜水，您需要证明您具有穿戴这种装备的经验。

鉴于水温和气温的巨大差异，潜水之前应避免长时间晒太阳。

乘船去潜水的体验总是优于从海岸下潜，尽管后者更便宜。

实践指南	潜水等级 ★★★ 潜水质量 ★★★★ 鱼类 ★★★★	环境 ★★★★★ 感觉 ★★★★★ 生物多样性 ★★★	摄影摄像 ★★★★ 旅游价值 ★★★★★ 性价比 ★★★★

一月	二月	三月	四月	五月	六月	七月	八月	九月	十月	十一月	十二月
15℃	15℃	15℃	17℃	18℃	19℃	21℃	20℃	21℃	19℃	18℃	16℃
14℃	15℃	15℃	15℃	16℃	17℃	20℃	20℃	21℃	20℃	16℃	15℃

墨西哥 MEXIQUE

54

拉巴斯
数百万条鱼的狂乱环舞

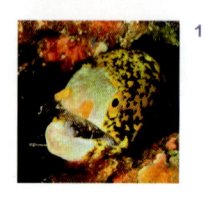

1

尽管有些机构推荐白天出海，但是想在科尔特斯海潜水，最好安排至少一周的船宿潜水。在半岛的南部，人们主要在拉巴斯（La Paz）海域潜水，后面我们会详细介绍这个潜水地。

再往南 130 公里，普尔莫角（Cabo Pulmo）附近的许多礁石，如鱼贩岬（Punta Pescadero）、圆丘（Los Morros）、浅滩（El Bajo）、暗礁（El Cantil）、马里奥特礁（Marriot's reef）、小岛（El Islote）等，是位于整个东太平洋最北端的珊瑚礁区域。

2

图1_贪食之苦
栖身于洞穴中的雪花蛇鳝的脸上和嘴上都扎着海胆的刺。

图2_脂眼凹肩鲹
脂眼凹肩鲹是经常被捕捞的一种食用鱼。

科尔特斯海（Mer de Cortez），又被称作加利福尼亚湾（golfe de Californie）或朱红宝石海（mer Vermeille），是任由潜水者想象力驰骋的神秘之地。它的知名度可能来自称它为"地球上最大的水族馆"的库斯托船长，也可能来自许多游客对它夸大其词的赞美。

绵延 1126 公里、覆盖 17.7 万平方公里（法国面积的三分之一）的科尔特斯海约有 4000 公里的海岸线。它位于下加利福尼亚半岛（Baja California）东侧，这个半岛是一片广阔的沙漠，西侧濒临太平洋。

科尔特斯海的 244 座大小岛屿以及沿海区域凭借旖旎的风光和丰富多样的生物，于 2005 年被联合国教科文组织选为世界遗产。

环球潜水攻略

图3_彗星的美景
在科尔特斯海中,细鳞圆鲹组成壮观的鱼群,人们有时能在靠近海面处遇见它们。

图4_海狮与白点叉鼻鲀
年幼的加利福尼亚海狮不仅逗弄潜水者,还逗弄太平洋的主人,比如照片中的白点叉鼻鲀,后者显然有点紧张。

太平洋

如果天气条件好，可以从普尔莫角或圣卢卡斯角（Cabo San Lucas）出发去著名的戈尔多浅滩（Gordo banks）潜水。这是圣何塞德尔卡波（San Jose del Cabo）近海的一片大礁石，以双髻鲨闻名。在这里，人们通常带有高氧气瓶进行更长时间的潜水。

位于半岛最南端的圣卢卡斯角是一个有名的区域，特别是阿纳格达礁（Anageda rock）、北墙（North wall）、鹈鹕礁（Pelican rock）、海神指（Neptunes finger）和地角（Lands End），它们多数是聚集着大量鱼类的岩壁。

南部的下加利福尼亚州的首府拉巴斯市是一个重要的城市，大约有30万居民。潜水是在海湾附近的第一个岛群——圣灵岛（Espiritu Santo）、帕蒂达岛（Isla Partida）、小岛群（Los Islotes）（不能错过的海狮聚集地）上进行的。这个岛群距离海岸16海里（2小时航程）。

这个地区的最佳潜水点中的几个位于东部沿海和帕蒂达岛的北部，但是没有避风的锚泊地。

在到达圣何塞岛（Isla San José）之前，人们可以在这个群岛最小的、唯一有人居住的丛林狼岛（Isla Coyote）——原名帕迪托岛（Pardito）登陆。在这里潜水能看见非常庞大、密集的鱼群随着洋流起伏。继续向北航行，幽魂岛（Las Animas）因为海狮群和两个大型潜水点——海底山（Seamount）和石林（The Pinnacles）而引人注目。人们可以期待在这里看见双髻鲨，但是全年都有鱼群在这里繁殖，尤其是马鲹。

重新下行前往拉巴斯时，沿着浅滩海底山（El Bajo Seamounts）航行，可以在从30米海底升上来的三个岩丘上潜水。这个潜水点位置偏僻，洞穴中居住着许多海鳝，成为深海鱼偏爱的聚集地。一群群的鲳鲹总是在这里出没，偶尔还有几条双髻鲨。

有趣的物种

科尔特斯海庇护着大约900种鱼，其中77种是本地特有品种。人们也可以在这里见到33种鲸目动物，包括加利福尼亚湾的小头鼠海豚。作为墨西哥本地特有的唯一海洋哺乳动物，小头鼠海豚被IUCN列为"极危"物种。

科尔特斯海肯定是观赏加利福尼亚海狮的最佳目的地之一。您可以与十几只海狮一起游泳，并且会身不由己地加入它们突然往返和原地打转构成的一场萨拉班德舞，这舞蹈时而会因它们轻咬潜水者伸出的手（必须戴手套）而中断。您也很难抵挡住它们深邃而疑惑的大眼睛流露出的令人怜惜的目光。相反，您要当心体形较大的

图1_点纹多板盾尾鱼
点纹多板盾尾鱼以沙质海底的海藻上形成的沉积物为食。

图2_海狮，非常友好的哺乳动物
年幼的加利福尼亚海狮来邀请潜水者加入它的捉迷藏游戏。

图3_芒基蝠鲼的飞翔
作为一种小型蝠鲼，芒基蝠鲼翼展不超过2米。这是一种群居深海鱼，通常组成非常壮观的鱼群。

图4_鸬鹚捕猎
加州鸬鹚可以在超过10米深的海里捕捉小鱼为食。

图5_鲳鲹
鲳鲹是一种50厘米长的深海鱼，也生活在加拉帕戈斯群岛海域。

图6_科尔特斯海的斑扁魟
照片中的直径40厘米的斑扁魟是本地特有的品种。

雄性海狮（最长 2.4 米、最重 300 公斤），当它们认为潜水者企图征服它们时，它们会张开大口猛冲过来。这种纯粹恐吓的态度总是非常见效。脂眼凹肩鲹（又被称为"coulirous"）的表演因规模宏大而震撼人心。在进入这万头攒动的鱼群时，您会有一种非同寻常的感觉，而它们则会变换队形为您让出一条通道，然后重新聚集，使您暂时从团队其他成员的眼里消失。

无处不在的鱼群在这里形成一堵墙，那里形成一个漩涡，或者一个圆盖、一个飞碟、一个球，使观赏的人目不暇接。

无所不知

从拉巴斯出发向南航行，人们会路过塞拉尔沃岛（île Cerralvo），从 2009 年 11 月 17 日起，这个岛就被命名为雅克 - 库斯托岛（île Jacques-Cousteau），以纪念"卡吕普索"号的舰长，他曾多次探访过这个岛。这座长 29 公里的多山岛屿被视为一个重要的鱼种保护区和鲸群在科尔特斯海中迁徙的途经之地。人们在北面的潜水点"女王岛"（La Reyna）潜水，这是一座非常有名的岩石小岛，25 米高的峭壁上长满了柳珊瑚。这个地方因为是深海鱼迁徙途经之地而闻名。雅克 - 库斯托岛居住着多种本地特有的爬行动物。

在圣卢卡斯角以北 230 公里处，位于有 1.6 万居民的洛雷托市（Loreto）周围的多座火山岛都是非常有名的潜水点，比如圣卡塔利娜岛、蒙塞拉特岛（Isla Monserrate）、丹泽特岛（Isla Danzante）、科罗纳多岛（Isla Coronado）、加泰罗尼亚岛（Isla Catalan），尤其是卡门岛（Isla Carmen）。这些海域比拉巴斯海域更深（平均 40 米），因此适合经验丰富的潜水者。

越往北，越像在加利福尼亚潜水，海水要凉得多。

墨西哥当局在潜水经营方面没有美国当局那么苛刻。人们有时也能找到一些"民间"的行程报价和小艇。您应该避开这种选择，尽管价格优惠，但是因为这里的大海不可预测，还是安全第一。

适宜时期

下加利福尼亚半岛的南端属于干燥的热带气候。从 12 月初至来年 7 月底几乎不下雨，年降水量约为 160 毫米（法国的降水量是它的 4.5 倍）。从 6 月至 11 月初，潜水非常舒适。随后，海水变凉，在 1 月达到 18℃，而且在北风的作用下，海底的沙子被搅动，水中充满颗粒物，能见度迅速下降。

鲸鲨在 6 月出现，而双髻鲨则在 10 月出现，但这也是最有可能遇到飓风的月份。从冬到春，许多鲸类，尤其是加利福尼亚灰鲸（Eschrichtius robustus），会在这个地区的海中游弋。人们只能从船上观赏它们的活动。

实用信息

从欧洲出发，需要横跨大西洋飞行至墨西哥，然后转机至拉巴斯（2 小时 30 分钟）。要进入墨西哥，欧洲人只需要一本在有效期内的护照。下加利福尼亚半岛也不要求任何接种证明或特殊手续。

注意，通常应在现场结清各种装备费用和一项税（保管费）。

豪华的"瓦伦蒂娜"号（Valentina）游船提供 6 晚的船宿潜水（5 天用于潜水）。这艘 38 米长的游船可容纳 20 名游客。游

■ **我们的忠告**
尽管当您计划一次科尔特斯海之行时不可能不想入非非，但是在这里或许比在其他任何地方都更应该接受海底探险的偶然性。大海可不是一个动物园，尽管这里是海底生物（还有海狮）的聚会之地，但是与巨型动物的邂逅尚未见诸任何出版物，更未曾出现在潜水日志中。

图1_一个心潮澎湃的时刻
在科尔特斯海南部水域很少见到虎鲸。这种"杀人鲸"往往在它捕食的其他鲸类出现的地方出没。

图2_小岛群晶莹剔透的海水
这些位于帕蒂达岛北面的小岛因海狮聚集而闻名。它们也是优质的夜间潜水点。

客乘坐附属小艇前往只相距 5 分钟航程的潜水点潜水。

夏季安排到瓜达卢佩岛观看白鲨的"鹦鹉螺探险"号（Nautilus Explorer）秋季有几周会经常在科尔特斯海出没，之后再前往索科鲁（Socorro）。

几点建议

注意，墨西哥与美国采用相同的电插座，电压仅 110V。

要想在夏季潜水，莱卡潜水服或 3 毫米厚的氯丁橡胶潜水服就足够了。但是最好戴上手套与海狮嬉戏，或者避开海胆和尖锐的礁石。

鉴于科尔特斯海中无脊椎动物的丰富性，您一定要安排至少一次夜间潜水。

实践指南	潜水等级 ★★ 潜水质量 ★★★ 鱼类 ★★★	环境 ★★★ 感觉 ★★★ 生物多样性 ★★★★	摄影摄像 ★★★ 旅游价值 ★★ 性价比 ★★★

一月	二月	三月	四月	五月	六月	七月	八月	九月	十月	十一月	十二月
21℃	23℃	25℃	27℃	29℃	32℃	34℃	30℃	30℃	27℃	23℃	20℃
18℃	19℃	20℃	23℃	24℃	27℃	29℃	27℃	27℃	26℃	34℃	20℃

太平洋

墨西哥 MEXIQUE

55

雷维亚希赫多群岛
汪洋中的大自然

1

需要 24 个多小时航行才能到达最靠近大陆的圣贝内迪克托岛。岛与岛之间的运输在夜间进行，以便使潜水者们在潜水点停留尽可能长的时间。群岛内的海底可能是深渊，有深海大型动物出现。在汪洋中进行潜水有些令人担忧，需要较高的水平。天气条件变化迅速，对潜水干扰很大，水温和能见度都是如此。5 月和 6 月，海水能见度降至 10—12 米，8 月和 9 月则超过 30 米。注意，在超过 15 米深的水域流动的是冷水。

2

3

4

　　散布在太平洋上、距离下加利福尼亚半岛最南端的城市圣卢卡斯角西南 208 海里（约 385 公里）的雷维亚希赫多群岛（archipel Revillagigedo）是由最近形成的一些火山岛组成的。雷维亚希赫多群岛又名"墨西哥的加拉帕戈斯群岛"（Galapagos mexicaines），就像遗落在太平洋中的几块大鹅卵石，因为它们周边水域中的生物丰富性，人们喜欢把它们与可可斯群岛（îles Cocos）做比较。

　　正因如此，这个长 420 公里、宽 115 公里、面积约 160 平方公里的群岛于 1994 年 6 月 4 日被列为"生物圈保护区"。这里严格禁止非法捕鱼，以保护海底生物。

　　高耸着海拔 1130 米的艾弗曼峰（Mont Evermann）的索科鲁岛（île de Socorro）是这个地区最受潜水界推崇的地方。潜水者们常常错把整个群岛叫作"索科鲁"。这座岛居住着不到 300 人，外廓呈三角形，长 16 公里，宽 13.5 公里。

图1_我们的朋友鲍比
这是盎格鲁-撒克逊人给蓝脚鲣鸟起的小名。这种滑稽而奇怪的蹼足类动物在岛上筑巢。

图2_巡逻者及其随从
一条蝠鲼和黏在它身上的两条鲫鱼正在大海中巡航，周围跟着几条阔步鲹。

图3_白边真鲨
鲨鱼们在罗卡帕蒂达岛聚集，尤其是白边真鲨。照片里的这几条比新喀里多尼亚的白边真鲨小，但是数量却多得不可思议。一场真正的欢庆！

图4_酒足饭饱的捕食者
沿着罗卡帕蒂达岛的峭壁刚一下水，就看见几条平滑白眼鲛正在游弋。照片中的这几条大型捕食者正与一群六带鲹并行，与此同时，一些阔步鲹则四散逃窜。

图5_巨大的蝠鲼，的确巨大
雷维亚希赫多群岛的特点之一就是人们能在这里见到体形惊人的双吻前口蝠鲼。

太平洋

人们也会去圣贝内迪克托岛（San Benedicto）——坍塌的火山遗迹，长 4 公里，宽 2.5 公里——以及经常出事故的最小的火山岛罗卡帕蒂达岛（Roca Partida）潜水。

只有超过 30 米长的大型船宿游船，如"浪花"号（Rocio del Mar）、"索尔马尔"五号（Solmar V）或"鹦鹉螺探险"号（Nautilus explorer），才能每艘运送 20 多名潜水者去这些非常遥远的地方。根据游船经营者建议的行程，航行持续 7—12 天，并保证参与者能够心潮澎湃，因为他们到这里来就是为了看到大鱼……或者非常大的鱼！

有趣的物种

如果说索科鲁岛因为翼展 4—5 米、重达 1500 公斤的巨型蝠鲼而闻名，那么圣贝内迪克托岛和罗卡帕蒂达岛同样值得关注。丝毫不怕生的鱼类在潜水者近旁不停地跳着芭蕾舞。

双吻前口蝠鲼绰号"魔鬼鱼"，因为它头部一些隆起（头鳍），上面长着眼睛。人们曾经把这对头鳍当成角，因此觉得它像魔鬼。这种害羞甚至胆怯的动物只是因为庞大的体形和巨大的嘴巴才使人望而生畏。它喝水时会张开大嘴，用它过滤浮游生物。

鲨鱼为数众多，尤其是平滑白眼鲛和白边真鲨，它们有时甚至组成庞大的鱼群。人们偶尔能见到鼬鲛，尤其是在奥尼尔礁（Piedra O'Neal）潜水点。但是在潜水这件事上，大多数时候靠的是运气……

无所不知

观赏蝠鲼最有名的潜水点是圣贝内迪克托岛。因为洋流造成的湍流，它被称作"水壶"。

图1_战士们的休憩
灰三齿鲨喜欢成群地停在海底或凹坑内一动不动，头朝向洋流方向。照片中这一群灰三齿鲨的身旁还有一条中国管口鱼。

图2_非常亲切的海豚
在索科鲁岛的海中经常会遇到成群的宽吻海豚。对潜水者习以为常的它们会非常靠近潜水团队，甚至与他们擦身而过。您会感觉它们在发出游戏邀请，的确想寻求接触。这是稀有而难忘的时刻。

蝠鲼的清洁工

如果说蝠鲼在雷维亚希赫多群岛周围无处不在，那是因为洋流为它们带来了丰富的食物。如果想要与它们靠得很近，那就得借助塞拉里昂刺蝶鱼（Holacanthus clarionensis）无意的默契了。这种本地特有的刺蝶鱼是这种大型鱼的清洁专家（它也为鲨鱼服务），体长不超过 20 厘米。最幼小的刺蝶鱼身体后部有漂亮的蓝色条纹。

冒险经历

在墨西哥海域与大白鲨邂逅

2007年10月,在我担任影片《海洋》的摄影师时,我探访了瓜达卢佩岛——距离下加利福尼亚半岛北海岸240公里的遥远的墨西哥小岛。从圣迭戈上船后,我们的目的是拍摄一位在水下为一条大白鲨画像的潜水者的形象。这个场景预想的是由这次探险的科学负责人弗朗索瓦·萨拉诺(François Sarano)扮演这位"潜水画家",手里拿着一个调色板。在两位摄影师、两位负责安全的潜水员和我的陪同下,他需要在吊笼外与鲨鱼们共游。尽管弗朗索瓦曾经在杭斯拜有过类似经历,但我却是第一次见到大白鲨。我承认,当我第一次在海下毫无防护地与这个5米多长、1吨多重的"小家伙"面对面并看着它径直游向我时,我的心提到了嗓子眼儿。我不停地想它什么时候会掉头……或者不会掉头。当我全神贯注地拍摄这个雄伟的捕食者时,恐惧逐渐消失了。在这几天中,由于它们始终很被动,我们毫无畏惧地完成了拍摄!但是大白鲨仍然是一些需要谨慎地与之共游的动物,当然,所有的旅游探险都是在防护吊笼中进行的。

帕斯卡·科贝

太平洋 317

索科鲁岛是一座潜在的海底活火山浮出海面形成的。1993年，在沉睡了143年之后，它发生了一次海底喷发。结果是这座岛陷入地壳15厘米！

如果只考虑浮出水面的部分，索科鲁岛是一座4000米高的山，山顶形成一个红褐色的平盘。

因此沿着巨大的玄武岩悬崖潜水时，会因为它们深沉的色彩和海底的深度而感到激动不已。

在这个群岛中，海鸟自由地生活，从来不被打扰。罗卡帕蒂达岛上的鸟类尤其多。

塞拉里昂岛（Clarion）是雷维亚希赫多群岛中第四大岛。但是它非常遥远（距离下加利福尼亚州海岸600公里，距离索科鲁岛200多海里），只有乘坐经典的船宿游船才能到达。这座岛的名字被用来命名为蝠鲼清洁的神仙鱼——塞拉里昂刺蝶鱼。

适宜时期

最舒服的潜水时期是11月至来年1月，然后是4月和5月，这些时候的水温最高、海水最清澈。

9月中旬至10月中旬经常出现短暂而强烈的暴风雨，它们会使海水变得有些浑浊。

去雷维亚希赫多群岛的船宿潜水只安排在11月至来年5月，因为从6月开始，风力加强、海浪变得汹涌，几乎不可能进行潜水。

12月至来年3月有1200只座头鲸在这片水域游弋。

实用信息

所有去雷维亚希赫多群岛的船宿游船都从圣卢卡斯角出发。经典行程持续一周。然而，自1992年起在这片海域经营的"索尔马尔"五号和"鹦鹉螺探险"号游船提供9天，甚至12天的路线，后者可以包括塞拉里昂岛。

图1_圣贝内迪克托岛
圣贝内迪克托岛300多米的悬崖峭壁高高耸立在海面上，是1952年的一次火山喷发形成的。这个地方看似枯燥无味，但它的海底世界却呈现出非比寻常的奇观。

图2_从圣卢卡斯角出发
在登船去雷维亚希赫多群岛进行为期一周的船宿潜水之前，潜水者们会在科尔特斯海的南部海域进行适应性训练，这可以使他们提前品尝在深海中冒险的有趣滋味。

■ **我们的忠告**

显然，雷维亚希赫多群岛是世界上最大的潜水胜地之一。人们对这个地方充满幻想，因为在这里总有可能经历最不可思议的邂逅，永远不会无动于衷。当然，这里很远、很贵而且有一定的不确定性。对于"曾经沧海"的潜水者而言，这是的确值得一游的目的地之一。

几点建议

如果您 5 月、6 月、10 月或 11 月在索科鲁岛潜水，建议您准备一整套 7 毫米厚的潜水服。在夏季，3 毫米厚的潜水服适合较浅水域的潜水，如果在超过 30 米深处潜水，则建议您穿 5 毫米厚的潜水服。

在雷维亚希赫多群岛探险只适合经过良好训练且身体状况完好的潜水者。尽管水面基本不会有安全风险，但是入水后常常会感到非常"摇滚"。尽管索科鲁岛上有一条很小的飞机着陆跑道，但救援人员往往好几个小时才能到达，因此最好不要轻易冒险！

该地被列为生物圈自然保护区之后，也承担了一些义务。潜水时禁止佩戴手套，禁止携带灯（相机闪光灯除外）和刀具。潜水者不得主动靠近蝠鲼，只能等它们靠近自己，因为这里禁止追逐蝠鲼。

在洋流很强时，游船上的工作人员会为您提供一个礁石钩，这是一种单人抓钩，可以让您抓住礁石，欣赏海底奇观。

实践指南

潜水等级 ★★★★	环境 ★★★	摄影摄像 ★★★★
潜水质量 ★★★	感觉 ★★★★	旅游价值 ★
鱼类 ★★★★	生物多样性 ★★★★	性价比 ★★★

一月	二月	三月	四月	五月	六月	七月	八月	九月	十月	十一月	十二月
28℃	28℃	26℃	25℃	23℃	23℃	23℃	25℃	26℃	26℃	28℃	28℃
27℃	26℃	24℃	24℃	22℃	20℃	20℃	20℃	22℃	24℃	26℃	27℃

太平洋

哥斯达黎加 COSTA RICA

56

可可斯岛
与双髻鲨头碰头

1

可可斯岛被悬崖峭壁包围，有的超过 150 米高，峭壁上的许多小瀑布生气勃勃，但这座岛实际上是不可进入的。因此只有乘坐拥有足够续航能力的大型船宿游船才能到达该岛。

2

在浩瀚的太平洋中浮出海面的可可斯岛（île Cocos）距离蓬塔雷纳斯（Puntarenas）600 公里，在加拉帕戈斯群岛方向（西南方），看上去就像史蒂文森（Stevenson）小说中那座著名的"金银岛"或丹尼尔·笛福（Daniel Defoe）的《鲁滨孙漂流记》里的那座荒岛。

面积约 34 平方公里（长约 7.5 公里，宽 4.5 公里）的可可斯岛是地球上最大的无人岛。它也是这片海域中唯一被森林覆盖的岛屿。1978 年 7 月，从 1869 年起拥有该岛的哥斯达黎加将其列为自然保护区。1997 年 12 月 4 日，联合国教科文组织将其列入人类世界遗产。

受赤道气候影响，可可斯岛全年炎热，年降水量超过 6 米，因此岛上植被茂密，有大约 200 种植物，其中 30 多种是本地特有品种。

天气晴朗时进行船宿潜水非常舒适，因为游船性能优良，能够很好地抵御海上的风浪。在南半球的初秋（2 月、3 月），太平洋通常表现得比较温和。4 月、5 月和 12 月有大量蝠鲼和鲸鲨出没；6 月、7 月和 8 月则是观赏双髻鲨的好时候。

均匀分布在岛周围的十几个潜水点都在海岸附近。在西南侧，人们在两个朋友（Dos Amigos）潜水点的三个分潜点——大朋友（Big）、小朋友（Small）和浅滩（Bajo）潜水，这里因庞大的鱼群和巨型鳐鱼而闻名。

北侧的曼努埃莉塔（Manuelita）、西北侧的污岩和南侧的阿尔西翁浅滩都是观赏双髻鲨最好的潜水点。人们还能在曼努埃莉塔看见虎鲸。

大部分潜水是在靠近岬角附近进行的，采用的是漂流方式。潜水者们下水后随着洋流漂移。潜水船从海面监控他们的动向，以便在他们返回时接到他们。

您必须迅速垂直潜入水中并且能够很好地掌握平衡，因为海底令人晕眩，而且需要在水中进行阶段停留。面对惊人的深渊和有时大得恐怖的洋流，初学者会有身处"汪洋"之中的感觉，因此惊慌失措。然而，潜水通常是在非常安全的条件下进行的。

图1_蝙蝠鱼
长着大红嘴唇的长蝙蝠鱼不会与其他鱼混淆。它也在加拉帕戈斯群岛出现，是一种身体非常扁平的鱼。它那弯成肘形并有关节的胸鳍使它能够在它生活的沙质海底上爬行。

图2_一大群捕食动物
一位潜水者正在与一群贪吃的六带鲹共游。

图3_可可斯岛的压轴戏
位于岛南侧大海中的阿尔西翁浅滩（Bajo Alcyone）潜水点因双髻鲨而享誉全球。这里可能有数百条双髻鲨出没。在西北侧，污岩（Dirty Rock）也是一个很好的观鲨点。

图4_路氏双髻鲨
路氏双髻鲨是可可斯岛有代表性的物种。它们的群主要由大约3米长的幼鲨组成，但是这种鲨鱼的体长可超过4米。路氏双髻鲨被IUCN列为"濒危"物种，是一种相当害羞的鲨鱼，会本能地逃避潜水者。

有趣的物种

富含浮游生物的暖洋流吸引着丰富得不可思议的动物群。鱼类聚集成庞大的鱼群，不夸张地说，可可斯岛堪称世界上观赏"大家伙"的最令人惊奇的目的地之一。有人可能认为这里缺乏色彩且氛围相当阴暗，但这恰恰增强了无边无际的感觉。

人们会遇到300—500条1米长的隐鲟组成的鱼群。潜水者可以毫无困难地接近这种本地特有的鱼，而且与迅捷的鲹一样，这种鱼也数量众多，品种丰富。

更胆小的是裸狐鲣，这些2米长体形惊人的鱼十几条组成一个鱼群，在大海中巡游。从与隆头鱼、纳氏鹞鲼或虹鱼的频繁相遇，到与一条巨大的蝠鲼甚至鲸鲨擦身而过，在可可斯岛一切皆有可能。人们还会遇见正在成群的双带鲹中捕食的海豚。

但是可可斯岛的主要吸引力当然来自双髻鲨。50条至100多条路氏双髻鲨组成鱼群。这种鲨鱼的特点是头部突出，中间有一道清晰可辨的槽。它的平均体长为3米，但是大鲨鱼可达4米。潜水者需要下潜到至少30米深处才能遇见它们，而且应待在峭壁旁边，不要试图游向它们。即使双髻鲨没有赴约，鲨鱼爱好者们也能得到满足，因为每次潜水时，都会有各种鲨鱼在游弋。直翅真鲨、平滑白眼鲛和白边真鲨从不爽约，即使约会是短暂的。

建议您在返回海面时顺着岩壁观赏红色的海绵。您可能会在它们近旁看到一条加州蝰鱼，它们在这里很常见。还有许多雀斑海鳝。

无所不知

可可斯岛是一座古火山的遗迹，岛的中央只留下了火山的大岩顶——伊格莱西亚斯山（Cerro Iglesias），上面覆盖着茂密的热带植被。人们在可可斯岛能见到两种当地特有的蜥蜴——安乐蜥和壁虎和三种鸟——布谷、鹟和燕雀。传说岛上无数的洞穴中有一个里面藏着八种稀世珍宝。但是这个岛被光顾了400多次，没人发现任何珍宝！

适宜时期

尽管只有5月至11月是雨季，但是可可斯岛很少出现干燥的天气。热带的暴雨时常伴随着狂风，使海面波涛汹涌。6月至8月的雨季是双髻鲨最多的时期。

灰三齿鲨的夜捕派对

由于可可斯岛的周围有数目惊人的动物群落，因此不可能在最暴露的潜水点进行夜间潜水。然而，人们可以乘坐船宿游船去曼努埃莉塔珊瑚花园（Manuelita Coral Garden）体验一次引人入胜的夜间潜水。人们在位于可可斯岛正北面的这座小岛的避风一侧的海里潜水。夜幕降临时，水下的景象让人大开眼界，一群密集的灰三齿鲨狂乱地东奔西突，追逐猎物。它们如此疯狂和激动，以至于人们在一堆鱼的身体中间只看到由沙和悬浮颗粒构成的一团云。因为产业化捕鱼的压力导致如今的鲨鱼数目减少了，这场景如今可能是独一无二的，这里也肯定是世界上最激动人心的夜间潜水点之一。

图1_害羞的纳氏鹞鲼
主要群居的纳氏鹞鲼是一种很难靠近的深海鱼。

图2_国王神仙鱼
本地特有的国王神仙鱼杂乱无章地群居在一起。它为大鱼清洁身体。

图3_迈氏条尾魟
在可可斯岛水域，迈氏条尾魟的身体大多带有灰色大理石纹。

图4_和平共生
灰三齿鲨在白天海水最清澈的时候匍匐在海底。20多条灰三齿鲨聚集在一条魟鱼周围，如果它在天黑前不离开，将会成为它们的食物。

图5_白舌尾甲鲹
白舌尾甲鲹身体呈银白色，长30厘米，是一种密集群居的深海鱼。

实用信息

要想去可可斯岛旅游，必须非常适应船上生活，因为在7—10天的船宿潜水过程中，人们几乎接触不到任何陆地。从蓬塔雷纳斯出发，需要航行32—36小时才能到达可可斯岛。

一些豪华游船会带领游客去进行一次以密集潜水（船上提供高氧气瓶）为主的冒险。

水下猎人公司（Undersea Hunter）拥有两艘游船：35米长、含10个舱室的"海洋猎人"号（Sea Hunter）和建于2008年的40米长、只有9个舱室的"阿尔戈"号（Argo）。进取者俱乐部（Agressor）的船队拥有自1988年起就在此经营的老"海洋进取者"号（Okeanos Agressor）。它能容纳21名潜水者，但有几个舱室为四人间。装修更豪华的"风舞者"号（Wind Dancer）可提供三种类型的舱室。

"阿尔戈"号游船上载着"深望"号（Deep See）潜艇（2名乘客和1名驾驶员）。它的透明球形舱可以让（非常）有钱的游客潜入水下100—450米深处探险并360℃欣赏其他地方不可能见到的生物。一台摄像机拍摄在水下100米的鱼群麇集的珠穆朗玛（Everest）潜水点潜水和在水下300—450米深的岩壁（The Wall）潜水点观赏深海动物的场景。

太平洋

这些非同寻常的游览持续 2—4 小时。

去可可斯岛是一次长途旅行……首先要到达哥斯达黎加首都圣何塞（San José）。然而，法国没有直飞圣何塞的航班。人们可以乘坐横跨大西洋的航班到迈阿密（Miami），然后乘坐哥斯达黎加的塔卡航空公司（Taca）的航班至圣何塞，或者途经西班牙，再直飞哥斯达黎加。然后，还需要 3 小时的车程才能到达蓬塔雷纳斯。

多数船宿潜水都是 6 天的行程。有多个非常避风的海湾可以让游船安全、舒适地锚泊。

平均水温随着深度在 20—26℃之间变化。海水非常清澈，能见度在 20—30 米，有时更高。

几点建议

自 2013 年起，如果需要实施急救计划，将在船上直接收取一项"紧急撤离税"。鉴于可可斯岛位置遥远，这项税并不是多余的，谨慎起见，您还有必要在出发前购买一份保险。

在岛上旅游停留 90 天以内不需要签证，但必须有回国后至少 6 个月内有效的护照。没有接种任何疫苗的强制规定。

图1_该地区唯一一座被森林覆盖的岛屿
可可斯岛炎热潮湿的气候有利于热带森林的生长。岛的最高点——伊格莱西亚斯山海拔634米。

实践指南	潜水等级 ★★★ 潜水质量 ★★★★ 鱼类 ★★★★	环境 ★★★★ 感觉 ★★★★★ 生物多样性 ★★★★	摄影摄像 ★★★★ 旅游价值 ★ 性价比 ★★★

一月	二月	三月	四月	五月	六月	七月	八月	九月	十月	十一月	十二月
29℃	28℃	26℃	25℃	23℃	23℃	25℃	26℃	26℃	26℃	28℃	28℃
26℃	26℃	25℃	24℃	22℃	21℃	21℃	22℃	22℃	24℃	26℃	26℃

由于独特的生物多样性，加拉帕戈斯群岛（l'archipel des Galápagos）常被介绍为世界七大海底奇观之一。据统计，这里有 50 多种当地特有的鱼类，人们还能观赏到世界上独一无二的海鬣蜥与当地特有的海狮的水下活动场景。

只有三座岛有人居住：圣克鲁兹岛（Santa Cruz）、圣克里斯托瓦尔岛（San Cristobal）和伊莎贝拉岛（Isabela），但是人口增长迅速（超过 3 万人），游客数目激增（13 万人），给当地带来了越来越令人担忧的生态压力。

前往沃尔夫岛（Wolf）和达尔文岛（Darwin）的游船也会在群岛几个主要岛屿停靠。其他船宿游船还推出在群岛整个中部——圣克鲁兹岛、圣地亚哥岛（Santiago）、圣克里斯托瓦尔岛、胡德岛（Hood）和佛罗里那岛（Floreana）——的 3—7 晚的潜水路线。

33.5 米长的宽敞的机动游艇"白鲸"号（Beluga）可容纳 16 名潜水者，提供多种路线，甚至可以前往塔岛（île Tower）——又名捷诺维沙岛（Genovesa）——和它著名的达尔文海湾（baie de Darwin）。

20 米长漂亮的双桅纵帆船"鹦鹉螺"号（Nautilus）推荐白天出海的项目或最多 8 人团的船宿潜水方案。预算较少的游客可选择 25 米长的机动游艇"企鹅探险"号（Pinguino Explorer），它可容纳 16 人，舱室比较狭小但装有空调。

十多艘游艇可提供去加拉帕戈斯群岛的船宿潜水。某些报价包含旅馆和在多个岛——圣克里斯托瓦尔岛、圣克鲁兹岛、佛罗里那岛和伊莎贝拉岛——周围潜水。这些路线以潜水为主，同时可以让游客领略每座岛上不同的风光。

加拉帕戈斯群岛中部的潜水点数不胜数，但是不要错过以下几个不负盛名的潜水点：

西摩岛（Seymour）是位于巴尔特拉岛（Baltra）北面的小岛。岛北侧 1000 米宽的峭壁浸在清澈的海水中。强洋流使潜水者能见到各种鲨鱼，它们有时会聚集成十分密集的鱼群。场面壮观！

在巴尔特拉岛和西摩岛正中间的莫斯克拉斯小岛（Mosqueras）上生活着大群海狮。它们跟踪也在寻找鲨鱼的潜水者。从 12 月至来年 4 月，一些蝠鲼经常来一些活跃的"服务站"接受清洁服务。

厄瓜多尔 ÉQUATEUR

57

加拉帕戈斯群岛中部
在侏罗纪公园潜水

富含浮游生物的冷水大洋流使得加拉帕戈斯群岛有异常丰富的动物群落。作为代价，潜水者们不得不随着多变的洋流不停"摇滚"。较高的技术等级、在水中安然自若的能力和优秀的身体条件是在这里享受潜水必不可少的条件。潜水通常在远海中从不露出海面的礁石周围或者沿着大岛周围令人眩晕的岩壁进行。

图1_啃海藻的蜥蜴
海鬣蜥是唯一在海下觅食的蜥蜴。它们在水中啃食海藻。

戈登岩（Gordon Rocks）位于圣克鲁兹岛东面的一小块平地——南广场岛（South Plaza Island）的东北侧。这是从深海中（80米深处）延伸出来的一些岩丘，这片海域经常有鳐鱼和鲨鱼出没。

非常有名的卡曾斯岩（Cousins Rocks）位于圣克鲁兹岛的北面。它们是被海水侵蚀的一座火山口的遗迹。一堆崩塌的岩石形成了一座座迷宫，居住着许多小生物，包括长着大红嘴唇的奇特的达氏蝙蝠鱼。

托尔图加岛（Isla Tortuga）在伊莎贝拉岛东南30分钟航程处。因为有柳珊瑚和海绵，这里的潜水比加拉帕戈斯群岛其他地方更加绚丽多彩。这座岛也因为翻车鱼而闻名。

只能乘坐船宿游船到达的马歇尔角（Cabo Marshall）在伊莎贝拉岛东北面，因为令人印象深刻的鱼群而受到喜爱。

有趣的物种

想描述加拉帕戈斯群岛不可思议的动物群落，需要写一整本书。成群的双髻鲨、海狮、鲹鱼和䲟鱼的漩涡、刺尾鲷的翱翔和深海鱼（金枪鱼、箭鱼、纳氏鹞鲼）的频繁出没证明了这个与众不同的群岛并非浪得虚名。

加拉帕戈斯群岛海狮具有很大的吸引力，因为它们不但数目众

图1_外来的奇怪生物
外形魔幻的海鬣蜥可以去拍科幻电影了。查尔斯·达尔文称它们为"黑暗精灵"。背景中是一群国王神仙鱼。

图2_优雅的游泳健将
尽管在陆地上显得有些笨拙，但海鬣蜥在水中却表现得非常优雅和迅捷。它摆动着像桨一样的扁平尾巴向前移动。

图3_一种两栖动物
尽管很多时候在水下并且能屏气半小时，但是海鬣蜥还是会频繁地游回海面来呼吸。

图4_睡鲨
在水下15—30米深处停驻的黑虎鲨（Heterondontus quoyi）也被称作"加拉帕戈斯斗牛狗鲨"，昼伏夜出。

图5_活鱼雷
这条居高临下的雄性加拉帕戈斯群岛海狮正在一群加拉帕戈斯鲻鱼（Mugil galapagensis）中间捕食。

图6_完全不同的品种
虽然从前属于加利福尼亚海狮的亚种，但加拉帕戈斯群岛海狮的颅骨形状不同，体形也更小。

多，而且平易近人。游客经常能看见它们在刚刚停靠了几分钟的游船周围嬉戏。

　　潜水时比较难见到加拉帕戈斯群岛海狮。它是鳍脚类动物中最小的品种，雌性重约 25 公斤，最大的雄性重 70 公斤。

　　至于貌似恐龙的海鬣蜥，在靠近海岸处，在水下与它们结伴而游并非难事。它们住在群岛的所有岛上，但费尔南迪纳岛（Fernandina）和伊莎贝拉岛的海鬣蜥最引人注目，因为它们多数能达到 1.5 米长。

　　因为这些动物在水中非常活跃，在近处欣赏它们的最好方式是让它们自己靠近。所以，耐心一点！

无所不知

　　1959 年，加拉帕戈斯群岛 97% 的裸露土地，即 8000 平方公里，被列为国家公园。1974 年，陆地周围 2 海里的区域也被纳入这个国家公园。1998 年，保护区延伸至陆地周围 40 海里的范围，并更名为加拉帕戈斯海洋保护区（Réserve marine de Galápagos）。所有海洋活动都受到严格监管。

翻车鱼

尽管翻车鱼——盎格鲁-撒克逊人叫它"太阳鱼"——几乎出现在世界各地的海里，但是潜水者仍然很少遇见它，因为这是一种深海鱼。人们通常在海面附近见到它，它成年后主要生活在深海里（200多米深处）。由于洋流带来水母和其他刺胞动物，翻车鱼在加拉帕戈斯群岛很常见。人们通常可以在伊莎贝拉岛西北侧非常有名的潜水点维森特-罗卡角（Punta Vicente Roca）见到它。

您应该远离无脊椎动物爱好者们青睐的大峭壁，在大海中随波逐流，去探索那些"服务站"，在那里，一些清洁鱼帮助这种大型鱼清理皮肤上的40多种寄生虫。翻车鱼体重可达1.5吨。

适宜时期

12月至来年5月是在加拉帕戈斯群岛最适宜潜水的时期。大部分船宿游船都在这个时期营业，因为这是能够正确探索当地海底生物丰富性的唯一方式。6月至11月，加拉帕戈斯群岛受到富含浮游生物、搅浑了海水的洪堡海流（courant de Humboldt）的影响。该群岛地处赤道，四季不是很分明，但是海水始终很凉，令人不太舒服。

实用信息

自1964年以来，查尔斯·达尔文站就设在圣克鲁兹岛的阿约拉港（Puerto Ayora），这是加拉帕戈斯群岛最大的城市。这个研究中心也是游览胜地，可以亲近各个岛屿及其动植物群落的特定生态环境。某些游船，如"进取者"号（Agressor），从巴尔特拉岛（西摩岛南面）出发。位于群岛中央的这座岛是唯一没有被纳入国家公园的岛。它有一个机场与大陆相连。

图1_另一个世界的土地
在加拉帕戈斯群岛游览，荒凉的火山环境和无可比拟的动物群落给人一种在史前世界旅行的感觉。

图2_红石蟹
红石蟹鲜艳的甲壳直径6—8厘米。这是一种在所有熔岩海滩都很常见的品种。

图3_不同物种之间的共生
加拉帕戈斯群岛的动物密度给人留下深刻的印象，图中一只绿蠵龟正从一只无动于衷的海狮面前经过，回到大海去。

■ 我们的忠告

没有难以忍受的洋流且海水能见度极高的加拉帕戈斯群岛海域可以说位列世界上最美的潜水胜地之首。但是困难的条件使得旅行更适合寻求刺激和新奇感的潜水者。建议您务必将船宿潜水与陆上观光结合起来。

几点建议

尽管潜水路线通常是根据当时的天气条件最终确定的，但还是建议您在预订您的船宿潜水旅行时说明您预期的路线，尤其是当您期望探索某些著名的潜水点（如戈登岩和卡曾斯岩）时。

建议您（通过互联网）预订船舱并确认它在船的平面图上的位置，因为舒适度会因船舱所在甲板不同而有很大差异。请您当心经常出现的有潜在危险的下降流。还要注意温跃层，即水温下降的过渡区。因为冷洋流经常出现且不可预测，所以最好穿至少5毫米厚的氯丁橡胶潜水服，即使7毫米厚的潜水服也不算过分奢侈。

实践指南	潜水等级 ★★★ 潜水质量 ★★★★ 鱼类 ★★★	环境 ★★★ 感觉 ★★★ 生物多样性 ★★★★★	摄影摄像 ★★★★ 旅游价值 ★★★ 性价比 ★★

一月	二月	三月	四月	五月	六月	七月	八月	九月	十月	十一月	十二月
24℃	24℃	25℃	26℃	26℃	27℃	28℃	28℃	27℃	26℃	26℃	24℃
24℃	24℃	23℃	23℃	22℃	22℃	21℃	20℃	20℃	21℃	22℃	23℃

太平洋

厄瓜多尔 ÉQUATEUR

58

加拉帕戈斯群岛北部

鲨鱼的舞会

7 天的路线包括在沃尔夫岛和达尔文岛上的 3—4 天（8—10 名潜水者），由于这两座岛地处偏远，是与"大家伙"邂逅的必游之地。

以下船宿游船经营群岛北部的船宿潜水。"加拉帕戈斯进取者"二号和三号（Galápagos Agressor II et III）两艘游船长 27 米，2000 年得到整体改造，可以容纳 14 名旅客。这个美国公司是自 1993 年起第一家在加拉帕戈斯群岛常驻经营的潜水公司。

散布在赤道上、位于厄瓜多尔共和国以西 530 海里（约 982 公里）处的加拉帕戈斯群岛属于厄瓜多尔，面积为 45000 平方公里。它的官方名称是科隆群岛（archipel de Colòn），有时被人们称为"魔鬼群岛"（Encantadas），由 19 座岛、29 个附属小岛和无数的浅滩组成，其中大部分都无人居住。

加拉帕戈斯群岛是由凝固熔岩构成的，这些熔岩是大约 500 万年前的一场巨大的火山喷发后沉积下来的。火山活动仍然存在，在伊莎贝拉岛和费尔南迪纳岛上可以时常看到炽热的岩浆沿着几座"年轻的"活火山山坡流下来。群岛最高点（1707 米）位于伊莎贝拉岛上，即沃尔夫火山（volcan Wolf），不要把它与同名的岛混淆了。沃尔夫岛是一个潜水胜地，我们将在下文中详细介绍它的几个潜水点。

加拉帕戈斯群岛露出海面的陆地面积为 7844 平方公里，大约等于法国伊泽尔省（Isère）的面积。远离尘世的这些岛上的动植物具有很强的当地特点，岛上居住着世界上独一无二的动物群落。

图1_加拉帕戈斯陆鬣蜥
体长达1.5米的加拉帕戈斯陆鬣蜥是一种当地特有的蜥蜴，主要以植物为食。它被列为"易危"物种。

图2_双髻鲨的环舞
尽管在这里见到双髻鲨的概率比在可可斯岛或马佩洛岛（Malpelo）海域更小，但是路氏双髻鲨经常在达尔文岛（Darwin）周围巡逻。

图3_加拉帕戈斯鲨鱼
体长可超过3.5米的这种深海鱼在太平洋整个东部海域出没。被潜水者吸引的它们具有潜在的危险性。

图4_鲸鲨
这种巨兽体长往往超过10米，6月至11月时常在加拉帕戈斯群岛海域出没。

2001 年被联合国教科文组织列为世界遗产的加拉帕戈斯海洋保护区面积为 13.3 万平方公里，是陆上国家公园面积的 15 倍。据统计，这片海域里有 300 种鱼。潜水在令人惊异的深海绝壁上进行，保证能见到大型深海动物。

"加拉帕戈斯天空"号（Galápagos Sky）和"深蓝"号（Deep Blue）是两艘 30 米长的游船，装备精良，可容纳 16 名潜水者。33 米长的"洪堡探索者"号（Humboldt Explorer）情况相同。"沃尔夫伙伴"号（Wolf Buddy）和"达尔文伙伴"号（Darwin Buddy）是 2011 年建造的两艘 36 米长的同款豪华游艇，可容纳 18 名潜水者。

在北部岛屿潜水往往受到强洋流（流速可达 3 节）的影响。出于安全考虑（地处偏远），潜水探险应在岛周围 30 米范围内进行。这里的海水通常比群岛中部或南部高 1—2℃。

整个海域的潜水类型非常相似。潜水者从橡皮艇下水，在海中迅速下降一段距离之后，等待随着洋流从一群鱼的中间漂过。

沃尔夫岛的岩壁高出海平面 253 米。这片由大自然精雕细琢的峭壁是一座古火山仅存的遗迹。

人们一到达尔文岛，就会立即被岛南面 165 米高的宏伟的拱门震撼。这座拱门高耸在一片礁石台上，是大约 400 万年前喷发的一座海底火山的遗迹。

图1_一队斯氏牛鼻鲼
作为一种小型蝠鲼，斯氏牛鼻鲼直径不超过1.5米。这是一种相当罕见且非常胆小的鱼。

图2_优雅的纳氏鹞鲼
直径有时超过2米的纳氏鹞鲼可以从尖尖的鼻子和身体上表面的白色斑点辨认出来。

图3_加州鮟鱇
加州鮟鱇的俗名"血红鮟鱇鱼"来自它鲜红的体色，是当地的特有品种。人们在直至雷维亚希赫多群岛的海域中都能遇见它。

这里有两个不可错过的潜水点。"拱门"（El Arco）是整个加拉帕戈斯群岛最著名的景点之一。人们也可以在这里看见各种鲨鱼，还有在鱼群中捕食的海豚。人们下潜到 30 米深的"剧场"里，因为洋流可能很强，偶尔需要用钩子抓住礁石，然后就只需要在大海中欣赏表演即可。距离拱门很近的"火山"（El Arenal）潜水点具有相似的条件和景观。

在沃尔夫岛周围有 4 个很有名的潜水点。岛的北面有"香蕉"（La Banana）——潜水者们主要在鲸鲨出没的时期来这里，因为此时的海水能见度罕见的好——和最有名的潜水点"鲨鱼角"（Shark Point）。岛南面的"悬崖"（El Derrumbe）和"窗口"（La Ventana）两个潜水点周围"能折断牛角"的强洋流带给潜水者刺激的体验。这些潜水点只适合经验丰富、身体强健的潜水者。

有趣的物种

赤道逆流和洪堡海流的交汇使加拉帕戈斯群岛海域中富含浮游生物，许多深海鱼在这里活动，还有庞大的鱼群（金枪鱼、鲹鱼）和大量鲨鱼。

尽管名字叫加拉帕戈斯鲨鱼，但它根本不是当地特有品种。在太平洋热带海域的其他岛屿周围，甚至在印度洋也能看见它。这种大腹便便但体形流畅的鱼很像黑尾真鲨，但它背鳍上没有白边。它通体灰色，体长 2—3 米。由于过度捕捞，这种鱼的数目近年来明显下降。在沃尔夫岛、达尔文岛和平塔岛（Pinta）周围海域见到它的机会最多。

它具有攻击性的恶名或许并非虚得，因为它是一种行为相当具有侵犯性且易怒的鲨鱼。

专业旅行社吹嘘，6 月至 11 月在加拉帕戈斯群岛几乎总是能见到路氏双髻鲨和鲸鲨。它们说得没错，但是我们在这本书中为您建议了一些更适合观看路氏双髻鲨和鲸鲨的潜水点。

图1_加拉帕戈斯鲻鱼
加拉帕戈斯鲻鱼是当地特有的一种鱼，通常几百条在一起群居。它在海面附近游泳，觅食浮游生物，十分常见。

图2_刺尾鱼
一大群刺尾鱼游过礁石。这种鱼在当地数量众多，也出现在可可斯岛和雷维亚希赫多群岛，是一种相当胆小、难以靠近的鱼。

无所不知

加拉帕戈斯群岛是 1535 年由巴拿马主教托马斯·德·贝兰加（Tomás de Berlanga）发现的。自 1832 年起，这个群岛归厄瓜多尔所有，1959 年被宣布为国家公园。

这些岛的盛名归功于博物学家查尔斯·达尔文。1835 年，他乘"比格尔"号（Beagle）航行时，因为观察到当地特有鸟类——达尔文燕雀的行为而撰写了他的物种进化论。

1976 年，加拉帕戈斯群岛的 1.4 万平方公里范围被列为人类世界遗产。常常被称作"活的博物馆"和"进化之窗"的这些地区的物种具有十分独特的地方性。

例如，在这些岛上出没的所有爬行动物，海龟除外，在其他地方都见不到。在加拉帕戈斯群岛特有的 26 种鸟中，13 种是燕雀（包括著名的达尔文燕雀）。

沃尔夫岛是为了纪念德国生物学家西奥多·沃尔夫（Theodor Wolf，1841—1924）而命名的，他曾在十九世纪研究过加拉帕戈斯群岛。

适宜时期

加拉帕戈斯群岛的气候相对干燥，降雨不会妨碍旅行。6 月至 11 月，海水很冷，通常充满浮游生物，因此常有鲸鲨出没。

12 月至来年 5 月，水温上升，但永远达不到热带的水温。海水也变得更清澈，这是观察成群的双髻鲨、海龟和各种鳐鱼的理想时期。

实用信息

建议您提前几个月预订您的船宿潜水行程，因为这是非常受潜水者青睐的目的地。

去沃尔夫岛和达尔文岛进行船宿潜水，需要从圣克里斯托瓦尔岛——旧称查塔姆岛（Chatham Island）上的省会巴克里索莫雷诺港（Puerto Baquerizo Moreno）或者圣克鲁兹岛北面的巴尔特拉岛登船。这是唯一拥有连接加拉帕戈斯群岛与大陆——基多（Quito）或瓜亚基尔（Guayaquil）机场的两个地方。

注意，因为时差问题，去程在基多或瓜亚基尔住一晚（根据旅行社的安排），回程再住一晚，这是必需的，这样也会大大延长旅行时间。

图1_沃尔夫岛的尖峰石阵
这是一个无人居住的区域，禁止靠岸，因为它属于国家公园的一部分。

图2_达尔文岛的拱门
位于加拉帕戈斯群岛最北端的达尔文岛因多种鲨鱼以及红脚鲣鸟和军舰鸟的群落而闻名。

图3_加拉帕戈斯象龟
作为当地特有的动物，加拉帕戈斯象龟根据它们占据的岛屿不同而分成十多种。平均体重：200公斤！

环球潜水攻略

几点建议

　　2012 年，厄瓜多尔当局批准了 10 天甚至 14 天的船宿潜水行程。但是所有许可都是严格限制的，而且只提前 6 个月公布开放日期。如果您的旅行计划和经费有一定的灵活度，这是一个可以考虑的选项，因为它安排在沃尔夫岛和达尔文岛为期 6 天的潜水。您肯定能经历终生难忘的邂逅……

　　请您注意，瓜亚基尔和巴尔特拉之间不是每天都有航班。因此必须认真计划您的旅行，选择合适的转机日期，以便优化行程。

实践指南	潜水等级 ★★★★　　环境 ★★★　　　　　摄影摄像 ★★★★
	潜水质量 ★★★★　感觉 ★★★　　　　　旅游价值 ★★★
	鱼类 ★★★　　　　生物多样性 ★★★★★　性价比 ★★

一月	二月	三月	四月	五月	六月	七月	八月	九月	十月	十一月	十二月
25℃	26℃	26℃	26℃	25℃	24℃	23℃	22℃	22℃	23℃	24℃	25℃
26℃	26℃	25℃	25℃	24℃	24℃	23℃	23℃	24℃	24℃	25℃	23℃

太平洋

哥伦比亚 COLOMBIE

59

马佩洛岛
凶猛的鲨鱼的老巢

马佩洛岛的主岛长 2.5 公里，最宽处 800 米。它得益于湿润的热带气候，年平均气温为 28℃。海水格外清澈（能见度通常达到 20—40 米），因此在条件最好的时期，在水下观察大型动物群落的体验要远远优于可可斯岛周围海域。作为代价，温跃层有时会非常接近海面，使人感觉海水很凉。

这里的洋流常常很强（流速可达 5 节），应组团进行潜水。向导会伸展开一根长棍，棍子上绑着浮标，从而使监护船不会与潜水者失去联系。

图1_马佩洛岛的明星
照片中这条路氏双髻鲨任凭潜水者靠得很近而毫无惧色。

图2_非常好奇的双髻鲨
在马佩洛岛，人们可以观赏数目众多的路氏双髻鲨组成的鱼群。

于 1996 年被哥伦比亚划为海洋保护区并于 2006 年 7 月 12 日被联合国教科文组织列入人类世界遗产的马佩洛岛（Malpelo）是一座岩石小岛，岛上覆盖着稀疏的植被，周围环绕着一圈山峰，最高峰是海拔 376 米的莫纳山（Cerro de la Mona）。面积为 8 平方公里的这个微型群岛由 11 座小岛组成，东北是三剑客岛（Trois Mousquetaires），西南是埃斯库巴岛（Escuba）、拉格林戈岛（La Gringa）、所罗门岛（Salomòn）和索尔岛（Saúl）。

距哥伦比亚海岸线上的布埃纳文图拉（Buenaventura）506 公里的马佩洛岛国家公园坐落在一个如今已完全被侵蚀的古老火山口上。陡峭的悬崖让人联想到 2000 万—1600 万年前从海平面以下 4000 多米深地心生成的火山浸没在海中的山坡。这是一个直径 6 海里（约 11 公里）的圆形自然保护区，其中心坐标为北纬 03℃ 58′ 30″，西经 81℃ 34′ 48″。

图3_一种深海鲨鱼
只有在马佩洛岛，人们才能在潜水中遇见凶猛砂锥齿鲨。

图4_凶猛砂锥齿鲨并没有那么凶猛
凶猛砂锥齿鲨的名字源自它的一口锋利的锥齿。

据统计，这个海洋公园里有 30 多个潜水点，多数需要在离岸较远的海里漂流。主岛西北面的一个不能错过的潜水点是礁石（El Arrecife），也叫"圣女祭坛"（Virginia's Altar）。在大海深处的这片巨大的花岗岩峭壁上，生活着许多海鳝，还能时常看见几条海鳝在海中自由地游来游去。这是一处较罕见的稍微隐蔽的地方。

也不要忘记去马佩洛岛公园最东北端的三剑客岛。这里有一系列隧道和洞穴，其中一个巨大的洞穴被称为"大教堂"（la Cathédrale）。岩壁上挂满了龙虾，海底时常匍匐着懒洋洋的小灰三齿鲨。

与双髻鲨最好的邂逅通常发生在早晨，此时，夜里饱餐了一顿猎物的这些鲨鱼聚集成很大的鱼群，想要产卵。它们经常贴近海面，使得潜水者可以多次潜入这些庞大的舰队中。

有趣的物种

据统计，马佩洛岛海域大约有 400 种鱼、340 种软体动物和 17 种海洋哺乳动物。这是否与海水中富含浮游生物有关呢？在这里遇见的所有鱼看上去都比别处的更大、更多！马佩洛岛因鲨鱼众多而被视为世界上最佳观鲨胜地之一。我们也可以把它归入观赏普通大型深海鱼类的必游之地。

我们在马佩洛岛可以见到与可可斯岛相同的大型鱼群：金枪鱼、舒鱼和鲹鱼，实际上还有各种鳐鱼——蝠鲼、鹞鲼、虹鱼（其中有些体形巨大），数不清的海鳝藏在礁石的凹陷处，当然，还有大多数大型远洋鲨鱼，包括鲸鲨。

两种鲨鱼是无可争议的明星：路氏双髻鲨和平滑白眼鲛。在海底山脉发出的电磁场引导下，这些大鱼聚集成庞大的鱼群，奔赴它们的狩猎场。

这些捕食者们在海面和水下 250 多米深度之间巡逻。它们主要在夜间捕食，嚼食鲭鱼和其他小鱼，但是某些潜水者曾在马佩洛岛看见一些鲨鱼捕获大石斑。

因为凶猛砂锥齿鲨偏爱深海的凉水，人们很少在旅游潜水中见到它，它喜欢马佩洛岛的崩塌岩石。尽管这种体长 3 米的鱼出现在所有大洋里，但马佩洛岛是世界上少有的能够在潜水过程中看见凶猛砂锥齿鲨的地方之一。

图1_革鳞鲉
条斑鳞鲉有时也被称作革鳞鲉，结成小群，聚集在礁石旁。这是一种地域性很强的鱼。

图2_白点叉鼻鲀
四海为家的白点叉鼻鲀在礁石部分很常见。它的体表通常为黑色，点缀着白点，但约有 25%的白点叉鼻鲀是黄色的。

图3_沟鳎
体长60厘米的沟鳎是这个海域特有的鱼种。它大部分时间都隐蔽在礁石或硬珊瑚上。

图4_秘鲉
只出现在太平洋东部海域的秘鲉是一种擅长拟态的鱼。体长可达45厘米，生活在礁石中。

图5_墨西哥隆头鱼
只在太平洋东部海域出现的带纹普提鱼体长达80厘米。照片中这条是雄性幼鱼，我们猜想它成年后身上的竖条会变成黄色。

图6_红尾花弹
体长30厘米的美丽的红尾花弹（学名门图黄鳞鲀）出现在整个太平洋中。它们有时在海里群居。

图7_多氏裸胸鳝
始终在张口闭口呼吸的多氏裸胸鳝外形让人害怕。这种蛇形鱼体长可达1.7米。

图8_海鳝的共生
生活在小洞穴里的一群多氏裸胸鳝与几条黑幼背天竺鲷共生。

图9_大量的鱼
马佩洛岛海域生物的麇集在这张照片中得到了体现,几条密斑刺鲀正在跳夜间芭蕾,背景中是一群侧棒多板盾尾鱼。

凶猛砂锥齿鲨可以从它的钩形细齿上辨认出来,它的名字也由此而来。它与沙虎鲨的区别在于它的第一背鳍比第二背鳍更高、更宽。通常需要潜至水下50多米深处才有机会看见凶猛砂锥齿鲨,这在"正常情况下"是不允许的。

加拉帕戈斯鲨鱼也在这里出没,还有白边真鲨。事实上,在这里潜水不可能碰不到鲨鱼。

无所不知

马佩洛岛海域的生物如此丰富是因为这里有六大洋流汇集,带来了大量浮游生物。随之而来的是冷水沿着大峭壁上升,适合鱼群的生存,而鱼群又吸引了鲨鱼。

马佩洛岛如今是马佩洛山脊(Malpelo Ridge)——东北—西南方向的一条火山山脊,长300公里、宽100公里——唯一露出海面的部分。这是一座真正的海岛,从未与大陆连接过。

偷猎鲨鱼

一些在保护区内经营的船只在夜里熄灭信号灯,猎捕鲨鱼,切下鱼翅。残缺的鲨鱼被扔进海里,有的还活着。笃定自己不会受罚的偷猎者们撒下渔网来提高效率,他们甚至使用会无可弥补地摧毁海洋生态系统的炸药。

位于太平洋和加勒比海交汇处，与巴拿马毗邻的哥伦比亚是南美洲唯一面向两个大洋的国家。它有 3000 公里海岸线，其中濒临太平洋的一段非常荒凉。马佩洛岛与可可斯岛和加拉帕戈斯群岛一起组成了"金三角"，潜水者们之所以这样称呼它们，是因为它们的潜水点具有非同寻常的特点。

适宜时期

马佩洛岛并不是一直都气候宜人，岛周围只有两个几乎不避风的锚泊点。这座岛是一个军事战略哨所，禁止入内，由六名士兵组成的兵营自 1986 年起驻扎在这里。

没有以马佩洛岛为目的地的定期游船，因为哥伦比亚政府只在提交了旅客名单后才发放旅游许可证。"耶马亚"号（Yemaya）游船全年在这个海域营业。最温和的时期是 5 月至 12 月。7 月和 8 月间，平滑白眼鲛会在海里表演，但此时的大海时常波涛汹涌，而且赤道洋流带来丰富的浮游生物使海水变得过于浑浊。1 月至 3 月，双髻鲨靠近海面，因为海水更凉，温跃层位于水下 15 米左右。最密集的鱼群主要在 6 月和 7 月出现。

相关信息

经营马佩洛岛线路的船宿游船的基地在巴拿马。24 米长的双体船"旋复花"号（Inula）可容纳 8 名潜水者。它从大卫港（David）出发，开启 11—15 晚的船宿潜水行程，其中 5—9 晚在马佩洛岛，3 晚在巴拿马南部海岸的礁石周围潜水，包括科伊巴岛（Coiba）和著名的汉尼拔浅滩（Hannibal bank），后者以鱼群闻名：鲭鱼、金枪鱼、舒鱼、鲹鱼等。

更贵一点但是空间更大的"耶马亚"号长 35 米，能容纳 16 名潜水者，进行 10—14 天的潜水探险，其中 6—10 天在马佩洛岛。

几点建议

■ **我们的忠告**

马佩洛岛，很远、很长、很贵、很冒险，但是很神奇！这是一种独一无二的体验，充满刺激与震撼！每年很少的几班船宿游船使这个潜水胜地更加独具一格，的确，那些曾在马佩洛岛潜过水的人会认为自己是特别幸运的。因为距离遥远，船宿时间长，您必须选择一艘舒适的游船，如果可能，再选几个可靠的伙伴，他们必须是潜水者，因为那里除了潜水无事可做。

图1_横空出世的礁石
高耸至海面以上300米的马佩洛岛由一小群玄武岩山峰组成，是从4000多米深处喷发的一座海底火山的遗迹。

图2_必须选择船宿潜水
远离大陆500多公里的马佩洛岛只能从海上到达。当局规定每次只能有一艘游船进入这个景点，以限制潜水者对生态环境的影响。

保护马佩洛岛生物丰富性的愿望促使哥伦比亚当局限制潜水者的人数。一次只允许一艘游船停靠在一个潜水点，这明显减少了船宿游船的数目。由于马佩洛岛是一个深受全世界狂热潜水者喜爱的目的地，请您务必至少提前六个月计划旅程，否则您将预订不到座位。

　　在马佩洛岛，受冷而强的洋流影响，海面和水下的温差很大。当气温为28℃时，水下40米深处的水温在17℃至20℃。因此请您准备一套7毫米厚带风帽的潜水服。

　　您至少需要持有二级潜水员证，并出示能证明您已经至少进行过100次海洋潜水的潜水记录。

实践指南	潜水等级★★★ 潜水质量★★★★★ 鱼类★★★★	环境★★★★ 感觉★★★★★ 生物多样性★★★★	摄影摄像★★★ 旅游价值★ 性价比★★★

一月	二月	三月	四月	五月	六月	七月	八月	九月	十月	十一月	十二月
27℃	27℃	28℃	28℃	28℃	28℃	28℃	28℃	27℃	27℃	27℃	27℃
18℃	20℃	22℃	23℃	25℃	26℃	26℃	23℃	26℃	24℃	22℃	20℃

ANTARCTIQUE
南极洲

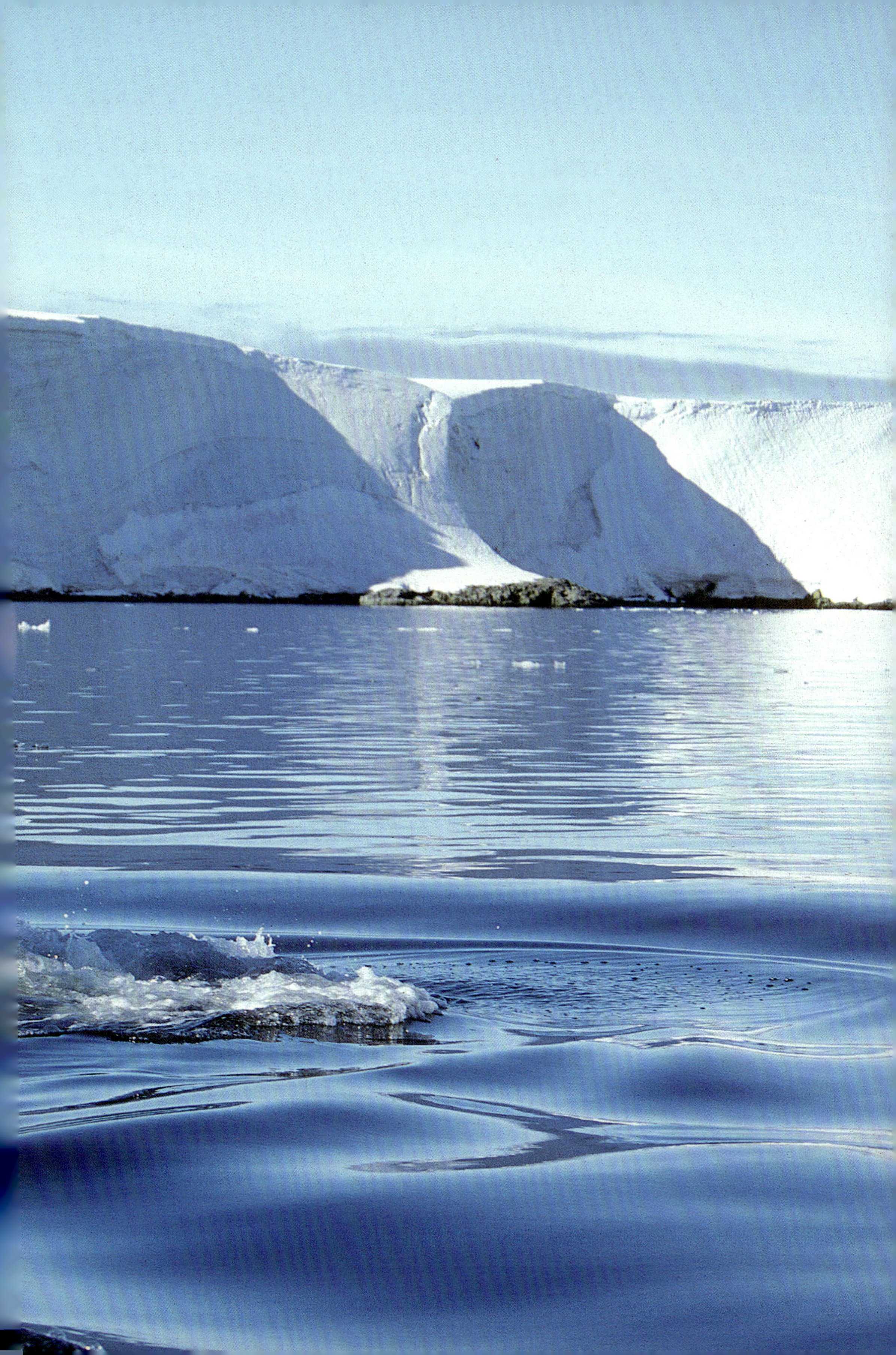

南极洲是一个鲜为人知的大陆，适合所有最高级形容词。它与最近的有人居住的海岸——阿根廷的火地岛（Terre de Feu）相距 1000 公里，是一个难以企及的地方。这片大陆 98% 的面积被冰层覆盖着，它是严酷的、令人不安的，也是任性的。它是世界上最冷的地方，1983 年 7 月 21 日，苏联南极东方站（Vostok）记录的气温为 -89.2℃；它是世界上风最大的地方，乔治五世海岸（Terre de George V）的德尼森角（Cap Denison）气象站曾测量到 329 公里/小时的狂风。这里是最干旱的地方，因为这里除了罕见的苔藓和地衣以外寸草不生。

南极洲也是海拔最高的大陆，平均海拔 2300 米，最高点是埃尔斯沃思山脉（Ellsworth）的文森山（mont Vinson，4892 米）。最后，这里还有世界上最活跃的火山——海拔 3794 米的埃里伯斯火山（mont Erebus）。这座位于罗斯岛（île de Ross）中西部的火山 35 年来一直在喷发！

南极洲是一个充满传奇的地方。它是极端环境的象征，是人类最后的陆地征服目标，是一片尚未被污染的原始自然之地，也是人类达成共识，为其赋予特殊地位的象征——这一次，智慧占了上风。四面环海的南极洲始终是我们这个星球上最令人难以置信的生命空间。

在南极潜水是巨大的挑战，无论是体力方面还是财力方面，但是寻求完美的游客会得偿所愿。在这里，光影、色调、海水的清澈度以及千篇一律却可能随时变换的风景都不只是特别，而是达到了极致。身处这样一个冷酷的世界中，您会有一种身处异地的茫然。

可怕的豹形海豹
一只豹形海豹（Hydrurga leptonyx）正在别林斯高晋海（mer de Bellingshausen）上的冰山旁换气。除虎鲸外，这是南极洲最强大的捕食者之一。与所有的海豹一样，豹形海豹是食肉动物，但它背负着凶猛的名声，而我们在自然环境中的多次观察也倾向于确认这一点。这是一种体形庞大的动物，雄性比雌性小（大约差100公斤），这是鳍脚类动物独有的特点。

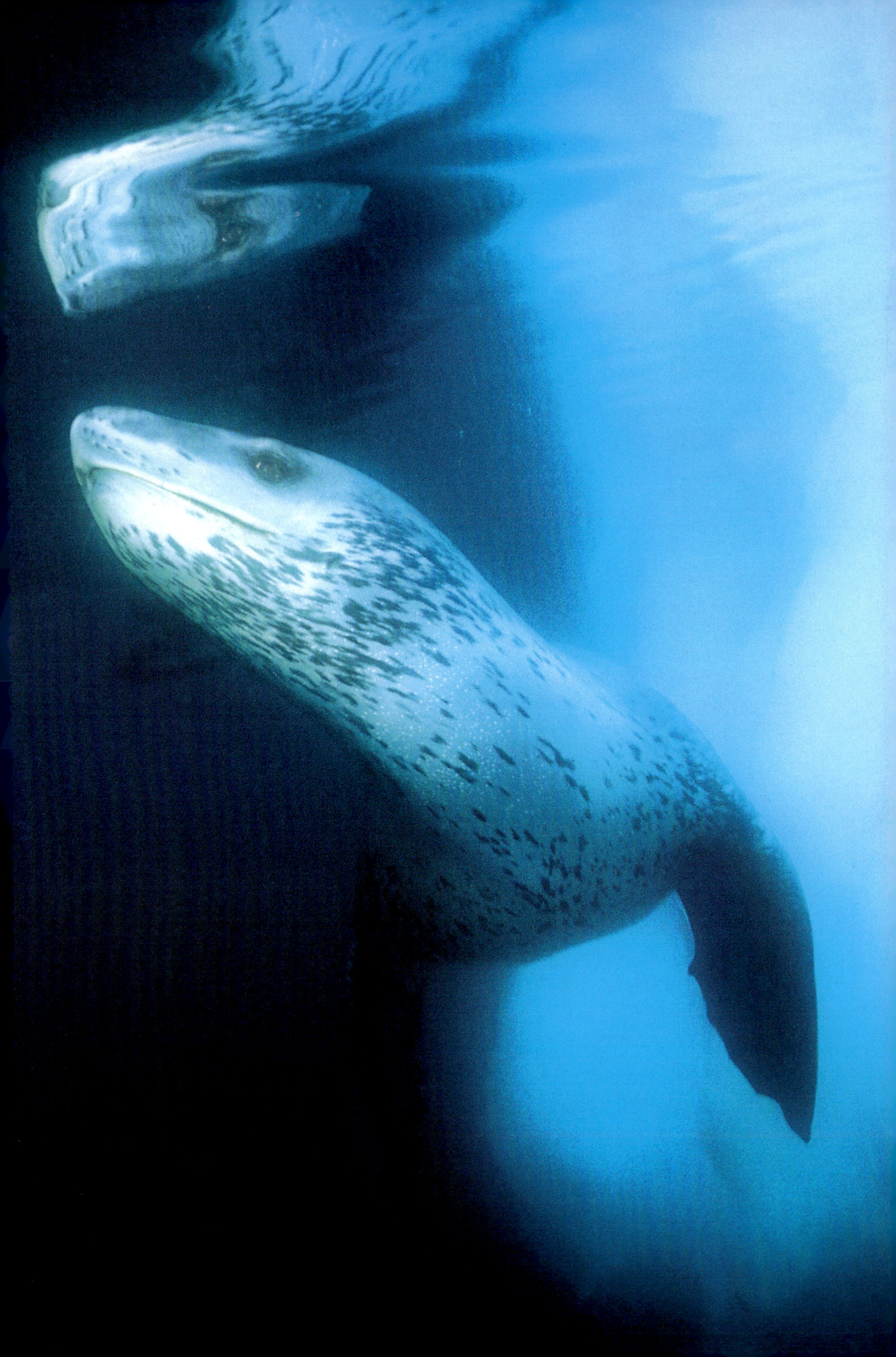

南极洲 ANTARCTIQUE

60

南设得兰群岛
潜入绝境

在南极半岛以北 120 公里处，南设得兰群岛（îles Shetland du Sud）隔着布兰斯菲尔德海峡（détroit de Bransfield）与大陆相望。这是一群被冰层覆盖的岛屿，最大的是乔治王岛（île du Roi-George），长 75 公里，岛上有多个科研基地。

南设得兰群岛是人们跨过 650 公里长的德雷克海峡（美洲与南极洲之间的最短距离）之后最先看见的陆地。

图1_巴布亚企鹅
一群幼年巴布亚企鹅定居在南设得兰群岛中一座被别林斯高晋海围绕的白雪皑皑的岛上。

图2_在冰山下潜水
一位摄影师在浮冰下一种几乎虚幻的光影氛围中潜水。这是能引起奇妙情感的绝美时刻。

过了南纬 70℃之后，南极大陆的冰原就展现在眼前。如果说北冰洋被定义为部分结冰的海洋，那么 98% 被冰覆盖的南极洲则有一片陆地，因此被视为第六大洲。它的面积为 1400 万平方公里，即欧洲面积的 1.3 倍、美国面积的 1.4 倍或澳大利亚面积的 1.7 倍。

这个偏远的大洲与撒哈拉沙漠一样干燥，6 月至 9 月消失在极夜的黑暗中，在南半球的夏季又沐浴着极昼的阳光，通过南大洋（océan Austral）与世界隔离开。南大洋环绕着面积超过 2000 万平方公里的整个南极大陆。

不太好客又难以接近的南极洲不会让人一见钟情。乘飞机跨越了地球之后，在阿根廷的乌斯怀亚（Ushuaia）住一晚，然后在合恩角（Cap Horn）登船，根据海上的情况航行 2—4 天，因为这里的大海是地球上最汹涌的。即使在德雷克海峡（passage du Drake）——南大洋位于南美洲最南端（火地岛）和南极洲之间的部分——中航行不再像先驱者们经历那样危险的冒险，但这始终是一次真正的探险之旅。由于地处偏远，南极洲从未有陆生哺乳动物生存过，也没有任何人类原住民。

图3_就像一个有生命的东西
在冰山下潜水一刻都不能休息。在洋流的作用下,冰山的凹坑向各个方向摇摆。这种潜水经历一点也不舒服,但是格外刺激,格外美!

不到十艘游船提供去南极洲的旅游船宿潜水。属于圣彼得堡水文研究所的特别为基地航行设计的俄罗斯科考船"格里戈里米赫耶夫"号（Grigoriy Mikheev）被改造成了豪华游船。这艘 66 米长的游船能容纳 46 名旅客，条件非常舒适，即使如我们亲身经历，在遇到被蒲福风级（échelle de Beaufort）为 10 级的突如其来的风暴卷起的 10—15 米高的海浪时，它仍安之若素。

人们不会临时起意，在水温低于 0℃ 的海水中潜水（因为含盐，只有在 -1.86℃ 时，海水才能结冰）。一切都应提前计划，仔细检查，因为南极洲不容许任何差池。一个结霜的减压阀、一套不完全密封的潜水服，无异于一场灾难。

有趣的物种

在这个壮阔的环境中，在一座冰山下潜水，冰的纯粹、闪耀的美过滤了太阳的光线，这种独一无二的感受值得体验。人们可能以为，在这种极端条件下，生命会让位于冰原。然而，完全不是这样！峭壁上覆盖着海带和无脊椎动物——海胆、海葵、海星、大得离谱的等足类动物。在这个大漩涡中，被冲散的几条鱼东躲西藏，慢节奏地生活，因为它们的血液中不再含有常见的血浆和血红蛋白，而是含有一种奇怪的生物防冻剂！

尽管南大洋占地球海洋总面积的 10%，但它仅容纳了 295 种硬骨鱼，即几乎所有已知硬骨鱼类的 2%。南极鱼科，又名"南极

图1_南极海星
这种直径10厘米的海星是南极洲最常见的海星。最深可在水下900米生活的它可以活到100岁。

图2_南极鱼
这种被称为"冰鱼"的南极洲典型的鱼能分泌多肽类防冻蛋白质来抵御寒冷。

图3_南极深海大虱
这种等足类甲壳动物体长可达20厘米。它在被称作卵袋的袋内孵化后代。

图4_南极海葵
这种海葵也出现在巴塔哥尼亚（Patagonie），在别林斯高晋海里的礁石斜坡上繁殖成群落。

图5_环带叉棘海星
这种直径50—60厘米的海星有40多条丝状触手，用来捕获猎物。

图6_南极海葵
这种直径超过30厘米的海葵有时会用它能引起刺痒的触手去捕食比它本身更大的猎物，比如水母、海星、海胆。

鳕鱼"，是最具代表性的，包含 96 个当地特有品种。这些鱼的特点是细胞的冰点低至 -2.2℃，比南极洲的环境温度（-1.86℃）更低。它们的这种能力是因为它们的血液中含有 40% 的氯化钠（盐）和 55% 的糖蛋白（蛋白质和糖的化合物）。但是这些鱼只能承受较小的温度变化范围（-2℃至6℃），比温带海洋中的鱼能承受的温度变化范围小一半。

无所不知

在南极洲所有鱼的体内，一些速效酶通过增加能量消耗和氧气消耗来补偿寒冷导致的不可避免的生物化学反应的迟钝。它们因此调整出一套灵活的系统。

尽管这些鱼没有在血液中输送氧气所需的血红蛋白，但它们通过增大血管直径和心脏尺寸而得到补偿。它们的血流量是"正常"鱼类的 5 倍，血量是同样大的另一种硬骨鱼的 2—4 倍。因此，氧气通过简单的扩散来传输，从鳃到血液，再从血液到器官。

另一个需要说明的特点是，尽管多数硬骨鱼的性别是由海水的温度和盐度变化决定的，但是人们经常在南极鱼科体内观察到性染色体，而且不同种鱼的性染色体也不同。这种现象似乎与南极洲海水较高的温度稳定性相关。

最近的一些研究显示，这些鱼最近的亲戚是北半球的淡水鲈鱼，这是一个至今未解的生物地理谜题。

■ **我们的忠告**

花费一大笔钱只是为了去南极洲条件如此严酷的海水中湿一湿脚蹼，这似乎有点傻。但是，极致的风光、经历非凡时刻的真实印象和无以言表的感受都将作为生命的历险，不可磨灭地铭刻在记忆中。

冒险经历

海面上是风暴，去水下！

四次穿越德雷克海峡之后，我仍然每次都对自己说必须意志坚定！我经历了一生中最可怕的海上风暴！但是在到达南极时，胃部的痉挛和全身的瘀青都飞到九霄云外去了。我们在壮丽的景象中航行，它藏在一条航道的后面，或者在一个结冰的峡湾中。每次在跳入结冰的海水之前，我的心跳都会加速。但愿潜水服不会漏水！我的手指能在一小时内承受住寒冷吗？减压阀会不会结霜？然而一旦潜入这个虚幻的世界，我就忘记了一切。在一座冰山下方，船的尾流和洋流如此之大，以至于所有物质方面的思考都消失了。我必须全神贯注于潜水，努力保持平衡。我不停地上升，下降，向右摇，向左晃。这个巨大的"高尔夫球"和它的所有凹坑不停地移动，让人感觉冰山是活的！

帕斯卡·科贝

适宜时期

南极洲只有在南半球的夏季,即12月至来年3月才能进入。每年只有一两艘船宿游船组织一次潜水活动,通常安排在1月底至3月初之间。

实用信息

上述温度是指岛上和海边的温度。一旦深入陆地内部,气温会急剧下降。至于海洋,一年有6个月都被冰层覆盖。

南设得兰群岛海域的气候是整个南极洲最温暖的,夏季(1月至2月)白天的气温在10℃左右。

大约需要18小时的飞行才能到达乌斯怀亚(经停布宜诺斯艾利斯)。必须在乌斯怀亚过夜,然后再航行2—3天才能到达南极洲。

根据游船条件和出发日期,前往南极洲的船宿潜水行程持续11—14天。

几点建议

如果希望在南极洲的水下探险留下美好的回忆,您首先要是优秀的潜水者。我们强烈建议您在进行这次大冒险之前有在极端温度条件下——比如高山湖泊、巴伦支海(mer de Barents)或者阿拉斯加——潜水的经验。

您应拥有自己的冰下潜水装备,如有可能,所有装备都应准备两套(尤其是减压阀和手套)。

图1_世界尽头的旅行
"格里戈里米赫耶夫"号是用一艘俄罗斯的旧科考船改造的游船。它载着潜水者在别林斯高晋海中绕着南极半岛航行。

图2_巴布亚企鹅的聚居地
尽管这个地区始终很难进入,但我们有时可以看见一些小帆船锚泊在南设得兰群岛。这里的景色不同寻常,有丰富而平静的动物群落。

实践指南	潜水等级 ★★★★ 潜水质量 ★★★ 鱼类 ★	环境 ★★★★ 感觉 ★★★★ 生物多样性 ★	摄影摄像 ★★★★ 旅游价值 ★★★★★ 性价比 ★★

一月	二月	三月	四月	五月	六月	七月	八月	九月	十月	十一月	十二月
1°	0°	-2°	-5°	-7°	-10°	-12°	-12°	-9°	-6°	-3°	0°
-1°	-1.5°	-1.7°	❄	❄	❄	❄	❄	❄	❄	-1.7°	-1°

南极洲

南极洲 ANTARCTIQUE

61

格雷厄姆地
荒野之美

南极洲是地球上最大的荒野。人们乘坐为抵御极地海洋条件而特别加强了外壳的大型游船航行到这里。

每天安排两次潜水，游客可探索峭壁、乱石和冰山，但是潜水活动随时可能因为天气原因被取消。

图1_阿德利企鹅
阿德利企鹅也被称作"长尾企鹅"。这种当地很常见的鸟可以通过眼睛周围的一圈白线辨认出来。

图2_豹形海豹
豹形海豹属于海豹，是一种可怕的食肉动物，它的行为有时会令潜水者不安。

图3_食蟹海豹
只生活在南极洲的食蟹海豹是世界上分布最广的鳍脚类动物，或许是除人类以外数目最多的哺乳动物。

格雷厄姆地（Terre de Graham）是南极半岛最北端整片土地的名字。它绵延600公里，直至阿加西角（cap Agassiz），位于南极圈最南边三分之一处。与再往北100多公里的南设得兰群岛一样，这是整个南极洲条件最严酷的地区，设有多个研究站。

包含梅尔基奥群岛（Archipel Melchior）、杰拉许海峡（détroit de Gerlache）、安沃尔湾（baie Andvord）、天堂湾（baie Paradis）、雷麦瑞海峡（canal Lemaire）以及布拉班特岛（Brabant）、昂韦尔岛（Anvers）、布斯岛（Booth）、霍夫高岛（Hovgaard）、利思岛（Leith）、彼得曼岛（Petermann）、库弗维尔岛（Cuverville）等，格雷厄姆地就像一条陆地和冰构成的花边。

南极洲不属于任何人，尽管有七个国家陆续正式宣布在这里获得了某块领土。1959年签订并于1991年续签至2048年的一份国际条约规定，这个大陆专门用于和平用途和科研信息的自由交流。

潜水之后，每日的"陆上"——其实是冰上——徒步旅行也与人们在海面以下看到的景象一样令人心潮澎湃。我们有时还会与座头鲸一起在海里游泳两小时。有各种保护生命的措施，首先是密封性完好的潜水服，在南极洲潜水可不是一件轻松的事。嘴唇冻麻了，手指费力地抓住相机，在四肢完全丧失感觉之前，我们得忍受冰冻。这就要求完好的身体素质。

有趣的物种

南极洲的吸引力在于野生生命的丰富性，它们在海洋里能找到丰富充沛的食物。鲸、海豹、企鹅甚至座头鲸构成了最引人入胜的相会。

南极洲特有的动物群落在南半球的夏季繁殖、觅食和休憩。尽管自由、未经驯化，但这些动物仍然表现得丝毫不惧怕人类。这种信任是因为陆地上没有捕食者，这也是企鹅丧失了飞行能力的原因。属于企鹅科的这些奇特的鸟类中有许多种——如阿德利企鹅、巴布亚企鹅和南极企鹅——都在南极半岛和南设得兰群岛筑巢。

食蟹海豹在11月出生。这是大浮冰开始分裂的时期，我们可以看见这些鳍脚类动物在大冰块上随波逐流，不时发出咆哮声。庞大的雄性海象小心戒备地保护它们的配偶，直至12月底。在这个时期，最大的几类鲸——座头鲸、小鳁鲸和南露脊鲸也会到来。也是在12月，企鹅、海燕和鸬鹚在这里产卵。

12月底，最早一批小企鹅在南设得兰群岛出生，一个月后，又一批小企鹅在格雷厄姆地出生。此时，白天最长，太阳几乎不会消失在地平线。

图1_企鹅的死敌
豹形海豹身上散布的小斑点使它名副其实,这个名字也是因为它是一个孤独的超级捕食者。

图2_威德尔海豹
在鳍脚类动物中,威德尔海豹的屏气能力只有海象可以匹敌。它可以在水下600米深处屏气一个多小时。

    1月和2月是最热（某些人可能会说是最"不冷"）的时期,动物的活动性达到顶峰。企鹅的群栖地可能包含数千只企鹅,成了真正的托儿所。几只成年企鹅看护着小企鹅们,而它们的父母则出发去捕捉磷虾来喂养幼崽。豹形海豹利用这个时期开始活动。游客应谨慎靠近这些体形庞大的捕食者——雌海豹体长可超过4米、重600公斤,尽管它们看上去对潜水者相当好奇。

    这是一个游戏吗？它们喜欢张开武装着尖利牙齿的大嘴,举止骇人,甚至会咬您的脚蹼。这是一种标记领地的方式,鉴于这种野兽的力量,还是当心为妙。

    在2月,鲸的数目增加。由于冰层几乎到处解体并部分融化,可以在别林斯高晋海上再往南航行400公里,到达亚历山大岛（Alexandre）、罗斯柴尔德岛（Rothschild）、沙科岛（Charcot）和拉塔地岛（Latady）周围。

无所不知

    在3月的头几天,夜晚逐渐变长,人们有机会欣赏绝美的落日和南极一年中最早的黎明。尽管寒冷加剧,但中午的气温仍然保持在0℃以上。幼企鹅们开始了它们最初的下海尝试,豹形海豹则在觊觎这些容易到手的猎物。这也是海藻（海带）生长最旺盛的时期。

    南极半岛形成了一条山脉,最高峰达到海拔2800米。这个狭长的半岛在威德尔海（mer de Weddell）的阿当斯角（Cap Adams）和埃克隆群岛（îles Eklund）南部之间绵延1300公里。它是安第斯山脉的延伸部分,整个半岛由一条海脊连接。

    格雷厄姆地的命名是为了纪念詹姆士·罗伯特·乔治·格雷厄姆爵士（Sir James Robert George Graham,1792—1861）,1832年航海家约翰·比斯科（John Biscoe,1794—1843）的远征队在该地区探险时,格雷厄姆爵士是英国海军大臣。这个名称自1964年起成为官方名称,半岛的南部是帕尔默地（Terre de Palmer）。

图3_南极鸬鹚
南极鸬鹚被认为是蓝眼鸬鹚的亚种,后者分布更广。它可以在40米深的水下屏气两分多钟。

图4_南极企鹅
一只成年南极企鹅身边跟着一只幼企鹅。这种企鹅数目众多,能够在超过150米深的水下屏气20多分钟。

图5_水下鱼雷
巴布亚企鹅在水下以闪电般的速度(35公里/小时)移动。它是全球18种企鹅中游得最快的。

被大约为 3000 万立方公里的冰覆盖的南极洲占据了地球上 90% 的淡水储备。大浮冰有的地方厚达 4800 米。这个大陆在全球气候平衡中扮演了非常重要的角色。如果南极冰盖融化了，所有海洋的水平面将会上升 65—70 米！

在极夜的尽头，太阳的回归导致了浮游植物群落超级迅速地繁殖。这些浮游植物是浮游动物的食物，包括磷虾，而浮游动物是南极生态系统食物链的基础。

■ **我们的忠告**

在水下与像豹形海豹这样令人惊异的物种和像企鹅这样滑稽的鸟类相遇保证会留给您终生难忘的记忆，于是在南极旅行的一切艰辛都有了意义。在一种完全自由的感觉中，旅行者变成了探险者，行走在地球上唯一没有人类居住的地区。他们听到的唯一的声音是大自然的声音，不可思议。

适宜时期

每年只有一艘或两艘游船在 1 月底和 3 月初之间安排一次潜水活动。多变的气候变化很快。

南极洲在冬天无法进入，因为海水结冰厚度达到 2—3 米。大浮冰覆盖了 2000 万—2500 万平方公里的海面，相当于南极洲自身面积的两倍。即使在南半球的夏季，海里的永久冰层面积仍然达到 400 万平方公里，略大于法国陆地面积的 7 倍！

实用信息

除了"格里戈里米赫耶夫"号游船外，1985 年在芬兰建造的"极地先锋"号（Polar Pioneer）也会在某些航程中安排一次潜水活动。船员与游客一样也来自世界各地。全体船员拥有南极航行的丰富经验，十分了解这个地区和它的特点，尤其是气候特点。

潜水人数限制在 15—18 人（共可容纳 40 多名游客）。潜水者乘坐两艘橡皮艇到达潜水点。

几点建议

乘坐豪华游轮在南极洲航行（无论是否包含潜水）是一笔超出大多数人经济能力的投资，但也是一生一次的旅行，请您用心准备。

您需要拥有在冷水中潜水 20 次的证明。您可以在乌斯怀亚接受三天的培训。

图1_世界末日的氛围
在格雷厄姆地周边岛屿上，经常能看见搁浅的鲸的骨架。暴风雨来临前乌云密布的天空更为布满了幼年巴布亚企鹅的风景增添了戏剧色彩。

实践指南	潜水等级 ★★★★★ 潜水质量 ★★★ 鱼类 ★★	环境 ★★★★★ 感觉 ★★★★★ 生物多样性 ★	摄影摄像 ★★★★ 旅游价值 ★★★★★ 性价比 ★★

一月	二月	三月	四月	五月	六月	七月	八月	九月	十月	十一月	十二月
1°	0°	-2°	-5°	-7°	-10°	-12°	-12°	-9°	-6°	-3°	0°
-1°	-1.5°	-1.7°	❄	❄	❄	❄	❄	❄	❄	-1.7°	-1°

南极洲

CARAÏBES
加勒比

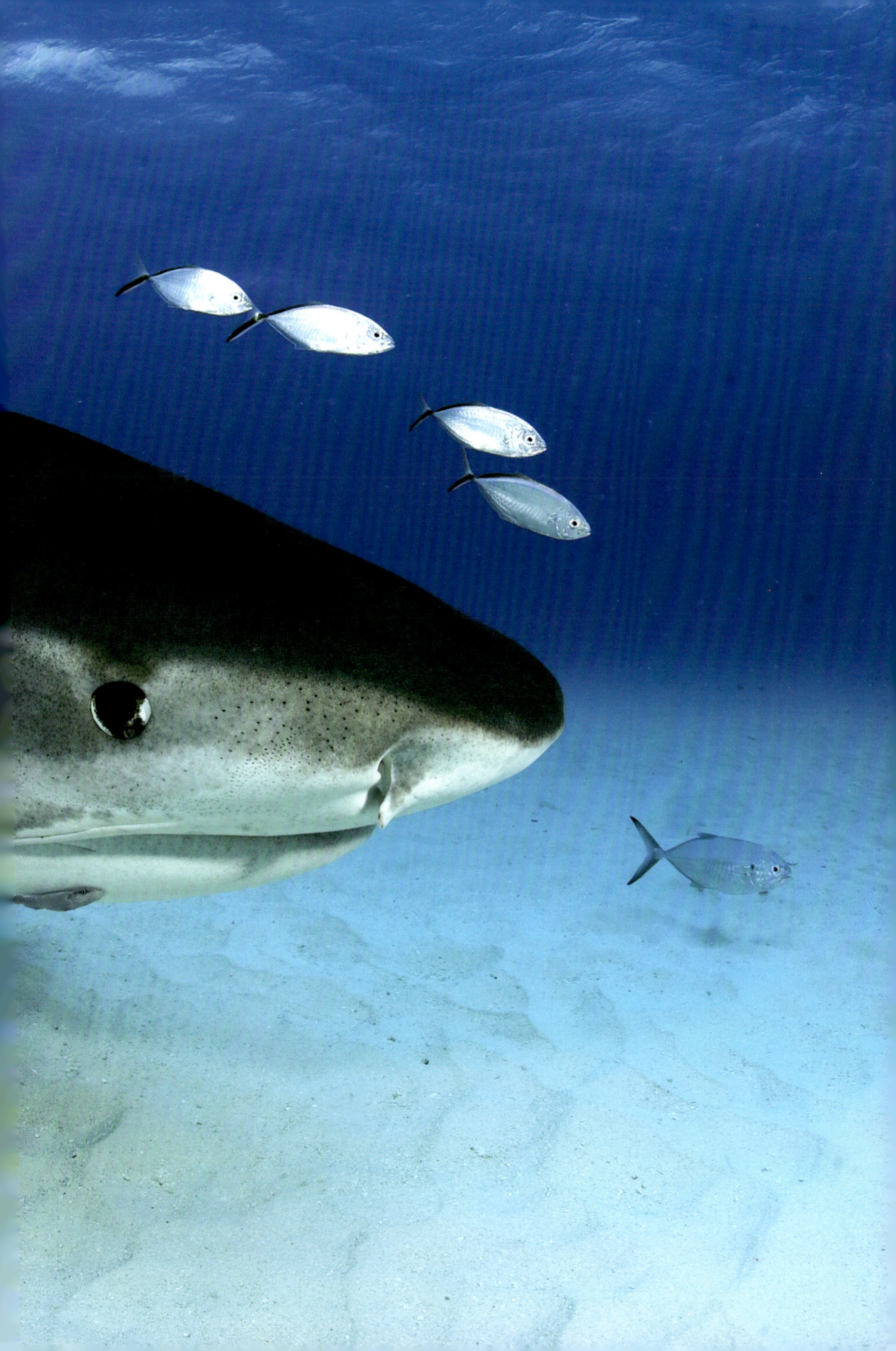

加勒比（Caraïbes）包含散布在安的列斯群岛（Antilles）海域、墨西哥湾（golfe du Mexique）和大西洋上的一连串岛屿和数不清的礁石，它从北面的佛罗里达州（Floride）和巴哈马（Bahamas）一直延伸至南面的委内瑞拉（Venezuela）海岸以及特立尼达和多巴哥（Trinité et Tobago）。加勒比就像一杯混合了音乐、味道、香气、色彩和热带风光的鸡尾酒，展现出一种异国情调和漫不经心的形象。

被丰富多彩的珊瑚覆盖的海底与世界其他地区都不一样，因此潜水成为加勒比的主要吸引力之一。这里的海底世界是柳珊瑚、巨型海绵和大片石珊瑚构成的王国，仿佛一片荆棘丛生的广袤荒原在鱼类多姿多彩的芭蕾舞衬托下变成了一座花园。

作为美洲潜水者最喜欢的目的地，加勒比从二十世纪九十年代起发展形成了真正的潜水产业。在因为报价的标准化和严格的规定而差点落入俗套之后，这个神奇的地区凭借几个特殊的潜水胜地逐渐找回了冒险的趣味。我们建议您去探索这些潜水胜地，以及一些适合舒适性潜水的爱好者的简单惬意的潜水点。

令人印象深刻的绿裸胸鳝
在大西洋热带海域很常见的绿裸胸鳝属于加勒比海域的特有鱼种（照片是在伯利兹拍摄的）。这种定居的捕食动物的蛇形身体往往超过2米长，它主动露出的牙齿令人印象深刻。它不具有攻击性，但还是应避免打扰它。

环球潜水攻略

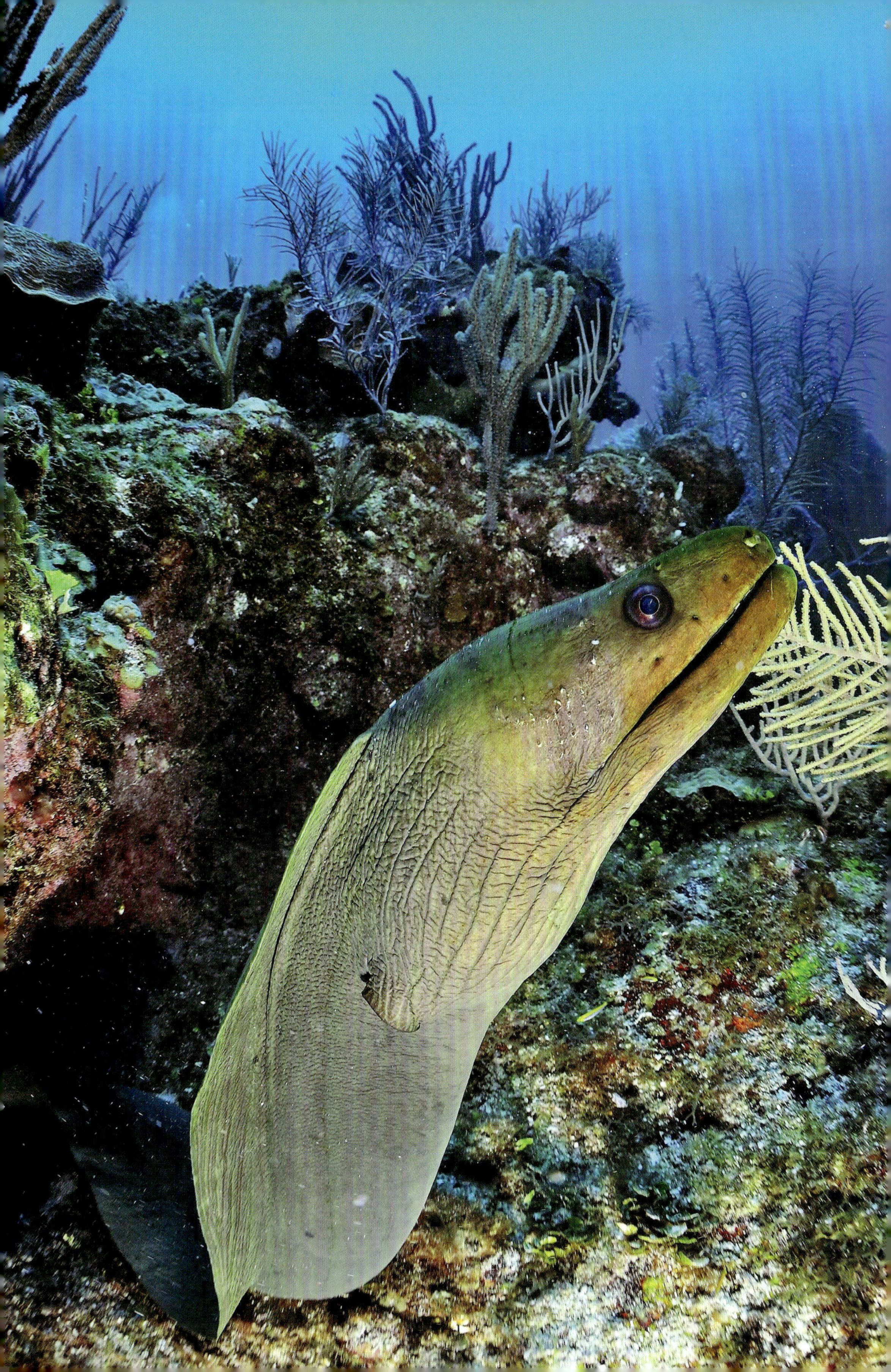

洪都拉斯 HONDURAS

62

罗阿坦岛
海绵谷

栖身于罗阿坦岛北坡一个避风的小海湾里的"安东尼之钥度假村"是罗阿坦岛上历史悠久的潜水中心。用传统材料建造的这个小巧玲珑的乡村旅馆的主体建筑悬空在树林中，与热带环境融为一体。接待游客的吊脚小木屋建在水上或山坡上。

罗阿坦岛（Roatán）坐落在洪都拉斯（Honduras）海岸以北 66 公里处清澈的大海上，长 58 公里，最宽处 5 公里，就像在加勒比海（mer des Caraïbes）上轻轻点下了优雅的一笔。它是海湾群岛（Islas de la Bahia）中最大的岛，这个群岛由 60 多座岛组成，是洪都拉斯的 18 个省之一。三十多年来，罗阿坦岛始终是加勒比最著名的潜水胜地之一。

冈峦起伏的罗阿坦岛覆盖着郁郁葱葱的山丘，景色壮丽，植被繁茂，其中包括野生兰花。1502 年，克里斯托弗·哥伦布（Christophe Colomb）发现海湾群岛时，这里还无人居住。尽管多次沦为殖民地，但这个群岛仍然完全保留了它本真的面貌。

海湾群岛在十八世纪曾是五千多个海盗的老巢，自 1859 年起正式归属于洪都拉斯，但是它在很长时间内仍属于大英殖民帝国。

罗阿坦岛最近几年经历了旅游业的飞速发展，如今，岛上有十几家旅馆接待潜水者。在海湾群岛，人们不只在罗阿坦岛潜水。猪岛（Cayos Cochinos）——2003 年 7 月 30 日被列为"国家海洋古迹"、瓜纳哈岛（Guanaja）和乌提拉岛（Útila）也有非常美丽的礁石。乘坐一艘豪华游船进行为期一周的船宿潜水也是可以纳入计划的有趣选择。

除了在清澈的海水中裂开的海底大峡谷带来的非常新奇的氛围之外，在罗阿坦岛潜水的主要特点来自那些很容易到达的潜水点。从酒店出发，航行不到半小时，就有三十多个潜水点。在罗阿坦岛，我们惊讶于海水的透明性；能见度可以达到 50 米，这对于拍照来说太完美了。

峡谷礁（Canyon reef）向潜水者呈现出一幅独一无二的景象，很深的裂缝在礁石中形成一条条沟壑，一直延伸到峭壁的外面。我们在这些地形壮观但没有多少鱼的天然水道中探险。尽管潜水的深度不超过 15 米，但它给人留下难以言表的感觉。

西端墙（West End Wall）是一处很长的礁石，最高处在水下 8—9 米。不可胜数的小型礁石鱼在这里东奔西突，其中包括漂亮的神仙鱼。在 20 米深处更靠近礁石外部的地方，一面垂直的峭壁直达 50 米深的沙质海底。

曾经被地质构造运动掀翻的玛丽广场礁（Mary's Place）如今成了几面珊瑚墙，又深又窄的裂缝导致它们分崩离析，成为毫不怕生的鱼类的栖息之所。

巨人谷（Vallée des Géants）的名字来自被珊瑚覆盖的尖形礁石。如雕塑般矗立在礁石丛中的它们形成了一块非常特别的礁石。这种独特性要归因于自然侵蚀，因为独石比礁石的其他部分更坚硬。人们可以在 12 米深处进行简单的潜水。

图 1_ 与海豚共舞
在罗阿坦岛，安东尼之钥度假村是唯一能提供与被驯化的海豚一起畅游和潜水的旅馆。

图 2_ 生机勃勃的花园
罗阿坦岛的礁石因巨大的桶状海绵的密度和柳珊瑚的多样性而闻名。

海豚墓地（Dolphin Graveyard）潜水点因为 2007 年在这里发现的十几条海豚尸体而闻名，这些海豚可能在这个到处是隧道和洞穴的迷宫中迷了路。这个潜水点只有 5—12 米深，人们可以在浅色沙质海底上波光粼粼的海水中进行十分简单的潜水。

巴巴雷塔海岸（Barbaretta Banks）位于罗阿坦岛西北端的一座小卫星岛附近。因为远离所有潜水中心，只能乘坐游船到达。这是一片长约 5 公里的礁石，上面长着许多海绵和珊瑚，包括其他潜水点很难见到的一些品种。人们常常能在这里见到护士鲨、纳氏鹞鲼、海鲢和独来独往的大型舒鱼。

罗阿坦岛周围还有几艘沉船，如"阿尔贝王子"号（Prince Albert），一艘 42 米长的货轮，1897 年沉没在 25 米深的海底。

加勒比

有趣的物种

罗阿坦岛可能会使喜欢庞大鱼群和"大家伙"的潜水者失望，但是它的礁石却因庇护着整个加勒比海域最多样化的海绵和柳珊瑚而闻名。各种形状、各种颜色的无脊椎动物使这些礁石看上去像一个花园。

1983 年，为了保护岛上的自然资源，安东尼之钥度假村创建了罗阿坦岛海洋科学研究所（Roatán Institute of Marine Sciences），因此它也可以被视为人类与海豚关系研究方面的先锋之一。

自二十世纪九十年代初起，在酒店所在的潟湖中和海洋中开发了一些与众不同的互动项目。更难得的是，背着气瓶的潜水者可以与海豚共游并获得与这种可爱的哺乳动物接触的独一无二的机会。

潜水在 18 米深的一片沙滩上进行，两三条宽吻海豚随心所欲地与潜水者们互动 45 分钟，周围没有任何屏障。

这种体验活动的成功也得益于这里登记的大量新生海豚。当然，这里有点像一个小小的"海洋公园"，但是动物们没有被关在小池子里，它们似乎对这种接触乐此不疲。

图 1_ 大清洁虾
很常见的樱花虾外表红白相间，在这张照片中躲在一株小的粉红色管状海绵中。

图 2_ 管状海绵
可以达到 1.5 米高的炉管海绵一束束悬挂在峭壁上，它的形状让人联想到管风琴。

图 3_ 花瓶海绵
花瓶海绵可以从竖直的形状和皲裂的结构分辨，显出粉红色或蓝紫色荧光。

图 4_ 海绵状海蛇尾
海绵状海蛇尾是一种生活在管状海绵上的长着软臂的棘皮动物。它以有机残渣为食。

图 5_ 象耳海绵
结构有弹性的象耳海绵形成了直径超过 1 米不规则的一团。在罗阿坦岛，它在某些礁石上大量繁殖。

图 6_ 柱状珊瑚
在罗阿坦岛很常见的这种大型硬珊瑚形成了一些垂直的柱状突起，可以达到 3 米高。

图 7_ 半自由的海豚
罗阿坦岛或许是世界上唯一能在大海中与被驯服的海豚潜水共游的地方。

图 8_ 管状海绵
黄色管状海绵形成一束粗管子，好像一些直径 40 厘米、高 1 米的烟囱。它以过滤浮游生物为生。

无所不知

您可以在罗阿坦岛停留后，再去乌提拉岛游玩一周。这座只有11公里长、4公里宽的岛是海湾群岛主要岛屿中最小的一座。这里登记了60多个潜水点，动物数目比罗阿坦岛更多。人们主要在3月、4月、8月和9月来这里观赏鲸鲨。

1993年成为保护区的猪岛海洋保护区位于罗阿坦岛南侧，离大陆近得多。这个被两座主岛——大猪岛（Cochino Grande）和小猪岛（Cochino Pequeño）包围的保护区是由11座小珊瑚岛构成的小群岛。海盗岛潜水俱乐部（Pirate island divers）与龟湾生态度假村（Turtle Bay Eco Resort）安排潜水者探索宽阔的礁石，它们与罗阿坦岛的礁石相像，但有明显更加引人入胜的海洋生命。

适宜时期

在罗阿坦岛，一年有300多天阳光普照，平均气温为26℃。从4月至9月，气候条件最适合潜水。水温在24℃至28℃之间变化，能见度几乎总是超过20米，有的地方达到40米，甚至50米。

11月和12月之间会有热带暴雨降临，这是一年中最不利于潜水的时期。

实用信息

要去罗阿坦岛，首先要乘飞机飞到洪都拉斯的圣佩德罗苏拉（San Pedro Sula）或特古西加尔巴（Tegucigalpa），最后乘坐坦萨沙国营公司（compagnie nationale Tan Sasha）的船航行一小时到达岛上。

罗阿坦岛接待的游客人数日益增长，因此基础设施也在发展，尤其是海滨浴场方面。

潜水者们更喜欢安东尼之钥度假村（前面已经介绍过）的原生态环境，或者非常迷人的宁静海生态旅馆（ecolodge Tranquilseas），它的小屋掩映在茂密的树林中。同样风格的马克亚旅馆（Makoya Lodge）提供十分豪华的服务。

从乌提拉岛出发，乘坐"加勒比珍珠"二号（Caribbean Pearl II）机动游艇可以进行为期一周的船宿潜水。这艘36.5米长的豪华游艇可搭载18名潜水者，在最舒适的条件下去探索乌提拉岛和罗阿坦岛最好的潜水点。

几点建议

欧洲游客入境洪都拉斯既不需要签证也不需要接种疫苗。然而，护照应在回国日之后6个月有效。洪都拉斯有疟疾和登革热肆虐，尤其是在雨季。建议您使用防蚊液和抗疟疾药（属于1类地区）。

■ **我们的忠告**

在罗阿坦岛潜水很容易，这甚至是优质的入门潜水地，因为人们在美丽的环境中潜水，周围清澈的海水给人一种十分自由的感觉。这座岛的自然魅力和接待潜水者的旅馆的朴素之美，使人一上岛就感觉通体舒畅，即使离开那里很久也会念念不忘。

图1_ 天堂的一个小角落
安东尼之钥度假村坐落在罗阿坦岛北面宁静的海湾中，它用来接待潜水者的小木屋完美地融入了周围的热带风光。

旅游方面，在罗阿坦岛上可以游览一个植物园——杨桃植物园与山径（Carambola Botanical Gardens & Trails）。在一片规划得很好的"丛林"中有一条小径，让游客可以亲近岛上的植被，欣赏岛上最美的鲜花和水果。

您也会喜欢高空索道滑行（zip line tours）带来的强烈刺激，这条索道让您沿着固定在树木之间的 15 米甚至更高的长钢缆（100 米）滑入林冠中。您在滑行过程中有机会看见几只猴子在嬉戏。

不要指望在现场补充您的潜水装备，更别说您的摄影器材了。请您务必带上您的所有设备及其珍贵的配件。

实践指南	潜水等级 ★ 潜水质量 ★★★ 鱼类 ★★	环境 ★★★★ 感觉 ★★★ 生物多样性 ★★★	摄影摄像 ★★★★ 旅游价值 ★★ 性价比 ★★★

一月	二月	三月	四月	五月	六月	七月	八月	九月	十月	十一月	十二月
27℃	27℃	28℃	28℃	29℃	30℃	30℃	30℃	29℃	28℃	28℃	27℃
25℃	25℃	26℃	26℃	27℃	27℃	28℃	28℃	27℃	26℃	26℃	25℃

加勒比

墨西哥 MEXIQUE

63

伯利兹
蔚蓝大海中的鱼类游行

在伯利兹潜水只会有选择困难。位于伯利兹城沿海 30 多公里外的特内夫环礁（atoll de Turneffe）是大多数潜水者的聚会地。据统计，这里有 100 多处优质潜水点和数公里的珊瑚礁可供探索。

图 1_ 美洲豹保护区
鸡冠花盆地野生动物保护区（Cockscomb Wildlife Sanctuary）是一片 240 平方公里的热带森林，1984 年成为森林保护区，1986 年成为美洲豹保护区，值得一游（照片是在伯利兹动物园拍摄的）。

图 2_ 大鳞鲆
大鳞鲆是长着可怕牙齿的捕食者，体长可达 2 米。要当心那些独来独往、体形较大的大鳞鲆，它们可能表现出有点好斗的性情。

图 3_ 无边的珊瑚礁
伯利兹的珊瑚屏障于 1996 年被联合国教科文组织收入《世界遗产名录》。这张照片上的异孔石鲈正从一株红色柳珊瑚前面游过。

　　面积是法国的 1/24（约 2.3 万平方公里）的伯利兹（Belize）旧称英属洪都拉斯。这个位于中美洲中心的国家是这个地区唯一一个以英语为官方语言的国家。1981 年 9 月 21 日成为主权国家的伯利兹约有 37 万居民。作为英联邦成员，它的官方国家元首是英国国王查尔斯三世，但该国实行议会民主制。

　　位于墨西哥南面的伯利兹与危地马拉（Guatemala）接壤。它的首都是贝尔莫潘（Belmopan），一座不到 1.5 万居民的小城市，但所有的经济和旅游活动都集中在人口四倍于首都的伯利兹城（Belize City）周围。

　　伯利兹的海岸被红树群落占领，形成了一个生物多样性丰富的自然保护区，由一道距离海岸 20—40 公里的珊瑚屏障保护。

　　伯利兹自称拥有世界第二大珊瑚群系，仅次于澳大利亚的大堡礁。这片生机勃勃的海域，沿该国海岸线绵延 280 公里，有数不胜数的最多样的潜水点。伯利兹如今跻身于世界水下旅游胜地之列，为游客们提供高质量的服务。伯利兹拥有繁茂的热带植被和仍然受保护的几片珍稀原始森林，因栖息着世界上数目最多的美洲豹而闻名。

然而令游客大感失望的是，几乎从来没有人在这种优美的夜行猫科动物的群落生境中见过它。
伯利兹一直大力保护自然环境，并得到来自科研团体的积极支持。

在一片很有特点的红树群落景观中，特内夫环礁保留了完整的本来面貌，给人一种原始的辽阔感。我们对这个地方的喜爱远远超过北部非常旅游化的龙涎香岛（Ambergis Caye）。在这里，海底的鱼更多，水更清。

一直往远海走，38公里长、6.5公里宽的灯塔暗礁（Lighthouse reef）映入眼帘。汪洋中的这片礁石因为有"大家伙"（如蝠鲼）出没而享有盛名。但是人们来这里主要是为了著名的"伯利兹蓝洞"（Trou bleu du Belize），它是库斯托船长1970年在一次探险过程中发现的。这个直径318米、深126米的大坑距离海岸约60海里（111.1公里）。

从伯利兹城出发，需要航行4小时才能到达蓝洞。这个深渊是在大约1.5万年前最后一个冰期由酸水流侵蚀而成的。人们在这里能体会到一种完全失重的感觉。

这是一次耐人寻味的潜水体验，因为第一个洞穴的入口位于水下 48 米，而 60 多米深处的钟乳石令人叹为观止。当地的任何专业潜水中心都不允许客户独自冒险到达那里……

灯塔暗礁的水格外清澈，能见度有时达到 60 米！不要错过半月礁（Half Moon Caye Wall）和它上面巨大的柳珊瑚和海绵以及周围大量的深海鱼，还有长满各种珊瑚和海绵的银洞（Silver Caves）。

有趣的物种

到处都是数不清的鱼，仿佛加勒比海域的整个动物群落都来这里与您相会了。鱼群庞大，种类繁多，总有鲟鱼在内。鲨鱼和蝠鲼的身影稍纵即逝。这里的风景比罗阿坦岛更加均一化，但其活力却无可比拟。

无所不知

伯利兹曾是玛雅帝国的一部分，人们可以在这里参观非常美丽的遗址，如阿顿哈（Altun-Ha）、苏南图尼奇（Xunanthnich）、卡拉科尔（Caracol）或拉马奈（Lamanai）。这个国家在十七世纪也曾是海盗的巢穴，当时它也处于西班牙和英国的激烈争夺之中。

适宜时期

伯利兹全年都很热，赤道气候导致此地被茂密的原始森林覆盖。随时可能有一场短暂的暴雨降临。7 月和 8 月雨量较大，天气炎热，海水浑浊。9 月和 10 月可能有龙卷风，潜水最好避开这个时期。

■ **我们的忠告**

因为海洋动物的密度高于平均水平，而且海水异常清澈，伯利兹不愧是加勒比最好的潜水胜地之一。迷你小岛上的宾馆设施堪称人间小天堂。我们最喜爱的是圣乔治岛度假村（St George's Caye Resort），这个地方可以推荐给热爱大自然并寻求绝对清静的游客。陆地上茂密的热带森林使伯利兹也能吸引生态游的爱好者们。

图1_ 蓝刺尾鱼
在龙涎香岛海域数目众多的蓝刺尾鱼的体表颜色随着年龄变化。它出生时是黄色，成年后只在尾部留下一个黄色斑点。

图2_ 马丁拟羊鱼
在加勒比很常见的马丁拟羊鱼是一种爱群居的拟羊鱼。它在礁石附近活动，以它在珊瑚沉淀物中觅得的小猎物为食。

图3_ 大西洋棘白鲳
大西洋棘白鲳扁平的身体让人联想到燕鱼，体长可达90厘米。这是一种常见的群居深海鱼。

图4_ 八带笛鲷与蓝仿石鲈
生活在浅水中的八带笛鲷在白天聚集成群。它与长着蓝色条纹的蓝仿石鲈共生，后者可以组成1000条规模的鱼群。

人们全年在这里潜水，但是3月、4月和5月是最适宜的月份，风平浪静，海水清澈度达到顶峰。在这个时期，人们经常会在格拉登沙嘴（Gladden Spit）的水道中见到鲸鲨。自2001年起被列为海洋公园的格拉登沙嘴位于南部珊瑚屏障沿线，在普拉圣西亚（Placencia）以东26海里处。

实用信息

您可以在龙涎香岛、特内夫环礁、圣乔治岛、格洛弗礁岛（Glovers reef）等岛上数不清的旅馆中选择一家下榻。某些迷人的旅馆坐落在十分可爱的私人岛屿上。您也可以选择乘坐豪华游船——42米长、含10个舱室的"太阳舞者"二号（Sun Dancer II）或34米长、含9个舱室的"伯利兹进取者"三号（Belize Agressor III）进行船宿潜水。它们可以载您前往较远的潜水点，在几乎未被开发的水域中潜水。

注意，前往伯利兹的旅程无异于一场远征。首先，请您避免在美国进行第一次转机，并尽可能选择直飞迈阿密。然后，您需要找到合适的航班，转机去伯利兹城，但大多数时候，您需要在佛罗里达停留一晚。

几点建议

您在计划行程时,应该注意从欧洲出发开始的所有细节,因为岛与岛之间没有定期联系。每家旅馆负责从菲利普戈尔德森国际机场(aéroport Philip SW Goldson)接回他们的客人。

不需要接种任何疫苗,如果您需要在迈阿密住一晚,就必须在出发前获得入境美国的电子签证。

伯利兹要求游客出示回国日后六个月有效的生物识别护照。

图1_ 著名的伯利兹蓝洞
距离伯利兹城80公里、位于灯塔暗礁正中心的这个直径300米的深渊,呈现出令人惊异的几乎完美的圆形。它是世界上第二深的蓝洞,仅次于巴哈马的202米深的迪恩蓝洞(Dean's Blue Hole)。

实践指南	潜水等级★★ 潜水质量★★★★ 鱼类★★★	环境★★★★ 感觉★★★ 生物多样性★★★	摄影摄像★★★★ 旅游价值★★★ 性价比★★★

一月	二月	三月	四月	五月	六月	七月	八月	九月	十月	十一月	十二月
27℃	27℃	28℃	28℃	29℃	30℃	30℃	30℃	29℃	28℃	28℃	27℃
25℃	25℃	26℃	26℃	27℃	27℃	28℃	28℃	27℃	26℃	26℃	25℃

正对古巴和美国佛罗里达州的尤卡坦半岛（péninsule du Yucatán）面积为14万平方公里，包含了墨西哥的三个州：尤卡坦州（Yucatán）、坎佩切州（Campeche）和金塔纳罗奥州（Quintana Roo）。毗邻墨西哥湾南侧的尤卡坦半岛是神秘消失的玛雅文明的摇篮。

卡门海滩（Playa del Carmen）是玛雅河（Riviera Maya）的中点，是加勒比海边一个130公里长的旅游区，北邻莫雷洛斯港（Puerto Morelos），南接图卢姆（Tulum）。整个地区，尤其是距离海岸十几海里的科苏美尔岛（île de Cozumel），因海洋潜水而闻名。在陆地上，人们在主要位于阿文图拉斯港（Puerto Aventuras）和图卢姆之间的天然井中潜水。

有趣的物种

人们来天然井潜水不是为了看这里的动物，而是为了体验这种氛围，尽管在有的地方，尤其是在梦之门，可能见到白化形态的墨西哥丽脂鲤。作为脂鲤科的远亲，这种10厘米长的白里透粉的鱼没有眼睛。

天然井里还栖息着两种淡水虾，尤其能在双眼洞穴里见到。

在卡门海滩，有两个著名的天然井——库库尔坎（Kukulkán）和查克穆尔（Chac Mool），在那里能见到盐跃层，即互相不混合的海水层与淡水层。难得如此清晰地看到的这一现象是海水渗入地下含水层形成的。

在双眼洞穴，转向水面时，人们可以欣赏周围丛林中的树木，因为井水非常清澈。位于谢尔哈（Xel-Ha）以南3公里处的双眼洞穴是一个很大的洞口，可以从水面看见美丽的钙质结核。1986年第一次被发现的这个天然井形成了61公里长的网络。这是世界上最大的天然井之一！人们在晶莹剔透的水中潜水，但出于安全考虑，潜水深度永远不要超过10米。

在双眼洞穴以南1公里处，梦之门天然井形成了两个直径7米的海底大洞穴。人们在绝对的黑暗中潜水，但井水异常清澈，使得下潜过程没有那么令人不安。

墨西哥 - 尤卡坦半岛
MEXIQUE-YUCATÁN

64

卡门海滩
光影仙境

天然井是蓄满淡水的洞穴和隧道，它们构成了非常复杂、地形多变的网络。这个网络只有10%（约1000公里）得到了开发。某些天然井一直延伸到海里。还有其他一些天然井，人们可以开车从一条小路（有的路段十分崎岖）前往，井口有一些台阶方便下水。每次潜水都令人惊叹不已，闪烁的太阳光线或光束照亮了黑暗环境中的一小块区域，烘托出神秘的氛围。

尽管这些矿物奇观令人赞叹，但它们极为脆弱。身体或气瓶过于用力地靠一下，或脚蹼无意间蹬一下，都会使几百万年形成的喀斯特地貌不复存在。因此我们必须学会保持良好的平衡。

图1_ 海底钟乳石
在一条4公里长的崎岖小路的尽头，梦之门（Dream-gate）天然井由两个水下的大岩洞构成，上面布满了美丽的天然钙质结核。

无所不知

天然井是透水的钙质台地被侵蚀形成的,侵蚀造成岩石崩塌,首先形成了地下天然井。然后,在钙质溶解的作用下,逐渐形成了数千公里的廊道和蔚为壮观的洞穴。如今据统计,尤卡坦半岛有3000多个天然井,而某些人认为有一万多个!

■ 我们的忠告

在这里潜水可能比较简单,但是需要非常淡定,才能抵抗住地下环境的压抑感。这些潜水点的氛围奇妙迷人,但不建议患有幽闭恐惧症的人来这里潜水。

适宜时期

尤卡坦半岛受热带气候影响,干湿季分明,11月至来年5月为干季,6月至10月为湿季。天然井的水温全年保持在24—25℃。

湿季的特点是闷热,湿度很高。这是飓风的季节,因为有时热带低气压会转变成飓风,尤其是在9月和10月。

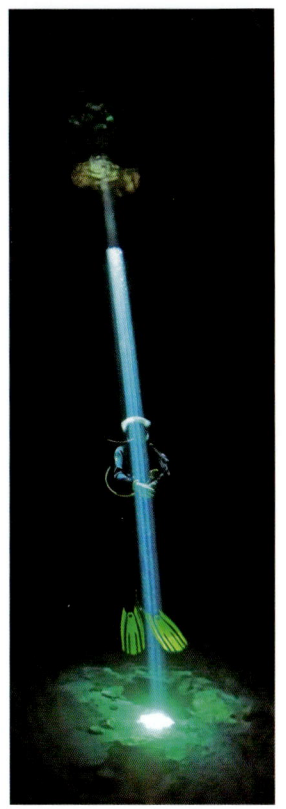

图 1_ 地心的出口
回到查克穆尔天然井的表面。这个 15 米深的天然井中蓄满恒温 24℃ 的晶莹剔透的水。

图 2_ 地心的出口
当阳光穿透井水时，伊甸园（Jardin d'Éden）天然井美轮美奂。

图 3_ 奇特的光影游戏
在查克穆尔天然井中，太阳光线照进开口在水面上的一个洞中。这种现象只在接近中午时出现，此时太阳光几乎是直射。

图 4_ 水下洞穴
蕴藏着巨大的钟乳石和石笋的双眼洞穴（Dos Ojos）天然井深入大地的心脏，长 61 公里、深 118 米。

牺牲者的海底墓地

多年以来，一些考古队一直在勘探天然井。科学家们在那里发现了许多玛雅文明（公元前 2600 年至十六世纪初）的遗迹，其中包括一些为了平息神的怒气和祈求他们的保佑而在祭祀仪式中献祭的人类遗骨。

例如，蓬塔拉古纳（Punta Laguna）天然井里埋藏着玛雅人头盖骨的残骸（见照片）。还有一些其他史前动物的骸骨也使考古学家们很感兴趣。比如宠物墓地（Pet Cemetery）。这个位于图卢姆以北 15 公里处的壮观的天然井只有 6 米深，却埋葬着马科和骆驼科的化石，如今这些化石已经不见了。这些一两万年前的化石可以追溯至更新世末期，那时这个地区还是一片草原。

加勒比

实用信息

想要游览天然井,最简单的方法是乘飞机到坎昆市(Cancún)(通常会经停墨西哥城,但很多欧洲城市都有直达航班)。卡门海滩作为所有海上航行的起点,位于坎昆以南 65 公里处,乘车需要 45 分钟。

联合国教科文组织于 2001 年颁布了《水下文化遗产保护公约》(Convention sur la protection du patrimoine culturel subaquatique)。这份法律文件的目的是在国际范围内与掠夺、破坏和商业开发水下遗产——尤其是玛雅遗迹——的行为做斗争。这是确保水下遗产永久保存的有效方法。

几点建议

您需要证明自己具备至少二级潜水员(开放水域潜水员)的资质,才能被允许佩戴氧气瓶在天然井中潜水。探访天然井必须由一名十分熟悉地形的向导陪伴。千万不要脱离确定的路线自己去冒险,否则您很容易迷路。

请您记得始终随身携带一些小面额的美元,以便支付小费,这是所有旅游场所(旅馆、饭店等)的惯例。

图 1_ 水层分界线
在库库尔坎天然井中,一位潜水者照亮了盐跃层。这一现象标出了密度较大的海水层和淡水层之间的分界线。当我们穿越盐跃层时,水会给人一种奇特的朦胧感。

图 2_ 一个多孔的钙质台地
在阿文图拉斯港和图卢姆之间绵延 45 公里的林区中,侵蚀作用钻出了无数蓄满淡水的洞穴,它们被称作"天然井"。这些洞穴中的水不可思议地清澈。

实践指南	潜水等级 ★★★ 潜水质量 ★★★★ 鱼类 ★	环境 ★★★★★ 感觉 ★★★★★ 生物多样性 ★	摄影摄像 ★★★★ 旅游价值 ★★★ 性价比 ★★★

一月	二月	三月	四月	五月	六月	七月	八月	九月	十月	十一月	十二月
20℃	22℃	25℃	26℃	27℃	28℃	29℃	30℃	27℃	24℃	24℃	22℃
25℃	25℃	27℃	28℃	28℃	29℃	29℃	29℃	28℃	27℃	26℃	26℃

加勒比

墨西哥 - 尤卡坦半岛
MEXIQUE-YUCATÁN

65

图卢姆
另一个世界里的花园

各个潜水点的抵达难度不同，有时需要背着全部装备在石子路上走三四百米，才能到达一个可以跳进去的井口。

例如深坑天然井，下降10米后才能进入清澈的水中。深坑有的地方超过100米深（最深处118米）。在水下30米左右，地面覆盖着一层悬浮的硫黄。小天使天然井也因为夹在两个水层之间的硫黄云而闻名。这种水雾由落入水中的植物分解生成，穿过它时的能见度不到一米。

图1_ 美洲鳄
幸运的是，天然井中没有美洲鳄。它是一种可怕的捕食者，成年鳄平均体长为5米。人们经常在沼泽区看见它。

图2_ 美洲白睡莲
洗车井底部覆盖着这些水生植物的根茎，它们与法国的睡莲相似，在春季到夏末绽放许多白色的花朵。

图3_ 错综复杂的红树群落
海牛（Manatee）天然井，又称卡萨（Casa）天然井，它的水经由一条狭窄的水道流入大海。人们可以潜入永远扎根在水中的红树群落的下方。

距离卡门海滩64公里（40分钟车程）的图卢姆（Tulum）位于玛雅河的最南段。图卢姆主要因为它的考古遗址而闻名。它曾是港口城市，在十六世纪被它的居民抛弃了。这个俯瞰着加勒比海的地方风景秀丽，尽管那些遗址损毁得非常严重。

图卢姆周边集中了最有名的几个天然井：洗车井（Car Wash）、大灰岩坑（Gran cenote）、魔域（Temple of Doom）、小天使（Angelita）、深坑（El Pit）等。

在去科巴（Coba）的公路上，距离图卢姆2公里的魔域天然井可以经由垂直于主路、穿过丛林的一条小路到达。魔域包含三口井，掩映在茂密的植被中。人们需要背着所有装备步行100多米，通过一架不太稳的梯子爬到井中或直接跳进去（3米）。运动型潜水！

越往下潜，空间越大。一旦超过了盐跃层，水就重新变得清澈，显得更加温暖。这个地方令人印象深刻，因为潜水通常在夜里进行，但是当人们返回时，能看见光线从刚才进入的井口射入，太神奇了！最大深度：16米。在同一条路上再行进3公里，大灰岩坑的入口要好走得多。一段木质楼梯使人们能轻松地进入一个半圆形空间，并可以在那里游泳消遣。这个深受喜爱的天然井中的水如水晶般清澈，它是最常被光顾的天然井之一，因此最好是在清晨来这里潜水。潜水是在钙质结核形成的几近虚幻的天然雕塑的美妙环境中进行的。

在去科巴的公路上再走4公里，人们就能发现最著名的天然井——洗车井。它之所以得到这个名字，是因为它紧邻公路，人们从前常用井里的水洗车。这口井类似一个微型湖，人们可以在里面非常惬意地游泳。因为植被逐渐侵占这片富含营养的水，冬季在这里潜水更惬意，那时井中的睡莲比较少。洗车井也是小鱼最多的天然井之一。

距离图卢姆11公里的海牛天然井又被称作"卡萨天然井"。它位于靠近大海的红树群落中，所有等级的潜水者都可进入（最大深度为7米），比其他天然井含有更丰富的动物群落。这是一个理想的浴场，因为这里的水比其他天然井的水更温暖（26—28℃）。

位于图卢姆以南17公里的小天使潜水点适合经验丰富的潜水者，因为这是一口深60米的垂直井！仿佛在寻访一处秘境，人们背着全部装备在丛林中步行5分钟后就能到达这口天然井。格外清澈的井水是此处的优势之一，而水下30米深处的4米厚的硫黄层将淡水与海水分隔开，就像一片散发着荧光的翡翠色的云。这是一种非常独特、非常新奇的潜水经历，有淹没在水中的幽灵般的枯树枝，还有时常出没的小龟。

名气稍逊的圣井（cénote sacré）——又称"牺牲井"（Cénote des sacrifices）——位于蓬塔拉古纳，距离图卢姆一小时车程，在过了科巴之后的内陆。这口天然井既是考古遗址，又是因猴子而闻名的自然保护区。这里还有一个美丽的湖，可供游客放松并尝试划皮艇。

作为代价，这口天然井的入口是非常运动型的……人们需要通过一架绳梯向下爬20米才能到达湛蓝的水平面。这里是一个古老的玛雅墓地，人们曾在里面发现了100多颗颅骨。一些人类遗骨被留在这里，它们成为在这里潜水最精彩的部分。阳光射进井中，水下环境给人留下深刻的印象。

有趣的物种

动物群落主要出现在靠近红树群落的天然井中，这里有睡莲和其他水生植物繁殖。最大的惊喜是能在小天使天然井和洗车井中看见佩滕鳄。这种爬行动物体长不超过3米，但它害羞胆小，对潜水者不构成任何威胁。佩滕鳄在墨西哥受到全面保护。

淡水龟有两个品种。剃刀麝香龟体长15厘米，喜欢洞穴中的阴暗区域。塔巴斯哥红耳龟是尤卡坦半岛特有的品种；它看上去很像佛罗里达州的黄腹彩龟。

无所不知

在6600万年前的白垩纪末，一颗直径十几公里的陨星落在尤卡坦半岛西北部的希克苏鲁伯（Chicxulub）。这次撞击导致了一次威力巨大（相当于广岛原子弹的几十亿倍）的爆炸，形成了直径180公里的巨坑。根据最近的科学理论，这场灾难可能产生了

图1_ 佩滕鳄
佩滕鳄又被称为"中美洲鳄"，隐藏在洗车井水面的植物中。它的体长不超过3米，相当害羞。

图2_ 富含有机物的水
洗车井的井底覆盖着海藻和枯树枝。这些植物的分解作用使水中充满富含氮的有机颗粒，水面呈现暗绿色。

数年的持续黑暗，导致生物的大量灭绝，包括恐龙的消失。这是第二纪末。之后的几千年至几百万年间，这个巨坑慢慢被沉积物填满，地下河形成，构成了一个复杂的网络，其中的天然井确保了与地表的联系。

玛雅文化与天然井关系密切。"深渊"一词来自玛雅语的"dzonot"。这个地区的居民大多数都自称是玛雅人的后裔。

图 3_ 在硫黄的气味中潜水
在小天使潜水点的一口天然井中，一些潜水者谨慎地待在一团硫黄雾的边缘，这团雾被夹在 30 米深处的两个水层之间。

图 4_ 地心之旅
离图卢姆很近的大灰岩坑的井口很大，名副其实。这位潜水者随后潜入了水下的钟乳石、石笋和石柱之间。

图 5_ 红树群落中的大西洋海鲢
海牛天然井的红树群落的环境适合与鱼类约会，就像照片中的这一群大西洋海鲢。

■ **我们的忠告**
玛雅人认为天然井是真实世界与地下世界（类似地狱）之间的过渡点。这似乎就是人们在这些水下奇观中的感受，这种另一个奇幻世界的景象会长久地留在人们的脑海中。

适宜时期

关于天然井的相关气候条件，参见第 64 个潜水胜地——卡门海滩。

从 6 月至 9 月，人们能在这个海域见到许多鲸鲨。从 11 月至来年 3 月底，有的旅行社会组织在 20 米深的沙质海底进行潜水，以便近距离观察鲸鲨，它们可能十五条组成一群，靠近潜水者。

冒险经历

在拍摄电影《海洋》期间，我们一直在寻找冲入形似密集圆球的鱼群中的鲸鲨。鲸鲨本身已经不寻常，而正在吞下球形鱼群的鲸鲨……这几乎是不可能完成的任务！在夏季，墨西哥水域因经常有世界上最大的鱼类出没而闻名。从6月至9月，数目众多的鲸鲨被浮游生物吸引，聚集在女人岛（Isla Mujeres）、坎昆北面的豪尔鲍克斯岛（île Holbox）和卡门海滩。那里总共有几十条鲸鲨……和许多浮游生物！我们在一片绿色的水中航行，这片水域后来就因为浮游生物迅速繁殖而变成了栗色。我们还以为自己在一条发洪水的河流入口，因为水变成了深褐色！但是这些庞然大物的表演是如此不同寻常，以至于我第二年又回到了这里。与鲸鲨接近是受到严格管制的（不能有超过两名游泳者和一名向导同时在水里），但是与这些大鱼的接触是如此神奇，以至于消除了我们的所有恐惧。然而，鲸鲨不会自发与人亲近。一个多小时后，只剩下我自己在水里了。游客们已经回到了船上，喝着啤酒，吃着三明治，而"我的"鲸鲨也终于贪婪地吞食着它的食物，就在距离目瞪口呆的我不到一米的地方！

帕斯卡·科贝

耐心与时间的长度……

实用信息

沿玛雅河在海里潜水也很有趣，能见到海马、纳氏鹞鲼、海龟、鱼群和沉船。

位于卡门海滩北面的莫雷洛斯港的"C55"号沉船是墨西哥军队的一艘旧货船。沉船躺在28米深的沙质海底。从11月至来年4月底，常有纳氏鹞鲼在它周围跳芭蕾舞。

欧洲人只需要在有效期内的护照就可入境墨西哥。在机场，海关查验是随机进行的。人们按一个按钮：如果绿灯亮，则可通过；如果红灯亮，则需要检查行李。注意，每人只允许携带两台照相机。

不要求接种任何特殊疫苗或接受任何抗疟疾治疗，但是最好准备一些驱蚊剂。这里只允许使用可生物降解的防晒霜。

从卡门海滩出发，开车不到一小时即可到达大多数天然井。人们可以上午参观一个，下午参观另一个。几乎所有天然井都要征收入井税（很便宜）。

潜水者被分成小组，通常一位向导最多带领四五位潜水者。

实用建议

那些较大的玛雅古城值得一游。建在干旱高原上的奇琴伊察（Chichen Itza）是尤卡坦半岛最有名的考古遗址，但它与卡门海滩相距250多公里。

建在海边的图卢姆是十世纪的一座设防的古城，城中有多座非常具有旅游价值的建筑，可以经由标识明确的小路到达。

图 1_ 在丛林腹地潜水
许多天然井位于茂密的丛林中，使得潜水具有"探索冒险"的特色，给人一种非同寻常的感觉。

图 2_ 令人战栗的相遇
与牛鲨面对面永远是一个十分刺激的时刻，因为这种鲨鱼是被认为攻击人类最多的鲨鱼，尤其是在留尼汪岛。然而，在墨西哥，它们的习性始终相当温和。

更加荒凉的科巴城位于图卢姆以西 42 公里处，是哥伦布发现新大陆之前的一个广阔的遗址（70 平方公里），坐落在一片仍未开发的丛林中。有几座建筑已向公众开放，但是这个遗址一直处于修缮工程中。

实践指南	潜水等级 ★★★ 潜水质量 ★★★★ 鱼类 ★	环境 ★★★★★ 感觉 ★★★★ 生物多样性 ★★	摄影摄像 ★★★★ 旅游价值 ★★★★ 性价比 ★★★★

一月	二月	三月	四月	五月	六月	七月	八月	九月	十月	十一月	十二月
22℃	22℃	25℃	26℃	27℃	28℃	29℃	30℃	27℃	24℃	24℃	22℃
25℃	26℃	27℃	28℃	28℃	29℃	29℃	29℃	28℃	27℃	26℃	26℃

墨西哥 MEXIQUE

66

穆赫雷斯岛
水下击剑

在穆赫雷斯岛的许多潜水点中有好几艘沉船,其中两艘与众不同。水下雕塑博物馆(Museo subaquático de Arte)里有英国艺术家杰森·德·凯雷斯·泰勒(Jason de Caires Taylor)创作的 450 尊人物雕塑。这些雕塑于 2009 年被沉入水下 6—9 米深处鱼类丰富的环境中,构成了独一无二的奇特景观。

距离坎昆海岸 13 公里、位于尤卡坦半岛北端的穆赫雷斯岛(Isla Mujeres)是一座风光秀丽的海岛,边缘镶嵌着几片长长的沙滩。穆赫雷斯岛的形状是一条长 7 公里、最宽处 650 米(1100 平方公里)的窄带,周围点缀着三个大潟湖,被美丽的礁石环绕着。

睡鲨洞(Cave of the Sleeping Sharks)是位于水下 20 米深的洛斯曼琼礁(récif Los Manchones)上的一个洞穴。各种各样的鲨鱼,主要是护士鲨,还有牛鲨,一动不动地待在洞里,任凭最小心的潜水者靠近它们。

只需一次浮潜就可以保证您经历一些终生难忘的特殊时刻……

除了在一次大规模的捕食行动中,我们很少能欣赏到旗鱼柔软的长身体上金色条纹点缀的银色鳞片。然而在 2 月,当沙丁鱼集结成群准备迁徙时,穆赫雷斯岛或许是地球上唯一一个能够在这种可怕的捕食者的生活环境中见到它们的地方……

仿佛拥有秘密通信系统似的,几十条旗鱼同时出现在这片水域中大快朵颐。在水中观看这一景象的

图 1_ 褐鹈鹕
大群的褐鹈鹕在穆赫雷斯岛定居。这是潜水捕食的两种鹈鹕之一（另一种是白鹈鹕）。

图 2_ 照片上的数十条旗鱼
在这张特别的照片上，一群太平洋旗鱼如同饥饿的剑士，正在靠近聚集成球的一群沙丁鱼。

过程会让人产生幻觉。这些几乎没有受到游泳者影响的捕食者齐心协力，形成了包围鱼群的舰队。

进攻似乎没有协调好，每条旗鱼独自猛冲进密集的猎物群。这些海洋剑士穿透密集的惊慌失措的鱼群，决心不放过任何一条沙丁鱼。它们的尖吻随意地撕扯、猛击、杀死猎物。大肆攻击鱼群后几秒内，这些旗鱼会掉头，最快的那条会抓住浮在两片水域之间或水面上的冒失的沙丁鱼。仅需几秒钟，猎物就被吞下、遗忘……

这是一群饥肠辘辘的捕食者，它们在目瞪口呆的游泳者眼皮底下追逐猎物。消灭猎物之后，这场不公平的战斗只剩下了打斗中丢下的鳞片，一长串银色鳞屑像施了魔法般消失在无边无际的汪洋中。

1

有趣的物种

旗鱼，又称太平洋旗鱼，也被错误地称作"大西洋剑鱼"。但事实上，它是旗鱼的远亲，而剑鱼则属于剑鱼科。

旗鱼的名字来自它超大的第一背鳍，它兴奋时会展开第一背鳍，同时也是为了确保身体稳定性。它的体长可超过 3 米、重量可超过 50 公斤，是一种主要出现在大西洋和加勒比海的深海鱼。旗鱼被认为是游得最快的鱼，冲刺速度超过 110 公里 / 小时，但它通常的游速为 40—50 公里 / 小时。

旗鱼主要以聚成密集鱼群的小鱼为食，如鳀鱼、鲱鱼、鲭鱼、沙丁鱼，还有头足纲动物（枪乌贼）。

在女人岛，这些捕食者能找到数目众多的两种猎物。红耳青鳞鱼，在法国安的列斯群岛被称为"鹌鹑"，在巴黎被称为金色沙丁鱼，而盎格鲁 - 撒克逊人则称之为红耳鲱鱼。它栖息在礁石附近，在水鳖科水草中觅食。

圆小沙丁鱼也是旗鱼非常喜爱的食物。长 20 多厘米的圆小沙丁鱼身体上方有一条黄色纵带，鳃盖骨上没有条纹。这是一种四海为家、被大量捕捞的鱼。

2

图 1_ 金色沙丁鱼
红耳青鳞鱼是旗鱼最喜爱的猎物。它们长 15—20 厘米，是加勒比海域的特有品种，其实它们的外表不像沙丁鱼，而更像鲱鱼。这种鱼在海岸不远处或珊瑚礁旁边结成密集的鱼群，可以在被污染的水域中生活。

图 2_ 时刻准备突然袭击
旗鱼围绕着这群沙丁鱼盘旋，突然，它们穿过鱼群，吞下用尖吻撞死的鱼。暴力、闪光、转瞬即逝、扣人心弦是这戏剧性一幕的特点。没有任何猎物能逃过这些可怕而傲慢的捕食者的旺盛食欲。

无所不知

背着潜水装备观看旗鱼击剑是不可能的，因为您必须能够以最大的自由度活动，并且一旦发现捕食区域，即能迅速跳入水中。

船一停下，您就应不假思索地跳入水中，快速摆动脚蹼奔向"战场"，而每一次您回来的时候都有可能一张照片也没拍到，因为这些鱼游得太快了。它们可能瞬间移动几十米，因此您最好有一双性能良好的脚蹼，以便跟上它们。

有时候，小鱼灵机一动，明白了这些游泳者是以中立观察者身份来参与这场自然选择的。于是这些沙丁鱼躲在这些身体浮在水面上而头埋进水里的游泳者庞大的身躯旁边。鱼群在游泳者脚蹼之间穿梭，而那些剑客虽然还在周围东奔西突，但它们的进攻受到了遏制。这个死亡捉迷藏的游戏将持续几个小时……

只有一点可以确定：凭借耐心、顽强、敏捷和速度，旗鱼最终总是会达到目的。被激怒的捕食者们直到吞下最后一条沙丁鱼时才会停止争抢。

而在天空中，小军舰鸟决定要参与这场盛宴，俯冲下来一口衔住仍然漂在海面上的一切鱼的尸体。

在玛雅时期，穆赫雷斯岛被称作"Ekab"。它被当作掌管丰收、医药、幸福和月亮的女神伊希切尔（Ixchel）的圣地。1517 年 3 月，欧洲人在由弗朗西斯科·赫尔南德斯·科尔多巴（Francisco Hernandez Cordoba，1475—1517）率领的一次探险中发现了这座岛。西班牙人在这里登陆后发现了许多女性偶像雕塑，因此把这座岛命名为"穆赫雷斯岛"，意为"女人岛"。

冒险经历

剑客旗鱼的华尔兹

在穆赫雷斯岛的近海，我有机会看见了世界上独一无二的一幕，令我惊叹不已。长达 3 米的一些"小傻瓜"一味忙于追捕沙丁鱼，甚至可以说是痴迷于此。但是在参与这场萨拉班德舞之前，您需要有好眼力、好腿力或者至少有一双好的脚蹼……尽管我手搭凉棚以便更好地观察大海，但我几乎分辨不出水手早已在地平线上方发现的那些黑点。他随后告诉我，他发现了几只一边飞一边捕鱼的鸟，它们俯冲向海浪，然后立刻叼着猎物飞起来。在汪洋大海上的这种邂逅，一切都发生得很快，有时甚至太快……长久的期待之后，肾上腺素随着我们靠近"犯罪现场"而飙升，就等着纵身跃入蔚蓝的大海了。我往水中看一眼，旗鱼就在那里，就在我下方几厘米处。在我伸手可及的地方，它们在各个方向上猛冲、上升、下降、盘旋。它们的目标是聚集成一团又一团的沙丁鱼，它们将运用手段屠杀这些猎物。这些永不满足的残忍的猎手东奔西突，张开那个使它得名的巨大背鳍。这些游得最快的鱼能够以 110 公里/小时的速度冲刺，在避开您的同时用它们的长剑轻轻掠过您。太神奇了！

帕斯卡·科贝

加勒比

太平洋旗鱼
堪称"活鱼雷"的太平洋旗鱼体表呈绿色和棕色,上面散布着蓝色斑点,发出彩虹般的反光。这是一种漂亮的鱼,它的流线型身体就是为了赋予它最大的速度。

适宜时期

坎昆地区的气候属于炎热的热带气候,12月至来年4月为干季,很少有暴雨,6月至11月为湿季,每个月有十几天会下雨。全年都可以潜水,但9月和10月可能会有飓风。

尽管猎捕场景会在1月至6月期间多次出现,但是旗鱼主要出现在2月。

实用信息

欧洲不乏飞往墨西哥的航班,在坎昆转机非常方便(同一个航站楼),几乎不用等候。还有直达坎昆的跨大西洋航班,但班次较少。坎昆每半小时有一班轮渡开往穆赫雷斯岛。航行时间为25分钟。

穆赫雷斯岛有多家潜水中心:水下冒险(Aqua Adventures)、游船潜水者(Cruise Divers)、天堂潜水者(Paradise Divers)、海鹰潜水者(Sea Hawk Divers)、斯夸罗冒险(Squalo Adventures)等,但它们只提供一些礁石和沉船潜水项目。

我们试过位于卡门海滩的惊悚墨西哥俱乐部(club Phocea Mexico)。这个由一个法国-墨西哥团队领导的俱乐部首先是天然井、鲸鲨和牛鲨方面的专家,但它也组织出海去看旗鱼。游船最多能容纳10人,以便使每个人都拥有足够的空间。

穆赫雷斯岛是热门旅游区。拥有海水浴场的大酒店集中在岛的北部,那里有最美的海滩。比如纳巴拉姆酒店(Na Balam),玛雅语意为"美洲豹之家"。它拥有一个热带大花园,接待众多潜水者。我们还推荐理想之家酒店(Casa de los Suenos)——位于岛南部的一家迷人的豪华酒店。

■ 我们的忠告

这场效率极高的捕猎是极少潜水者有幸能看到的"野性与美"的一幕。它的戏剧性堪比南非的"沙丁鱼大迁徙"。在这里,这只是两个物种之间的决斗,但捕猎场面如此动感,使人头晕眼花。另外,穆赫雷斯岛对于喜欢在海滩上晒成古铜色的游客来说,也是一个非常惬意的度假胜地。

图 1_ 鸟岛
位于穆赫雷斯岛以北 30 公里的孔托伊岛是一个无人居住的自然区域，自 1961 年起受到保护，1998 年被列为国家公园。岛上有 173 种鸟。

图 2_ 非凡的水下博物馆
杰森·德·凯雷斯·泰勒创作的 450 尊真人大小的雕塑在穆赫雷斯岛水域中缓缓地结壳，形成了值得一游的奇特的艺术杰作。

几点建议

不要忘记在距离穆赫雷斯岛一小时航程的孔托伊岛上停留一天。这是一个国家公园，包含鸟类保护区和海龟产卵区，陆上面积 230 公顷，海上面积 4900 公顷。强烈推荐您采取一切类型的防蚊措施，尤其是在雨季。穆赫雷斯岛也因为可以钓到大鱼而闻名。您可以参观位于岛西南侧的海龟养殖场，并在水上公园与海豚一起游泳。

实践指南	潜水等级 ★ 潜水质量 ★★★ 鱼类 ★★	环境 ★★★ 感觉 ★★★ 生物多样性 ★	摄影摄像 ★★★ 旅游价值 ★★ 性价比 ★★★

一月	二月	三月	四月	五月	六月	七月	八月	九月	十月	十一月	十二月
26℃	27℃	28℃	28℃	30℃	30℃	32℃	32℃	30℃	30℃	28℃	27℃
26℃	27℃	27℃	28℃	28℃	28℃	29℃	29℃	28℃	27℃	27℃	27℃

加勒比

委内瑞拉 VENEZUELA

67

洛斯罗克斯群岛
丰富多彩的大自然

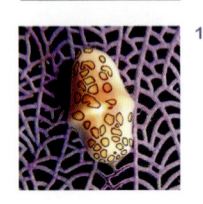

数不清的潜水点展示着姿态万千的礁石和丰富多样的动物群落。人们在这里可以看见 100 多米高的垂直峭壁、洞穴、崩塌岩石以及布满海绵和柳珊瑚的珊瑚花园。正式登记的潜水点有 50 多个。这个数目很可观，因为这个国家海洋公园有 60% 的面积受到完全保护，禁止任何水下探查活动。

图 1_ 袖扣海兔螺
袖扣海兔螺是梭螺科（Ovulidé）的一种小型腹足纲动物，生活在海扇上并以它为食。

图 2_ 斑点管口鱼
为了不被发现，斑点管口鱼变成与其周围环境相同的颜色，头朝下，一动不动地保持竖直状态。

濒临加勒比海、海岸线长 2800 公里的委内瑞拉位于哥伦比亚和圭亚那（Guyana）之间，南美洲东北部。它的近海有一些群岛散落在加勒比海上，其中一座接一座的岛屿可以让游船在椰子树镶边的白色沙滩旁锚泊。洛斯罗克斯群岛（Los Roques）——又名"鹈鹕群岛"——是这些热带小宝石中的一颗。

非常关注自然资源保护的委内瑞拉有 40 个国家公园，包括洛斯罗克斯群岛，它于 1972 年被命名为洛斯罗克斯群岛国家公园（Parque Nacional Archipiélago de Los Roques）。

这个距离委内瑞拉北海岸 156 公里、距离加拉加斯（Caracas）180 公里的复杂的群岛由 340 座大小岛屿组成，被两片珊瑚礁保护着。

南北向的岸礁形成的天然屏障长 24 公里。它为这个群岛挡住了来自东面的洋流。第二片礁石为东西向，长 32 公里。这个国家公园庇护着 22.1 万多公顷的海域，实际上是加勒比最大的自然海洋公园。它环绕着半月形的中央潟湖，潟湖中有大片红树群落。

洛斯罗克斯群岛被认为是整个大西洋保护得最好的四大礁石生态系统之一。这是一个极富异域风

一座柳珊瑚花园
礁石上一丛又一丛的不是植物，而是刺胞动物群。照片中是美洲拟雪松角海树和海扇。

情的地方，宁静、阳光明媚、环境轻松，没有公路基础设施，但有大量的鸟类群居：鹈鹕、军舰鸟、鸬鹚……它们丝毫不畏惧人类。

在洛斯罗克斯群岛潜水有两种方法：在主岛格兰罗克岛（Gran Roque）（约 1500 名居民）的一家当地旅馆下榻或者租一艘特别装备的帆船（双体船或单体船）进行船宿潜水。

在岛上，潜水者可选择生态潜水员俱乐部（Ecobuzos）和礁石俱乐部（Arrecife）两家专业潜水中心的服务，它们都拥有 10 米长的游船，可以出海（包括 2 次潜水）去一些 10—90 分钟航程能到达的潜水点。

因其重要性，船宿潜水是探索这个群岛的理想方式，尤其是当您全家一起出游时。有几艘游船提供 6—8 人的 6 日潜水路线。它们可以带您远航至一些偏远的小岛。这几乎是在这个地区看见大型鱼类的唯一机会。

■ **我们的忠告**

生活的甜蜜、无处不在的阳光、鹈鹕点水的奇妙景象、热带的漫不经心和某种遗世独立的感觉，这一切使得在洛斯罗克斯群岛的度假变成了一次有益身心的休息。一些渔民的房子改造成了旅馆，几条白沙小径代替了酒店和沥青路。无人小岛上的风光摄人心魄，让人感觉是在原始的大自然中自由地漫步。世界的尽头……

图 1_ 布满珊瑚的礁石
斑点管口鱼在一个装饰着紫色海扇和分裂毛孔海标尺的珊瑚花园里游弋。

图 2_ 多彩的鱼群
仿石鲈是一种体长 15—20 厘米的鱼，它的背鳍上有 15 根棘。人们在洛斯罗克斯群岛经常见到这种深海鱼，因为这里的礁石多数暴露在海上。

以下是几个可以从格兰罗克岛到达的著名潜水点：

尖石（Pinnacle）是一块锥形花岗岩，高 30—40 米，顶端在水面下 7 米。岩石上覆盖着橙色的海绵、软珊瑚、柳珊瑚和千姿百态的石珊瑚。

瓜扎（Guaza）是位于水下 30 米深处的三座海底尖峰，在那里可以见到深海鱼。

在萨尔岛（Cayo Sal），一些垂直峭壁被侵蚀出许多岩洞，里面装饰着多彩的海绵和珊瑚，引人注目。

初学者可以在马德里斯基与弗朗西斯基（Madrisqui y Francisqui）潜水点潜水。这些铺满珊瑚和海绵的礁石延伸至水下 20 米处一片沙质斜坡。

索拉帕·拉布斯基（Solapa Rabusqui）是一组复杂的洞穴，距离格兰罗克岛 15 分钟航程。那里有丰富的甲壳动物。

科特口（Boca de Cote）由水下 3—9 米深处的几块平台构成，上面结了厚厚的一层硬珊瑚和软珊瑚。这些平台连着惊人的峭壁，延伸至水下 70 米。在接近 25 米深处，有美丽的黑色珊瑚丛和巨大的桶状海绵。

图 3_ 白点前孔鲀

白点前孔鲀有时又被称为"小山羊皮钱包"，它是一种体长 30 多厘米的常见鱼。它生活在浅水处的柳珊瑚丛中，对潜水者十分好奇。

图 4_ 加勒比海柳珊瑚

这种属于丛柳珊瑚科的很常见的柳珊瑚形成了一个 1—2 米高、1—2 米宽的珊瑚丛。它是由八放珊瑚虫群不停分泌的折角骨骼构成的。这些珊瑚虫以浮游生物中的微生物为食。

塞瓦斯托波尔口（Boca de Sebastopol）被认为是深海鱼最丰富的潜水点。人们在那里能看见纳氏鹦鳝，时不时还能看见大型双髻鲨。

有趣的物种

人们在洛斯罗克斯群岛能见到加勒比登记的 90% 的鱼类和珊瑚以及 92 种鸟类。在这里，动物群落以在群岛周围游来游去的成群的多种鲹鱼和黄尾狮为主。独居的鱼种包括海鳝、箱鲀、鹦嘴鱼、神仙鱼，还有有趣的管口鱼，它的体表复制了供它藏身的柳珊瑚和软珊瑚的图案。在它们附近还能看见加勒比袖扣海兔螺在柳珊瑚上闪闪发光。

无所不知

委内瑞拉的面积为 91.6 万平方公里，几乎是法国的两倍大，从沙漠到亚马孙雨林，自然风光千变万化。克里斯托弗·哥伦布于 1498 年 8 月 3 日发现了这片土地，将其命名为"恩赐岛"（Île de Grâce），后来它以当地委内瑞拉部落的名字（Veneçiuela）命名。

洛斯罗克斯群岛上的植被相当稀疏，只登记了 34 种植物。一旦人们远离大海，就会看到许多旱生植物，包括多种仙人掌：花座球属、仙人果、加勒比仙人掌。

沿着海滨生长着一片红树群落，主要有四个红树品种：红色的美洲红树、黑色的亮叶白骨壤、白色的拉关木和灰色的银叶钮扣树。

人们还可以见到一些海底草原，由两种海草组成：泰莱草和海牛草。礁石中还生长着 120 种海藻。

加勒比

冒险经历

海洋老饕与人鱼

尽管洛斯罗克斯群岛还有很大一部分仍保持着原始面貌，但我在二十多年前就有幸游览了这个迷人的群岛。当时，潜水旅游在岛上还处于摸索阶段，周围的礁石主要由美国的豪华船宿游船光顾。对于一个欧洲人来说，这是一次真正的发现之旅，但是我去那里并非偶然……"聒噪的潜水者们"到处传播独家新闻和失败的经历，使我意识到大型鲸鲨通常在2月光顾委内瑞拉海域。于是我回到了格兰罗克岛，并且在那里惊喜地遇到了一个伙伴，他是全世界最棒的屏气潜水者之一雅克·马约尔（Jacques Mayol）的信徒。在几次一无所获的潜水之后，我们最终遇见了这些平和的巨型鱼中的一条。而遇见它也并非偶然……这位鲸鲨先生正在享用美餐！它在一群密集的鳀鱼中饱餐了一顿，完全无视我的存在。正是此刻，这个已经传奇般的场景变得独一无二。我的那位认为没有必要穿潜水服的潜水伙伴冒充海豚冲进了这群鳀鱼中。但是奇怪的是，这些小鱼没有表现出面对鲸鲨时的恐慌。它们优雅地摆动着身体分散开来。至于我们的那位老饕，它饱餐一顿之后也不再担心这个潜在竞争者的存在了。这好像是人类和鱼类之间达成了一项条约。

独一无二的体验！

雷蒙·萨凯

适宜时期

委内瑞拉海岸和周边岛屿受热带气候影响，两季分明：12月至来年6月为干季，其间可能有强风（尤其是在12月至来年4月），7月至11月底为湿季。然而请注意，岛上极少下雨。

整个地区处在台风区之外。因此，船宿游船通常在夏季造访委内瑞拉。潜水的最佳时期从6月持续至9月，这期间海水能见度可达40米。水温从未降至22℃以下，但是湿季可能超过30℃。气温始终很高，但总有舒服的海风带来阵阵清凉。

实用信息

有许多航班从各大洲出发，直达加拉加斯。国内机场距离国际机场300米，但通常需要在委内瑞拉的首都住一晚再乘早班机去格兰罗克岛。

入境需要一本回国日后至少6个月有效的护照，还需要接种风疹和麻疹疫苗。巴斯德研究所建议注射黄热病、百白破、甲肝和乙肝疫苗，如果您想在该国的亚马孙地区停留，还需要接受防疟疾治疗。

潜水者应出示一年之内开具的能够从事潜水活动的医疗证明和一份专门的潜水保险。建议您预备一些治疗可能出现的肠道紊乱的药物。请不要在委内瑞拉使用阿司匹林，因为它不能治疗在该国肆虐的登革热。因为国家公园受到保护，潜水时必须有一位当地监督员在场。潜水深度限制在30米，潜水时间限制在一小时。

图1_ 在美景中着陆
在从加拉斯飞往格兰罗克岛的15座小飞机中,请尽可能坐在靠窗的位置,以便欣赏到达时的壮丽景色。

图2_ 鹈鹕群岛
这是洛斯罗克斯群岛的别名,这种大型蹼足类鸟的确在这里随处可见。任何地方都可以作为它的观察哨。

几点建议

参观位于多斯·莫斯基塞斯岛(Dos Mosquises)上的生物研究站非常有趣。里面有一家海龟繁殖中心。四个不同品种的幼年海龟在水池中长到临界身长后才能被放归大海。

游览奥雷诺克三角洲(delta de l'Orénoque)和特普伊山(Tepuys)也是我们向大自然爱好者强烈推荐的一种经历。

实践指南	潜水等级 ★★ 潜水质量 ★★★ 鱼类 ★★	环境 ★★★ 感觉 ★★ 生物多样性 ★★★	摄影摄像 ★★★ 旅游价值 ★★ 性价比 ★★

一月	二月	三月	四月	五月	六月	七月	八月	九月	十月	十一月	十二月
28℃	29℃	29℃	29℃	30℃	30℃	30℃	30℃	30℃	29℃	28℃	28℃
26℃	26℃	26℃	26℃	27℃	27℃	27℃	28℃	28℃	28℃	28℃	27℃

加勒比

法国 FRANCE

68

马提尼克岛
一串美丽的小鱼

在马提尼克岛的西南，钻石岩（rocher du Diamant）浮出加勒比海的海面，就像一座孤立的山头。这个很容易到达的潜水点是在横跨大西洋航行之后重新适应潜水的理想场所。

图1_ 钻石岩
这座高出加勒比海海面175米的玄武岩山头距离海岸2公里。这里是重新适应潜水的理想场所。

图2_ 枝异孔石鲈
结成小群生活的枝异孔石鲈喜欢礁石凹陷处的清静，但这种鱼一点儿也不怕生。

图3_ 青光鳂鱼
青光鳂鱼的巡逻队几乎出现在所有礁石周围。这种鱼在珊瑚上活动，以浮游生物为食。

距离首府7000公里的马提尼克岛（Martinique）是一座地形起伏多变的海岛。这片精雕细琢的热带土地覆盖着1100平方公里的面积。它长80公里，最宽处39公里。被美丽的海滩——如大海湾（Grande Anse）或中心海湾（Anse Mitan）——环绕着的马提尼克岛最高峰培雷山（montagne Pelée）海拔1397米，是位于岛北端的一座活火山。

属于小安的列斯群岛（Petites Antilles）的马提尼克岛位于东加勒比中心，北邻多米尼克（Dominique，相距25公里），南接圣卢西亚（Sainte-Lucie，相距37公里）。这座"永恒夏季之岛"使人们可以在始终温暖的大海里进行非常有趣的潜水。

在钻石岩脚下潜水对所有级别的潜水者都有吸引力，潜水深度从陆地一侧水下8米的游泳池（la piscine）潜水点一直到水下40米的面向外海的峭壁。洋流只在礁石外围的区域肆虐。

一条宽5—6米、深十几米的大裂缝使潜水者可以从钻石岩的一侧穿越到另一侧。强劲的下层逆流使您无须蹬脚蹼即可在水中漫游。

马提尼克岛的南面隐藏着许多潜水点，它们没有钻石岩那么有名，但也值得一游。例如，从海洋钻石宾馆（Diamant Marine Hôtel）乘船10分钟即可到达一处淹没在水下15—20米深处的礁石，它像是从周围海底升起来的一片海台。这是一场五彩缤纷的演出，有大量的海绵、被囊类动物和上千种其

无脊椎动物参演。在中心海湾周围也有一个类似的潜水点在等待着您。

在岛的北部，除了培雷山之外，还有名为"讲道者"（Le Prêcheur）的小村庄，村里居民不到2000 人。距离海岸不到一小时航程处有好几个漂亮的潜水点——城堡（Citadelle）、巴博迪峡谷（Canyons de Babody）和拉马尔角（Pointe Lamarre），适合各个级别的潜水者。

有趣的物种

来自外海、独来独往的大魣鱼有时会冒险游到潜水者附近，但这是在马提尼克岛潜水时能见到的唯一的大型鱼类。沿着礁石安静地漫游，可以欣赏一群多彩的小鱼，包括本页插图中的那些品种。

当您专心致志地探看那些洞穴时，您会发现海鳝和龙虾。但是您还需要靠得更近才能欣赏到丰富的微型动物群落。隐藏在海绵动物管中的白粉相间的樱花虾或红色珊瑚瓢蟹抬起它们的钳子吓唬人。一些裸鳃类动物出现在长满海藻的大块礁石上，但它们的行为相当谨慎。还有一些旋腕虫蜷缩着几乎不动，而螺鳃虫则在洋流中展开它们的羽饰，过滤悬浮颗粒，作为它们的食物。贝类在夜间潜水过程中更常见，尤其是女王凤凰螺，它们在克里奥尔人的厨房里深受欢迎，经常在沙质海底出没。

无所不知

　　几年前，马提尼克岛因为不受控制的过度捕鱼而遭受了强烈的生态动荡。疯狂地投在水下捕捉鱼和龙虾的柳条笼造成了破坏，再加上各种污染，使礁石生物逐渐灭绝。为了保护构成马提尼克岛海岸环境的三个补充生态系统——红树群落、水生显花植物和珊瑚礁，2006年11月7日开展了一个讲道者村地区海洋保护区项目。这个保护区以"卡吕普索"号潜水领队阿尔贝·法尔科（1927—2012）的名字命名。

　　自2013年3月起，马提尼克岛与瓜德罗普岛共同开展了一项行动计划，抵御侵入安的列斯群岛的长须狮子鱼。这种源于印度洋-太平洋海域的食肉鱼是1992年偶然被引入佛罗里达州的。从那时起，它就占领了整个加勒比海域，并从2010年1月起占领了安的列斯群岛海域，威胁着某些当地物种。

　　1635年9月15日，法国占领了马提尼克岛，黎塞留主教（cardinal de Richelieu）派遣的皮埃尔·贝兰·德斯南布克（Pierre Belain d'Esnambuc）在岛上登陆。马提尼克岛从此成为以农业生产为主的殖民岛，剥削着大量奴隶。1848年3月4日，根据维克多·舍尔歇（Victor Schoelcher）的建议，马提尼克岛宣布废除了奴隶制，此人至今被岛上居民奉为英雄。马提尼克岛和瓜德罗普岛都是法国的海外省。

图1_ 凯撒仿石鲈
结成小群在珊瑚附近生活的凯撒仿石鲈体长30—45厘米。相当羞涩的它通常与人保持距离。

图2_ 双带锦鱼
双带锦鱼幼年时黄白相间，成年后变成蓝绿相间（小窗中的照片）。这种很常见的小鱼始终在礁石中间游来游去。

图3_ 尖胸隆头鱼
尖胸隆头鱼也被称为"瓶子"，沿礁石结成杂乱的小群生活。这种鱼体长可达30厘米，数量众多。

图4_ 法国呼噜鱼
可能结成很大鱼群的黄仿石鲈是一种相当谨慎的鱼，在整个加勒比海都很常见。

图5_ 黄尾笛鲷
很常见的黄尾笛鲷常在整个探险过程中陪伴着潜水者。它的体长可超过50厘米。

图6_ 血斑异大眼鲷
血斑异大眼鲷又叫"玻璃眼"，是锯鳞鱼和大眼鲷的表亲。

图 7_ 塔氏单角鲀
从灰色变成褐色的塔氏单角鲀是一种体长 10 厘米的小鱼，在柳珊瑚的枝杈之间上下游动。

图 8_ 珍珠罗宾汉
夜间潜水过程中见到的大多是珍珠罗宾汉的幼年形态，它们在礁石的洞口处缓慢地摆动身体。

图 9_ 黑底白斑的箱鲀
在海草和礁石下部很常见的三隅棱箱鲀时常独来独往。这是棱箱鲀属中唯一头顶没有棘的品种。

冒险经历

去圣皮埃尔的殉难者之地朝圣

　　1902 年 5 月 8 日，马提尼克岛的培雷火山（海拔 1397 米）开始喷发，导致 30631 人遇难，仅有两人幸存。这是二十世纪最大的自然灾害之一。12 艘船在海湾中沉没。它们如今构成了令人震撼的遗迹。圣皮埃尔（Saint-Pierre）的沉船是位于水下 15 米深的"莱兹尼耶"号（Raisinier）和 85 米深的"塔马亚"号（Tamaya）。1992 年，当我在钻石岩为我们的《潜水激情》（*Plongée Passion*，哈歇特出版社，1993 年 10 月）一书拍摄照片时，让－米歇尔·瓦厄纳尔（Jean-Michel Oyenhart）建议我去参观"罗莱马"号（Roraima）沉船。尽管这是圣皮埃尔最美的沉船之一，但游客很少到这艘长眠在一片沙质海底的混合汽船上潜水。实际上，这艘沉船的船首位于水下 38 米，而船尾位于 52 米深处。我们把小船系在浮标上（所有的沉船都有定位标记），随后背着气瓶小心翼翼地下潜到水下 6 米，确保阶段减压，为最后的深度做准备。这艘沉船幽灵般的外观使我产生了一种前所未有的情感。这是全身麻醉的开始吗？我猜对了，这个地方被一种奇特的光晕衬托得生机勃勃。我的脑海中仿佛闪过了几个火山爆发的短暂景象，这更加强了在一种适合冥想的蓝黑色环境中进行这场探险的刺激性。一个奇特而神秘的时刻……

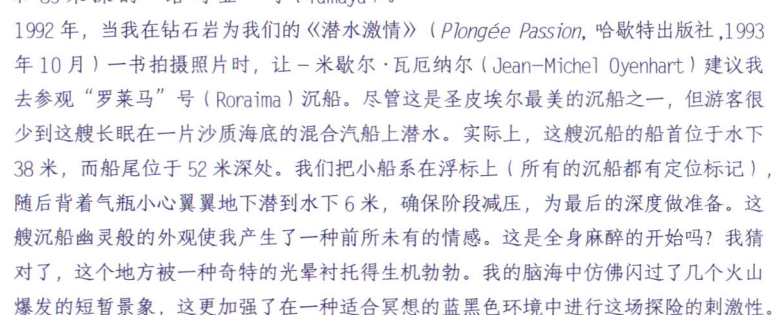

帕特里克·米乌拉纳

适宜时期

马提尼克岛的气候属于多雨的热带海洋性气候。安的列斯群岛夏天的旅游旺季从 12 月持续至来年 2 月。在此期间，宾馆爆满，所以不要奢望得到最好的服务，包括潜水。

尽管全年都可以在马提尼克岛潜水，但 6 月至 9 月，频繁的暴雨可能演变为热带低压或龙卷风。

春季（2 月至 4 月）是最适合潜水的，水温保持在 28℃，清澈的海水恭候您的到来。10 月和 11 月，降雨相当短暂，因此对水下活动影响不大。

相关信息

在马提尼克岛，人们进行"法式"潜水，也就是说按照 CMAS 的原则潜水。报价主要是旨在发扬体育精神的俱乐部风格，而不是美国客户经常光顾的地区那些讲"生意就是生意"的大型专业潜水中心的作风。在这里，水下活动直接聚焦于生态环境和社交性。

作为马提尼克岛大型旅游中心的特鲁瓦西莱（Trois-Îlets）——包括驴海湾（Anse à l'âne）、中心海湾、天涯海角（Pointe de Bout）——有多家优秀的潜水俱乐部，如阿里奥蒂斯（Aliotis）、海神之友（Amis de Neptune）、巴拉乌俱乐部（Balaou club）、珊瑚俱乐部（Corail club）、潜水空间（Espace Plongée）、蓝色星球（Planète Bleue）……

继续往南走，人们就会面临选择困难了。在位于特鲁瓦西莱和钻石岩之间的达尔莱海湾（Anses-d'Arlet），有阿尔法潜水俱乐部（Alpha Plongée）和疯狂青蛙俱乐部（Crazy frog）；在圣卢西亚，有俄刻阿洛斯俱乐部（Okeanos）和圣卢西亚潜水俱乐部（Sainte-Luce Plongée）；在马兰（Marin），有水泡俱乐部（Aquabulle）。最后，在圣安娜（最南端），机智潜水中心（Plongée Futé）与五家俱乐部合作提供更完善的水下探险活动。

从法兰西堡（Fort de France）往北一点，舍尔歇村（Schoelcher）里的拉巴特利耶尔宾馆（hôtel La Batelière）有一家俱乐部，可组织去岛周围的所有潜水点潜水。

■ **我们的忠告**

在马提尼克岛潜水可以享受平静而澄澈的海水，深受初学者的喜爱，而且地形壮丽起伏。千姿百态的无脊椎动物也会使微距摄影爱好者们大饱眼福。最有耐心的潜水者还可以亲近许多五颜六色的鱼儿。

图 1_ 火山的威胁
坐落在秀丽海湾中的圣皮埃尔市位于始终在活动的培雷火山脚下，人们可以毫不费力地爬上这座火山。

图 2_ 简朴而传统的生活
马提尼克岛的许多居民仍然以手工捕鱼为生，他们驾驶着当地制造的彩色小木船出海捕鱼。

在圣皮埃尔，您可以参加苏尔库夫潜水俱乐部（Surcouf dive）和热带潜水艇俱乐部（Tropicasub）组织的潜水。还有一些被称为"流动俱乐部"的组织，如加勒比翡翠俱乐部（Émeraude Caraïbes）和空气故事俱乐部（Histoire d'air），它们组织乘双体帆船进行船宿潜水。

几点建议

请一定带好您的所有装备，因为马提尼克岛上没有几家备货充足的商店，而且店里的产品也比首府的贵。

在安的列斯群岛为期两周的旅行中，您也可以在瓜德罗普岛住几天，在库斯托保护区（réserve Cousteau）里的鸽子礁（Pigeon）潜水，这个潜水点有很多鱼。

实践指南	潜水等级 ★★ 潜水质量 ★★★ 鱼类 ★★	环境 ★★★ 感觉 ★★★ 生物多样性 ★★	摄影摄像 ★★★ 旅游价值 ★★★ 性价比 ★★★★

一月	二月	三月	四月	五月	六月	七月	八月	九月	十月	十一月	十二月
30℃	30℃	30℃	31℃	32℃	32℃	32℃	31℃	30℃	30℃	30℃	30℃
27℃	27℃	27℃	28℃	29℃	30℃	30℃	30℃	30℃	29℃	26℃	27℃

加勒比

多米尼克 DOMINIQUE

69

罗索
一群十分奇特的水下生物

多米尼克制定了一条保护其多样性环境的政策。三峰山国家公园（Parc national du Morne Trois Pitons）以同名的火山（海拔 1342 米）为中心，面积为 7000 公顷，占全岛领土的 9%。这个国家公园是一片茂密的森林，1997 年起被联合国教科文组织列为世界遗产。

1978 年 11 月 3 日独立的多米尼克（Dominique）是一座有 365 条河流和 30 道瀑布的岛屿，濒临两个海洋：东面是大西洋，西面是加勒比海。潜水中心都聚集在更加平静的西海岸附近。

作为天然的绿洲，多米尼克有大约 7.35 万居民，分布在 745 平方公里的土地上。人们驾车行驶在凹凸不平的小路上，它沿着海岸蜿蜒曲折，穿过覆盖了这个国家 60% 面积的森林。

首都罗索（Roseau）有大约 1.65 万居民，而北部的第二大城市朴茨茅斯（Portsmouth）只有约 3600 名居民。岛上地形起伏多变，最高峰是海拔 1447 米的迪亚布洛廷火山（Morne Diablotin）。

由于这座岛形成于火山，海底的礁石姿态万千，还有令人眩晕的峭壁、裂缝、洞穴、山峰和温泉。与加勒比地区多数国家不同，这里的潜水深度没有限制在水下 30 米，但是当然也要保持合理的深度。

在岛的北部，坐落在风景优美的鲁珀特王子湾（Prince Rupert Bay）畔的卡布里茨潜水中心（Cabrits Dive Centre），工作人员讲法语，周围环境非常原生态。在朴茨茅斯和格兰维利亚（Glanvillia）之间登记有 20 多个潜水点。

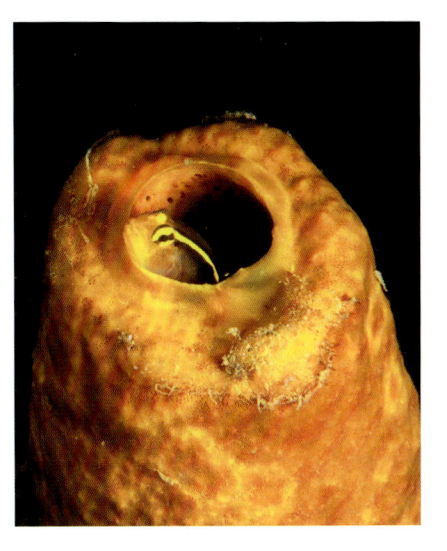

图 1_ 小安的列斯群岛的鬣蜥
多米尼克还有很多陆生动物，为数众多的黄头美洲鬣蜥就是其中一例，它们在这里属于受保护物种。

图 2_ 巨型桶状海绵
这就是多米尼克极有特点的海底景观，有巨型桶状海绵和柳珊瑚，还有超高的能见度。

图 3_ 短带霓虹虾虎鱼
体长 5 厘米、十分谨慎的短带霓虹虾虎鱼生活在一株黄色管状海绵中。

不要错过道格拉斯湾南侧的火山（Volcano）潜水点。在水下 18 米至 35 米之间，人们会发现一处海底火山的活动，表现为从土中冒出的由火山喷气形成的气泡。热沙被含硫沉淀物染成了黄色，礁石上点缀着巨大的海绵和脑状的石珊瑚。

位于索尔兹伯里（Salisbury）海滩上的多米尼克东加勒比潜水中心（East Carib Dive Dominica）也讲法语。由于它位于岛的正中，距离首都 20 分钟车程，可以到达该岛东海岸的所有潜水点。稍往北一点，位于库里比斯特里村（Coulibistrie）附近的巴塔利海滩（Batalie Beach）的海滨潜水度假村（Seaside Dive Resort）也是如此。

除了在礁石中能"淘"到多种多样的生物外，在这个海域，我们还推荐由非常美丽的洞穴和隧道构成的潜水点——丽纳之洞（Rena's Hole）和 45 米高的壮观的鲸鲨峭壁（tombant de Whale Shark）。

有趣的物种

在岛北侧，在水下 15 米深的两极之间（Pole to Pole）和 35 米深的阳光礁（Sunshine reef）两个潜水点，我们几乎以为到了印度尼西亚——"垃圾潜水"的胜地，这里有罕见的奇特的小型动物。海马、躄鱼、奇特的康吉鳗、海鳝、锉鱼和枪乌贼是这些不寻常的礁石周围的不速之客。

在岛的最南端，这片从硫黄矿（Soufrière）潜水点到半岛的岬角——斯科特角（Scott's Head）海域中也有奇特的动物群落。这是一个自然海洋保护区，您还应该在精灵边缘（Critters Edge）潜水点那覆盖着无脊椎动物的令人眩晕的峭壁上潜水。

在岛的中央，位于圣约瑟夫（Saint Joseph）和索尔兹伯里之间的海域以虹鱼、鲆鱼（很大但很少）和海龟而闻名。海龟数目众多，在正对着落日湾旅馆（gîte Sunset Bay）的鼻子湾（Nose Bay）很常见。

3 月至 10 月，海龟在多米尼克的海滩上产卵。罗莎莉海龟倡议协会（The Rosalie Sea Turtle Initiative）监控海龟的巢，并组织观察产卵活动。

多米尼克海域中登记有 22 种海洋哺乳动物。1 月至 4 月是观看抹香鲸的季节，11 月至来年 3 月是观察座头鲸的时期，它们在海

图 1_ 点纹裸胸鳝
体长通常小于 1 米的点纹裸胸鳝主要生活在富含氧气的浅水区域。这是一种独来独往但非常活跃的鱼，主要以甲壳动物为食。

图 2_ 斑点匙吻鳗
斑点匙吻鳗是一种非常奇特的鱼，体长约 1.5 米，牙齿突出，几乎全部隐藏在沙中。它潜伏捕食，一口吞掉经过它嘴巴范围内的任何猎物。

图 3_ 绿裸胸鳝
绿裸胸鳝体长可达 1.8 米，白天隐藏在洞中，只把头露出来。它夜里在海中捕食，可怕的大嘴一开一合地呼吸。

图 4_ 普氏鲉
普氏鲉是生活在加勒比海中最常见的鲉鱼。体长 50 厘米的它一动不动地趴在珊瑚上消磨时光，完美的拟态使它与周围环境融为一体。

图 5_ 双斑躄鱼
具有拟态本领的双斑躄鱼会根据它藏身的海绵颜色变成粉红色、橙色或黄色。它潜伏捕食,用细丝状吻触手做诱饵。

图 6_ 吻海马
体长约 15 厘米的吻海马很罕见,它用尾巴缠绕住柳珊瑚的枝条或海草。

图 7_ 金斑花蛇鳗
与康吉鳗和海鳗相似的金斑花蛇鳗是一种体长 1.8 米的蛇形鱼。它白天藏在沙中,只在夜晚出来捕食。

图 8_ 大头狗母鱼
属于合齿鱼科的大头狗母鱼体长 40 厘米。它把自己埋在不到 40 米深海底的沙土里。

加勒比

原始而丰饶的大自然
多米尼克西海岸的一部分耸立着悬崖峭壁，上面长满了繁茂的植物。原生态的纯粹！

岸附近游来游去，产下后代。在水中与它们共游需要得到特别许可，但是乘船接近它们已经是一项组织有序的旅游活动。

无所不知

不要把多米尼克与多米尼加共和国（la République dominicaine）搞混了。

在多米尼克生活着一群加勒比印第安人——阿拉瓦克族（Arawaks），他们是这个地区最早的居民的后裔，我们可以在一个完全复原的村庄里探寻他们的习俗。由于这座岛从未真正被殖民过，因此加勒比印第安人的传统保留了原貌。

这里的植被非常繁茂，英国文化也很繁荣，我们可以在罗索见到一个美丽的植物园——多米尼克植物园（Dominica Botanic Gardens）。

适宜时期

这座岛受到热带气候影响，7月底至11月是信风带来的雨季，2月至5月底是干季。6月和7月是一个过渡时期，天气相当多变。人们全年在这里潜水。

实用信息

从欧洲出发，到达多米尼克最简单的方法是途经马提尼克、瓜德罗普或圣马丁，然后转机或乘渡轮（1小时30分钟航程）前往多米尼克。

住处多为家庭套房，如落日湾俱乐部（Sunset Bay Club）、罗望子树旅馆（Tamarind Tree）或皮卡德海滩别墅酒店（Picard Beach Cottages）。在这些舒适的旅馆里，经营者对客人的照顾无微不至。

凭一本有效期内的欧洲护照和一张返程或继续旅行的交通凭证，您可以在这里最多停留3个月。

不要求接种任何疫苗，而且无须采取防治疟疾措施。

■ **我们的忠告**

多米尼克保留了它原生态的一面，被称为"自然之岛"，并非浪得虚名。简单而惬意的潜水可使人领略到火山区内非常美丽的景观和令人惊叹的氛围。然而主要还是一些小的细节使游客发现了这个宁静之地真正的奇迹。

实践指南	潜水等级 ★★ 潜水质量 ★★★ 鱼类 ★★★	环境 ★★★ 感觉 ★★★ 生物多样性 ★★★	摄影摄像 ★★★ 旅游价值 ★★★ 性价比 ★★★★

一月	二月	三月	四月	五月	六月	七月	八月	九月	十月	十一月	十二月
25℃	24℃	25℃	26℃	27℃	27℃	28℃	28℃	28℃	27℃	27℃	26℃
26℃	25℃	26℃	26℃	27℃	27℃	28℃	28℃	28℃	28℃	27℃	27℃

古巴 CUBA

70
女王花园群岛
鲨鱼的伊甸园

从胡卡罗港出发，乘船 5 小时才能到达女王花园群岛。偏远的位置，加上每年只有 300 名潜水者可以探索海底的限令保护了女王花园群岛的生态系统，使它成为世界上最原始的礁石群之一。

距离古巴主岛上的胡卡罗港（port de Jucaro）约 90 公里的女王花园群岛（archipel des Jardins de la Reine）沿古巴南海岸分布在瓜卡纳亚沃湾（golfe de Guacanayabo）和卡西尔达湾（baie de Casilda）之间，长 240 公里。这个孤立的地区是古巴第二大群岛，仅次于位于北海岸一侧的国王花园群岛（Jardins du Roi）。

这个群岛的中部长 150 公里、宽 30 公里的海域在 1996 年被设为国家公园——王后花园国家公园（Parque nacional Jardines de la Reina），面积为 2170 平方公里，禁止一切商业捕鱼活动。

女王花园群岛形似一块由 661 座大小珊瑚岛组成的杂色拼布，由一片红树迷宫连接在一起。除了 12 名公园守卫和唯一被允许在该国家公园内经营潜水业务的阿瓦隆俱乐部（Avalon）的向导之外，人们在这个地区见不到任何定居人口，因此这里又有"加勒比的加拉帕戈斯群岛"的别称。

在不受海风和洋流影响的部分海域中有 50 多个正式登记的潜水点向游客开放。某些令人眩晕的峭壁吸引了大型深海鱼从很深的海底游上来，而这正是此地享有盛名的原因。

在最常被光顾的潜水点中，15—30 米深处的皮平礁（Pipín）是一片巨大的珊瑚礁，上面形成了一条条峡谷，长满了石珊瑚、管状海绵和柳珊瑚。在这里，还能见到鲨鱼、鳐鱼、海鲢、石斑鱼、笛鲷和海龟。

图1_ 美洲鳄
在红树群落中浮潜时,可能会遇见露出恐怖牙齿的幼年美洲鳄,但它们其实没有多少攻击性。

图2_ 公牛真鲨
牛鲨是女王花园群岛的常客。这种以危险著称的鲨鱼会与潜水者靠得很近,但照片中这条鲨鱼没有表现出攻击行为。

图3_ 绿蠵龟
有四种海龟在女王花园群岛的小珊瑚岛上繁殖,尤其是绿蠵龟。

31米深的悬崖(El Farallón)潜水点是穿透礁石、通往浅色沙质海底的几条隧道,一些灰礁鲨在其中穿梭。35米深的一片色彩丰富、琳琅满目的礁石——金字塔(Pirámides)周围的灰礁鲨更多。

您还可以在40米深的尼禄珊瑚(Coral Nero)周围进行两次不一样的潜水,沿着一面巨大的峭壁与十多条温和的平滑白眼鲛共游。海龟们主要聚集在20—40米深的卡西博卡(Cachiboca)潜水点,这是一片被侵蚀出许多洞穴的海台。

有趣的物种

国家公园里登记了120种鱼、4种海龟和数不胜数的无脊椎动物。红树群落是小鱼的托儿所,并为深海鱼提供了丰富的食物。正因如此,女王花园群岛被视为鲨鱼的天堂。加勒比礁鲨、平滑白眼鲛、乌翅真鲨和牛鲨是潜水者们最常见的品种。护士鲨、双髻鲨、豹纹鲨和鲸鲨也会在这片水域中出没。

加勒比

个别美丽的大西洋巨型石斑鱼——伊氏石斑鱼体重远超过 150 公斤。您还能见到大量与其同科的黑色石斑鱼——博氏喙鲈和鱼肉有毒的黄鳍喙鲈。一大群一大群的大眼海鲢也值得一看。

礁石的复杂性有利于无脊椎动物的发育，尤其是本页插图中的所有甲壳动物。

在沙质海底，加勒比海最大的贝类——体长 30 厘米的女王凤凰螺的群体是整个地区数目最多的。

人们以浮潜方式在错综复杂、光怪陆离的红树根系中探索红树群落。这个水下迷宫是许多物种的庇护所，最精彩的一幕是与一条幼年美洲鳄的邂逅，它露出锋利的牙齿，试图咬住潜水者。这些幼鳄体长不到 1.5 米，只要您不打扰它们，它们是不具有危险性的。

无所不知

面积 11 万平方公里的古巴是加勒比地区最大的岛，也是人口最多的岛（超过 1100 万居民）。

图 1_ 鼻子尖尖的蜘蛛蟹
蜘蛛蟹既是学名也是俗称，体长约 5 厘米，生活在海绵或珊瑚上。

图 2_ 疣背蜘蛛蟹
疣背蜘蛛蟹重量可达 2 千克，是一种大型杂食甲壳类动物，其红色外壳上经常覆盖着藻类。

图 3_ 清洁虾
加勒比海葵虾，学名佩德森清洁虾。它是透明的，可以通过其腿部和背部的紫色线条来识别，体长一般不超过 3 厘米。

图 4_ 红斑瓢蟹
红斑瓢蟹，平均身长 15 厘米。夜间潜水时人们最容易看到它。

图 5_ 大型清洁虾
美人虾有着红白条纹的修长肢体，正在摇动触角邀请鱼类接受它的服务。

图 6_ 加勒比礁鲨
在近海中或礁石附近数量众多的加勒比礁鲨是女王花园的明星之一。照片中的这条礁鲨有一条阔步䲠为其护航。

女王花园群岛是克里斯托弗·哥伦布（1451—1506）命名的，以致敬西班牙卡斯蒂利亚女王伊莎贝拉一世（Isabelle Ire de Castille, 1451—1504）。他在下船登岛时写道："人类的眼睛从未见过如此美丽的地方。"

女王花园群岛是古巴保护得最好的生态系统。陆地空间和红树群落中庇护着 87 种鸟、14 种爬行动物，包括数量众多的鬣蜥、两种哺乳动物——包括古巴巨鼠或硬毛鼠——当地特有的一种尾巴有握执力的啮齿类动物，又叫"多毛鼠"，体长 40 厘米。

红树群落中栖息着一些危险的物种，尤其是体形巨大的古巴地鬣鳞蜥。

适宜时期

古巴及其群岛受到有东北信风调节的副热带气候的影响。最佳潜水时期从 1 月持续至 4 月，这是最凉爽也最干燥的时期。

在女王花园群岛上，冬季的风从东北偏东方向吹来，风力 3—6 级。8 月至 10 月是降雨最多的时期。

6

■ 我们的忠告

　　古巴的魅力在于居民的热情好客和独特的环境，殖民地的历史与南美、西班牙和非洲文化在这里巧妙融合。潜水活动既简单又丰富，由于几乎不受洋流的影响，可以在更舒适的潜水条件下接近鲨鱼。

实用信息

　　探索女王花园有两种可能的方案。漂浮在水上的海龟旅馆（Tortuga）有 7 个房间（双人间或四人间），装备空调和私人卫生间。这条面积为 500 平方米的平底大驳船被用作潜水者们的舒适基地，最佳潜水点都位于乘快船几分钟就能到达的海域。锚泊在潟湖中的海龟宾馆也可以使潜水者从容地探索周围的红树群落。

　　多艘船宿游船提供为期一周的船宿潜水（6 晚，15 次潜水），带您探索一些仍然完全未被开发的区域。在这些长 40 米、有 10 个舱室的游船中，最舒服的可能要数"阿瓦隆"二号（Avalon II）了。这艘为潜水专门布置的游船提供一条"观鲨特别路线"。可容纳 12 名潜水者的"海鹰"号（Halcon）和可容纳 8 名潜水者的"女王"号（La Reina）提供的服务更加标准化，但价格明显更便宜。"山脊"号（Caballones）也不贵，它的 4 间舱室对于小型旅行团来说是理想的选择。

　　您需要在古巴首都停留一晚，从公路乘车 150 公里才能到达胡卡罗港，然后登上船宿游船。因此仅往返旅途就需要四天。

　　在古巴旅游停留既不需要签证，也不需要接种疫苗。但是，游客必须持有一份健康保险。因此建议您办理一张医疗援助卡。

几点建议

　　古巴的首都值得安排至少一天的游览，其古色古香的建筑风格让人想起动荡的历史和永无休止的古巴革命。

　　卡纳雷奥斯群岛（Canarreos）——包含南长岛（Cayo Largo）和青年岛（île de la Jeunesse）——是古巴第二大水下活动区域。这里的潜水点出类拔萃，有美丽的峭壁和相当典型的动物群落。

　　注意，尽管潜水很简单而且大多数潜水点适合一级潜水员，但是阿瓦隆中心要求二级潜水员证。您可以在现场接受开放水域潜水的培训。

图 1_ 色彩瑰丽的潟湖
在小珊瑚岛边缘的红树群落掩映下，有一片较浅的水域。沙质海底和大型海草使这片水域呈现出浓淡变化的绿色。

实践指南	潜水等级 ★★ 潜水质量 ★★★★ 鱼类 ★★★★	环境 ★★★ 感觉 ★★★ 生物多样性 ★★★★	摄影摄像 ★★★★ 旅游价值 ★★★ 性价比 ★★★

一月	二月	三月	四月	五月	六月	七月	八月	九月	十月	十一月	十二月
24℃	24℃	25℃	26℃	28℃	30℃	30℃	30℃	30℃	28℃	26℃	25℃
25℃	24℃	25℃	25℃	26℃	27℃	28℃	28℃	28℃	27℃	26℃	25℃

加勒比

美国 ÉTATS-UNIS

71

水晶河
美人鱼的歌声

海牛的巢穴处设有很清晰的指示牌，因此很容易找到它们。因为保护区可以自由出入，只需遵守指示，不要进入保护区域即可……

这些海牛聚集在富含植物的区域和清澈度变化很大的水里。浮潜时比带气瓶潜水时更容易见到它们。因为，像所有水生哺乳动物一样，减压阀释放的气泡会打扰甚至吓到它们。

位于坦帕（Tampa）以北200公里、佛罗里达州西海岸附近、有约3000名居民的小镇水晶河（Crystal River），如果不是因为有全年保持20—22℃的淡水水源（泉），可能始终不为人知。这些富含水下植物的泉水是海牛的冬季巢穴。这些受佛罗里达州法律保护的哺乳动物是该州的象征，马纳提县（Manatee County）甚至以海牛命名。每年，来自世界各地的游客都涌向这个按照自然规律生活的小镇。

水晶河别名"自然海岸的明珠"，这里的确有一条水晶般清澈的河。这条蜿蜒的河流长10公里，有30多眼泉水汇入其中，将国王湾（Kings Bay）与墨西哥湾（golfe du Mexique）连接起来。在这里，人们既可以乘游船休闲，也可以在海里游泳。

人们还可以在没有洋流的淡水中活动，接触到体形庞大却不伤人的动物，它们在水里从容地游泳。

这里的潜水在浅底（3—8米）进行，很容易到达，甚至适合初学者。孩子们如果能保持平静，也可以与海牛一起游泳。

图 1_ 海牛的王国
水晶河中生活着数目最多的北美海牛。这里与附近的霍莫萨萨泉（Homossassa Springs）是唯一两处允许与海牛一起游泳和潜水的地方。

图 2_ 温柔平和的动物
尽管禁止游客抚摸海牛，但是海牛，尤其是幼年海牛，似乎总是喜欢温柔的触摸。

图 3_ 独一无二的外形
海牛有着矮胖的身体和扁平的饼状尾巴，与任何动物都不相像。它是一个濒危物种。

图 4_ 呼吸新鲜空气
位于吻顶部的鼻孔使海牛无须将头露出水面就能呼吸。

加勒比

海牛是水晶河之王，游客应遵守浮标的指示，远离保护区中可能栖息着动物的区域。当潜水者因兴奋而跨越保护区的界限时，守卫们会立即将他们召唤回来。

有趣的物种

除了海牛和大量水生植物外，水晶河的水里几乎看不见别的生物。尽管佛罗里达州登记了100多种淡水鱼，但在这条河里只能看见一些鲈鱼——小冠太阳鱼和斑点太阳鱼——和一种长着奇特鸭嘴的梭鱼——佛罗里达雀鳝，人们很难把它从乱成一团的水草中分辨出来，如美洲苦草、金鱼藻、黑藻等。

海牛是奇特的哺乳动物，有三个种：我们在水晶河见到的北美海牛、与它很相似的非洲海牛和体形稍小的亚马孙海牛。

佛罗里达的海牛（美洲海牛）成年后重达900公斤。最大的体长接近4米。缓慢的泳速、懒洋洋的姿态和长着小胡子的面孔使它们成为非常讨人喜欢的动物。

当海牛感到被打扰时，它们会安静地下潜，用它们那圆形刮刀一般的尾巴拍水，匍匐在河底，通过拟态几乎消失不见。它们可以在水下屏气停留整整十分钟，或者啃水草，或者打瞌睡。

所有种类的海牛都因为人类的原因濒临灭绝。开凿水道和疏通河流使它们的食物来源消失。船舶的螺旋桨在它们的背部皮肤或尾巴上切开很深的口子，污染使它们中毒。

由于受到保护和人们的迷恋，最近几年海牛的数目有所增长。马纳提县冬季大约有500只海牛。

图1_"水中沙皮狗"
晴朗的春日映着这只年轻的海牛方形鼻子上的一道褶痕，看起来有点像著名的中国沙皮狗。

图2_来自船只的威胁
船只对海牛来说是致命的危险，它们经常为靠近其栖息地的许多船只的船体或螺旋桨所伤。

冒险经历

水晶泉的奇迹

二十世纪八十年代中期，很少有法国人听说过吉尼泉（Ginnie Springs）这个潜水点，因为在法国人眼中，佛罗里达并不因为潜水而闻名。尼古拉和我是在一次报道海牛的任务中——不得不承认，有点出于偶然——发现了这个非同寻常的地方。几乎与右边的照片相同的一张照片出现在一本小宣传册里。我们从未见过如此清澈的水……位于距离水晶河 120 公里的高泉（High Springs）中的吉尼泉可以被描述为一口与圣菲河（Santa Fé）相连的天然井。正是在这里，故事变得离奇了……主泉形成了一个直径 100 米、深约 5 米的水潭，底端通向一个洞穴。在我们买门票时被详细告知了洞穴潜水的危险性并签订了一份格式正规、内容详尽的免责书。在我们周围，一些潜水者带着奇奇怪怪的装备：头盔、探照灯、阿丽亚娜线圈……一看就是冒充潜水行家的！由于我们的装备要简单得多，下水时我们有些担心，小心翼翼地接近洞穴的入口。然而，这个洞穴不只有完美的标记，而且在约 15 米深处被堵住了。在这片清澈的能看得见周围树木的水中，我们接受了美式潜水的洗礼！

帕特里克·米乌拉纳

整个马纳提县的海牛有四分之一在水晶河过冬，但在佛罗里达州的其他河口区域也能见到它们，尤其是霍莫萨萨泉和大沼泽地（Everglades）里。参观霍莫萨萨的州立野生动物园（Wildlife State Park）也是趣事一桩。它被用作受伤海牛或孤儿海牛的庇护和再适应中心。

根据 2017 年 1 月的一次空中清点评估，佛罗里达州登记了 6600 只海牛。二十年来，每年进行清点工作，我们看到海牛数目有规律地逐步增长，这也证明了美国政府实施的保护措施是有效的。

这些动物不是非常多产。它们的性成熟很迟，雌性每隔 3—5 年才怀孕一次。它们通常生单胎，很少生双胞胎。一只 30 多岁的雌海牛一生只能生 3—5 只崽。

很奇怪，幼海牛对潜水者表现出非常友好的态度，让他们靠近自己，甚至抚摸自己。成年海牛则对人类采取一种无动于衷和谨慎的态度。

与所有哺乳动物一样，海牛在水面呼吸。它把鼻孔露出水面，然后重新潜入水中，匍匐在水底，把自己半埋在淤泥里。

海牛有一条很有特点的扁圆尾巴，使它与它的表亲儒艮区别开来，儒艮的尾巴呈扇形，与海豚相似。

无所不知

海牛属于海牛目，使人联想到美人鱼的传说。克里斯托弗·哥伦布于 1493 年 1 月第一个描述了这种动物，并把它当成了美人鱼！于是这个传说就流传了下来……

在美国，根据联邦法律，海牛受到 1972 年颁布的《海洋哺乳动物保护法》、1973 年颁布的《濒危物种法》和 1978 年颁布的《保护区法》的保护。骚扰、追逐、捕捉或杀害任何海洋哺乳动物都是违法行为。在佛罗里达州，海牛是一种深受喜爱的象征性动物。

适宜时期

从 10 月底至来年 3 月底，海牛懒洋洋地待在水晶河的水中，用水草和水风信子填饱肚子。正是在这个时期，我们应计划一次与它们相遇的行程。

从 4 月起，海里和河口的水开始变暖，于是海牛离开这个区域，穿过佛罗里达海岸的红树群落，潜入深水，此时几乎不可能再见到它们了。

实用信息

水晶河已成为大型旅游中心，您很容易找到住的地方，但是由于周末人满为患，您最好早早预订房间。位于 US19 大街上的汽车旅馆——日子旅馆（Days Inn）距离镇中心有点远，但它有一家潜水中心。舒适度完全说得过去，价格也可以接受。

名气更大一些的种植园酒店（hôtel Plantation）受到高尔夫爱好者的喜爱，是一家休闲中心，有水疗、泳池和优美的环境。

多家水上活动中心向潜水者建议观看海牛的行程。它们租赁一些经过完好改造、可在这些水域行驶的平底船。从个人远足或 4—6 位潜水者与一名向导组团，到 20 多名游客挤在一艘小艇上的美式大型旅游团，旅游方案应有尽有。

在第一天随团旅游以熟悉地方并借助专业向导的经验找到最佳潜水点之后，租一条船返回保护区的自助游更加惬意。您只需要沿着设置了航标的航道行进即可。

几点建议

为了拍到好看的照片，建议您在清晨日出时（大约 7 点）去探访海牛，以便利用阳光射进河水时的最佳光照条件。

水晶河的大多数河底都比较浑浊，因为有淤泥和大量植物，水呈暗绿色。为了能在清澈的水中看见海牛，您应前往三姐妹泉（Three Sisters），这是一处私人财产，但向游泳者、橡皮艇和独木舟开放。

水温舒适，但待时间长了会感觉很凉，因此穿 5 毫米厚的潜水服并不算奢侈。您无须担心任何尖锐物质，因此不必戴手套。

■ **我们的忠告**

这是一种非同寻常的潜水，因为它允许我们与一种我们担心会灭绝的动物亲密接触，而这种动物的长期幸存或许正是因为它所激起越来越高的旅游兴趣。

图 1_ 它们也生活在咸水中
夏季，海牛出发去河口，人们可能会在红树群落中甚至浅水礁石的附近遇见它们。

图 2_ 家庭小团体
经常有多只雌海牛和幼海牛聚集在一起，就像这张照片中一样，霍莫萨萨泉的水比水晶河的水更清澈。

1　2

实践 指南	潜水等级 ★ 潜水质量 ★★★★ 鱼类 ★	环境 ★★★ 感觉 ★★★ 生物多样性 ★	摄影摄像 ★★★★ 旅游价值 ★★★★ 性价比 ★★★★

一月	二月	三月	四月	五月	六月	七月	八月	九月	十月	十一月	十二月
20℃	20℃	22℃	23℃	24℃	26℃	26℃	26℃	26℃	24℃	22℃	20℃
21℃	21℃	21℃	21℃	22℃	22℃	23℃	23℃	22℃	21℃	21℃	21℃

加勒比

巴哈马 BAHAMAS

72

新普罗维登斯岛
食人魔的大餐

25 年来，拿骚的潜水中心一直从事鲨鱼喂食活动。尽管这种做法如今在世界各地几乎都已弃用，但在这里仍然很盛行，甚至成为一大旅游热点。

图 1_ 一项十分危险的职业
一只很小的透明虾正在为一条拿骚石斑鱼清理牙齿。它可能会被这个顾客一口吃掉！

图 2_ 大量捕食性动物
当一条灰礁鲨正在这条沉船周围闲逛时，一群黑眼鲹也在逡巡，随时准备冲向任何猎物。这种鱼会被潜水者的气泡吸引。

图 3_ 被鲨鱼占领的沉船
在新普罗维登斯岛的西南侧，"希望之光"号（Ray of Hope）是一艘长 60 米的沉船，2003 年 7 月 7 日被斯图尔特湾潜水中心凿沉。它卧在 18 米深的海底，这里经常有大量灰礁鲨光顾。

　　巴哈马（Bahamas）首都拿骚（Nassau）有 27.5 万居民，占巴哈马总人口的三分之二，而它所在的新普罗维登斯岛（New Providence）是该国最活跃的岛。这座长 34 公里、宽 11 公里的岛地势平坦，风景单调，只零星分布着几个池塘和湖泊。为数众多的码头里停泊着整个加勒比地区数量最多的豪华游艇。

　　位于佛罗里达州东南的巴哈马是一个群岛，由分布在 26 万平方公里的 700 座岛屿构成，但其中露出海面的陆地只占 5% 多（约 1.4 万平方公里）。以清澈闻名的海水提供了许多潜水点。

　　斯图尔特湾潜水中心（centre Stuart Cove）提供最完善的服务——"鲨鱼冒险之旅"，包含连续两次潜水。第一次在名叫"鲨鱼墙"（Shark wall）或"跑道墙"（Runway wall）的峭壁上进行，可以观察到海水中的鲨鱼。它们跟着潜水者，等着被喂食。

　　表演过后就是在"竞技场"（The Arena）或"跑道"（The Runway）潜水点上喂食，这是大约 15 米深的两片沙质海底，保证了拍照所需的最佳清晰度。潜水者们跪在海底，围成半个圆圈，教练拿着一个投食器将鱼投给一群鲨鱼，鲨鱼们轻轻掠过着了迷的观众们。

不可否认，这场演出有少许马戏的色彩，但事实是它并不缺少强烈的刺激，鲨鱼们与您擦身而过，露出所有的牙齿，有时离您的面镜只有 50 厘米！

鲨鱼已经习惯了潜水者的存在，尤其是习惯了被喂食，以至于丧失了天生的戒心。它们给人一种进攻的印象，但在最后一刻会掉转航向。这种景象非常壮观，尤其是当这些鲨鱼游得很快而且有 20 多条围成一圈时。最大的鲨鱼超过 2 米长，非常漂亮！

如果付得起非常高昂的价格，您还可以到更远的地方去冒险，参加"鲨鱼喂食项目"。在一天的现场理论和实践培训之后，游客穿上一件锁子甲，亲自喂食鲨鱼。当然，整个过程会被拍照并录像，作为对这一生中独一无二的时刻的永久留念。

这个具有戏剧性仪式感的节目是以非常专业的方式组织的，可以确保最高的安全性。每个潜水小组由多位教练陪同，充当"贴身保镖"。表演持续 30 多分钟。在一片惊心动魄的狂乱中，鲨鱼们互相推搡着冲向诱饵，演出在疯狂的激动中结束。当然，一群小鱼、几条 30—40 公斤漂亮的石斑鱼甚至有时还有一条虹鱼，也会来分享这顿大餐。

加勒比

有趣的物种

人们在这种潜水中见到的鲨鱼是加勒比礁鲨,它迅捷的泳姿和细长的外形深受人们喜爱。这种鲨鱼通常不超过 3 米长,目前已见到的品种平均体长约为 1.8 米。

加勒比礁鲨背部为银灰色,腹部为白色。它喜欢浅水的礁石,通常聚集在加勒比的众多岛屿周围。它性情易怒且有攻击性,被认为具有潜在危险性,尤其是在遇到海底猎捕者时。

在佛罗里达和巴西之间延伸的珊瑚礁区域常见的这种捕食性动物可以从它很短的吻和比胸鳍更靠后的较小的第一背鳍辨认出来。这是一种贪吃的鱼,正因如此,喂食活动才能成功。尽管已经习惯与潜水者并行和被喂食,但加勒比礁鲨在它们的行动中总是表现出充沛的精力和体力,因此始终具有潜在的危险性。

在新普罗维登斯岛的其他潜水点,可以见到加勒比海的所有典型鱼种,但是我们主要关注的是经常出没喂食点的多种石斑鱼。它们中有四种体长超过 1 米,体形最大但很少见的是体重可能超过 300 公斤的伊氏石斑鱼。

无所不知

多年来,巴哈马人一直是鲨鱼喂食方面的专家,至少有 10 万名来自世界各地的潜水者有机会在这些岛的周围参与了这种活动,却没有一位游客被咬到!

某些经营者建议最有经验的潜水者去鲨鱼浮标(Shark Buoy)潜水点潜水。这是距离新普罗维登斯岛一小时航程的巨大的黄色浮

图 1_ 礁鲨的疯狂
斯图尔特湾潜水中心组织的鲨鱼喂食活动,无论是对加勒比礁鲨还是对与饥饿的鲨群擦身而过的潜水者而言,都是一个惊心动魄的时刻。

图 2_ 黑色石斑鱼
人们经常在沉船的周围见到巴哈马最大的石斑鱼——博氏喙鲈,它的体长可超过1米。

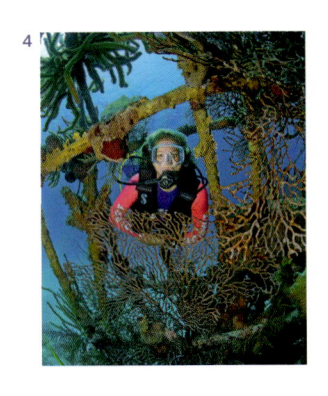

图 3_ 贪食之罪
当礁鲨欢庆盛宴时，一条小博氏喙鲈被诱饵吸引，逐渐靠近。这种鱼可以从它鳍上的黑色标记辨认出来。

图 4_ 装饰漂亮的沉船
沉船的金属结构形成了人工暗礁，上面长满了柳珊瑚。

标，浮在一条 1800 米长的裂口上方。这里有非常密集的鱼群，吸引了大型深海鱼，包括平滑白眼鲛，它们会毫不犹豫地紧紧围着潜水者转圈。

尽管拿骚城几乎占据了整个新普罗维登斯岛，但是这个岛却是因为美丽的沙滩——尤其是沙滩上的许多娱乐场——而成为世界旅游胜地的。

您可以租几艘豪华帆船，从拿骚出发，去伊克祖马斯群岛（archipel des Exumas）进行船宿潜水。它位于新普罗维登斯岛的东南面，由散落在海中的几座荒凉的小岛组成。

一些豪华游船，如"水猫"号（Aqua Cat）或"加勒比舞者"号（Carib Dancer），也组织去南面海域进行船宿潜水。它们每天可安排在不同潜水点进行四次潜水，包括很有名的礁石潜水点——滨螺（Periwincle）和琥珀鱼（Amberjack），后者在伊克祖马斯群岛。

在新普罗维登斯岛偏西方向距离很近的安德罗斯群岛（Andros）由三座岛组成：北安德罗斯岛（North Andros）、南安德罗斯岛（South Andros）和红树林岛（Mangrove Cay），它们被一条长 225 公里的巨大珊瑚屏障包围着。这是一个自然保护区，

加勒比

其中散布着一些沼泽地，并保留了一片美丽的热带雨林。潜水在很容易到达的海底进行，海水清澈，深受摄影爱好者的喜爱。安德罗斯群岛周围有 60 多个经常被光顾的潜水点。

适宜时期

在受副热带气候影响的新普罗维登斯岛，全年都可以潜水。11 月至来年 3 月的海水最清澈，降雨最少的时期从 1 月延续至 4 月。从 7 月至 10 月，几乎每两天就有一天下雨，海水可能没那么清澈。

实用信息

去拿骚最简单的方法是首先到迈阿密，然后转机（50 分钟）。

宾馆方面，在拿骚，您可能难以选择。很有名的综合旅游宾馆亚特兰蒂斯（Atlantis）包含一个水上公园、一个水族馆、一个娱乐场和多处景点，还有多个等级的住宿。

斯图尔特湾是最有名的潜水中心，专门从事观鲨潜水。这是一个非常专业的俱乐部，每天清晨到宾馆来接潜水者，并在傍晚把他们送回宾馆。

整个巴哈马群岛都组织"美式"潜水，专注于效率和回报率。游船的条件无懈可击，服务非常周到，安全保障完备，但是环境比较平庸，组织大团出海。

观鲨潜水点应提前很长时间预订，因为它们是享誉国际的旅游热点。一般在下午组织喂食鲨鱼，但此时的光线不一定最适合拍照。

拿骚周围还有许多沉船和飞机遗迹可以参观，其中多处被用作电影的场景，如《007》（James Bond）。

几点建议

因为鲨鱼移动迅速且杂乱无章，用录像记录喂食鲨鱼的过程比拍照片更合适。潜水者应在海底保持不动，双手始终谨慎地放在身体两侧。

图 1_ 由 700 座岛组成的群岛
如果说巴哈马三分之二的人口都集中在新普罗维登斯岛上，该国的其他地方就是一片广袤的自然空间，因为只有 20 多座岛上有人居住。

■ **我们的忠告**

尽管从生态学尤其是动物行为学的角度来看，这种喂食活动是有争议的，但它仍然因其刺激性和安全性而举世无双。珊瑚礁或沉船充当了与鲨鱼邂逅的背景，营造了一种真切的冒险感觉。而美国人在这种表演艺术方面的成就无与伦比。

如果您想得到片刻的安静，远离娱乐场和夜总会，您最好住在新普罗维登斯岛西南海岸。乘车只需 20 分钟就可以从南到北横穿这座岛。

在气氛和魅力俱佳的宾馆当中，灰崖酒店（Graycliff）和马利度假酒店（Marley Resort）可以提供比那些大型海滨浴场酒店私密得多的环境。

实践指南	潜水等级 ★★ 潜水质量 ★★★★ 鱼类 ★★★	环境 ★★★★ 感觉 ★★★★★ 生物多样性 ★★★	摄影摄像 ★★★★ 旅游价值 ★★★ 性价比 ★★★★

一月	二月	三月	四月	五月	六月	七月	八月	九月	十月	十一月	十二月
25℃	25℃	26℃	28℃	29℃	30℃	30℃	30℃	30℃	29℃	27℃	26℃
24℃	24℃	25℃	26℃	27℃	27℃	28℃	28℃	28℃	27℃	26℃	25℃

加勒比

巴哈马 BAHAMAS

73

大巴哈马岛
海豚的爱情

大巴哈马岛之所以出名是因为这里能提供与宽吻海豚一起潜水的机会，还有与新普罗维登斯岛一样多的鲨鱼。多年以来，尤尼克索潜水中心（Unexo）一直在驯养海豚。它训练海豚与人类接触并一起生活，即使放归大海，也不会试图重获自由。有十几条海豚可以陪伴潜水者们在浅水中布满无脊椎动物的礁石（珊瑚、海绵、柳珊瑚）周围活动。罗阿坦岛（Roatan）的安东尼之钥度假村是世界上唯一组织这种特殊体验的地方。

位于巴哈马群岛正北面（距离拿骚 175 公里）的大巴哈马岛近几年来发展迅速，尤其是它的主要城市——有 5 万多居民的弗里波特（Freeport）。它与佛罗里达州的棕榈滩仅相距 105 公里，这可能也是它发展的原因。

又长（154 公里）又窄（最宽处 28 公里）、地势平坦的大巴哈马岛整条海岸线镶嵌着白色沙滩，沙滩边上种着棕榈树和诺福克南洋杉——又名异叶南洋杉。海水呈青绿色，非常适合潜水。潜水者们可以参与多个项目，从简单的触摸到穿着潜水服在开放水域潜水。海豚们生活在圣地湾（Sanctuary Bay）——距离岛中心 20 分钟航程的一片 3.5 公顷的潟湖。

游船能容纳六名潜水者。在沿着岛的南海岸航行的过程中，海豚们在船的尾流中嬉戏，在船的周围跳跃。潜水是在一片非常清澈的海水中、一个深 5—8 米点缀着珊瑚礁的沙质潜水点上进行的。与海豚的互动时间在 20 分钟左右。

图 1_ 最高时速 45 公里
海豚皮肤的蜂窝状结构可产生表面微应变,以缓冲水的湍流。因此这种动物也能毫不费力地迅速游泳。

图 2_ 潜水的好伙伴
在结满了无脊椎动物的一块漂亮的珊瑚礁周围,一队潜水者在海豚的陪伴下活动。

图 3_ 难忘的接触
海豚有时能接受潜水者用胳膊搂着它的身体。但是应始终注意您的姿势,因为这种鲸目动物的皮肤非常脆弱,尤其不要惊吓到它。

图 4_ 终极奖赏
只有训练和喂食海豚的饲养员才能完成这种令人惊叹的嘴对嘴亲吻。它表明人与这种鲸目动物之间已经建立起完全的信任。

图 5_ 水下表演
就像喂食鲨鱼时那样,潜水者们保持不动。目的是让海豚们随心所欲地畅游。

这种与海豚一起潜水的体验当然没有在小巴哈马海岸与海豚不期而遇那么自然，但是仅仅只是这些动物的陪伴，就足以令人赞叹了。

还有三艘沉船也值得一游："西奥"号沉船（Theo's wreck）是一艘 62 米长的旧运输舰，1982 年被尤尼克索潜水中心凿沉在 30 米深的海底。它变成了一块壮观的人工暗礁，庇护着大海鳝和许多神仙鱼。

"海星"号（Sea star, 55 米长）于 2002 年 4 月沉入 28 米深的海底，底部结构完好，而"伪装者"号沉船（Pretenders wreck）是一艘旧拖轮，周围有许多鲨鱼出没。

本之洞（Ben's Cavern）潜水点是一个浸没在完全透明的海水中的洞穴。

有趣的物种

宽吻海豚是全球所有热带和温带海域中都能见到的一种鲸目。它的体长可接近 3 米，重量超过 250 公斤。这种哺乳动物成群活动，通常由雌海豚和幼海豚组成家庭小群，而雄海豚则与它们分开生活，几条成群或独来独往。

宽吻海豚最多能在水中屏气 15 分钟（平均 5 分钟），并能下潜至水下 200 米深处，捕食它最爱的小鱼和枪乌贼。人们也会看见它用吻突挖沙，寻找甲壳动物。它用牙齿突然咬住甲壳动物的壳，但不咀嚼它们。

许多神仙鱼把大巴哈马岛的礁石当成它们的住所，这些体长 40—60 厘米的鱼在潜水者周围游弋。有两种很常见的鱼十分相像：弓纹刺盖鱼和法国神仙鱼。后者在安的列斯群岛也被称作"黑葡萄牙人"，人们可以通过它体侧的金黄色斑点辨认出它来，这些斑点更凸显了它深灰色的身体。这种鱼的体长很少超过 40 厘米。弓纹刺盖鱼格外优雅，通体呈漂亮的金属灰色，很配得上"铂金"的绰号。它体长达 60 厘米，重 3.5 公斤。

体表闪耀着金色和天青石色的"仙后鱼"（蓝嘴新娘）是加勒比地区的象征性鱼种。它不像它的表亲雀鲷（神仙鱼属于雀鲷科）那么平易近人，您应缓缓地靠近它，否则它会立即消失在洞穴深处。在加勒比海底有点灰暗的氛围中，这种在安的列斯群岛被戏称为"瑞典人"的鱼看上去像一个发光的珠宝。它体长 40 厘米，重达 2 公斤，在礁石中很常见。它生性腼腆且冷淡，在它藏身的礁石中任凭人靠近，但在水里却始终偷偷摸摸的。

无所不知

即使潜水者在与海豚一起潜水之前学习了基本的特殊姿势，但这些动物在它们的行为和人类"伙伴"的选择上始终是自由的。在水中很从容并能调整呼吸的人更容易与海豚建立关系。任何过度兴奋的表现都会导致海豚不理睬您，从而使您体会到真正的失落感。

海豚的行为在每次潜水时都会变化，观察这些动物，您会确信它们拥有惊人的智力，并且似乎真正感受到了与人类互动的乐趣。

正如它名字的含义，弗里波特港（Freeport）是免税港（港内企业可享受免税至 2054 年），因此您可以在这里免税购物。

■ **我们的忠告**

如果我们不考虑戏剧性和学院派的礼仪，而只是从善意的角度来看，如果我们忘记人们利用这些驯养的动物来发展生意，那么与海豚一起潜水会给您留下难以忘怀的记忆。总有一个时刻，您会感受到您与动物之间建立起了一种沟通。这是一个值得体验的时刻，因为没有语言能表达这种情感。

图 1_ 灰色神仙鱼
某些弓纹刺盖鱼表现出好奇心和令人惊讶的平易近人，任凭潜水者靠得很近。

图 2_ 仙后鱼
您不可能认不出蓝嘴新娘，它闪亮的外表呈现出荧光的效果。这种鱼经常出现在礁石上的柳珊瑚和鞭珊瑚中间。

图 3_ 法国神仙鱼
体侧有明显的黄色斑点的法国神仙鱼表现出对潜水者的信任。这种鱼通常出双入对。

鲨鱼催眠师

在大巴哈马岛，喂食鲨鱼的潜水活动通常以一种完全超现实的场景结束。穿着锁子甲的专业人员开始抚摸一条鲨鱼的鼻子（最好是一条胖胖的雌鲨鱼）。此时，这条鲨鱼表现出惊人的顺从，减慢了它的动作，直至一动不动。潜水者可以将鲨鱼垂直搂在怀中，让它转身，然后随意把它调整到水平位置，让它背朝下躺着！

这种惊人的现象被称为"紧张性麻痹反应"。抚摸鲨鱼的吻会使它沉入麻痹状态，可以持续好几分钟。这是一种装死的本能防御机制，我们在某些陆生动物身上能看到，尤其是各种蛇，甚至兔子。

当鲨鱼背朝下时，它的大脑会分泌超剂量的五羟色胺；另外它的鼻子里有多个传感器（洛伦兹壶腹）。抚摸鲨鱼会使它肌肉放松，从而出现我们看到的静止状态。

适宜时期

巴哈马群岛的天气很好，几乎都在傍晚甚至夜里下雨。正因如此，这些岛在欧洲大假期间（7月和8月）才如此兴旺，因为欧洲那时正是降雨最多的时期，月平均降水量为150—200毫米。

气温几乎从未低于16℃，6月初至10月中旬，白天的气温时常超过30℃。潜水的理想时期是1月至4月，这几个月气候最干燥，确保了海水更清澈。注意，由于3月是游客最多的月份，价格可能会高到令人不敢问津。

实用信息

巴哈马的游客90%都是美国人，这也保证了所有活动"没有惊喜"。这在某种意义上是一个优势，因为在出发时就提供给您的服务细节总是与您得到的服务完全相符。作为代价，永远没有私人定制的余地（或者需要支付更高的价格），更不会有即兴安排、自由发挥、法式D方案……或者某种程度的冒险。

1965年成立的尤尼克索潜水中心位于卢卡亚港（Port Lucaya）的海滨，这是一个非常有名的购物区。尤尼克索中心经历了很大的发展，几乎垄断了大巴哈马岛的潜水生意。它有七艘游船、一个游泳池、一家餐厅、一家销售潜水装备和沙滩服饰的大商场（两层楼），甚至还有一家博物馆，展示该中心自创建以来使用的装备的发展历程。

图1_ 心醉神迷的时刻
当游船航行到大海上时，海豚们在船的近旁嬉戏，做出各种花式跳跃，可与世界上最好的海洋公园里的表演相媲美。

图2_ 一个令人印象深刻的组织
半个世纪以来，尤尼克索潜水中心实现了大巴哈马岛的水下旅游"产业化"，同时用一种令游客陶醉的引人入胜的接触将它的服务戏剧化了。

1

在巴哈马停留 3 个月以内不需要任何签证。但需要一份停留期满后至少 6 个月有效的护照和一张返程或前往其他国家的机票。

几点建议

孩子们可以（在家长的监护下）与海豚进行初级接触，但是只有身高达到 1.4 米的儿童才能被允许与宽吻海豚共游。海豚的"语言"是由清脆的撞击声构成的，因此只需要用舌头重复发出轻微的咔嗒声就可以吸引它们的注意力。

要想拍到好看的影像，您最好远离驯兽师，因为如果海豚优先游向他，那么在与他接触时会扬起许多颗粒物。

实践指南	潜水等级 ★★ 潜水质量 ★★★★ 鱼类 ★★★	环境 ★★★ 感觉 ★★★★ 生物多样性 ★★★	摄影摄像 ★★★★ 旅游价值 ★★★ 性价比 ★★★

一月	二月	三月	四月	五月	六月	七月	八月	九月	十月	十一月	十二月
23℃	24℃	25℃	26℃	28℃	29℃	30℃	30℃	30℃	28℃	26℃	24℃
25℃	25℃	25℃	26℃	26℃	27℃	28℃	28℃	28℃	27℃	27℃	26℃

加勒比

巴哈马 BAHAMAS

74

小巴哈马海岸
食人魔的巢穴

1

需要航行两小时才能到达位于码头以北20海里（约37公里）的老虎滩（Tiger Beach）。这个地方是斯科特·史密斯（Scott Smith）船长在二十世纪八十年代末发现的。这个区域是被一些救生潜水员报告的，他们在那里发现了两艘古老的沉船。

巴哈马群岛原名叫留卡斯群岛（îles Lucayes），大部分经济收入来源于旅游业。欧洲人和更多的美国人跑到这里来享受沙滩、阳光、娱乐场和潜水。

在墨西哥湾暖流的沐浴下，巴哈马群岛的礁石巨大而多姿。科学家们估计它们占据了全球珊瑚生态系统的5%。几年以来，佛罗里达州附近的这个群岛因为人类与大型深海捕食动物之间的互动而享誉世界。继海豚之后，西区（West End）如今是虎鲨和其他鱼类的圣地。

在小巴哈马海岸（Little Bahama Bank）能遇见鲨鱼和海豚，北面有一片月牙形的沙质浅滩将大巴哈马岛与阿巴科群岛（îles Abaco）分隔开来。

观赏鲨鱼和海豚的探险之旅的起点是从老巴哈马海湾（Old Bahama Bay）到西区的海滨。西区是大巴哈马岛上最古老的城市，有1.5万居民。西区也因为钓鱼运动而闻名，从弗里波特港出发乘车45分钟，或者从佛罗里达州的棕榈滩出发乘船航行55海里（约102公里），就能到达那里。

老巴哈马海湾有非常美丽的海滩。它的海滨也是可以乘夜间游船到达的巴哈马群岛的唯一入口。

这是一片宽阔的礁石，某些地方凹陷进去，形成类似浅滩的沙洲。这些很浅的（6—12米深）无遮盖区域更有利于见到鲨鱼。

每个船长都小心地保守着他根据经验选择的锚泊地周围的秘密。他通常会在那里停一整天，除非鲨鱼不出现，说实话，这种情况很少见，因为船员们会想方设法吸引鲨鱼。船员们向水中撒一些鱼饵（用鱼做的诱饵），不到半小时，多条鲨鱼（往往有十几条）就在船的周围打转。潜水者潜入水中时，水手们在海面上喂鲨鱼。船宿潜水与礁石潜水交替进行，人们常常在穆丽尔花园（Muriel's Garden）、公牛栏（Bull Pen）或黄金（El Dorado）这些多彩的礁石上喂食加勒比礁鲨。

在名为"奥林匹亚山"（Mount Olympia）的一处很深的峭壁上，会组织喂食大型双髻鲨的活动。这些鲨鱼通常在潜水者无法到达的深度出没。人们把鱼饵扔到30米深的海底，吸引这些鲨鱼游上来。

在距离西区35海里的白沙脊（White Sand Ridge）周围航行是为了见到沙质海底上的海豚。一整年中，主要是5月至8月，成群的斑点海豚和宽吻海豚都会在小巴哈马海岸的浅水中游来游去。它们用吻突翻动沙子，寻找贝壳和小鱼为食。在6—15米深处的一片格外清澈的水中，这些可爱的哺乳动物接受与屏气潜水者嬉戏的机会。

图 1_ 虎鲨与鲹鱼
在老虎滩，虎鲨身旁常常伴随着棒鲹，一种 40—50 厘米长的鱼，可以从它贯穿背部和尾部的黑线分辨出来。

图 2_ 平静而好奇的捕食者
在沙质海底保持静止的潜水者可以看到一些大型捕食鱼类在安静地游泳，照片中是两条柠檬鲨和一条漂亮的虎鲨。

图 3_ 令人震撼的面对面
继大白鲨之后被视为对人类最危险的物种的虎鲨在老虎滩海域常常靠近潜水者，距离不到一米。

加勒比

1 2

图 1_ 柠檬鲨
短吻柠檬鲨体长超过 3 米,不怎么记仇,但与波利尼西亚的另一种也叫柠檬鲨的鲨鱼一样给人留下深刻印象。

图 2_ 齿牙毕露
撒在水中的气味浓郁的诱饵引诱了这条柠檬鲨做出咬猎物的动作,让我们欣赏到它的大嘴。

图 3_ 全副武装的巡逻
虎鲨的特点是它们那武装着尖锐的三角形牙齿的大嘴(宽度纪录为 84 厘米)。

有趣的物种

虎鲨因可能会吃人而闻名。曾有人报道在太平洋发生过虎鲨袭人事件,而且都发生在海面上。但是我十多年的潜水经验和几百次与虎鲨的邂逅经历说明,大西洋的虎鲨丝毫没有攻击性。

在巴哈马水域中观察到的虎鲨态度非常谨慎,游速缓慢。事实上,这种超级捕食者在海面觅食时会表现得更具攻击性,它们会袭击海鸟或吞掉一些动物骨架和残渣。

在小巴哈马海岸的浅水中,虎鲨表现得更加平和。它们夜间在海岸附近觅食,追捕海龟、鳐鱼和龙虾,然后回到海里消磨白天的时光。

尽管这种鲨鱼以独来独往、神出鬼没、昼伏夜出而闻名,但人们有机会在这里一次潜水过程中见到多条虎鲨。虎鲨的体形可以大到令人震惊,人们经常在媒体上见到"体长 7.4 米、重量超过 3 吨"这类荒诞的数字。据官方记录,2004 年 3 月 28 日在澳大利亚捕到一条重 810 公斤的虎鲨,这已经非常惊人了。在老虎滩见到的虎鲨体长通常在 2.5 米至 3.8 米,如果在开放水域中遇见它们,您一定会肃然起敬,这是肯定的!

与无沟双髻鲨的邂逅机会比较少,需要更多的耐心和运气……这种外表具有威吓性的深海鱼主要在 11 月至来年 3 月在这个海域出没。当地组织一些与这种超级捕食者共游的特殊探险活动。

这些无沟双髻鲨可以从它们又长又尖的背鳍分辨出来。它们的体长可达 6 米,但在这里遇见的大部分无沟双髻鲨很少超过 4.5 米长。它们主要在黄昏时觅食,被认为是凶猛的捕食动物。

在巴哈马海域很容易见到两种海豚。一种是宽吻海豚，在这里被称为"瓶鼻海豚"，表现得相当胆小和冷淡；另一种是花斑原海豚，性情非常平易近人，体长不超过 2.5 米，可以从它带有较深斑点的灰色身体辨认出来。

无所不知

巴哈马群岛的圣萨尔瓦多岛（île San Salvador）或许是克里斯托弗·哥伦布 1492 年 10 月 12 日靠岸的新世界的第一片土地。

巴哈马群岛很久以来一直是英国的殖民地，于 1973 年 7 月 10 日独立，但仍属于英联邦，其官方国家元首是英国国王查尔斯三世。这个以"生态绿洲"自居的国家因其自由港的地位，以旅游业（占国内生产总值的 60%）和银行业为主要经济来源。

■ **我们的忠告**

喜欢刺激的潜水者会非常享受完全自由地与这种体形完美到令人惊叹的捕食动物面对面的经历。

冒险经历

原海豚的法兰多拉舞

　　1991年，在我们为《加勒比的80个潜水胜地》（哈歇特出版社）一书做采访时，帕特里克和我去了大巴哈马岛，拍摄一些大西洋花斑原海豚的照片。我们在弗里波特港登上了一艘在"二战"期间用作医疗船的丹麦旧船。那个舒适度一言难尽……我们的计划是在白沙脊周围水域绕几圈，白天在海洋中探寻露出水面的鱼鳍……当我们有点忧愁地在沙脊上潜水时，只模模糊糊地看见远处有一小群海豚。就在与此前一样平淡无奇的一个上午结束时，驾驶室传来一声尖叫："海——豚！"一瞬间，我们跳进水中，这是一场不可思议的欢庆！到处都是花斑原海豚……这些与人大小相仿的漂亮动物在一片水晶般清澈的水中旋转，与我们擦身而过，仿佛它们需要与我们接触。一只海豚妈妈甚至游过来向我们介绍它的宝贝，而我们的女模特（见照片）得以攀住一只海豚的背鳍，让它带着自己游了一会儿。疯玩了半小时之后，这群海豚消失在汪洋中，留下我们意犹未尽，就像刚刚看了一场魔术表演。直到今天，我仍然纳闷是什么吸引了这些野生动物，为我们奉上了这场难忘的舞会。

雷蒙·萨凯

适宜时期

　　10月初至来年2月底，旅行社会组织观鲨船潜；专门观赏海豚的船潜则安排在6月初至8月中旬。建议您避开9月至11月龙卷风盛行的时期，此时航行条件很难掌握，海水也比较浑浊。

实用信息

　　白天的行程通常在清晨出发，理想的情况是在舒适的老巴哈马海滩度假酒店（Old Bahama Bay Resort）过夜。这种行程很适合初学者甚至非潜水者，因为某些潜水中心会安排在吊笼中观看鲨鱼，水面上的水烟系统为游客供气。

　　斯图尔特湾潜水中心离老巴哈马度假酒店不远。作为观鲨方面的专家，这家中心安排白天乘快船（能容纳8名潜水者）去老虎滩潜水。穿着锁子甲的专业人员用固定在一字刨端部的鱼喂食虎鲨！

　　坐落在佛罗里达州棕榈滩的吉姆·阿伯内西的水肺潜水探险俱乐部（Jim Abernethy's Scuba Adventures）是很有名的专业团队，有25年的观鲨经验。它建议7—10天的船宿潜水，乘坐20米长、能容纳10名潜水者的机动游艇"破浪"号（Shear Water）在小巴哈马海岸周围游玩5—7天。26米长、能容纳12名潜水者的"海豚梦"号（Dolphin Dream）和18米长、能容纳6名潜水者的"凯特"号（Kate）游艇也提供类似的行程。

　　从佛罗里达州到巴哈马群岛的航行（5—6小时）安排在夜间，第二天一早在西区市办理入境手续。

　　游船的舒适度说得过去，但仅此而已，景点没有任何可以远足的地方，因此船宿潜水只适合鲨鱼迷和海豚迷。考虑到无沟双髻鲨和虎鲨生性好奇且有潜在攻击性，您必须严格遵守潜水教练的建议。某些经营者会把一个保护吊笼沉入海底，让游客安静地观看喂食鲨鱼的过程。

航海天堂
巴哈马群岛提供了数不清的风景秀丽的锚泊地。
从大巴哈马岛出海，可以租用帆船，带不带船员
您说了算。

几点建议

与这样一群捕食动物面对面从来都不是无关痛痒的体验，您必须意识到它们的潜在危险性。因此，必须尊重它们。

想要靠近海豚，假装无动于衷似乎是引起它们好奇心的最好方法。另外，您还需要有良好的屏气能力。

在观鲨潜水过程中，建议您穿着 3 毫米或 5 毫米厚的暗色潜水服并佩戴手套。

注意，禁止佩戴白色或黄色物体（面镜、脚蹼），因为它们会使鲨鱼兴奋。建议您使用一台潜水电脑，因为潜水次数是不受限制的。

实践指南	潜水等级 ★★ 潜水质量 ★★★★ 鱼类 ★★★★	环境 ★ 感觉 ★★★★★ 生物多样性 ★★★	摄影摄像 ★★★★ 旅游价值 ★★★ 性价比 ★★★

一月	二月	三月	四月	五月	六月	七月	八月	九月	十月	十一月	十二月
23℃	24℃	25℃	26℃	28℃	29℃	30℃	30℃	30℃	28℃	26℃	24℃
25℃	25℃	26℃	26℃	26℃	27℃	28℃	28℃	28℃	27℃	27℃	26℃

加勒比

ATLANTIQUE
大西洋

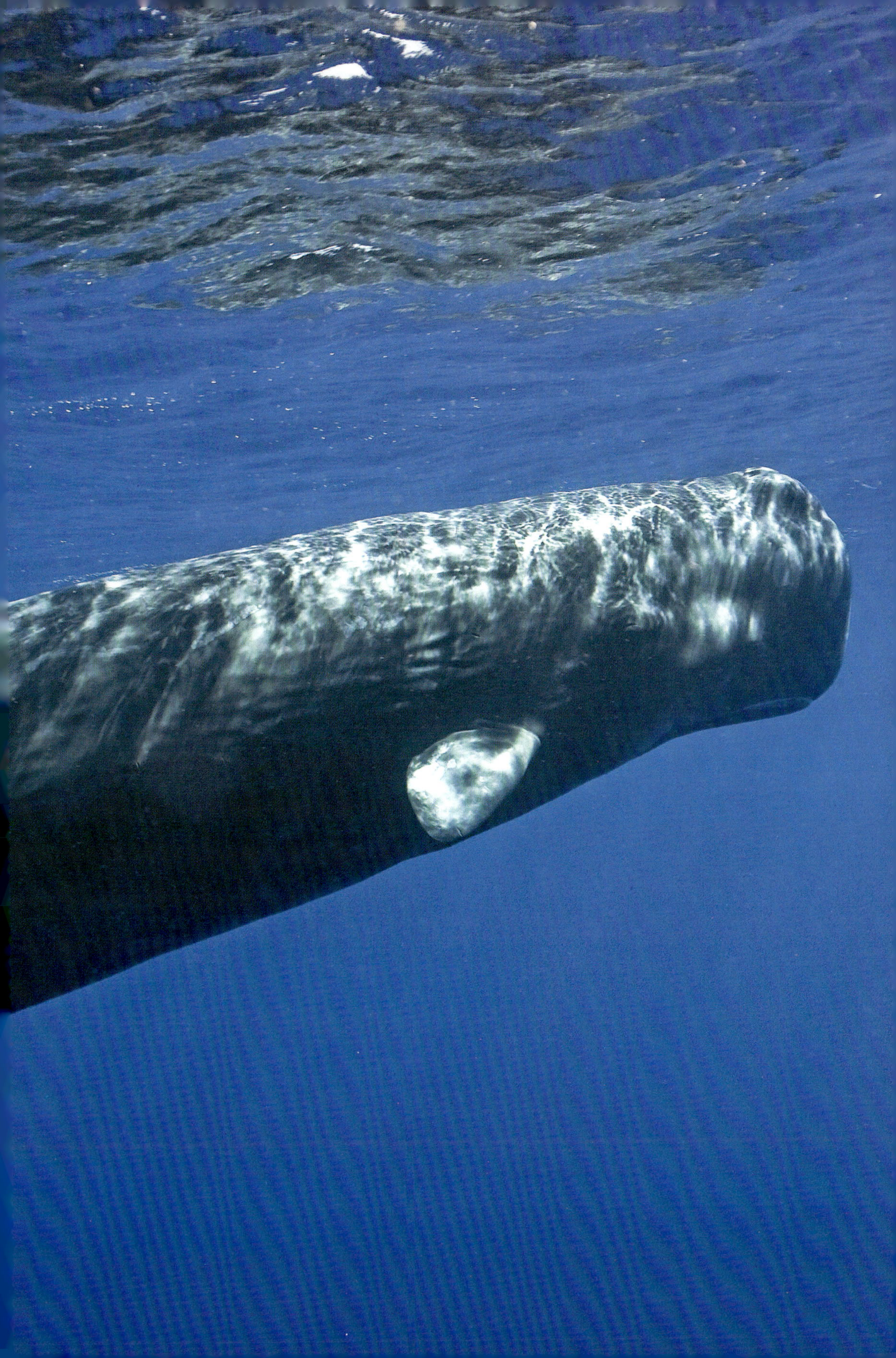

75 巴芬岛
78 马恩岛
79 贝勒岛
80 旺代
法国
76 亚速尔群岛
77 萨尔岛
塞内加尔
大西洋

面积为 8240 万平方公里（加上它的附属海，面积为 1.06 亿平方公里）的大西洋是世界第二大洋，仅次于太平洋，比印度洋大。它占据了地球海洋总面积的 23%。它的平均深度为 3926 米，海水体积为 323.6 亿立方公里，占地球总水储量的 24%。

大西洋北邻北冰洋，南接南冰洋；最宽处在合恩角（cap Horn）和好望角（cap de Bonne）之间，宽度达 6700 公里。

大西洋是一个较冷的大洋（海面温度 12—25℃）。它提供了非常有利于海底生物生长的条件，因为汇入其中的许多河流带来了大量营养物质。

尽管有这些优点，大西洋却是潜水者最少光顾的大洋，这或许是因为它包含的岛屿较少。当然，有人会提出异议，说中美洲和南美洲的海岸在地理上属于大西洋，但是在潜水者心目中，它们却属于加勒比海。

由于特殊的潮汐、较低的水温、多变的洋流和相对浑浊的海水等不利条件，大西洋是较难潜水的海洋。虽然有难度，但却令人着迷，因为人们会在那里见到非常特殊的动物群落和壮丽的地形构造。这是一些少人问津但值得一试的潜水胜地，它们会磨炼您的意志并给您留下深刻的记忆。

康吉鳗，海鳗鱼

这种给人留下深刻印象的鱼身体呈金属灰色，体长可达3米，生活在大西洋、芒什海峡和北海中。经常光顾石质海底的它是一种夜间捕食动物，有时具有攻击性。

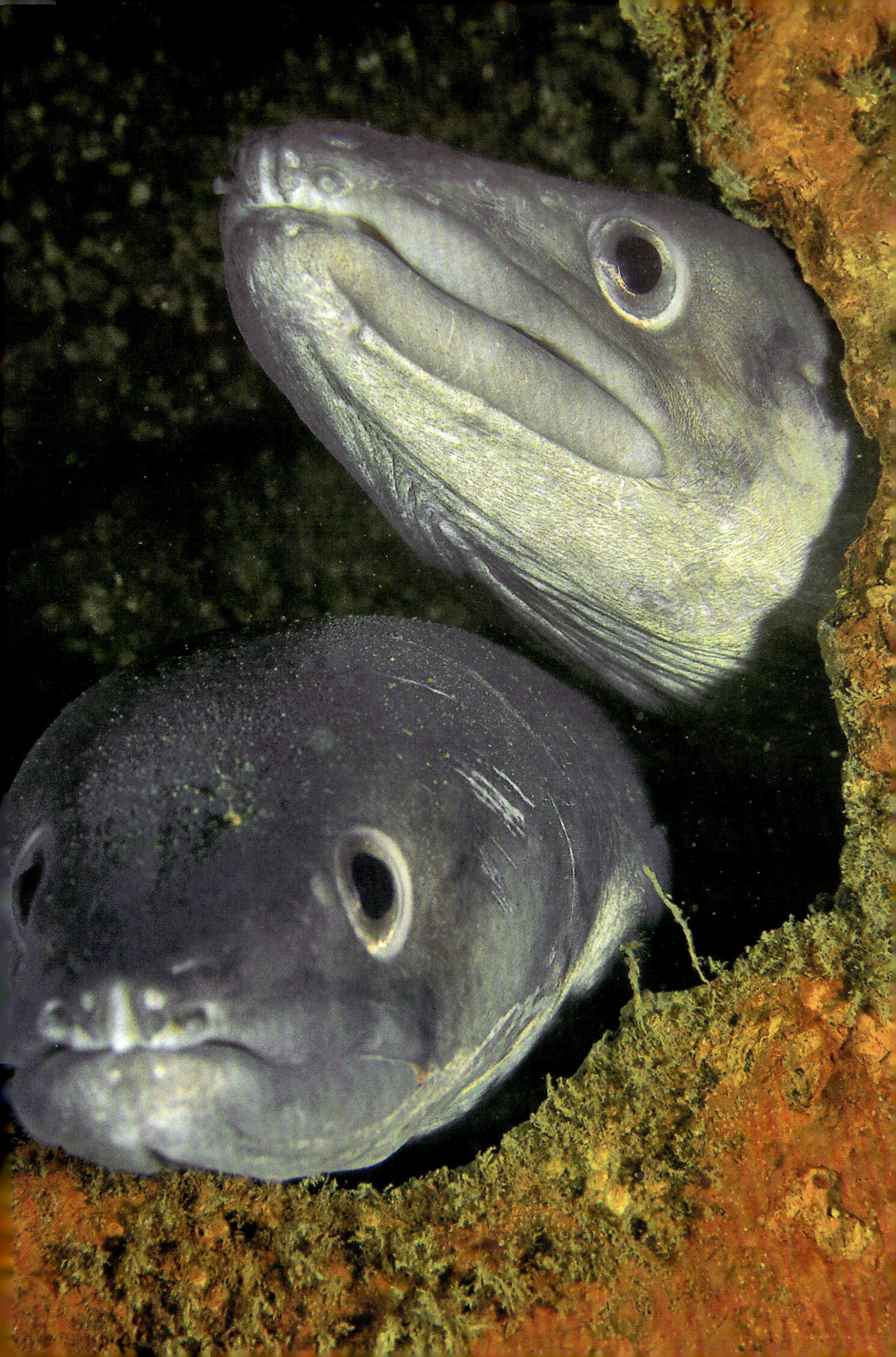

加拿大 CANADA

75

巴芬岛
冰河时代

在这个地区潜水需要到达"浮冰边缘"，即冰层与无冰水面的边界。我们乘坐雪地机车（当地人称之为"skidoo"）探险，每辆雪地机车牵引着一架雪橇——因纽特语称之为"qamutik"。

当我们的环球潜水之旅即将到达终点时，我们希望为您介绍一个例外反而更需要规则的地方。这个潜水胜地可以算是最终目的地，事实上又是纯粹而简单的冒险。

在因纽特语中，"Qikiqtaaluk"意为"巴芬岛"（Terre de Baffin），加拿大最大的岛，属于努纳武特地区（Nunavut）的北极群岛（archipel arctique）。巴芬岛面积超过 50.7 万平方公里，约为法国面积的十分之九，位于北纬 67℃，隔巴芬湾（baie de Baffin）与格陵兰岛（Groëland）相望。巴芬湾经由戴维斯海峡（détroit de Davis）和拉布拉多海（mer du Labrador）与大西洋沟通。

几乎全年结冰的巴芬海长 1500 公里、宽 550 公里，面积接近 70 万平方公里。

巴芬岛上居住着大约 1.2 万因纽特人，其中四分之三集中在伊魁特（Iqaluit）。这座城市位于弗罗比舍湾（baie de Frobisher），巴芬岛的东南部，也是努纳武特地区的首府。

在这个气候最不恶劣的地区生活着一些通常罕见且体形惊人的极地动物。与独角鲸一起游泳代表着热爱鲸目的自然主义潜水者潜水生涯的巅峰。这也曾是我们探险的目标，但全凭运气！

在但丁笔下梦幻般的大浮冰上行驶了整整两天之后，我们到达了独角鲸经常出没的海域。阵阵狂风暴雪是这个地区的日常。地形混乱而危险，有时需要跨越 1—3 米宽的裂缝。就像在某一部《007》影片中一样，雪地机车的引擎开足了马力，我们只需要闭上眼睛向前冲，希望这一跃不会掉进那看上去一

图 1_ 北极的食肉动物
主要以海豹脂肪和尸体为食的北极熊已被 IUCN 列为"濒危"物种。

图 2_ 潜水者的圣杯
独角鲸属于那种我们梦想有一天能遇见的几乎无法接近的动物。努纳武特周边海域居住着世界上数量最多的独角鲸。

图 3_ 长途航行者
独角鲸以家庭为单位成组活动,跟踪它们要捕食的鱼类。当海水开始结冰时,它们也会长途迁徙。

图 4_ 海里的独角兽
雄性(极少的雌性)独角鲸头上伸出的象牙般的长牙留下了各种各样的传说,其中有些想象它们有治疗作用。

点也不吸引人的蓝黑色冰水。敏感的心灵和装备,都请止步!

随后,我们不得不等待了漫长的一周,才等到水从冰壳中露出来,也才看见了最初的几头独角鲸。

当我们穿好密封潜水服后,还需要用 5 分钟时间把帐篷和行李卷起来,因为冰层正在逐渐裂开,可能会把我们所在的这块浮冰推到大海里。在大浮冰上扎营要求随时保持警惕,就像白天与我们待在一起的猎人们那样。

有趣的物种

我们的北极探险的主要目标——独角鲸是一种观察机会稍纵即逝的动物。在冰面下寻找北冰洋中的鱼类和头足纲动物的这些鲸试图进入浮冰的内部。为此,它们会取道冰湖,而这些未结冰的海水支流可能很宽。

与存在于同一水域的它的近亲——白鲸一样,独角鲸也属于一

角鲸科。它与其他齿鲸类——有齿的鲸类，如逆戟鲸、海豚、抹香鲸——的区别在于它没有背鳍且颈椎可自由活动。雄性独角鲸的体长可达 5 米，重量可达 1.5 吨。雌性独角鲸体形较小，通常没有那颗著名的长牙，体重很少达到 1000 公斤。这颗著名的螺旋形牙齿长度可达 3 米，0.2% 的独角鲸有两颗长牙，约 10% 的雌性独角鲸有长牙。

人们仍然不知道这颗长牙的准确作用，尤其是它的用途。但由于它内部分布着许多神经，它似乎被用作感觉器官。

独角鲸以鱼类、头足纲动物（枪乌贼、章鱼）和磷虾为食。它能够在水下几百米深处捕食，屏气 15—20 分钟。除了人类，它的天敌主要是逆戟鲸，还有极少数海象、北极熊和鲨鱼。

我们曾经有机会与海象一起潜水，它们是这个地区的常客。这种哺乳动物体重可达 2 吨左右，是我们见过的最有攻击性的动物之一。我们甚至亲眼看见一头雌海象狠狠地将它的长牙插进了一艘橡皮艇！巴芬岛西海岸的福克斯湾（bassin de Foxe）中居住着人类已知的最大的海象群之一。这里也是鲸类夏季分娩的一个地点。

海象几乎能吃掉它找到的所有东西，但是它对软体动物，尤其是贝类，表现出明显的偏爱。与流传甚广的一种观点相反，海象的长牙不是用来挖沙以寻找猎物的，而是用来炫耀以吸引异性的。

北极熊在这个地区也很常见，因为它们跟踪猎食者，享用它们剩余的猎物。这是一些可怕的捕食动物，观察它们时最好保持足够的距离，面对面往往是致命的。

图 1_ 很爱记仇的性格
与重几百公斤、长着 80 厘米长的獠牙的海象一起待在水下会给人留下深刻的印象，尤其是当这个动物很不随和时。

图 2_ 战士的大餐
一旦食欲得到了满足，海象们会几只一群聚集在大块浮冰上，随波逐流地小憩片刻。

无所不知

巴芬岛的名字来源于英国航海家威廉·巴芬（William Baffin，1584—1622），他是最早在这片冰封领地南部靠岸的欧洲人之一。

努纳武特地区自1999年4月1日起成为加拿大的一个地区（或省），并因此具有联邦州的地位，拥有独立于加拿大联邦政府的立法权限和主权。

2010年，《濒危野生动植物种国际贸易公约》（CITES）对该地区的独角鲸种群进行了一次非常严谨的评估，估计巴芬岛东部地区的捕获量高于限额，而且"实际捕获程度被判定是不可持续的"。这是由于因纽特人正越来越多地从事商业目的的捕猎活动。

■ 我们的忠告

北冰洋严酷、恶劣、危险、寒冷、令人难受、精疲力竭，但这里是多么神奇啊！雄伟壮丽的冰雪景观给人一种身处另一个世界的感觉（而这里的确也是另一个世界），与大自然的亲密接触和与非同寻常的动物近距离相处给人留下了难以磨灭的记忆。这是一个特别的目的地，在各方面都难以企及。就像雅克·布雷尔（Jacques Brel）唱的那样，"难以企及的梦……"

冒险经历

不要卖熊皮……
您没准保不住
自己的皮！

我第一次在北冰洋探险时，我们在大浮冰上待了一个半月，只有两次机会在水中看见了独角鲸。相反，只要独角鲸一现身，因纽特猎人就像有魔法般地出现了。一天，更准确地说是一天夜里（没有任何区别），几个猎人刚刚杀死一只雄鲸并把它拉上了一块大浮冰。他们仔细地割下他们要吃的皮，当然还割下了肯定会给他们带来丰厚利润的长牙。然后，他们把对他们没有用处的骨架直接丢弃了。整个过程持续了几小时，接近次日凌晨3点时，所有人都回去睡觉了，只剩下蒂娜和我。我们决定待在这副骨架的附近，因为从双筒望远镜里，我们看见了两只北极熊的身影。令我们震惊的是，一刻钟之后，这两只北极熊（因纽特人称之为"nanook"）就把这头独角鲸的肉吃得精光。在此期间，我们的向导背着他的猎枪，蜷着腿——睡着了！在距离这场盛宴不到10米的地方，我拍下了这一幕，此时其中一只熊用后脚站立起来，发出一声怒吼。我小心翼翼地撤退之后，这只熊又重新开始吃饭。于是我再次慢慢地靠近它们，那只熊又发怒了。它朝我连续前进了几步，我同时接连后退了几步，最后这只熊与我之间的距离比它与独角鲸的距离还要近。后来，因为它还没有吃完它的大餐，我只得向一位猎人求助。这位猎人驾着雪地机车飞也似的冲过来把我抓上了车！这只熊紧紧追着我们跑了50米才停下脚步。这是我这辈子最害怕的经历之一！在我们与猎人们度过的那一周里，他们一死三伤，都是因为北极熊。这些外表如此温柔的动物在当地被看作最无情的杀手。

帕斯卡·科贝

适宜时期

北极的春天（从 5 月中旬至 6 月底）是最适合潜水的时期。在夏季（7 月和 8 月），气候条件没有那么恶劣，但由于气温回暖导致大量浮冰，潜水区域的进入通道可能被堵塞。

巴芬岛几乎全年都刮北风。伊魁特的年平均气温为 - 9.5℃。与之相比，同一纬度的冰岛首都雷克雅未克（Reykjavik）的年平均气温为 5℃。

实用信息

加拿大的北极地区值得一游。从法国乘飞机到渥太华没有任何问题，大约需要 10 小时，在法兰克福、蒙特利尔或纽约转机。但之后要到达北极湾城（Arctic Bay）或庞德海湾（Pont Inlet），就是另一回事了……在伊魁特转机的航班理论上需要 5 小时，但因为临时遭遇恶劣天气，您可能需要一天……或者像我们一样，需要一周！因此您可能在整个加拿大从一个城市逛到另一个城市，等待可用的航班和可接受的着陆条件。这种情况在当地被委婉地称为"幸运的气候天窗"。

几家专门从事极限旅游的旅行社，如荒野疆域（Étendues sauvages）或北极王国（Arctic Kingdom），提供去巴芬岛看独角鲸的行程。潜水者从专门设在大浮冰上的营帐出发去潜水，这是受到了非洲狩猎远征的启发，但在这里，人们当然是住在双层采暖帐篷里的。

图1_被海鸥占领的冰山
春天，巴芬岛上有大量各种各样的鸟类群落，就像照片里的三趾鸥。

图2_避开不怀好意的闲逛者
尽管外表温顺，北极熊却是浮冰上最危险的动物。徒步遇到北极熊，有一半概率会送命。

几点建议

　　当您在北极旅游时，不要相信那里的天气，也不要相信那里的物价。要知道您在北极购买一周的冒险行程的价格可以在波利尼西亚的豪华宾馆住两周……

　　太阳在 5 月和 6 月会照耀一整天（如果不下雪的话），您有必要准备一副眼罩，以便睡个好觉。潜水时当然要穿密封潜水服，而独角鲸，像大多数海洋哺乳动物一样，需要屏气靠近。

实践指南	潜水等级 ★★★ 潜水质量 ★★★ 鱼类 ★	环境 ★★★ 感觉 ★★★★ 生物多样性 ★★	摄影摄像 ★★★★ 旅游价值 ★★ 性价比 ★★
一月	二月	三月	四月	五月	六月	七月	八月	九月	十月	十一月	十二月
-25℃	-20℃	-15℃	-10℃	-5℃	5℃	8℃	8℃	0℃	-5℃	-15℃	-20℃
❄	❄	❄	❄	-1℃	0℃	1℃	2℃	0℃	❄	❄	❄

大西洋

葡萄牙 PORTUGAL

76

亚速尔群岛

停止挑逗鲸类！

岛的周围分布着 50 多个潜水点，礁石、拱门、洞穴、隧道、峭壁形成了杂乱无章的结构。这些壮观的背景弥补了珊瑚礁的缺位。

图1_灰海豚
随着年龄增大而变白的灰海豚非常容易辨认，而且经常在亚速尔群岛海域出现。

图2_世界屏气冠军
巨大的抹香鲸可以潜水一个多小时。

图3_专心的母亲
怀孕14—16个月之后，雌抹香鲸至少要给幼鲸哺乳4年。

在距离葡萄牙海岸线 1500 公里的大海上，亚速尔群岛（archipel des Açores）绵延 600 公里。它的九座火山岛分别是：东面的圣玛丽亚岛（Santa Maria）和圣米格尔岛（São Miguel），中间的特塞拉岛（Terceira）、圣若热岛（São Jorge）、皮库岛（Pico）、格拉西奥萨岛（Graciosa）和法亚尔岛（Faial），西面的弗洛雷斯岛（Flores）和科尔武岛（Corvo），总面积为 2355 平方公里。新生的地形构成了对比鲜明的风景，平坦的耕地与云雾缭绕的山峰相映成趣。深谷割裂了山坡，崩塌的悬崖形成了与海洋平齐的奇特热带地台。

在群岛的西部有限的范围内，陆地仿佛是一块由冰岛的荒原、瑞士的高山和地中海的丛林拼成的花布。圣玛丽亚岛有多个潜水点，包括不同寻常的玛雅洞穴（Caverna da Maia）。在北面距离海岸 3 海里处，安布罗休浅滩（Baixa do Ambrosio）海洋保护区是不可错过的景点。在水下 20—40 米深处，夏天人们能看见大量聚集的褐背蝠鲼。这种罕见的鱼看上去像一条小型蝠鲼，当地人也错把它叫作蝠鲼。

另一个必去但难度更高的潜水点是距离圣玛丽亚岛 20 海里（约 37 公里）的蚂蚁岛（Ilhéus das Formigas）。几次地震在这片长 7 海里（约 13 公里）、深 70 米的海底沙滩上堆积了大量崩塌岩块。

许多无脊椎动物藏身其中，包括甲壳动物，而海里则游弋着双髻鲨、加拉帕戈斯鲨鱼、舵鲣、鲹鱼和蝠鲼……这个潜水点的洋流和深度对潜水技术的要求很高，只适合经验丰富的潜水者。

引人入胜的景点也需要良好的自控能力，"巴德霍斯超市"（Supermercado dos Badejos）在水下16—35 米深处。沿着惊人的陡峭的岩壁，生活着许多石斑鱼，它们在此处常见的牙鳕鱼群中捕食。

圣米格尔岛的南海岸附近有几个潜水点，距离坎普自由镇（Vila Franca do Campo）不到半小时航程，其中包括推荐给初学者的达卡卢拉拱门（Arcos da Caloura）。平静而清澈的海水 5 米见底，可以欣赏姿态各异的岩石拱门和一个向下延伸的洞穴。

这里的潜水条件与酒店拱门（Arcos do Hotel）相似，在那里，新手们可以在由海鳝构成的杂乱无章的背景中发现非洲虹鱼、扁鲹、鲆鱼和鲹鱼，甚至可以在那里进行浮潜。

"多利"号（Dori）货轮——又名"埃德温·L. 德雷克"号（Edwin L. Drake）——的残骸也很有趣，而且容易到达。这艘长 80 米的货轮于 1964 年沉没在 22 米深的海底。我们发现它的船体仍然完好无损，最高处在水下 10 米。据说摸一摸它的螺旋桨叶片会带来好运……

大西洋

有趣的物种

亚速尔群岛因海中多鱼而闻名，的确名不虚传。石斑、海鳝、舵鲣、鹦嘴鱼和鲉鱼为数众多，同时也不乏深海鱼（魣鱼、箭鱼、金枪鱼、鲹鱼）。

但是亚速尔群岛的盛名主要来自经常在此出没的 24 种鲸类。最常见的是海豚和圆头鲸以及 7 月和 8 月出没的抹香鲸。

抹香鲸与海豚相近（也属于齿鲸，因为它们有牙齿），但是体型与须鲸相近。成年雄性抹香鲸体长超过 16 米，体重超过 30 吨！雌鲸则小得多。

无所不知

1987 年捕鲸禁令颁布之后，亚速尔群岛为实践保护鲸类的承诺，在法亚尔岛的首府奥尔塔（Horta）创建了研究中心，同时在皮库岛的旧机库里开办了捕鲸者博物馆。

亚速尔群岛不允许与五种海豚一起浮潜，并禁止与其他鲸目一起游泳，包括抹香鲸。因此，海上活动仅限于乘船从海面观赏鲸类。

1427 年被葡萄牙探险家迭戈·德·西尔维斯（Diego de Silves）发现的亚速尔群岛是 700 万年前突然出现在海上的。某些人认为这个群岛是亚特兰蒂斯之谜中最后的遗迹，这也是当地的民俗之一！

藏着一千零一个奇迹的洞穴

亚速尔群岛以众多海底洞穴而闻名。最壮观的要数位于圣玛丽亚岛的玛雅洞穴了。一些熔岩通道形成了一座 100 米长的海底大教堂。水下 8 米深处的入口导向一个巨大的洞穴，光线从中间穿过。人们在这里可以观赏虾蛄、康吉鳗和裸鳃动物。20 米深处的洞底聚集着许多虹鱼。在这里潜水不会受到任何洋流的干扰。

在特塞拉岛的南海岸、正对费泰拉（Feteira）的山羊岛（Îlot das Cabras）位于水下 15 米深处，是藏在一面峭壁脚下的神奇的海底小洞穴。人们能在礁石凹陷处形成的光圈里看见一些鳐鱼，周围还有石斑、魣鱼和鲹鱼。

在弗洛雷斯岛，紧邻海滨的两个潜水点——公鸡洞（Gruta do Galo）和头骨角（Ponta da Caveira）聚集着石斑、鲹鱼等。

■ 我们的忠告

亚速尔群岛给人一种身处异国他乡的感觉，它的自然风光让人想起新西兰和波利尼西亚。在外海可以进行一些大型潜水项目，但恶劣的条件（涌浪、洋流）使这种潜水活动仅适合经验丰富、受过良好训练的人。观鲸活动可能激动人心，也可能令人失望。建议您选择专业机构，避开大众旅游项目。

图1_短喙真海豚
体重可超过100公斤的短喙真海豚是亚速尔群岛海域最常见的物种。它的特点是游泳速度快,时速可达50公里。

图2_宽吻海豚
体长3米、重300公斤的宽吻海豚通体灰色,也可以从它能发出超声波的凸起前额辨认出来。

图3_地球上的大型捕食者
抹香鲸几乎只吃头足纲动物,尤其偏爱它在1000多米深的海底捕到的巨型枪乌贼。这是一场人类永远看不到的巨兽间的战斗,只能通过抹香鲸身上留下的伤痕窥见一斑。

图4_深海猎豹
深海猎豹是盎格鲁-撒克逊人给短肢领航鲸起的绰号之一,因为它屏气游泳速度很快,几秒钟就能潜入水下300米。

冒险经历

与大青鲨一起胆战心惊地潜水

很久以来，我一直希望能拍到大青鲨。在亚速尔群岛的一次旅行期间，在乘橡皮艇离开法亚尔岛25分钟之后，我得以在汪洋大海中与大青鲨面对面。当时，我手里提着一个装满金枪鱼头和碎鱼混合物的桶，潜到橡皮艇以下10米深处，我们的潜水教练何塞（José）告诉我可能要等很长时间。在三小时无聊等待之后，一个流线型的身影出现在透明的海水中。一条大青鲨游来游去，使我们大饱眼福，直到气瓶只剩下最后一口氧气。我在水中所想的，首先是它其实没有那么蓝（当时我感觉它更偏灰色），也比我想象中要小（1.5米长），而且它一点也不怕生，以至于我有时需要用一只手温柔地推它一下。

不用一再重申，它在海面游泳时既没有攻击性也没有危险性。当我返回橡皮艇，把相机递给船长时，这条鲨鱼游过来摩擦我的双腿，我承认我当时感觉浑身战栗。三天后，我又遇到了四条大青鲨。最初的兴奋已经平息，我饶有兴致地花了更长时间去观察它们身上蓝色的反光，它们的确名副其实。因为流线型的身体、黑色的大眼睛和非常平易近人的性情，仅是大青鲨就值得您到亚速尔群岛一游……

帕斯卡·科贝

适宜时期

鲸类和深海鱼是亚速尔群岛海域的常客。然而，大西洋的夏季——5月至10月更适合潜水。5月是去亚速尔群岛旅游的最佳时期，因为那正是当地植物开花的时节。

实用信息

到亚速尔群岛，通常需要在里斯本（Lisbonne）或波尔图（Porto）中转。因为不可能立即转机，所以需要算一整天的行程。注意，只有特塞拉岛、圣米格尔岛和法亚尔岛有国际航班。要想到达其他岛，亚速尔航空公司提供航班加定期渡轮服务。除了从奥尔塔到皮库岛的频发快船（30分钟一班）外，从一座岛到另一座岛通常需要两三小时的航程。葡萄牙语是通用语言，因为亚速尔群岛的旅游业是关键产业，许多人都能用英语交流。您可以在乡间租赁一间民宿，分享当地特色美食和波尔图葡萄酒。

几点建议

如果您来亚速尔群岛只是为了潜水，而没有领略群岛的壮丽风光和独特的文化遗产，那可能有点遗憾。皮库岛和岛上海拔2351米的皮库山会让人一下子联想到夏威夷的一座岛。

古石爱好者可以在亚速尔群岛从前的首府英雄港（Angra do Heroismo）蜿蜒曲折的彩色小路上徜徉。这座巴洛克风格的秀丽城市已被列入人类《世界遗产名录》，瓦斯科·达·伽马（Vasco de Gama）和佩德罗·迪·阿尔瓦拉多（Pedro de Alvarado）都曾在这里停留。

如果在圣米格尔岛上稍事休息，您可以参观欧洲两大茶园之一。这里仍然秉承着1830年的传统，珍贵的茶叶始终是手工采摘和制备。在茶田中穿行，绿茶和红茶的芬芳扑鼻而来，大海的壮丽景色尽收眼底。岛上的三个植物园里种着奇特而繁茂的热带植物，也值得一游。

图1_火山群岛

在圣米格尔岛上，海拔856米的塞特·基克拉泽斯火山（volcan Seite Ciclades）的破火山口绵延5公里，上面覆盖着茂盛的植被，并形成了多个湖泊。

图2_抹香鲸——永远的象征

抹香鲸是亚速尔群岛的象征。几乎到处都能看到它的形象，就像这张照片中在圣米格尔岛上一个村庄的广场上。

实践指南	潜水等级 ★★ 潜水质量 ★★★ 鱼类 ★★★	环境 ★★★★ 感觉 ★★ 生物多样性 ★★	摄影摄像 ★★★ 旅游价值 ★★★ 性价比 ★★★

一月	二月	三月	四月	五月	六月	七月	八月	九月	十月	十一月	十二月
18℃	17℃	17℃	17℃	18℃	20℃	21℃	22℃	23℃	22℃	20℃	19℃
16℃	16℃	16℃	17℃	18℃	20℃	23℃	24℃	24℃	21℃	19℃	17℃

大西洋

佛得角 CAP-VERT

77

萨尔岛
荒漠旁边的蓝金

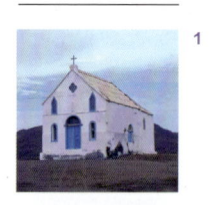

被库斯托船长誉为"非洲海岸的伊甸园"的圣玛丽亚近海的海底吸引着越来越多的潜水者。216 平方公里的萨尔岛有 20 多个不同的潜水点，集中在岛的南面和西北面。

佛得角群岛（îles du Cap-Vert）地处沙漠与海洋之间，由距离达喀尔 600 公里的海上散布的九座有人居住的岛和几座无人小岛组成。

位于群岛东北面、长 17 公里的萨尔岛（île de Sal）是向风群岛（Ilhas de Barlavento）六座岛之一。在这里，月球表面般的地貌和稀疏的植被与海底世界万头攒动的景象形成鲜明的对比。

从地质学上看，萨尔岛是火山爆发形成的佛得角群岛中最古老的岛。它是 5000 多万年前一次剧烈的火山喷发形成的。它是整个群岛中最平坦、最荒凉的一座岛。圣玛丽亚（Santa Maria）约有两万居民，自 2010 年起正式升级为市。位于岛南端的著名海滨浴场的边缘镶嵌着一片 8 公里长的细沙滩。它是举世闻名的风帆冲浪胜地，因为这里经常刮 5—7 级风。

如果说萨尔岛的制高点格兰德山勉强达到海拔 406 米，那么群岛中的某些岛屿，如福古岛（Fogo），则为多山地形，最高点福古峰（Pico do Fogo）海拔 2829 米，是一座活火山。大多数旅馆建在圣玛丽亚市，那些永远在建设的低层大房子不乏魅力，让人想起南方的印第安小村庄。住在圣玛丽亚市，比如潜水者经常光顾的海洋技术潜水中心（centre Technosea）所在的默拉贝萨宾馆（hotêl Morabeza），您可以很方便地享用岛南部的潜水点。这家宾馆建在该岛最美的海滩边上，以组织体育活动而闻名。

您也可能更喜欢豪华的美利亚托图加海滩酒店（Melia Tortuga Beach），它的水疗很有名，还有

图1_极简主义建筑
萨尔岛东北部的佩德拉卢梅教堂是该岛经营盐业的经济繁荣时期的一处遗迹。

图2_黑条锯鳞鱼
一群黑条锯鳞鱼的身旁伴随着几条刺棘鳞鱼。

图3_褐矶鲈
大西洋东部海域特有的褐矶鲈组成密集的鱼群生活。这种鱼体长30厘米，表现得自信而平静。

两个漂亮的泳池和一片无边无际的海滩。佛得角的海底给人的印象是曾在其他大洋见到过的所有生物在这里构成了奇特的大杂烩。它的景象与地中海相似，有崩塌的大岩石、洞穴、沙洲，珊瑚很少，只有几种甲壳动物和一些柳珊瑚。古代的火山活动雕刻出参差不齐的地貌，在阳光穿过水面时闪闪发光。

大部分潜水活动是在海里进行的，海上的浮标便于快速锚泊，不会毁坏海底。平均潜水深度20多米，没有特别的困难。然而，您需要当心洋流，它们的力量和突发性有时令人惊讶。

只需要航行15分钟即可到达最热门的潜水点——三洞（Les Trois Grottes）。这个潜水点位于插入水下18米的峭壁上，庇护着数不清的海底物种：龙虾、虾蛄、蟹等。潜水过程是参观结满黄色筒星珊瑚（Tubastrea sp.）的三个洞穴中的两个。再往东几公里，遗迹爱好者可以参观"圣安陶"号（Santo Antao）沉船。这艘1966年沉没的旧货轮的残骸位于水下十几米处。它的前后两端仍然保存得很好，为美丽的海鳝提供了一个方位标。不幸的是，这里的海水经常比较浑浊。

在岛的东北端，有两个潜水点——布拉科纳（Buracona）和雷格纳（Regona）。这两个潜水点的珊瑚较少，但可以参观火山洞穴。举世闻名的布拉科纳洞穴就像嵌入海岸的虹吸管。在这个很容易进入的潜水点，一条花岗岩的羊肠小道通往10米高的一个被称为"神奇洞穴"的空间，在那里，光线穿透了黑暗。

图1_鲼
组成密集的鱼群在海中行进的鲼是一种相当怕生的深海鱼，翼展可超过1.5米。

图2_尾斑刺尾鲷
作为大西洋这个海域特有的品种，尾斑刺尾鲷像与它同属的刺尾鲷一样，尾巴两侧各有一根锋利的棘刺。

更有经验的潜水者可以去两只眼（Dois Olhos）和绿龙虾（Langosta Verde）两个潜水点。在位于布拉科纳附近的这两个潜水点，您可以在水下15米深的几条狭窄通道中探险。您可以在那里观赏许多种类的甲壳动物，如龙虾、虾蛄，还有佛得角特有的裸鳃动物。在清澈的海水中，光线透进嶙峋的海脊间，揭开科幻般的景象。

有趣的物种

佛得角的生物十分多样。沉船周围的六线豆娘鱼或密集成群的砂大眼鲷任凭潜水者靠得很近。砂大眼鲷能变色，在感受到威胁时会变成鲜红色。这只不过是尝试唬住对方，因为它们完全不具有伤害性。

萨尔岛的主要趣味是在一年的某些时期出现的大型深海鱼。如果走运，一大群一大群的金枪鱼或鲔鱼会满足潜水者的好奇心。剑鱼、铠鲛鱼和其他容易捕捉的猎物的大迁徙吸引来许多捕食者，如双髻鲨和虎鲨。然而，遇见这些大型捕猎者的机会很少，最有可能见到它们的地方是庞蒂尼亚（Pontinha）潜水点，在那里探索过峭壁的洞穴之后，人们会迅速潜入外海。

双吻前口蝠鲼和翻车鱼是在外海可能遇见的惊喜，还有安静地游过来的海龟。体形庞大的睡鲨出现在安科拉（Ancora），一个很容易到达的潜水点，它们懒洋洋地在海底一块小悬崖边上呼吸氧气。

作为无可争议的鱼类之王，鲸鲨理所当然是明星。尽管很难遇见它，但6月至8月期间，在乔克拉萨（Choclassa）潜水点，您也可能与它不期而遇。这是一大片岩滩，从水下15米附近开始，一直延伸至水下300米。在蔚蓝色的大海中，总有金枪鱼、纳氏鹞鲼和各种鲨鱼游来游去。

无所不知

相对平坦的萨尔岛与佛得角群岛其他多山、树木葱郁的岛屿截然不同。因为没有天然饮用水源，岛上建有一家海水淡化厂，为生活在这个条件恶劣的岛上的居民供水。

由于常年遭受海风的侵袭，岛上一片荒凉的景象。您可以享受一望无际的细腻沙滩和天际线上的山丘；骑着四轮摩托在岛上闲逛也是理想的选择。频繁来袭的海风也使萨尔岛成为风帆冲浪和风筝冲浪爱好者的钟爱之地，尤其是12月至来年2月期间。

图3_刺棘鳞鱼
刺棘鳞鱼也被称为"松鼠鱼"，白天躲在洞穴的阴暗处，以蟹为食。

图4_拟态革鲀
拟态革鲀体长达1米。这是一种体表覆盖着非常粗糙鳞片的热带鱼。

图5_异齿鹦鲷
异齿鹦鲷也出现在地中海，是人们在佛得角遇见的颜色最鲜艳的鱼之一。体长50厘米。

图6_砂大眼鲷
砂大眼鲷可以从它的颜色、大眼睛和扇形尾巴辨认出来。它们成群地生活在礁石的凹陷处。

图7_黑孔海鳝
黑孔海鳝是当地特有品种，生活在结壳的筒星珊瑚周围。

图8_光鳞鲉
多刺、会拟态的光鳞鲉只生活在这片海域以及大西洋的非洲海岸附近。

大西洋

曾经是葡萄牙殖民地的萨尔岛是十四世纪被发现的，它的名字来源于岛东北部的佩德拉卢梅潟湖。盐田经营一直持续到二十世纪六十年代。

在佛得角，人们也可以在萨尔岛偏西 200 多公里的圣文森特岛（île de Sao Vincente）进行潜水。这个岛居民多得多，地形更加起伏，有壮丽的海底景观，峭壁和峡谷中聚集着数不清的鱼。但是那里的潜水条件更困难，因为时不时有强洋流，而且几乎总有让人难受的涌浪。

适宜时期

萨尔岛向风的位置使它特别容易受到信风的影响。因此您最好选择夏季（6—8 月）前往。这个时期的风力很少超过 2—3 级，大海相对平静，许多深海鱼类会在这个水域出没。夏季之外，海上会形成 6 米高的浪，水温下降至 18℃，能见度下降至 10 米，从而使潜水条件更加困难。

从 3 月中旬至 5 月底，等待游客们的是另一番景象。博阿维斯塔岛（Boa Vista）周围海域是北大西洋座头鲸唯一的繁殖地。一些潜水机构会组织从远处观看这场不可思议的海上芭蕾舞。

实用信息

圣玛丽亚这座小城有许多集住宿与俱乐部于一体的酒店提供全包套餐，也有一些人性化小客栈。岛上最古老的旅馆是默拉贝撒宾馆，它从二十世纪六十年代起就接待在此中途停靠的航空公司职员。从那时起，度假小屋逐渐增多，但热情好客的精神始终未变。距离这家宾馆两步之遥的海洋技术 / 水肺潜水队潜水俱乐部配备了鱼枪牌（Beuchat）潜水装备，每天组织两次出海，到 20 个潜水点潜水。作为岛上最早创建的潜水中心，它的座右铭是"探索未知"，精辟地概括了圣玛丽亚的潜水特点。

图 1_ 沙漠中的极致体验
在傍晚时分，驾驶摩托车穿梭于沙丘和海滩之间，可以欣赏到天色细腻的色彩变化。

图 2_ 盐岛
萨尔岛的名字来源于岛上重要的盐田，这些盐田曾是其经济支柱，直至 20 世纪 60 年代，此后，盐业开采逐渐被放弃。

■ **我们的忠告**

在萨尔岛，我们喜欢潜水点的方便可达、海底景色不浮夸的美，还有适宜季节里 30 米的水下能见度。海底生物的丰富性和它们营造出的虚幻氛围使佛得角成为潜水摄影师的首选目的地。水下生物的丰富多彩与陆上风景的千篇一律（甚至可以说荒凉）形成惊人的对比。但是这座岛因其浓烈的色彩而展现出一种不可否认的魅力。

几点建议

尽管萨尔岛给人一种广袤荒凉的印象,但它本身没有什么吸引人之处。除了在荒漠中步行或骑四轮摩托逛上一两圈之外,海上和海底活动才是焦点,把皮肤晒成古铜色或者与佛得角当地人来一场即兴足球赛,为什么不呢?他们可是足球迷!

多年以来,大规模捕鱼在佛得角迅猛发展,主要在博阿维斯塔岛和圣文森特岛附近。在这里捕到的青枪鱼(Makaira nigricans)可能会让海明威嫉妒得脸色发白。

圣玛丽亚湾(baie de Santa Maria)有两块暗礁深受冲浪板爱好者的喜爱,而风筝冲浪者和风帆冲浪者则在水平线处迂回而行。要想领略不同的景色,您可以游览博阿维斯塔岛,乘船到那里需要4小时,但返回需要差不多双倍的时间!

实践指南	潜水等级 ★★ 潜水质量 ★★ 鱼类 ★★★	环境 ★★★★ 感觉 ★★★ 生物多样性 ★★★★	摄影摄像 ★★★ 旅游价值 ★ 性价比 ★★★

一月	二月	三月	四月	五月	六月	七月	八月	九月	十月	十一月	十二月
22℃	22℃	24℃	24℃	24℃	24℃	26℃	28℃	26℃	24℃	24℃	22℃
19℃	19℃	20℃	22℃	22℃	24℃	24℃	24℃	24℃	24℃	22℃	20℃

大西洋

英国 GRANDE-BRETAGNE

78

马恩岛
与贪食者一起屏气

潜水主要在岛的东南面进行，因为这里的海底由布满贝壳的沙滩构成，在恶劣天气过后也能迅速平静下来；海水能见度始终很高。人们会避开岛的西面，那里的海底满是污泥。

马恩岛（île de Man）位于爱尔兰海（mer d'Irlande）中心，与爱尔兰、英格兰和苏格兰的海岸距离相等。这片领土是英国王权属地，但在政治上既不附属于大不列颠及北爱尔兰联合王国，也不附属于欧盟。不过它在某种程度上归属于查尔斯三世，因为他是马恩岛勋爵！

面向东北方、长53公里、宽21公里（面积572平方公里）的马恩岛被一圈壮阔的悬崖环绕着，其间点缀着长长的金色沙滩、旷野和草原。实际上，这是一个郁郁葱葱、景色较少变化，但岛的东北面冈峦起伏，最高点是海拔621米的斯奈费尔峰（mont Snaefell）。

鲜艳而透明的蓝绿色海水中聚集着许多五彩斑斓的鱼，它们营造出一种与热带海洋相似的氛围，海边种植的茂密的棕榈树更强化了这种印象。

如果我们没有搞错，这里的海水与其说比较温暖，不如说有点凉，水温常年在8—16℃之间变化！

马恩岛是一个不同寻常的原生态潜水目的地，还很少有人问津。因为有大量的浮游生物，它的海底世界十分丰富。由于远离所有的大河，无论风向如何，海岸附近的海水始终保持着很高的能见度。

与利物浦（Liverpool）相距不远的马恩岛多年来一直是该地区的海上运输中心。许多船舶因为

突变的天气和暗礁而在这里沉没。据估计，马恩岛领海内有 1500 艘沉船。这些位于水下 10—80 米的沉船提供了丰富的潜水可能性。

马恩岛南面的卡夫曼岛（Calf of Man）周围也有很多潜水区。这座小岛上只住着几位隐士，还有一些关于海盗和仙女的传说。

在卡夫曼岛的南面，伯鲁（Burroo）潜水点是最受好评的一个，它的名字似乎来自"viking borg"一词，意为圆形小丘陵。潜水者、海洋摄影师和生物学家都喜欢这里丰富多样的动植物群落，他们说这里的动植物可与大不列颠岛的媲美。

在陆地上，成群的矱——一种远洋海鸟——包围着岩石。陡峭的悬崖直插入水下 40 米深处。这种极端地形和大潮现象有利于非常多样的海滨和海底生物的生长。

卡夫曼岛已被列为自然海洋保护区。您在那里能看到海葵、礁石上的海绵、蟹和其他甲壳动物、水母、海蛞蝓（56 个不同品种）。您还可以在那里探索"费内拉·安"号（Fenella Ann）沉船，一艘 15 米长的捕捞扇贝的渔船。2002 年 11 月 9 日，它撞上暗礁沉没了。您有机会在水下 27—35 米深处探索这个仍然保留着木制帆缆索具的船体结构。

经验丰富的潜水者喜爱的另一个潜水点——桑德岛漂流（Calf Sound Drift）受到海浪的拍打和大潮的影响。在水下 25 米的海底，潜水者在清澈的海水中游动，周围是马恩岛最大的海豹群。

您还有可能见到在沉船残骸之间嬉戏的幼年海豹。这艘"麦克马斯特家族"号（Clan McMaster）是 1923 年沉没在 18 米深海底的一艘 128 米长货轮。"阿夫顿"号（Afton）沉船卧在 22 米深处，损毁得更严重，自 1896 年沉没后就在一块暗礁上保持着平衡。

您还会在 15 米深的棒棒糖洞（Sugar-loaf Caves）见到海豹。这是一个更容易到达的潜水点。人们拿着手电筒在那里探索一道道裂缝，里面藏着螯虾、蟹和蜘蛛蟹。"黄水晶"号（Citrine）于 1931 年 3 月 17 日沉没，卧在 15 米的海底，已经断为两截。这个点也被认为是比较容易的潜水点。

另外两艘被鱼雷击沉的汽船也受到马恩岛潜水者的喜爱。它们分别是"利物浦"号——1916 年 12 月 18 日被炸毁的一艘 60 米长的货轮和"环墙"号——1941 年 1 月 27 日沉没的一艘 43 米长的运输船。

图1_港海豹
港海豹是一种讨人喜欢但比较多疑的鳍脚类动物，体重可超过100公斤，是马恩岛的永久居民。

图2_无害的巨兽
几乎与鲸鲨一样庞大，但因一张巨嘴而更加惊人的姥鲨是一种贪吃但很平和的鲨鱼。

有趣的物种

可达 8 米高的大潮带来了大量的浮游生物，为多种动物提供了食物，最引人注目的有姥鲨、瑞氏海豚、海豹、逆戟鲸和鼠海豚。

毋庸置疑，马恩岛的水下明星就是姥鲨，世界上体形第二大的鱼类，每年夏天到这里的温水中避暑。姥鲨爱好者们蜂拥而至，想与姥鲨科的这个唯一的代表一起潜水。姥鲨属于鼠鲨目，因此外表与大白鲨最相像，与灰鲭鲨、长尾鲨和牛鲨也有相似之处。

但与它的表亲们不同，姥鲨是一种温和的鲨鱼，只吃浮游生物。当然，由于它那 10 米长、4 吨重的体形，尤其是那张巨嘴——张开时直径超过 1 米，看上去有点可怕。

为了觅食，姥鲨会吞下几立方米的水，从中过滤出浮游生物。在爱尔兰海中，海岸区域丰富的食物有时能吸引来数百条这种平和的巨兽。

图1_惊人的姥鲨
体长可达10米、体重可达4吨的姥鲨需要屏气观察,因为它会游到海面觅食浮游生物。

图2_看似可怕的鳍
姥鲨巨大的三角形背鳍非常像大白鲨的背鳍。

图3_强大而平和的动物
姥鲨强有力的尾巴使它能够看似毫不费力地在水中移动,游速达到2—3节,相当于一位游泳冠军表现最好时的速度。

图4_张开的深渊
这个巨兽张开它的巨嘴,能吞下一整个奥运会泳池的水量,它的上下颌上长着多排小牙,一共220颗。

无所不知

尽管海底生物丰富多样,但因为受到剧烈变化的大气条件的影响,马恩岛只吸引了数量有限的潜水者。传说中的"马纳南的斗篷"(Manannan's Cloak)就是证明。这种天气现象是指一种潮湿的浓雾在几小时里完全笼罩住了马恩岛。

传说马纳南(Manannan)——凯尔特人的海神,马恩岛的领主和保护者——在发生冲突时会将他的雾斗篷扔到马恩岛上以保护它。于是,这座岛看似消失了,就像消失在大海中,使入侵者看不见它了。

■ 我们的忠告

马恩岛对那些希望打破常规又不想去世界尽头的人充满了吸引力。这是一个新奇的潜水目的地,仍然保持了原生态。这个岛有难度不一的潜水点,可以使您在十分安全的情况下进行尝试,同时学会适应海潮和洋流的影响。尽管有点凉,但马恩岛的海水总是很清澈。您不可能败兴而归,除非马纳南发怒了,用他的秘密配方为我们炮制一场暴风雨。

适宜时期

观看姥鲨和一般的潜水活动通常在5月和8月间进行，这恰恰是马恩岛的旅游旺季。这个地区的年降水量超过1100毫米，所以几乎每隔一天就有一场雨（每月至少14天有雨）。

实用信息

岛南部的圣玛丽港上有两家潜水俱乐部，这里的潜水条件是最有利的。马恩岛潜水特许公司（Isle of Man Diving Charters）除了组织出海去半岛周围的伊林港（Port Erin）和卡夫曼岛之外，还可以提供住宿。装有250马力发动机的游船可容纳12名潜水者。导游们也非常善解人意。

探索潜水中心（centre Discover Diving）是圣玛丽港的第二个选择。它拥有精良的设施和一艘马力强劲的游船（600马力）。

从巴黎出发到马恩岛需要在曼彻斯特（Manchester）中转。如果您早早提前预订，可以得到非常优惠的价格。

住宿方面，圣玛丽港上主要是原生态的热情好客的民宿，比如亚伦之家（Aaron House）、巴拉罕之家（Ballahane House）、拼图咖啡旅馆（Patchwork Café Guest House）。火车站宾馆（Railway Station Hotel）也是不错的选择，它的餐厅很有名。

几点建议

因为马恩岛的海水总是比较凉，夏季需要穿7毫米厚带风帽的潜水服，而11月至来年3月期间，强烈建议您选用密封潜水装备。

图1_港海豹
可爱但多疑的港海豹不容易在潜水时接近。您必须在被拍岸浪搅乱的水中表现出极大的耐心，但与它接近的那一刻是多么激动人心啊！

图2_马恩岛的西南海岸
潜水就是在这种有点荒凉但非常闲适的环境中进行的。这里有数不清的避风小湾。

夏季，天气晴朗时，在伊林港附近浮潜会很惬意，您能看见海胆、螯虾和蟹。鹰巢酒店（Falcon Nest Hotel）是一家中档宾馆，但正对着大海，赏心悦目。

注意，您应仔细地计算潮汐。不要只相信报纸上公布的时间表，而应与当地俱乐部核实涨落潮时间。您还要当心海风，它们可能很快越刮越猛并卷起大浪，尤其是当风正对着潮水吹时。

实践指南	潜水等级 ★ 潜水质量 ★★★ 鱼类 ★★★	环境 ★★ 感觉 ★★ 生物多样性 ★★★	摄影摄像 ★★★★ 旅游价值 ★★★★ 性价比 ★★★

一月	二月	三月	四月	五月	六月	七月	八月	九月	十月	十一月	十二月
7℃	7℃	8℃	11℃	14℃	16℃	17℃	18℃	16℃	13℃	10℃	8℃
8℃	8℃	9℃	10℃	11℃	13℃	14℃	16℃	16℃	13℃	10℃	9℃

大西洋

法国 FRANCE

79

贝勒岛
原始的温柔

礁石堆中隐藏着布列塔尼海域特有的海底生物群落，包括本页插图中的某些象征性物种。除此之外，贝勒岛周围还有四艘著名的沉船。

图1_身体粗糙的近亲
海胆和海星是在岩石区和富氧水域共生的两种棘皮动物。

图2_蜘蛛蟹
仍然数量众多但已受到过度捕捞威胁的蜘蛛蟹身体只有20厘米，爪子伸展开后，全长可达1米。

图3_海葵上的蜘蛛蟹
与沟迎风海葵共生的蜘蛛蟹爪子长度可达10厘米。

作为布列塔尼大区岛屿中较大的岛，莫尔比昂省（Morbihan）的海上贝勒岛（Belle-Île-en-mer）位于基伯龙（Quiberon）近海15公里处。贝勒岛的面积为83平方公里，长15公里，最宽处9公里，岛上大约有5500名常住居民，但每年夏季能同时接待3万名游客。海水的侵蚀为这个海上小珍宝勾勒出80公里长的精致海岸线，海岸上点缀着许多礁石，有利于潜水探索引人入胜的海底世界。

从欧洲大陆出发横渡至贝勒岛的东海岸，刚一开船，贝勒岛就逐渐展现出它的魅力。最初是一条冈峦起伏的绿色线条，很快就出现了索宗（Sauzon）和专区政府所在地勒帕莱（Le Palais）港口的轮廓，还有港上矗立的沃邦要塞（citadelle Vauban）。作为岛上真正的政治和经济中心，勒帕莱既是面积最小也是人口最多的镇。

在岛的西面，参差的悬崖峭壁、被海浪拍打的深洞形成了原始蛮荒的特殊景观。陆地上多样的环境得以在水下重现，海底的地势也起伏不平。

正对着勒帕莱，"菲利普·埃里克"号（Philippe Éric）沉睡在海底。1983年，因为一场大火，这艘18米长的法国木制拖网渔船沉没在20米深的海底。向左侧卧着的这艘船残骸只剩下了一部分船楼。一些康吉鳗在长满了海藻的发动机残骸之间穿梭。

距离这艘沉船几百米处，宫殿暗礁（Basse de Palais）是在水下10—18米之间延伸的一块礁石平

台。初学者也可到达的这个潜水点看似一个海底花园，各种各样的生物麇集于此。

较难到达的"哈南"号（Hanan）是"二战"时期一艘 30 米长的荷兰近海船，平躺在 22 米深的海底。它是 1944 年 7 月 28 日被英国人击沉的。这艘沉船被一些不怕生的狼鲈当作夜间的住处。紧靠着"哈南"号的是它的护卫舰，一艘木制拖网渔船，也是被英国人击沉的，躺在 26—28 米深的海底。

岛的东北侧 25 米深的海底躺着美国货轮"堪萨斯"号（Kansan）。这艘船长 150 米，1917 年 7 月 10 日被一艘德国潜艇发射的鱼雷击沉。这艘沉船的状态很差，大部分被沙覆盖，但人们仍能在船身上看见蟹、螯虾、条长臀鳕、青鳕、海胆等。

贝勒岛北面有三个深受海底动物爱好者喜爱的潜水点。

马驹角（Pointe des Poulains）是归海滨艺术学院（Conservatoire du littoral）所属的小半岛，该学院于 2000 年买下了它。人们在小猪滩（Le Cochon）上潜水，这片浅滩几乎与水面平齐，对船舶很危险。在 20 米深处，一些裂缝里隐藏着大量非常有趣的无脊椎动物。

在马驹角南侧，距离索宗 2 公里的克尔佐角（Pointe de Kerzo）也因海底生物的丰富性而闻名。在 15 米深的海底，一些岩石断层和沙滩上生长着美丽的海扇，还有许多鱼类。

施特·弗拉兹湾（anse de Ster Vraz）因美丽的海滩而闻名，潜水者只有在风平浪静的时候才能进入。潜水是在暴露在海上的部分——大教堂（Les Cathédrales）里进行的，这是岩石中侵蚀出的一些巨大的洞穴，人们可以在其中与太阳光线做光影游戏。

恩乌尔姆岛（île En Oulm）是位于禁止入内的阿波塞卡利洞穴（grotte de l'Apothicairerie）正对面的一块礁石。礁石的南面有一条深入礁石内部的裂缝，人们可以毫无风险地潜入其中。这块礁石底部的洞穴也是如此，里面布满了蔓足动物——被一根小鳞茎固定住的甲壳动物，又称"龟足"（Pollicipes pollicipes）。它们已经非常罕见了。

有趣的物种

贝勒岛周边海域聚集了北大西洋常见的动物。最常见的鱼类是条长臀鳕（Trisopterus luscus），它们成群活动，与青鳕或者更少见的狼鲈生活在同一片水域中。它们捕食甲壳动物和软体动物。

另一种本地鱼是外表像蛇的康吉鳗。它白天藏在礁石的凹陷处，夜里出来捕食。这种体长超过 2 米的鱼始终很平和，除非遭遇伤害。

在春秋两季，人们也能在礁石附近见到大型凸颌鱼，即青鳕。

在贝勒岛周边海域常见的欧洲龙虾展示着它美丽的蓝色长衫。它只在夜间去海里觅食。最后，以肉质鲜美闻名的龟足是最奇特的甲壳动物之一。它把自己固定在被海浪拍打的礁石上，就像一只贻贝。生吃龟足是贝勒岛的一道特色菜，法国的这种蔓足动物几乎全部出产于这里（每年 50 吨）。

图1_扇贝
作为布列塔尼象征性的双壳类软体动物，欧洲大扇贝的特点是它那扁平的半圆形辐射状贝壳。这种软体动物生活在沙质海底，遭到过度捕捞。

图2_"隐姓埋名，幸福安定"
这也是大菱鲆的座右铭，它几乎全身隐藏在沙子里。尽管受到控制，但因肉质鲜美而深受喜爱的它仍然遭到过度捕捞，变得日益稀少。

图3_欧洲龙虾
这种独来独往的甲壳动物在所有礁石孔洞中很常见，它长着一对可怕的钳子，行为与夜行性秃鹫相似。

图4_石鲉
石鲉外表通红，长着模仿海藻的皮肤瘤，是一种匍匐着一动不动的拟态鱼。

图5_多刺海星
作为扇贝的天敌，细海盘车体长可达 50 厘米。它也以牡蛎和贻贝为食。

图6_螺旋管蠕虫
螺旋管蠕虫是一种管栖类环节动物。它伸展螺旋丝状触手来捕捉浮游生物，并且在遇到任何危险时缩回触手。

珍贵的鲍鱼

欧洲鲍螺是一种腹足纲动物，已经越来越珍贵了，它被视为亚洲餐桌上的首选菜肴，每年长大 1 厘米的鲍螺体长可超过 10 厘米，重量可达 300 克。它的褐色、浅红色或灰色螺壳的内侧覆盖着一层珍珠质。它是一种食草动物。

适宜时期

尽管贝勒岛全年都很美，但旅游业季节性使潜水俱乐部在 11 月和来年 3 月之间只在部分时间营业。相反，人潮涌动的 7 月和 8 月不总是非常令人愉快。最好的月份是 6 月和 9 月，可以避开增大潜水难度且使本已不太清澈的海水更浑浊的大潮。

实用信息

从基伯龙出发，乘船很容易到达贝勒岛。公有的海洋公司（Compagnie Océane）全年提供到勒帕莱的渡轮（45 分钟）。您也可以从南特机场乘飞机去贝勒岛。

金钟潜水（Angelus Plongée）是岛上的一家大型潜水俱乐部。它的"阿尔勒"号（l'Arles）游船长 9 米，可容纳 20 名潜水者。它也为 10—14 岁儿童提供培训。

几点建议

要想在舒适的条件下在贝勒岛潜水，7 毫米厚的全套潜水服是必不可少的。探索原始的基伯龙海岸可以见到其他沉船，尤其是沉入 25 米深海底的"法兰西"号（France）装甲舰。

■ **我们的忠告**

在贝勒岛潜水，您有机会在一种壮丽的外部环境中挑战相当艰苦的潜水条件。多变的天气、潮汐、有时很强的洋流、被干扰的能见度和较低的水温都是锻炼人的因素。习惯了在布列塔尼潜水的人第二天就能适应这本书上介绍的几乎所有地方，当然不包括极地海域。

不同寻常的环境
旷野、悬崖和沙丘构成了非常特别的环境，特有的野生植被在贝勒岛得到了很好的保护。

实践指南	潜水等级 ★★ 潜水质量 ★★ 鱼类 ★★	环境 ★★★ 感觉 ★★★ 生物多样性 ★★	摄影摄像 ★ 旅游价值 ★★★★ 性价比 ★★

一月	二月	三月	四月	五月	六月	七月	八月	九月	十月	十一月	十二月
8℃	7.5℃	9℃	11℃	14℃	16℃	18℃	18℃	17℃	14℃	11℃	9℃
12℃	11℃	11℃	12℃	14℃	16℃	17℃	19℃	18℃	16℃	14℃	13℃

濒临大西洋、连接布列塔尼大区和新阿基坦大区（Nouvelle Aquitaine）的旺代省面积为 6720 平方公里。省内大约有 70 万居民，且人口呈迅速增长趋势。

旺代的海滨有一个好听的名字——"阳光海岸"，因其多个海滨浴场而闻名：沙布勒多洛讷（Sables-d'Olonne）、圣吉尔克鲁瓦德维（Saint-Gilles-Croix-de-Vie）、约岛（Île d'Yeu）、努瓦尔慕捷岛（Noirmoutier）。但很少有人知道它们也是有趣的潜水区。

沙布勒多洛讷以沙质平原为特征。这是一座有活力的城市，人们在无处不在的阳光沐浴下过着悠闲自得的生活。潜水主要是在浅水区域容易到达的沉船上进行。

再往北走，约岛是在距离大西洋海岸 17 公里的大海上浮出水面的一片礁石，长 10 公里、宽 5 公里。岛的东部是细腻的沙滩和漂亮的渔村，如拉莫勒港（port de La Meule）和儒安维尔港（Port-Joinville）。避风的海岸气候温和，很像地中海的海岸。相反，岛的西面海风肆虐，海浪拍打着花岗岩峭壁。

十分平坦的努瓦尔慕捷岛长 18 公里、宽 12 公里，自 1971 年起，由一座桥与大陆相连。埃博蒂耶尔（Herbaudière）是该岛的主要渔港和游船港口。

在沙布勒多洛讷近海，法国邮轮"非洲"号（L'Afrique）——绰号"旺代的泰坦尼克"号——是一艘著名的沉船，但只适合经验丰富的潜水者。这艘船于 1920 年 1 月 12 日在沙布勒西南面的罗什宝讷（Rochebonne）海台附近沉没。船上的 602

法国 FRANCE
80
旺代
激烈冲突的记忆

1

旺代的各个潜水点的共同点是沉船，其中某些可追溯至十九世纪。

在沙布勒多洛讷，只有尼莫潜水 85 俱乐部（Nemo plongée 85）在 5 月至 9 月定期组织出海。该俱乐部以培训为主业，它的船最多能搭载 6 名潜水者。

图1_杜父鱼
这种鱼又名大头鱼，体长15—20厘米，隐藏在被海藻覆盖的礁石堆中，不怕生。

人中只有 34 人幸存。这艘沉船葬身于 48 米深的海底，船尾和船首躺在沙滩上。在毁坏的船体内部能看见六个锅炉。十几条鳕鱼在周围游来游去。

在较浅的海域，"让 - 马尔泰"号（Jean-Marthe）或"M-2412"号是沙布勒的一艘旧拖网渔船，被德国人改造成了辅助扫雷艇。1944 年 8 月 20 日，它在加拿大空军的一次空袭中被击沉。这艘躺在 12 米深浅色沙滩上的沉船是潜水入门的理想之地，这里有许多海洋动物。

沙布勒以北 45 公里处的圣吉尔克鲁瓦德维海滩有两处"二战"遗址。美国汽船"约翰·G. 麦卡洛"号（John G. MacCullough）于 1918 年 5 月 18 日被一艘德国潜艇的鱼雷击中。在 47 米深的海底，它的船体（82 米长）保存良好，但船首柱已倒塌。

1

2

472　　　　　　　　　　　　　　　　　　　　　　　　　　　　　　　　　　环球潜水攻略

图1_旺代的沉船上的常客
条长臀鳕无处不在,从它们身上的条纹很容易辨认出来。相反,龙虾总是躲起来,较少见到。

图2_沉船遗迹的守卫
在旺代沉船中,几乎总能遇见至少一条康吉鳗,它利用杂物堆作为白天的隐蔽处。

图3_条长臀鳕
总是营群居生活的条长臀鳕体长约30厘米,寿命为4岁。我们可以从它的三条背鳍和胸部底下的一个深色斑点辨认出它来。

图4_不太吸引人的钓鮟鱇
钓鮟鱇又称鮟鱇,是一种体重常超过10公斤的大鱼。它生活在沙质海底,以海藻为掩护。

图5_不要打扰康吉鳗
体长超过1.5米的康吉鳗喜欢沉船里的安静。这是一种长着强有力颌骨的捕食动物。

图6_欧洲舌齿鲈,最美的邂逅
欧洲舌齿鲈是石质海底的捕食者,喜欢被海藻覆盖的区域。它见到潜水者时会有些惊慌。

沉没时间更近一些的近海船"西姆库尔"号（Cimcour）保存状态很好。这艘长37米的船于1940年10月16日被一枚鱼雷轰破，葬身于40米深的海底。船上运载的水泥加固了它。

在约岛，138米长的邮轮"塞夸纳"号（Sequana）于1917年6月8日在拉莫勒港东南面被一艘德国潜艇击沉。散布了45米的船首柱和三个锅炉状态良好。

在岛的西北面，89米长的希腊货船"卡蒂玛"号（Katima）于1917年3月28日沉没，躺在48米深的海底。它的右倾的蒸汽机里居住着巨型康吉鳗和鲈鳕。

努瓦尔慕捷岛有两个著名的潜水点。SN1浮标在圣纳泽尔航道（chenal de Saint-Nazaire）中为货轮导向。在"一战"期间，德国潜艇用鱼雷攻击进入卢瓦尔河的军舰。在水下40米深处，还有多艘沉船身份未明。

1944年3月25日，U-976号德国潜艇露出水面时被皇家空军的飞机击沉。这是旺代海域最美的潜水点之一。这艘潜艇躺在50—55米深的沙质海底上，周围的海水通常十分清澈，整艘沉船非常壮观。人们无法潜入船体内部，因为船内空间非常狭窄且布满了电缆和管路。

无所不知

据统计，旺代海域有30多艘沉船，其中大多数是"一战"和"二战"期间被击沉的。第一次世界大战是由德国军队发起的潜艇战开始的，多艘货轮和近海船在加斯科尼湾（golfe de Gascogne）付出了代价。这主要发生在1917年，当时美国参战，并在南特（Nantes）和拉罗谢尔（La Rochelle）附近建立了最初的营地。

1940年，旺代被德国纳粹占领。由于它的长沙滩便于登陆，害怕美军到来的占领军加强了对它的守卫。因此，许多联军的舰船被驻守在圣纳泽尔和沙布勒多洛讷锚地的德军潜艇击沉。

适宜时期

与朗德省（Landes）和巴斯克海岸（côte basque）相比，旺代海岸的年日照时间达到2000小时，它也因此被称为"阳光海岸"。7月和8月的旅游旺季，很少有游客参观深海中的沉船，它们主要是为潜水入门和探索准备的。6月、9月和10月最适合探险。

图1_约岛的自然风光
位于南海岸的苏克斯湾（anse des Soux）是约岛最美的海滩之一，而且这里的洞穴都不深，是一个很容易潜水的潜水点。

图2_原始海岸
连接圣希莱尔-德-里埃兹（Saint-Hilaire-de-Riez）与圣吉尔克鲁瓦德维的旺代峭壁公路的边上是嶙峋的海蚀悬崖。

■ **我们的忠告**

旺代使沉船爱好者们欣喜若狂，前提是他们有丰富的潜水经验且习惯于深海潜水，因为最美的景观都在水下40米以下。在这一深度，海水惊人的清澈，尽管以绿色为主。虽然这里的动物与布列塔尼海域的相同，但似乎种类没有那么丰富，因为没有适合底栖动物生长的礁石堆。

实用信息

旺代的专业潜水中心不多：沙布勒多洛讷的尼莫潜水 85 俱乐部、约岛的水下消遣中心（Sub Évasion）和鹦鹉螺潜水中心（Nautilus Plongée）、努瓦尔慕捷岛的艾尔的气泡俱乐部（Bulle d'Her）。相反，我们发现了许多可以接待游客的俱乐部（见 FFESSM 的网站）。

如果说努瓦尔慕捷岛经由一座桥与大陆相连，那么要去约岛，则需要在拉巴尔德蒙镇（La Barre-de-Monts）的弗罗芒蒂讷（Fromentine）乘坐 45 分钟轮渡。

几点建议

海水总是很凉，即使夏天也是如此，因此 7 毫米厚整套潜水服是必不可少的。

沉船周围可能有强洋流和大浪，这使得潜水更偏运动型，并且需要潜水者非常习惯海上生活。

实践指南	潜水等级 ★★★ 潜水质量 ★★ 鱼类 ★★	环境 ★★★ 感觉 ★★★ 生物多样性 ★	摄影摄像 ★★ 旅游价值 ★★★★ 性价比 ★★★

一月	二月	三月	四月	五月	六月	七月	八月	九月	十月	十一月	十二月
6℃	7℃	9℃	10℃	14℃	17℃	19℃	19℃	17℃	13℃	9℃	7℃
12℃	11℃	11℃	12℃	14℃	17℃	19℃	20℃	18℃	16℃	14℃	13℃

大西洋

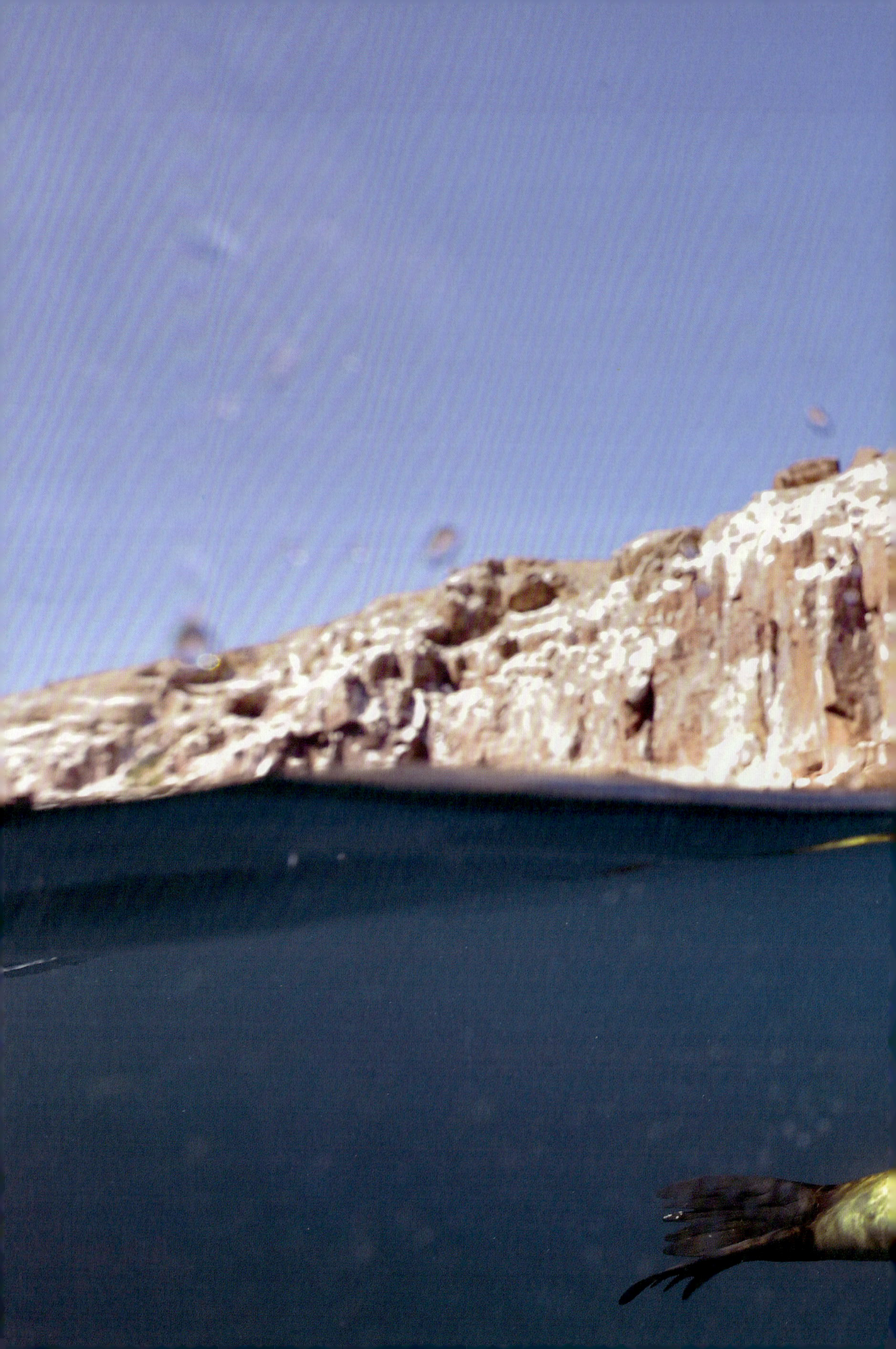

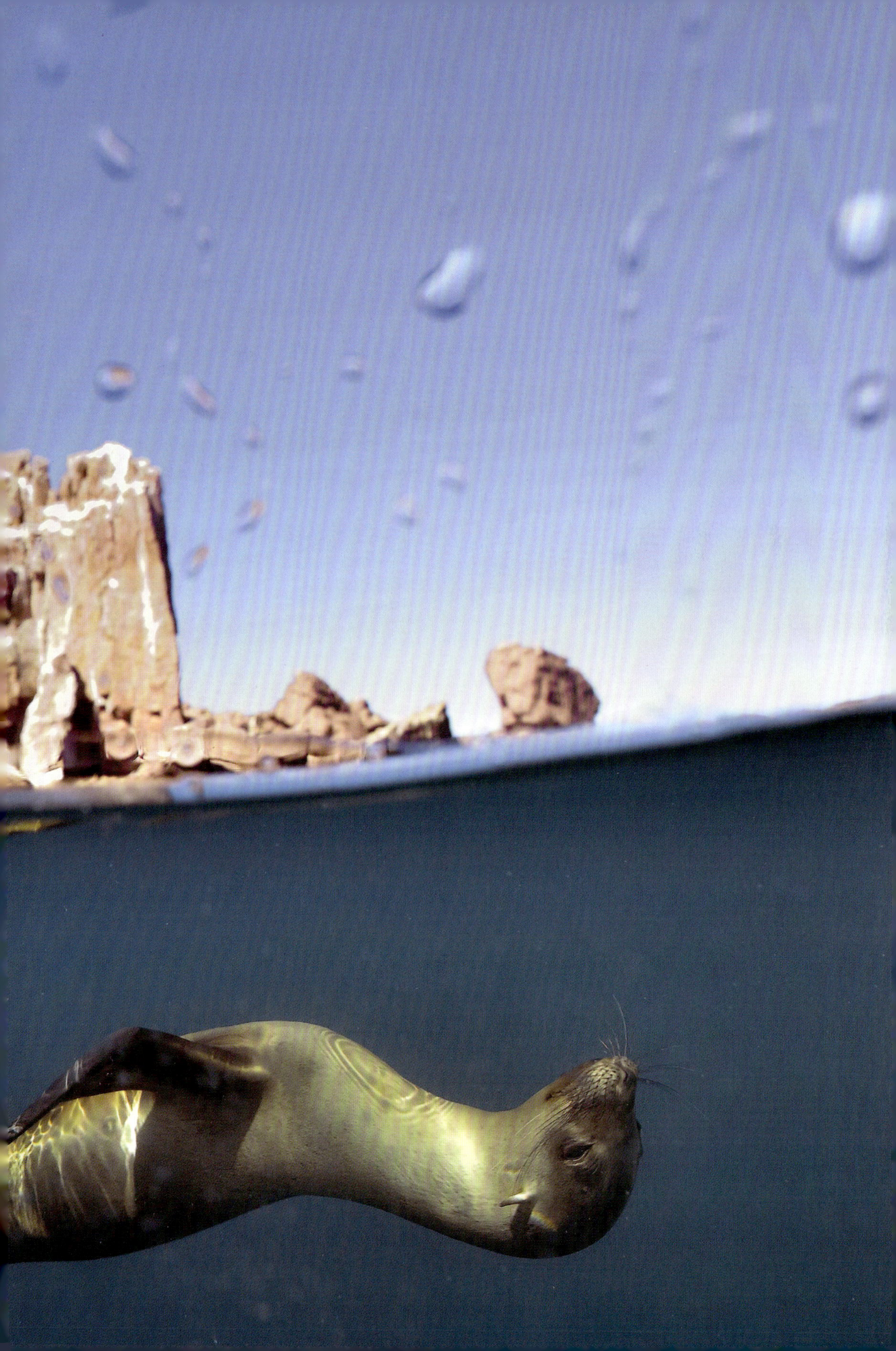

作者的自我介绍

我们热爱自然、海洋和海底世界，生活充满了冒险和旅行。我们既是尊重生物多样性的探险者，又是专注而好奇的见证者。我们希望通过这本书分享和传递我们的观察与邂逅……

作者的自我介绍

帕特里克·米乌拉纳（PATRICK MIOULANE）

因志向而成为自然主义者，因酷爱而成为摄影师，因信念而成为记者兼作家，我非常荣幸能在我的职业活动中接触大自然并与大众分享我对我们这个星球的自然之美的热爱。作为一个媒体人，人们通常将我视为植物与园林方面的世界专家。我注定成为潜水者要归功于库斯托船长，虽然我没有荣幸认识他，但他的影片《沉默的世界》开启了我追随"卡吕普索"号的冒险家们的足迹的疯狂梦想。我和我的老朋友和死党雷蒙·萨凯启航了我的第一次红海之旅，然后这个美丽的故事就开始了……

我最喜爱的照片：

数码技术问世之前，潜水摄影师遇到的最大困难是色彩的平衡与铺展，因为我们的所有调焦操作都是手动的。我喜欢这张红海的经典照片，因为它色彩鲜艳，尤其是橙色的刺尾鱼几乎对称的行进方向。我们只能在洋流中见到鱼类的这种规则的走向，其他时候它们都是向着四面八方乱窜。因此，这张照片包含着一个小小的技术成就，它也让我想起我钟爱的那些花园。

雷蒙·萨凯（RAYMOND SAHUQUET）

身为电影工作者和摄影师的我从《环球潜水攻略》这本书的创作伊始就参与了这场冒险。作为水下电影导演，我曾在土伦、昂蒂布和巴塞罗那的电影节上获奖。作为全球潜水旅游专家，我在近 50 年间经营着我自己的潜水旅行社，致力于让大众发现世界上最美的海底。如今，我与我的兄弟帕特里克（Patrick）经营着我们的视听制作公司 Omega 3D。这个公司在全世界范围内摄制关于陆上地貌和海洋的影片，并在 20 米银幕上播放它们，以展示陆地和海底世界的奇观。

我最喜爱的照片：

这张照片是我在科摩罗群岛的瓦约暗礁上进行的一次特别的潜水中本能地抓拍的少有的几张照片之一。那一天我被这一画面惊得目瞪口呆，作为观众观看了这幕鲜活的戏剧，并本能地按下了快门。当时我们的潜水即将结束，正在进行安全性阶段减压，突然，一种贪婪的疯狂控制了这些黑边鳍真鲨，十几条鲨鱼包围了我们，然后看也不看我们就全速游了过去，片刻，一切又恢复了平静。太神奇了！

作者的自我介绍

帕斯卡·科贝（PASCAL KOBEH）

1992 年，我离开金融界去马尔代夫生活，一直到 1998 年都在担任潜水向导。从 1996 年起，我成为潜水摄影师，酷爱自然和海洋生物的我曾两次在昂蒂布国际潜水摄影节上获奖。2005—2009 年，我有幸受雅克·佩兰委托，领导他与雅克·克吕佐合拍的影片《海洋》的摄影团队。拍摄对象包括逆戟鲸、抹香鲸、大白鲨、海象、须鲸，您在我们这本书中都能见到……这次不同寻常的历险让我认识了地球上的所有大洲和所有海洋，从那以后，我继续我的职业摄影师生涯，在热带和极地海域拍摄。

我最喜爱的照片：

在南澳与影片《海洋》摄制团队一起，我见证了一年一度的蜘蛛蟹大聚会。成百上千只甲壳动物在海底组成了一支行进的军队。如果我们躺在沙质海底，它们会盖满我们的全身。这种大规模的聚集是为了脱壳，因为这些蟹换壳时很脆弱。这张照片在 2010 年威立雅年度环境与野生动物摄影大赛（Veolia Environment Wildlife Photographer of the Year）上获奖。

利昂内尔·波佐利（LIONEL POZZOLI）

我于 1954 年 4 月 17 日出生在巴黎，是法国电力公司（EDF）的一名原子能发电工程师。我的海底潜水生涯是从 1978 年开始的，潜水摄影是从 1984 年开始的。我于 1992 年和 1993 年在一些享有盛誉的潜水摄影国际大赛中多次获奖，如昂蒂布国际潜水摄影节（Festival mondial de l'image sous-marine d'Antibes），并担任世界水下运动联合会（CMAS）摄影—电影—录像委员会主席十余年。这使我得以组织了八次世界锦标赛，并在法国国家水下运动和研究协会（FFESSM）视听委员会的帮助下设立了 CMAS 潜水者与摄影教练证书。如果说多维放映也算一种爱好，从 9 岁起，我就和雷蒙·萨凯一起热衷于 3D 照片与录像了。迄今为止，我已经在全世界进行了 8000 多次潜水。

我最喜爱的照片：

每张照片都令人回想起某个时刻、某次邂逅、某个背景。选择与放弃一样，我试着从过去找出一条线索，以便告知您一条未来的信息。这是一张简单的家庭合影，是在最后一次红海潜水中拍摄的，之后我就再次见到了本书的创作团队。神奇的巧合，三只海豚过来与索菲（Sophie）、亚恩（Yann）和利亚德（Liad）打招呼，他们三人在一周的船宿潜水之后回到了船上。

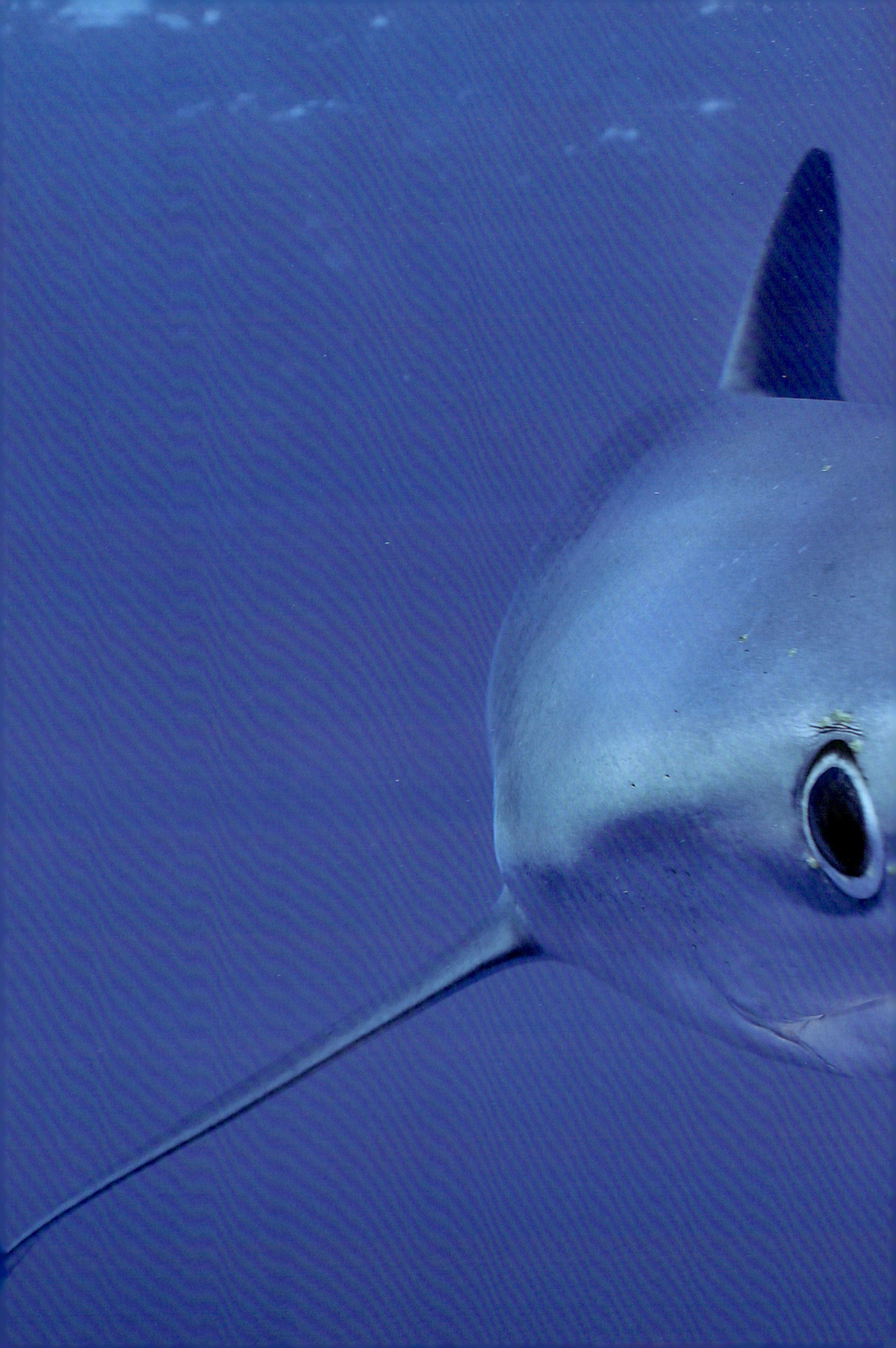

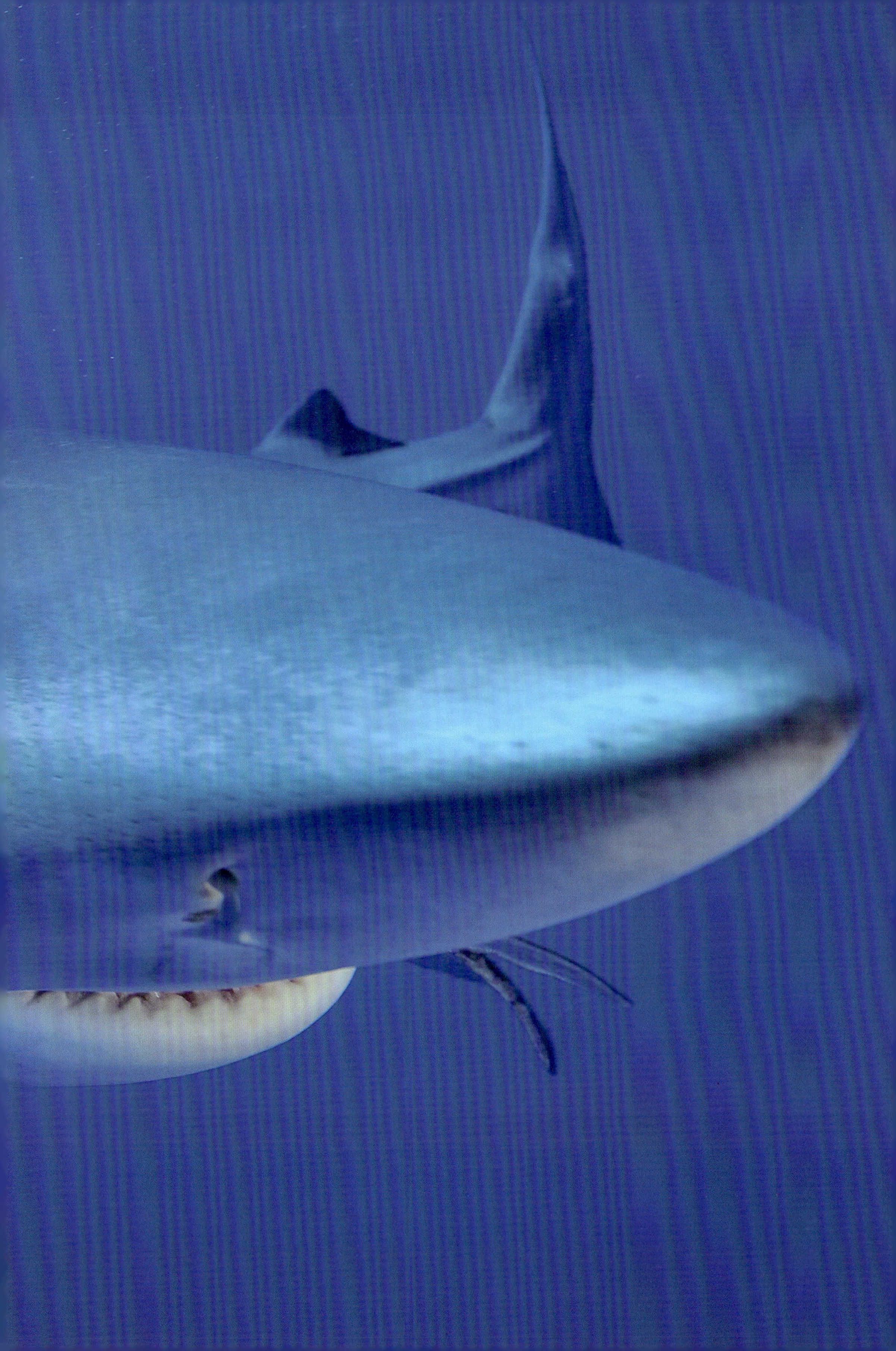

双页图片说明

卷首插页：在亚速尔群岛清澈而温暖的海水中，一动不动的潜水者引起了大青鲨的好奇心，最后游到离他很近的地方。这些大型鲨鱼（最大 4 米长）对人类具有潜在危险性。

第 4—5 页：在加罗林群岛的丘克潟湖中，"五星丸"（Gosei Maru）货轮侧倾在 37 米深的海底，让人们欣赏它的船首。这艘被用作海军辅助舰的货轮运载着 10 架歼击机和几辆坦克。1944 年 2 月 17 日，它被美国军舰"蒙特利"号（Monterey）发射的鱼雷直接击沉。

第 14—15 页：在马耳他，潜水者们会参观 1943 年 3 月在地中海被击落的"英俊战士"号（Beaufighter）歼击机的残骸。飞机的构架仍然保存良好，底朝上躺在沙质海底上。据估计，马耳他海域中共有 800 多架飞机残骸。

第 38—39 页：一支丝鳍拟花鮨的纵队正在一块由硬珊瑚和滨珊瑚构成的礁石上方东奔西窜。这是在红海浅水区域潜水时观察到的十分有特点的一种景象。

第 82—83 页：在整个印度洋中常见的后棘尾鲷通常在 5—45 米深的礁石周围独来独往。但它们有时会组成几十条的密集鱼群在海中捕食。

第 160—161 页：在丘克潟湖中，"藤川丸"沉船已被珊瑚占领，其中包括美丽的海鸡冠。这艘 1938 年建成的混合货轮于 1944 年 2 月 18 日被美军潜艇发射的鱼雷击沉。潜水者可在水下 5—37 米参观这艘沉船。

第 222—223 页：孤立于太平洋中的奥斯塔拉群岛是世界上在水下观察座头鲸的最佳地点。照片中，一只母鲸正带着它的幼鲸游到海面，让它换气。

第 342—343 页：在南极半岛西侧永恒不变的冰封景象中，一只座头鲸正探向别林斯高晋海的深处。这是夏季在这片水域常见的景象。

双页图片说明

487

第 358—359 页：在巴哈马的老虎滩潜水点上，在 6 米深的一片清澈的海水中，几条虎鲨正从容地游弋。这是最容易见到"大家伙"的潜水点之一。

第 438—439 页：只有在亚速尔群岛，我们才能就近欣赏抹香鲸，因为大西洋上的这个群岛是重要的世界鲸类保护区之一，主要在皮库岛附近。

第 476—477 页：在科尔特斯海（墨西哥的下加利福尼亚半岛），一只加利福尼亚海狮似乎在海面附近玩冲浪。这种非常滑稽的哺乳动物会主动与潜水者一起嬉戏，但不要忘记它也是一种食肉动物。

第 484—485 页：当潜水者表现出足够的耐心时，大青鲨会完全放下它的矜持，来观察这个不速之客，甚至从距离相机仅几厘米的地方轻轻掠过。这是一个挑战胆量的小游戏。

第 490—491 页：在马达加斯加的贝岛，在"米修"号（Mitsio）沉船的甲板上，一条尖头拟鲉正趴在一只薄片牡蛎的旁边。背景中是一群笛鲷。

第 494—495 页：在锡特卡与朱诺之间的海峡中，一轮圆月升上天空，柔和的氛围和风景的色彩让人想起了印象派的油画。

双页图片说明

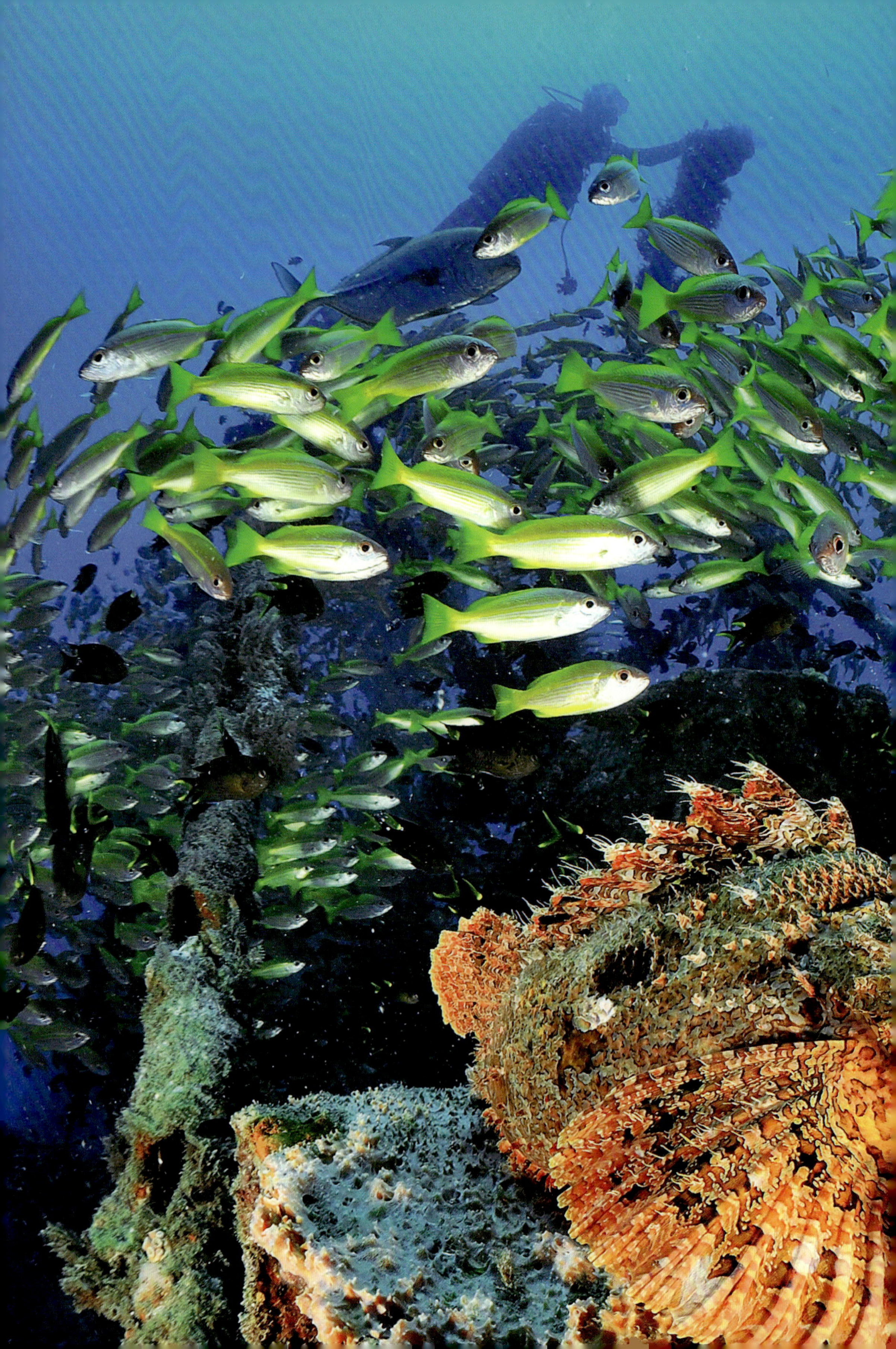

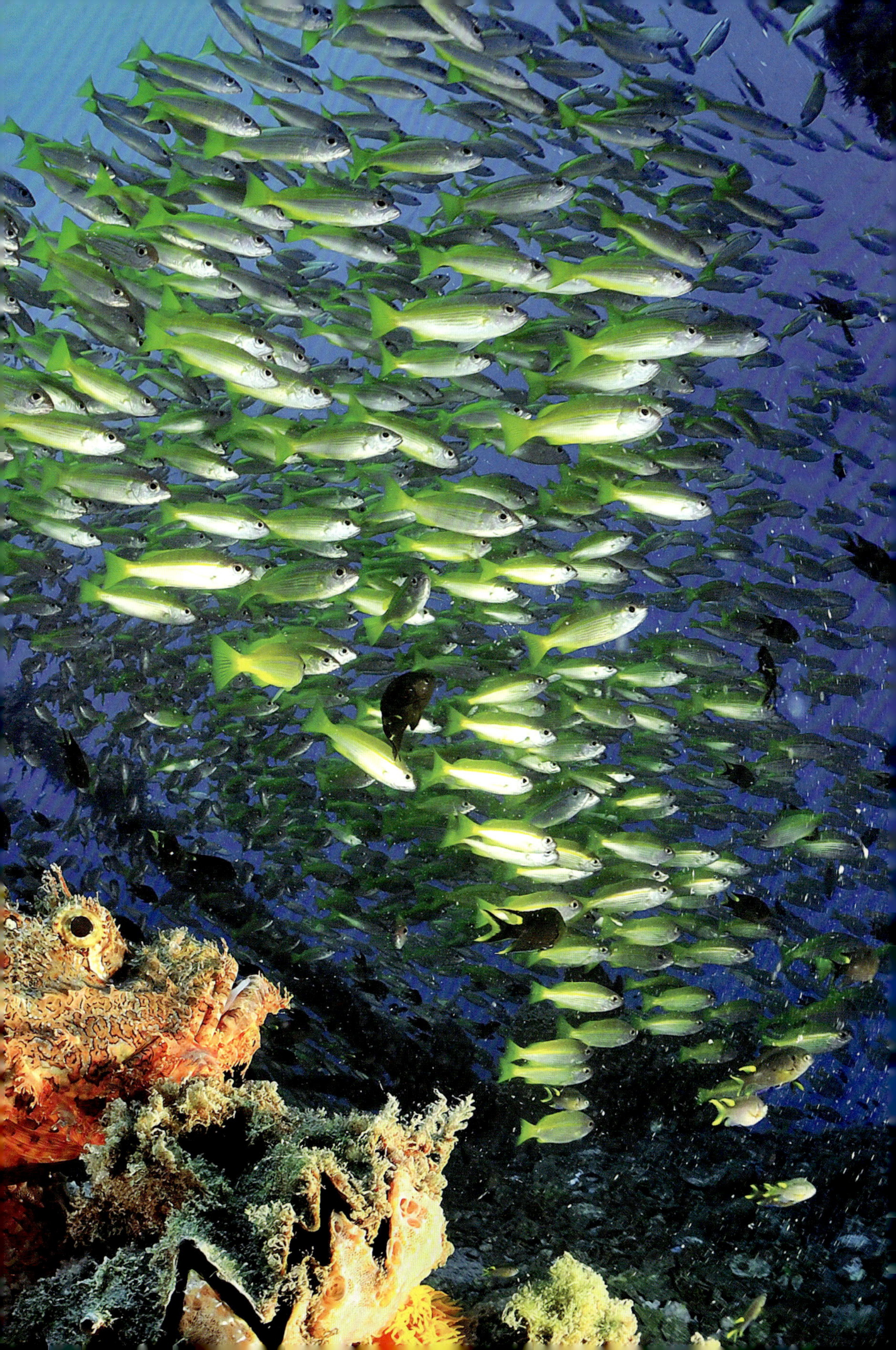

致谢

本书作者希望向他们在全球水下历险过程中有幸遇到的所有潜水和旅游专业人士致以诚挚的敬意。

好客、关注、能力、知识、热忱、分享、激情，这些都是世界尽头的这些朋友们在所有情况下表现出来的品质。没有他们，这本书就缺少了特别之处，因此我们要对他们所有人和每个人衷心道一声感谢！希望不久就能在新的历险中再见到他们……

也希望我们很不完善的记忆可能漏掉的那些朋友不要生气，因为他们已经深深地埋藏在我们的心中。

Jim Abernathy's, Kurt Amsler, Agnès 和 Jean-Marc 与 Marie Hélène – Aqua Sète, Thierry Baboulenne, Mike Ball, Franco Banfi, Olli Barbé, Barry 和 Belinda Barnes, Éric Beloin, Max Benjamin, Paul Bergonier, Malvina Berguglian, Franca 和 Mauro Bernasconi, Sandra Bessudo, Jean-Michel Bollier, Tova 和 Navot Bornovski, Nicolas Buray, Mark Busuttil, Pierre Camus, Claudine 和 Alain Caradec, Gérard Carnot, Cécile Cioni, Jacques Cluzaud, Jean-Michel Cousteau, Stuart Cove, Annie Crawley, Mike Cristiani, Odile Delcuze, Marc Deletang, Frédéric Di Meglio, Édith Dion, David Doubilet, Stéphane Durand, Claire El Zein, Ziad El Zein, Osman Ersen, Bruno Fichou, Hélène 和 Yves Gentilhomme, Chris Heim, Laurent Hervier, Kai Hromadko, Nicolas Hulot, Odile 和 Franck Imbert, Herve Jain, René Kellens, Dik Knight, Claudia Kraus, Eric Lamblin, Frédéric Lavaud, Éric Leborgne, Yves Lefèvre, Éric Le Coedic, Mike Lever, Patricia Lignière, Lorenz Maeder, Andy 和 Kelly Malcolm, Dominique 和 Jean-Louis Mandolin, Martine 和 Didier Manenq, Christophe Manesse, Patrick Marchand, Pierre Martin-Razi, Blaise Masson, Daniel Mercier, Éric Mercier, Gilles Mercier, Philippe Molle, Rolf Muehlemann, Christian Natalizzi, Serge 和 Isa Nautile, Martin Nussbaumer, Alain Ohannessian, Olivier Oudon, Denis Pavageau, Daniel Pélicier, Nicolas Peretti, Jacques Perrin,

Christian Pétron, Sébastien Pomarede, Alan Raabe, Renato Rinaldi, Silvia Rodríguez Alonso, Henrik Rosen, Bernard Rothan, Vincent Rouquette-Cathala, Baptiste Roussy, David Rowat, François Sarano, Dolores Semeraro, Douglas Seifert, Jean-Grégoire Stefanica, Julien Stein, Pierre Szalay, Mike Tennenbaum, Thierry Thèvenet, Nathalie Thiebaut, Jean-François Turroc, Philippe Valette, Jose Valverde, Myriam Viennet, Hugues Vitry, Allen Walker……

献给我温柔的、耐心的和如此珍贵的妮科尔（Nicole），如果没有她，我不可能这么如饥似渴地啃下计算机这个苹果……
——帕特里克·米乌拉纳

献给马蒂娜（Martine）和卡罗琳（Caroline），我的两条可爱的小领航鱼。
——雷蒙·萨凯

谨以此纪念蒂娜·恩格尔恩（Tina Engeln），可惜她未能体验所有这些目的地，但正是她让我发现并深深爱上了其中的许多胜地。
——帕斯卡·科贝

献给索菲（Sophie）和我们的五个儿子：奥里（Aury）、利亚德（Liad）、路易（Louis）、亚恩（Yann）和布鲁诺（Bruno），他们都酷爱水上和水下环球之旅。
——利昂内尔·波佐利

Le tour du monde en 80 plongées
by Patrick Mioulane, Raymond Sahuquet Lionel Pozzoli, Pascal Kobeh
© Hachette-Livre (Hachette Pratique), 2019
Simplified Chinese edition copyright:
2025 Xiyuan Publishing House Co.,Ltd., an imprint of Gold Wall Press Co., Ltd
All rights reserved.

图书在版编目（CIP）数据

环球潜水攻略 /（法）帕特里克·米乌拉纳,（法）雷蒙·萨凯著;（法）帕斯卡·科贝,（法）利昂内尔·波佐利摄影;祝华译. -- 北京：西苑出版社有限公司：金城出版社有限公司, 2025.7. -- ISBN 978-7-5151-0965-7

Ⅰ. K918.4

中国国家版本馆 CIP 数据核字第 2024SA0936 号

环球潜水攻略

著　　者	[法]帕特里克·米乌拉纳　[法]雷蒙·萨凯
摄　　影	[法]帕斯卡·科贝　[法]利昂内尔·波佐利
译　　者	祝 华
责任编辑	许 姗
责任校对	岳 伟
责任印制	李仕杰
开　　本	710 毫米 ×1000 毫米 1/16
印　　张	31.5
字　　数	734 千字
版　　次	2025 年 7 月第 1 版
印　　次	2025 年 7 月第 1 次
印　　刷	鑫艺佳利（天津）印装有限公司
书　　号	ISBN 978-7-5151-0965-7
定　　价	168.00 元

出版发行　西苑出版社有限公司　金城出版社有限公司
　　　　　北京市朝阳区利泽东二路 3 号　邮编：100102
发 行 部　(010)84254364
编 辑 部　(010)84250838
总 编 室　(010)88636419
电子邮箱　xiyuanpub@163.com
法律顾问　北京植德律师事务所 17600603461